开放经济国的宏观经济

付卡佳◎著

知识产权出版社
全国百佳图书出版单位

图书在版编目（CIP）数据

开放经济国的宏观经济／付卡佳著. —北京：知识产权出版社，2017.8
ISBN 978-7-5130-4954-2

Ⅰ.①开⋯ Ⅱ.①付⋯ Ⅲ.①宏观经济学 Ⅳ.①F015

中国版本图书馆 CIP 数据核字（2017）第 133596 号

内容提要

本书从经济全球化、区域一体化、信息社会化的新视角，结合中国参与国际经济治理面临的新情况、新问题，进行深入研究和探讨。同时，比较全面地反映国内外开放经济条件下最新的、具有代表性的相关研究成果。本书将经济领域中"小国"积极应对国际危机冲击的经验加以归纳，使之形成完整的体系。

责任编辑：蔡 虹 杨晓红　　　　　　　责任出版：刘译文

开放经济国的宏观经济

付卡佳 著

出版发行：知识产权出版社有限责任公司	网　　址：http://www.ipph.cn
社　　址：北京市海淀区西外太平庄 55 号	邮　　编：100081
责编电话：010-82000860 转 8114	责编邮箱：1152436274@qq.com
发行电话：010-82000860 转 8101/8102	发行传真：010-82000893/82005070/82000270
印　　刷：三河市国英印务有限公司	经　　销：各大网上书店、新华书店及相关专业书店
开　　本：787mm×1092mm　1/16	印　　张：22.25
版　　次：2017 年 8 月第 1 版	印　　次：2017 年 8 月第 1 次印刷
字　　数：500 千字	定　　价：56.00 元
ISBN 978-7-5130-4954-2	

序　言

正当世界经济增长态势低迷，"逆全球化"思潮和贸易保护主义抬头之时，中国亮明了向世界全方位开放的鲜明态度。

2017 年 3 月 5 日，习近平总书记指出，"中国开放的大门不会关上，要坚持全方位对外开放，继续推动贸易和投资自由化便利化"，要"大胆试、大胆闯、自主改，进一步彰显全面深化改革和扩大开放试验田的作用，亮明我国向世界全方位开放的鲜明态度。"李克强总理则在《政府工作报告》中明确提出，中国要进一步完善对外开放战略布局，加快构建开放型经济新体制，推动更深层次、更高水平的对外开放。作为世界第二大经济体，中国在此时坚定宣示坚持对外开放、积极倡导全球化的立场，让世界增强了信心。

改革开放让中国打开了大门，世界得以进入中国，中国才能走向世界。近 40 年来，中国经济发展取得了巨大成就，人民生活状况得到了极大改善，同时惠及世界。中国累计吸引外资超过 1.7 万亿美元，累计对外直接投资超过 1.2 万亿美元，为世界经济复苏和发展做出了巨大贡献。国际金融危机爆发以来，中国经济增长对世界经济增长的贡献率年均都在 30% 以上，2016 年国内生产总值达到 74.4 万亿元人民币，增长 6.7%，名列世界前茅。中国经济的转型升级也为世界发展带来了新契机，尤其是"一带一路"倡议拓展了中国对外开放的新局面，现已有 100 多个国家和国际组织积极响应支持，40 多个国家和国际组织同中国签署合作协议，一系列重大项目落地开花，带动了各国经济发展，创造了大量就业机会。2016 年，我国成功主办二十国集团领导人杭州峰会，推动取得一系列开创性、引领性、机制性重要成果，在全球经济治理中留下深刻的中国印记。中国正以实际行动，坚定不移地维护多边贸易体制，反对贸易保护主义，团结世贸组织各成员共同构建更加包容、创新、活力、可持续的开放型世界经济。

正是在这样一个大背景下，国际关系学院付卡佳教授编著出版了《开放经济国的宏观经济》一书。

作者站在我国开放经济的角度，根据国际经济与贸易专业的特点和需求，吸收了国际上最新的、成熟的宏观经济理论成果，编写完成了这部宏观经济学教科书。该书的主要特点：一是从中国视角研究开放经济国的宏观经济。书中所采用的数据、例子基本都是我国经济的真实情况。比如在分析财政政策的累进税时，用我国的"五险一金"计算方法说明；在介绍两种政策搭配使用时，直接用我国改革开放过程中实际例子加以说明。二是扩展了开放经济国宏观经济恒等式。在其他的宏观经济教科书中，在四个部门的恒等式里与其他国家经济联系的只有贸易，而本书则将引进外资与对外投资因素加入进来。三是注重国家间宏观经济的相互影响。比如，美国、日本、欧盟为了应对国际金融危机采取量化宽松的货币政策，但对其他国家产生了很大的影响，等等。四是尽可能多地介绍了在国与国之间经济交往的宏观经济成熟模型。比如，既有 IS—LM—BP 模型，也有 M—F 模型等。

付卡佳教授在高校任教 40 年，其中，在国际关系学院国际经济系工作了整整 20 年，2003—2013 年先后担任国经系教学副主任、主任，讲授宏观经济学、微观经济学、国际投资学、政治经济学等本科课程。在此，我要向付老师在教书育人、学科建设等各个方面所做的工作、付出的努力表示由衷的感谢。

《开放经济国的宏观经济》是付卡佳教授多年来从事宏观经济学教学和研究成果的结晶。我希望，使用这本教材的同学能更好地理解开放条件下的宏观经济，以开阔的视野看待我们身处的国家、面对的世界。我相信，作为一个崛起的大国，中国必须保持开放的心态，以积极参与和大力创新来适应经济全球化大趋势。中国的大门对世界始终是打开的，不会关上。

是为序。

陶坚（国际关系学院校长）

2017 年 3 月 12 日

目 录

第一章 开放经济国的宏观经济研究对象

任何一门学科都有自己的研究对象，以与其他学科相区分开来。开放经济条件下的宏观经济开篇就是要介绍我国长期采取对外开放的经济政策，对持续增加国民收入，促使我国居民生活发生质的飞跃起到了至关重要的作用。本章主要内容是：开放经济的优势，我国对外开放的步骤，经济开放国家宏观经济研究的对象、方法、目的，以及其学科的建立与发展等。

第一节 开放经济

一、开放经济概念

开放经济（Open Economy）指一国与外国有着自由、密切的经济往来，比如本国经济存在着对外进出口、货币、资本自由往来，与国际经济市场存在着密切的关系。

开放经济与封闭经济是对立的概念，是一种经济体制模式。封闭经济（Closed Economy）是指一国在经济活动中没有与国外的经济往来，自给自足的体制，没有外部援助和没有国际贸易、国际金融、国际投资、劳动力的交流，仅仅存在国内的经济活动。本国经济与外国经济之间不存在密切的往来，处于封闭经济状态。

开放经济不同于封闭经济，它是交流经济，经济运行非常活跃，不像封闭经济一潭死水没有生机。开放经济中生产要素、商品与服务可以自由地跨国流动，从而能在世界范围内实现资源的最优配置和最高经济效率，这不仅要有出口自由，也要有进口自由；不仅要有资本自由输入，也要有资本的自由输出；外汇汇率在外汇市场上自由浮动。开放经济强调把国内经济和整个国际市场联系起来，尽可能地参与国际分工，同时在国际分工中发挥出本国经济的比较优势。一般情况，一国经济越发达，市场经济程度越高，越接近开放经济，反之亦然。在经济全球化的趋势下，发展开放经济已成为各国的主流选择。

在现实经济中，很难找到纯粹封闭的经济体。历史上的封建社会经济属于封闭经济，但在可能的条件下仍然与外界有着经济交往或交换；改革开放之前的中国、原苏联等国家实行计划经济体制，对外贸易规模比较小，几乎没有对外投资和引进投资，基本上属于封闭或半封闭经济；当前的朝鲜以"主体思想"作用立国之本的内涵之一是"经济上自立"，其经济体制基本属于封闭经济，但仍然与我国、俄罗斯、伊朗、越南等国家有着广泛的贸易交往。因此，现实经济中在纯粹封闭经济与完全开放经济之间存在着大量的不同开放程度的经济。

开放经济也不同于外向型经济。外向型经济（export-oriented economy）是以出口导向为主，即大量商品用于出口。降低出口关税等鼓励出口是常用的经济政策。开放经济的出口和进口不存在执重执轻，关键是发挥比较优势。同时，该国既吸引外资，也对外投资。那么，开放经济以降低关税壁垒和提高资本自由流动程度为主。

经济开放度的内涵有两层：本国经济以何种方式、程度及其代价进入世界经济之中；允许其他国家经济以何种方式和程度渗透到本国经济之中。一国对外开放度的衡量方法和指标主要有：对外贸易依存度、对外融资比率、对外投资比率、一国经济活动与国外经济活动在价格上的联系程度、关税税率与非关税壁垒覆盖率、名义汇率与实际汇率的差异程度等。

封建社会时期各国的封闭经济已经过去，随着资本主义的产生和发展，世界各国逐渐转变为开放经济。从当前国际经济情况来看，各个国家开放程度有相当大的差别。开放程度越大，该国与其他国家经济相互依赖就越强，国际经济发展的趋势是使各国经济开放程度加大，形成有机的世界经济一体化，或全球经济的整体。但是，也出现了有的国家在经济发展过程中，条件不成熟时就过大地开放自己本国市场，结果出现了经济萧条。比如，1997年东南亚金融危机，其中原因之一就是泰国的经济和资本市场还没有发展成熟就开放了资本市场，导致国际金融大鳄恶意炒作，使国家外汇储备大量外流等经济现象，国民经济迅速恶化。虽然世界经济一体化的总趋势是不可改变的，各国的经济开放度，一定要根据自身经济发展的实际来进行调整。

二、我国对外开放的发展过程

1978年十一届三中全会以后，我国迈出了对外开放的步伐。1979年广东和福建两省凭借靠近港澳台的优势区位，实行特殊优惠政策；1980年正式确定深圳、珠海、汕头和厦门为经济特区；1984年开放14个沿海港口城市，举办经济技术开发区；1985年在长三角、珠三角、闽东南、环渤海地区开辟经济开放区；1988年设海南省和海南经济特区；1990年开发和开放上海浦东新区；1991年加入亚太组织；2001年年底正式加入世界贸易组织，为此我国承诺开放的行业和项目如下：

保险业中的业务。入世时，外国保险公司能在上海、广州、大连、深圳和佛山开展业务；两年内推广至北京、成都、重庆、福州、苏州、厦门、宁波、沈阳、武汉和天津；三年内取消地域限制。入世后允许成立外资占51%的非寿险公司分支机构或合资公司，两年内允许建立独资子公司；入世后外资可以占寿险合资公司50%的股份；入世后，作为分支机构、合资公司或外国独资子公司的外资保险公司可为人寿保险提供再服务，而不受地域或数量的限制；入世后四年逐步取消中国保险公司再保险

20%的要求。

银行业中取消外资银行在中国经营人民币业务的地域限制。入世后，立即取消在下列城市的限制：上海、深圳、天津、大连；入世一年后，取消在广州、青岛、南京、武汉的限制；入世第二年，取消在济南、福州、成都、重庆的限制；入世第三年，取消北京、珠海、厦门、昆明的限制；入世第四年，取消在西安、沈阳、宁波、汕头的限制；入世第五年，取消全部的地域限制，外资银行可以遍地开花。同时，取消外资银行在中国经营人民币业务的客户限制。在入世两年内，允许外资银行对中国企业提供人民币业务服务，即人民币的批发业务开放；入世五年内，允许外资银行对中国居民提供人民币业务服务，即人民币的零售业务开放。

电信业中的网络服务、增值服务。入世一年内，初步开放网络服务（主要是ISP）；入世第二年，逐步开放增值服务的地域限制，重点是移动通信、无线寻呼、互联网服务；入世第三年，有线网及光缆开始开放，全面取消其增值服务地域限制。取消半导体、电脑、电脑设备、电信设备和其他高技术产品的关税限制；入世第四年，允许外资在基础电信中持股比例由开放初期的25%逐步提高到49%；在无线寻呼、数据压缩转发等电信增值服务领域，外资持股比例由开放初期的30%逐步提高到50%以内；入世第五年，逐步取消外资在寻呼机、移动电话进口，以及国内固定网络电话服务等领域的地域限制，完全开放网络服务；入世第六年，有线网及光缆完成全面开放。届时，中国电信服务业传统垄断格局基本打破，形成竞争性市场。

商业、服务业中的批发服务。2003年以前，取消外企股权及形式限制；2002年1月以前，允许外资拥有股权，允许在所有省会城市、重庆及宁波成立合资企业。在零售服务方面，入世后，合资企业允许在五个经济特区，以及北京、上海、天津、广州、大连、青岛、郑州、武汉成立；在北京及上海，允许设立四家合资零售企业，其他地方可最多成立两家合资企业；北京的两家合资企业可在市内开设分店；在2003年以前，取消所有地域、数量、外资持股比例的限制；销售面积在 20 000 平方米以上的百货商店、分店在 30 家以上的连锁店，仍允许外资持有 50%以下股权的合资企业经营。

非关税壁垒中的进口许可证要求及招标要求于 2005 年被取消，所有的进口配额在 2005 年以前逐步被取消。

在关税减让方面，工业产品的平均关税将降至 15%；农产品进口和销售无须通过国有企业和中介机构。我国国内农业补贴上限为 8.5%。取消对大麦、大豆、油菜籽、花生油、葵花子油、玉米油和棉花籽油的进口关税配额制。

贸易权方面，入世第一年外资占少数股权的合资企业将全部获得进出口权，在入世头两年内进一步扩展到外资占多数股权的合资企业。入世后三年，所有中国境内的企业都获得贸易权。

流通领域，批发业务两年内允许外资在合资批发公司内拥有多数所有权，届时地域或数量限制将不复存在。分销业中外国投资的企业可以分销其在中国生产的产品，并对其分销的产品提供包括销售服务在内的相关配套服务。所有省会以及重庆、宁波将在两年内向合资企业开放，三年之内取消地域、数量限制和企业股权比例的限制。流通领域的其他业务中除了药品、杀虫剂、农用薄膜和成品油的零售将在三年内，化肥在五年后开放之外，所有产品的零售（除了图书、报纸和杂志）将在一年内开放。

特许经营在入世三年后将无限制。

交通领域中对公路运输将分别在一年和三年后允许外资占合资企业多数股份和全资拥有子公司；对于铁路运输将分别在三年和六年后允许外资占合资企业多数股份和全资拥有子公司。

仓储方面，分别在入世一年和三年后允许外资企业多数股份和全资拥有子公司。

在货运代理方面，分别在一年和四年后允许外资占合资企业多数股份和全资拥有子公司，合资经营一年以后可以建立分支机构。外资货运代理公司在其第一家合资公司经营满五年后可以建立第二家合资公司。入世两年后，此项要求将被减至两年。

海上运输方面，允许开展国际海上货运和客运业务（如航班、散货和不定航线货船）。外资占少数的合资企业还可以以中国国籍作为国籍进行经营注册。

邮递服务业分别在一年和四年后允许外资占合资企业多数股份和全资拥有子公司。可以涉及国内一种或多种运输方式的邮递服务，但邮政部门专营的服务除外。

通信和互联网中的增值服务（含互联网服务）与寻呼业务。入世后上海、广州及北京允许合资企业外资占少数30%股权；入世一年内推广至成都、重庆、大连、福州、杭州、南京、宁波、青岛、深圳、厦门、西安、太原、武汉等城市，外资占股份可增至49%，入世两年内取消地域限制，外资所占股份可增至50%。对于移动话音和数据业务，入世后外资占少数（25%）股份的合资公司可以在上海、广州、北京以及这些城市之间开展业务；入世后一年推广至其他的城市。外资所占股份可增至35%；入世三年后，可占49%，入世五年后取消地域限制。对于国内与国际业务，入世两年内，外资占少数（25%）的合资企业可以在上海、广州及其之间提供服务；入世五年内推广至其他一些城市。外资所占股份可增至35%；入世六年内取消地域限制，外资可占49%。

证券业务，入世三年内，外资证券公司可以建立合资公司（外资占1/3），并承销、交易B股和H股以及政府与公司债券；入世后外资证券公司还可以直接跨国界交易B股。

资产管理业，入世后外资占少数股权（33%）的合资企业可以从事国内证券投资基金管理业务；入世三年内外资股权上限可提高至49%。

专业服务中的法律服务，入世一年内将取消外资律师事务所经济地域与数量限制；入世后的会计服务，通过中国注册会计师资格考试的外国人将获得国民待遇，即可以合伙或合并成立会计事务所；已有的合资公司不只限于雇用持有中国注册会计师证的会计师。

企业服务中的管理服务，入世后将允许外方在合资公司中占多数股权，六年内允许建立全资子公司。广告服务，分别在两年后、四年后允许在合资公司中占多数股权，六年内允许建立全资子公司。

在音像业，每年引进 20 部大片，收入分成；允许通过合资公司的形式引进音像视像产品（不包括电影）；电影院继续允许外方最多占 49% 股权，入世后将允许外资在合资企业中占多数股权，三年内开始允许外商成立独资企业。

在建筑业。入世后将允许在合资企业中占多数股权，三年内开始允许外商成立独资企业。房地产开发企业除高档房地产项目、高档宾馆、高档公寓、高尔夫球场等不允许外商独资外，其他项目没有限制。

旅游业中的旅行社。入世三年内允许外资在合资企业中占多数股权，六年内允许成立外国独资企业，取消地域限制和成立分支机构的限制；饭店业入世后外资可占多数股权，四年内准入不再受限制，且可由外资独资。

教育业。外资占多数股权的合资学校可以提供小学、初中、高中、成人教育及其他教育服务。

中国加入世贸组织十年后，中国完全实现了加入 WTO 过程中所做的承诺，并形成了对外开放的格局，即"全方位、多层次、宽领域"对外开放。"全方位"是指中国既对发达国家开放，也对发展中国家开放，对世界所有国家开放；"多层次"是指根据各地区的实际和特点，通过经济特区、沿海开放城市等不同开放程度的各种形式，形成全国范围内的对外开放；"宽领域"不仅在经济领域，也涉及保险、邮电通信等服务贸易以及环保、科技、医疗卫生、体育、文化教育等领域的开放。经济特区—沿海开放城市—沿海经济区—沿江和内陆城市—沿边城市开放。

入世十年我国出口从 2 660.98 亿美元上升至 15 777.89 亿美元，增长 493%；中国经历了历史上最大的清理法律法规工作，涉及 3 000 多个法律法规；货物贸易进出口规模从 2001 年的 5 098 亿美元增至 2010 年的近 3 万亿美元，增长 4.8 倍；国际贸易总量从 2001 年的 12.65 万亿美元增至 2010 年的 30.39 万亿美元，十年增长了 140%；服务贸易开放部门达到 100 个；对外直接投资年均增长超过 40%；累计吸收外商直接投资 7 595 亿美元，属发展中国家首位；中国关税总水平由 15.3% 降至 9.8%；国内生产总值从 2001 年的 11 万亿元人民币增至 2010 年的近 40 万亿元人民币，年均增长超过 10%。[①]

中国改革开放三十多年，已经从封闭的计划经济转变成开放的市场经济，本书的宏观经济学是立足于我国开放经济条件下而展开分析的。

---

① 数据来源：薛荣久：《对我国入世十年后持久挑战与应对的展望》，百度文库 – 专业资料 – 经管营销 – 经济市场，2012 年 11 月 9 日。

第二节　开放经济国的宏观经济研究对象

一个国家在开放经济的前提下，进行资源的配置和利用。在现实经济中一国国内的资源是稀缺的，而人们的需要是无限的，这就决定了该国企业不仅在国内进行资源配置，也要在世界范围内进行资源配置，以提高本国居民的收入、消费，提高本国企业利润，增进其经济福利。但是，在经济周期变动过程中，经常出现消费者均衡和厂商均衡实现后，社会上还存在着大量失业者，通货紧缩或通货膨胀对人们的财富进行着再分配，经济增长持续性受到抑制，国家的内部均衡与外部均衡失调，环境污染加重等现象。这就需要政府干预经济，通过各种宏观经济政策加以引导和管理，使国民收入的含金量和幸福指数不断提高。为此，开放经济条件下的宏观经济学要研究和解决一系列问题。

一、开放经济国的宏观经济研究的主要问题

（一）充分就业

如果劳动者失业，不仅会造成自己和家庭生活水平的迅速下降，也可能会对社会的稳定造成影响。尤其是我国，人口众多，充分就业始终是重中之重，是社会和谐稳定最重要的基础。要想解决这个问题不仅需要有国内企业的发展，也需要吸引国外企业的直接投资。同时，也需要我国的劳动者走出国门，到国外的企业就业，即劳务输出。

（二）经济增长和经济波动

经济的增长速度直接关系到国民生活水平提高的程度。我国改革开放三十多年来国内生产总值以 9.81% 的增长率[①]快速增长，高出同期世界平均增长率 6 个百分点。为了保证国民经济以较高速度增长，现阶段我国正处在转变经济增长方式，由粗放型增长转变为集约型增长。

任何一个国家经济在增长过程中都是波浪式周期性向前发展，世界经济也是如此具有周期性质。宏观经济学的任务就是要研究如何使经济高涨的时间延长，如何使经济衰退缩短，经济衰退的谷底不要太深，经济复苏时间尽量提早或加快，减少经济波动给国民经济带来的阵痛。

（三）通货膨胀和通货紧缩

现代经济是市场经济，社会财富表现为商品，商品的价值是通过货币表现、衡量，货币与商品始终相伴、相连，商品决定货币，货币对商品有着巨大的反作用。当

[①]　作者根据国家统计局网站统计 1978 年至 2013 年 GDP 增长率数据整理。

货币由贵金属货币发展到纸币后，就出现了纸币发行量有时过多或过少的现象，出现了通货膨胀或通货紧缩。通货膨胀率过高会引起国民收入再分配的分配不公平，也会不利于国民收入的增长。通货紧缩条件下通常会伴随经济衰退，失业率上升。而造成这两种经济现象除本国经济的原因外，也会有国际货币，甚至充当世界货币国家发行货币的多少，通过各种渠道传导到我国，造成我国的通货膨胀或通货紧缩。宏观经济学要研究每次通货膨胀或通货紧缩产生的原因、治理和防范。

（四）国际收支平衡

在经济全球化的大背景下，任何国家都不能完全闭关锁国发展经济，都或多或少地开放本国市场。在开放经济条件下国与国之间必然发生贸易、投资、金融、技术等方面的交往，每一笔交易都会在国际收支上有所体现，国与国之间经常会出现国际收支顺差，或者逆差，而平衡是非常偶然的。

国际收支逆差固然不好，逆差扩大对本国经济造成损失加大，国际收支顺差比较好，但是时间过长的大量顺差，也会给国民经济带来一定的负面影响。我国在经济发展过程中出现了大量的顺差，外汇储备中美元占相当大的比重，每当美元贬值时，就给我国外汇储备造成很大的损失。宏观经济学需要研究出现国际收支逆差或顺差的原因，正面和负面效应，以及如何减少其负面效应对策，保证国民经济稳定发展。

（五）经济可持续发展

一国经济在快速增长过程中，可能会出现一些负面现象，甚至破坏人们的居住环境，阻碍经济发展。比如，中国在经济起飞阶段，出现了比较严重的环境污染和资源破坏，尤其是 2012 年至 2014 年，北京、上海、杭州等大城市多次出现非常严重的雾霾天气，导致居民呼吸道疾病发病率快速上升，而且这种雾霾现象到目前为止仍然在继续着，直接影响了人们的身心健康。由此可见，当前，我国生存环境和资源环境是政府宏观经济政策需要解决的重大问题。否则，经济无法持续发展下去。

经济发展与经济增长之间的区别。经济增长主要是指由生产要素投入变化导致产出总量增加，偏重于数量的概念，比如国内生产总值（GDP）、国民生产总值（GNP）、GDP 增长率、GNP 增长率等指标。经济发展一般是指经济系统由小到大、由简单到复杂、由低级到高级的变化，是一个量变与质变相统一的概念。它不仅包含经济增长，还包含经济结构的变化、社会结构的变化、环境的治理和改善、收入分配的变化，等等，强调经济系统的协调性、经济发展的可持续性和发展成果的共享性。涵盖生产力和生产关系、经济基础和上层建筑。因此，经济发展比经济增长更加广泛、更加深刻。

经济增长是经济发展的基础。经济增长决定着经济发展的基本动力，是经济发展首要的物质条件，没有经济增长，经济发展将成为无源之水。一个国家或者地区的经济发展是在经济增长基础上的经济结构和社会结构持续高级化的创新过程或变化过程，经济发展是经济持续增长的结果。因此，强调经济发展必须重视经济增长的基础地位和重要作用。

经济发展包含着经济增长，而经济增长不一定包含经济发展。单纯的经济增长，往往相伴着环境污染、社会贫富分化等社会问题不断涌现，导致"无发展的增长"。经济发展比经济增长外延更加广阔。经济增长是经济发展的基础，虽然是一个非常重要的方面，但它不能取代和包容整个社会经济发展的丰富内容。

总而言之，开放经济条件下宏观经济所需要解决的问题伴随着经济发展还会增多。但是，在不同的经济增长的实际情况下，宏观经济可能会出现不同的、需要重点解决的问题。而且每次出现的主要问题都不会与以往一样，会增添新的因素或减少旧的因素。这就需要政府宏观经济政策不断地创新和调整，促进我国宏观经济稳定、持续发展。

二、开放经济国宏观经济研究的对象

开放经济条件下的宏观经济研究对象与宏观经济学研究对象有所区别。后者主要是针对国内资源配置与利用来展开分析，前者则是站在世界角度对资源进行配置，以解决国内的资源利用问题而展开的研究。

（一）以整个国民经济及相关的外国经济为研究对象

开放经济条件下的宏观经济学不是研究单个居民和单个厂商的消费最大化或利润最大化，而是研究由这些单位组成的整体，及其整体经济运行的方式和规律。这里面的整体经济不仅包括国内的本国企业，也包括外国进入本国直接投资的企业，还包括本国居民对外直接投资的企业，追求整体经济利益最大化。

（二）研究的目的是解决本国各种资源利用

微观经济学研究在资源稀缺前提下，生产什么、生产多少、何时生产、为谁生产等问题。宏观经济学主要研究现有的国内资源利用问题。而开放经济条件下的宏观经济不仅要研究国内资源利用问题，还要研究吸引国外的资源利用问题和对外直接投资我国资源利用的问题。

任何一个国家各类资源不可能齐全，往往出现这样或那样的短缺，这就需要引入外国资源或对外投资将本国资源与外国资源有机结合起来，从而找到其充分利用的途径，实现国民经济增长等问题。

（三）以国民收入决定为中心理论

微观经济学的中心理论是价格理论，单个经济单位的行为要受市场价格支配，不论消费者的消费，还是厂商的资源配置都离不开"看不见的手"来指挥。宏观经济学就是以国民收入决定为中心来分析资源的利用和整个国民经济运行的。开放经济条件下的宏观经济视野更加广泛，不仅能看到国内整个国民经济，也能看到为我所用的外国经济，从而增加我国国民收入。开放经济条件下的宏观经济学以利用国内外一切资源来研究国民收入这个概念入手，围绕其决定展开研究，以增加国民收入。其他具体的开放经济条件下的宏观经济理论都是围绕着国民收入这一理论展开，形成完整的开放经济条件下的宏观经济学理论体系。

（四）研究方法是总量分析

微观经济学的研究方法是个量分析，研究变量的单项数值——价格、产量、消费量等是如何决定、变化以及相互关系的分析。宏观经济学是总量分析，即整个国内经济总量分析。而开放经济条件下的宏观经济研究的总量，既有整个国内经济总量，也有包括对外直接投资所增加的国民经济总量；既研究整个国内经济发展变化的原因，也要研究国外经济发展变化对本国经济的影响因素。

这里的总量可分为两类：一是个量的总和分析，把各个经济单位的单项数值加总求和，如：国内生产总值（GDP）、国民生产总值（GNP）、总投资、总消费等；二是平均量分析，如一定时期内物价总水平、工资水平、利息率、国内外利息率差异、汇率的高低等。

总量的分析方法，就是要分析国民经济这些总量是如何决定的、如何变动的、相互关系如何，从而说明开放经济条件下整体经济的状况。因此，开放经济条件下的宏观经济学也被称为开放经济条件下的总量经济学。

（五）开放条件下的宏观经济学具有微观基础

开放条件下的宏观经济模型中的总体行为变量要同众多个体基本行为相吻合。那么，开放条件下的宏观经济学的微观基础的含义包括：微观个体行为应该具有的行为规则、宏观经济理论建立的微观结构、宏观经济分析模型与微观经济个体行为之间的相容性等。

开放条件下的宏观经济理论具有微观个体行为规则基础，微观个体行为规则是指最大化行为、理性预期行为、优化行为、决策行为和风险行为等，只有微观层次个体行为具有规则性和协同性，才可能避免在宏观层次上出现随机化的相机选择；开放条件下的宏观经济理论具有微观结构基础，它是由描述个体行为、市场结构、信息结构和对策结构等重要理论假设组成。如一般均衡分析模式、完全竞争假设和完全信息假设等，都是宏观经济理论发展的基础和参照标准；开放经济条件下的宏观经济分析模型和方法同微观行为个体的表述方法密切相关，即不仅要求微观个体行为之间具有一定的协同性，而且宏观分析模式应该保证累积以后，微观个体和宏观总体之间依然相互联系。

通过上面的分析，我们可以得出开放经济条件下的宏观经济研究的是在国内和国际范围中，稀缺资源下，来研究资源的配置和资源的利用，以及政府对经济影响的有关一切经济问题。

第三节 开放经济国的宏观经济形成

一、宏观经济学的建立

经济学发展的主要阶段是重商主义经济学、古典经济学、新古典经济学、宏观经济学。

（一）重商主义经济学

重商主义产生于15世纪，全盛时期是在16—17世纪，是封建社会解体和资本主义生产方式产生时期，适应该时期商业资产阶级利益。早期重商主义主要代表人物是威廉·斯塔福（W. Stafford，英国人，1554—1612）和蒙克列钦（法国人，1575—1621），晚期重商主义主要代表人物是英国的托马斯·曼（Thomas Mun，英国人，1571—1641）。早期重商主义者反对从外国输入商品，尤其是本国所能制造的商品，主张建立立足于本国原料的工业，防止逆差，力求出超；晚期重商主义者反对禁止货币输出的法令，主张通过贸易顺差来增加货币财富。他们共同认为金银是唯一财富。为了增加一国的金银财富，除了采掘贵金属外，最有效的办法就是通过对外贸易，少买多卖实现贸易顺差。对外贸易只能是一国遭受金银损失，对方才能获得利益。因此，国家应干预生活，奖励国内工商业产品出口，实施促进对外贸易的保护主义政策。这一贸易保护主义思想一直影响着今天的世界贸易。

与重商主义相反观点的是反重商主义学派。主要是休谟（D. Hume，英国人，1711—1776）等人，在其理论中对宏观经济学形成有影响的是货币数量说，他们认为商品价格决定于货币数量，休谟还据此认为，贵金属的流入流出可以起调节作用，并能影响价格水平，调整国际收支的不平衡状况。

重农主义者则认为，农业是创造财富的唯一部门。其代表人物魁奈（F. Queens，法国人，1694—1774）在1758年发表的"经济表"，第一次把一国经济活动描述成货币与实物的循环往复运动。因此，魁奈被认为是宏观经济学的先驱之一。

（二）古典经济学

古典经济学是从17世纪中期到19世纪70年代，代表新兴资产阶级利益的经济理论。代表人物是英国的亚当·斯密、大卫·李嘉图、约翰·穆勒、马尔萨斯，法国的让·巴蒂斯特·萨伊等人，在他们的理论中有许多部分被宏观经济学所吸收。

亚当·斯密（Adam Smith，英国人，1723—1790）1776年发表了《国民财富的性质和原因的研究》，简称为《国富论》。他建立了经济学的理论体系，宣告了经济学的诞生，被称为经济学之父，并成为当时正统的经济学。

斯密认为资本主义是自由竞争和自由放任的经济。经济体制的建构，就是以保障个人之生存及发展为原则，每个人若能充分发展自我，则社会整体也将获得进步。财产私有制、追求利润正当性、经济自由性，并提出著名的"看不见的手"，即价格机制原理。只有这样每个人都按着自己的意志自由地进行经济活动，充分发展，在追求利润过程中往往产生服务人群，经济运行才有效率，从而促进社会进步。在国家政策上反对国家干预经济生活，主张政府对内实行自由放任，对外实行自由贸易。

斯密还认为商品是财富的代表，劳动是财富的源泉，该观点被李嘉图继承，后来成为马克思创立劳动二重性理论的基础。但是，斯密的价值论又认为资本主义的工资、利润、地租三种收入决定价值，即价值决定于生产费用，该理论由萨伊所继承，直至微观经济学所继承并发展。

李嘉图（David Ricardo，英国人，1772—1823）在 1817 年写成《政治经济学和赋税原理》，他继承和发展了斯密经济理论的精华，使古典经济学达到了高峰。在他的劳动价值论基础上建立了比较优势理论，为国际贸易理论领域开辟了一条道路。他还大力提倡增加资本积累，促进经济发展。

萨伊（Say Jean Baptiste，法国人，1767—1832）1803 年发表《论政治经济学，或略论财富是怎样产生、分配和消费的》（以下简称《政治经济学概论》）。他的理论被当代经济学吸收的主要有：效用决定商品价值；"三位一体"公式，他认为资本、土地、劳动能提供生产性服务，创造效用，也就是说三要素具有创造商品价值的能力。由此，也具有创造收入的能力，工资来源于劳动、利润来源于资本、地租来源于土地；提出"供给能够创造其本身的需求"的著名萨伊定律。他认为商品买卖实质上是商品交换，货币只是在瞬间起媒介作用，产品总是用产品来购买，买者同时也是卖者，买卖是完全统一的，单单一种产品的生产，就给其他产品开辟了销路，商品的供给会为自己创造出需求，即"供给创造自己的需求"，强调商品供给和需求均衡。虽然有时会出现局部供求不一致，但会因价格机制的调节而达到均衡。整个社会不会发生全面过剩的经济危机。

马尔萨斯（Thomas Robert Malthus，英国人，1766—1834）著名的《人口原理》发表于 1798 年，因此而出名。他的经济学理论主要发表在他的《政治经济学原理》（1827 年），其中，对宏观经济学有重要影响的理论主要是经济危机理论。他反对李嘉图、萨伊等的资本主义无危机论，认为如果有效需求不足，就有可能引起生产过剩，使经济陷入危机。这一观点对后来的凯恩斯理论形成产生较大影响。

约翰·穆勒（John Stuart Mill，英国人，1806—1873），他用生产费用理论兼容当时的各种价值论，并坚持古典学派资本主义无危机理论。1848 年写的《政治经济学概论》是经济学史上的第一次大综合，在很长时间里被当作经济学的正统教科书，被奉为经济理论的圣经，直到十九世纪末边际效用学派兴起为止。

古典经济学所处的历史时期，正是主要资本主义国家相继完成产业革命的时期，该理论反映了当时工业资本家的要求，为资本主义的发展提供了大量的理论指导。

（三） 新古典经济学

19 世纪 70 年代至 20 世纪 30 年代是新古典经济学占主流地位时期。新古典经济学仍然主张自由放任经济，延续了古典经济学的理论，但却采用"新"的研究方法，这新的方法就是后人所说的"边际革命"，在此基础上建立了价格调节经济的微观经济学体系。

阿尔弗雷德·马歇尔（Alfred Marshall，英国人，1842—1924）是新古典经济学的创始人，是 19 世纪末至 20 世纪初英国经济学界最重要的经济学家，英国剑桥大学教授，1890 年出版《经济学原理》著作，他把供求论、节欲论、边际效用论、边际生产力论、生产费用论等经济理论集之大成，创立了以"均衡价格"为核心的理论体系，并使经济学转变为实证分析，使经济学从仅仅是人文学科和历史学科发展为一门独立的学科，建立了比较完整的微观经济学学科，这也是经济学史上的第二次大综合。他认为资本主义已经是一个"理想的社会"，资本主义是一架可以自行调节的机器，能够自行解决其各种矛盾。国家不必干预经济生活，被解释为是最好的政策。

（四） 宏观经济学的建立

宏观经济学是以 20 世纪 30 年代凯恩斯主义的出现为标志。

1929—1933 年资本主义世界爆发了空前规模的大危机，陷入长期萧条，失业严重的境地。从而沉重打击了新古典经济理论，使资本主义能通过市场的自动调节保持充分就业的说法不攻自破。20 世纪最著名的经济学家，同时也是马歇尔的学生约翰·梅纳德·凯恩斯（John Maynard Keynes，英国人，1883—1946），在 1936 年出版了《就业、利息和货币通论》一书，是影响人类 100 本书之一，创立了宏观经济学。凯恩斯创立的宏观经济学与弗洛伊德所创的精神分析法和爱因斯坦发现的相对论一起并称为二十世纪人类知识界的三大革命。凯恩斯革命主要有：

1. 否定萨伊定律，提出了凯恩斯定律

萨伊认为"供给能够创造其本身的需求"，资本主义社会是不会有商品销售不出去的经济危机的。1929 年至 1933 年世界性的经济危机证明了危机是存在的，是对萨伊定律的否定。凯恩斯认为在资本主义社会中需求比供给重要，是需求决定供给，经济危机之所以能出现，是社会上有效需求不足造成的。

2. 社会中非自愿性失业存在

在新古典经济学中，资本主义社会是能够通过"看不见的手"自行调节的，社会上不会出现非自愿性失业，只存在着自愿性失业。1929 年至 1933 年大危机时，资本主义各国都出现了高失业率，给家庭和社会带来了极大困苦。凯恩斯认为资本主义社会存在着非自愿性失业，尤其是经济周期性失业的存在是客观的。

3. 三大心理规律决定有效需求不足

凯恩斯较为深入地分析了社会中出现有效需求不足是心理上边际消费倾向递减规

律、心理上灵活偏好和心理对资产未来的收益预期递减导致的①。

4. 在研究方法上抛弃微观研究，转向对整个经济问题关系的宏观研究

现实社会中消费者为了实现效用最大化，在既定收入下达到消费者均衡，即：$\dfrac{MU_X}{P_X} = \dfrac{MU_Y}{P_Y} = \lambda$。厂商为了实现利润最大化，需要达到生产者均衡，即：$MC = MR$。但资本主义却不能自我调节，出现了严重的经济危机，这就需要经济学的研究方向进行调整，应转向整个经济，站得更高，看得更远的宏观经济角度来进行研究。

5. 在政策上抛弃自由放任主张，提出国家干预经济的必要性及政策措施

在自由竞争的资本主义时期，新古典经济学主张政府不要干预经济，通过"看不见的手"能自发地调节经济，政府是其社会的"守夜人"。而在这次世界经济危机面前，如果政府还采取不干预政策，后果将不堪设想。因此，政府必须干预经济，并制定科学的经济政策，带领全国走出经济危机的低谷。

凯恩斯的理论逐渐为绝大多数经济学家所接受，他的政策主张已在第二次世界大战后发达国家付诸实施，并逐渐在发展中国家得到运用。我国的改革开放取得的伟大成就，不可否认，凯恩斯的经济理论起到了一定程度的作用。

二、宏观经济的主要发展

凯恩斯创建宏观经济学之后，有许许多多的追随者将其解释、宣传、补充、发展和完善。最为突出的是保罗·萨缪尔森（Paul A. Samuelson，美国人，1915—2009），美国诺贝尔经济学奖第一人，是当代凯恩斯主义集大成者。

（一）萨缪尔森主要经济成就

1. 将数学引进经济学

1941 年发表《经济理论运算的重要性》的博士论文，获哈佛威尔斯奖。1947 年纪念凯恩斯逝世一周年发表的《经济分析基础》雏形，完全是以物理学观点和古典数学方法引证和推理，因而，该文被认为是数理经济学具有划时代意义的著作。正是《经济分析基础》为萨缪尔森赢得了 1970 年诺贝尔经济学奖。1958 年萨缪尔森与R. 索洛和 R. 多夫曼合著《线性规划与经济分析》一书，为经济学界新诞生的经济计量学做出了贡献。

2. 帮助在经济困境中上台的肯尼迪政府制定了著名的"肯尼迪减税方案"

肯尼迪是美国第 35 届总统（1961 年 1 月 20 日—1963 年 11 月 22 日），就职后第一个国情咨文中说："目前的经济状况是令人不安的。我们是在经历 7 个月的衰退、3 年半的萧条、7 年的经济增长速度降低、9 年的农业收入下降之后就任的。"肯尼迪是美国第一位旗帜鲜明地奉行凯恩斯主义的总统，采纳了萨缪尔森为其制定的"肯

---

① 三大心理规律将在书中后面的章节讲解。

尼迪减税方案"。由于减税增加了社会的消费支出,扩大了需求,增加了生产,扩大了就业,从而促成了美国一个经济高增长时期。

3. 影响数代人的巨著《经济学》

1948 年萨缪尔森发表了他最有影响的巨著《经济学》,这是经济学史上第三次大综合。此书一出版即告脱销,许多国家的出版商不惜重金抢购它的出版权,此后不断地修改、补充、完善、再版,直至出版到第 19 版。目前《经济学》已被译成四十多种语言文字,销售 1 000 多万册。在现实中,它不仅是美国大学的教科书,而且也是其他国家大学的教科书,他教会了我们几代人经济学。

(二) 萨缪尔森在经济理论方面的主要贡献

1. 研究、解释、宣传了凯恩斯理论

在哈佛大学期间,萨缪尔森从师于汉森教授,汉森是凯恩斯主义在美国的传播者,是美国凯恩斯主义学派的权威人士之一。萨缪尔森与导师汉森协作,不断宣传、通俗化、补充凯恩斯主义,这对师生成为凯恩斯主义在美国的主要代表人物。而萨缪尔森对凯恩斯主义的研究做出的贡献比他的导师多得多,他是凯恩斯主义集大成者。

2. 对就业理论、通货膨胀理论、货币市场理论、经济周期理论、经济增长理论等进行了补充和发展

凯恩斯在他的《就业、利息和货币通论》中提出了许多经济理论新观点,但并不系统、不完整,萨缪尔森做了大量工作,将其理论通俗化、系统化,建立起完整的经济学理论体系。使我们比较容易深入地接受该经济学理论。

3. 把垄断竞争理论和序数效用理论补充到传统经济学中构成微观经济学

马歇尔的理论把完全自由竞争看成是资本主义社会普遍现象,并将其设为既定的前提条件,而把垄断作为"例外"。可是,19 世纪末 20 世纪初资本主义社会已经进入了垄断阶段,1929 年至 1933 年已经出现了大危机,这种理论与现实严重背离。美国经济学家张伯伦(Edward Hastiness Chamberlain,1899—1967)和英国经济学家琼·罗宾逊(Joan Robinson,1903—1983)在 1933 年分别出版了《垄断竞争》和《不完全竞争经济学》,认为 20 世纪 30 年代具有现实性和普遍性的是垄断竞争或不完全竞争。

英国经济学家希克斯(J. Hicks,1904—1989),是 1972 年诺贝尔经济学奖获得者。他在 1939 年出版的《价值与资本》一书中,用序数效用论分析了消费者均衡。

萨缪尔森将这两种理论弥补到马歇尔的微观经济中,即弥补了马歇尔的竞争市场缺陷和消费者均衡理论最薄弱环节,使微观经济学理论更趋于"完善"。

4. 将宏观、微观经济学统一为一体

马歇尔的经济学在 19 世纪后期确立为主流经济学地位,但到了 20 世纪 30 年代凯恩斯经济学公开反对马歇尔经济学。萨缪尔森则将两个经济学合并在一起,建立起

经济学体系。时至今日，世界各国各大学的经济学课程仍然采取微观经济和宏观经济统一为一体设置。以萨缪尔森为代表的经济学，被称为新古典综合学派，是"二战"以来的主流经济学。

三、开放经济国的宏观经济研究的目的

在经济全球化的趋势的背景下，国际金融市场上的任何波动，都会直接或间接地引起各国的汇率、利率、对外直接投资，以及股票市场和债券市场等方面的波动。同样，国际产品市场上的任何波动，会引起各国进出口贸易的波动。其他主要国家经济政策的变动，会对相关国家的经济产生影响。当然，如果我国宏观经济政策发生变化，以及我国在世界经济中的话语权发生变化，也会对其他相关国家的经济有一定影响。

因此，开放经济条件下的宏观经济注重利用国内外市场上稀缺资源，进行最优配置，实现本国居民充分就业、价格平稳、提高经济效率、减少经济波幅、国际收支平衡、发展本国经济、增加国民收入，提高国民生活水平和质量。

思考题：

1. 试比较当今世界相对开放度高的国家与开放度低的国家宏观经济的差别。
2. 开放经济条件下宏观经济需要解决的问题。
3. 开放经济条件下宏观经济研究的对象。
4. 开放经济条件下的宏观经济学与微观经济学之间的关系。

参考资料：

1. 开放经济 MBA 智库百科网。
2. 封闭经济 360 百科网。
3. 付卡佳：《当代西方经济学原理》第一章，经济科学出版社 1999 年 2 月。
4. 萨缪尔森：《宏观经济学》第一章、第二章，人民邮电出版社 2012 年 1 月。

第二章 国内生产总值与国民生产总值及其核算

宏观经济学的中心理论是国民收入，其入手也是国民收入。国民收入中最主要的总量是国内生产总值和国民生产总值，本章围绕着这两个主要概念、核算方法，以及经济开放国的宏观经济循环流动模型展开分析。

第一节 国内生产总值与国民生产总值

一、国内生产总值

国内生产总值（Gross Domestic Product，GDP）是指一个国家（或地区）所有常住单位在一定时期内所生产的最终商品和服务市场价值总和。要理解 GDP 的含义，我们需要弄清以下几个方面的问题。

（一）常住单位

常住单位（Resident Unit）是指在一国的经济领土内具有经济利益中心的单位。

经济领土是指由一国政府控制的地理领土组成，包括该国大陆的领地、领海、领空和位于国际水域；该国具有捕捞或海底开采管辖权的大陆架；还包括该国在国外的所谓领土"飞地"，如该国驻外使馆、领馆用地以及国际组织用地；当然，不包括该国地理领土边界内的领土"飞地"。

经济利益中心是指某单位在一国的经济领土范围内具有一定的场所，如住房、厂房及其他建筑物，从事一定规模的经济活动并超过一定时期（一般为一年），则称该单位在这个国家里具有经济利益中心。

从开放经济条件来看，我国的常住单位不仅包括我国的企业，也包括外资企业。它们共同构成创造我国国内生产总值的经济利益中心。

（二）国内生产总值计量的是流量而不是存量

GDP 测量的是一定时期内生产的最终产品和服务的价值，因此是流量而不是存量。存量（Stock）衡量的是一个时间点上的数量，比如，中国人口在某年某月某日总量是 13.5 亿。流量（Flow）衡量的是一段时间内数量的变化，比如，在某年里我国新加入劳动者队伍人数是 10 万。所以，计量某年某国的 GDP 是该年这个国家内新创造的最终产品和服务的市场总价值总和，而不是历年累积的价值。假设美国苹果公司在 2012 年生产了 200 亿美元的 iPhone，但是由于 2011 年的存货留存，苹果公司在 2012 年实际销售额是 260 亿美元。那么 2012 年内，苹果公司创造的 GDP 是 200 亿美元，多出的 60 亿美元差额属于苹果公司 2011 年创造的 GDP。同样的，如果苹果公司 2012 年的实际销售额是 180 亿美元，2012 年苹果公司创造的 GDP 依然要算作 200 亿美元，在经济学中储存在仓库的剩余 20 亿美元产品将被算作苹果公司买下来的存货投资。同时，假如 2012 年中，有 5 000 部 iPhone 手机的用户换了新的手机，把他们原来的 iPhone 手机倒卖掉了，那么这 5 000 部 iPhone 手机转卖得到的价值同样不计入 GDP 中。也就是说，二手货的出售并不包括在 GDP 中，GDP 只计算一定时期内创造出来的价值。

（三）国内生产总值计量的是最终产品不是中间产品

中间产品（Intermediate Goods），是指用于生产其他产品的产品。比如，食品工厂为生产成品食物而需要投入的面粉、水、酵母、鸡蛋等，在生产中被消耗掉的产品都属于中间产品。最终产品（Finished Products），是指生产出来被消费者购买和使用，而不再被投入其他产品的生产过程中的产品。如食品工厂的成品食物。这样在计算 GDP 时避免了重复计算。

但是，在现实中许多产品既是最终产品也是中间产品，比如消费者家庭消费的鸡蛋与食品工厂中所消耗的鸡蛋；家庭用电与企业用电，等等。这就要看该产品在哪里发挥使用价值来确定，从而也就引出下一个问题，即用增值法来计量 GDP。

（四）用增值法来计量国内生产总值

增值法就是在每个生产环节中企业所创造出来的新价值。如表 2 - 1 所示，假设，生产小麦需要投入的种子等中间产品价值为零，农民在生产小麦过程中新创造的价值为 9，将小麦以 9 的价值出售；面粉企业要生产面粉所需要的小麦支出为 9，在生产面粉的过程中，该企业新创造的价值是 6，面粉销售价格是 15；生产蛋糕的企业需要支出 15 购买面粉从事蛋糕生产，蛋糕生产出来，企业新创造的价值是 5，蛋糕以 20 的价格出售，蛋糕直接进入消费者手中，它是最终产品，也是 GDP 统计之处 20。另外，从表的增值列中我们可以将每个生产环节新创造出来的价值加总求和也是 20，计量 GDP 时为了不出现重复计算应采取此种方法。而不是产品价值之和 44，或者中间产品之和 24。统计工作者会小心翼翼地将企业的附加价值统计到 GDP 中。

表 2 - 1　GDP 的增值法

生产阶段	产品价值	中间产品	增值（即附加价值）
小麦	9	0	9
面粉	15	9	6
蛋糕	20	15	5
合计	44	24	20

附加价值（Valve Added）是该企业的销售额与从其他企业购进来的原材料和劳务价值之间的差额。也就是说，是企业在生产环节内新创造的价值部分。

（五）国内生产总值是以货币为计量单位

GDP 代表的是一个经济总体的经济行为，而一个经济总体涉及的经济行为可谓是五花八门，可以生产一桶一桶的汽油，也可以生产一箱一箱的肉，还可以提供咨询服务等。这些经济行为必须要用相同的单位来衡量其价值才能够汇总为一个指标，如果以重量、数量等单位来衡量，如此这样，服务业创造的价值就无法估量。然而，现实中所有商品和服务都要在市场中交易流通，它们都有对应的货币价值，都可以以货币单位来衡量。因此，GDP 里所有生产的商品和服务都是以货币加以衡量的。

（六）国内生产总值的统计不包括非市场性交易的产品和服务及非生产性交易

非市场性交易的产品和服务是指那些不进入市场的产品和服务，比如，用于自家消费的房前屋后种的蔬菜、水果，父母承担的家务劳动等。相反，父母平时因为工作繁忙，没空做家务，他们请来了一位家政人员打扫房间，那么，父母付给家政人员的报酬就应算入 GDP 中。

非生产性交易是指的纯粹金融性市场交易，如，证券交易、公共转移支付、私人转移支付等，这些交易只是资金、证券在不同的所有者之间进行转移，并无任何产品和劳务与之交换，现行的社会产量是不会发生变化的。

二、国内生产总值的局限性

在当代世界经济范畴内，GDP 被绝大多数国家作为衡量经济发展的指标，处于十分重要的地位。GDP 在一定程度上反映了一国的综合实力，以及体现一国的国际影响力。但是，随着人类科技和世界经济开放程度的不断发展，GDP 已经在全面衡量经济活动方面显示出很大的局限性。

首先，GDP 用市场价格来评价产品和服务，忽略了市场交易之外进行的活动所创造的价值，特别是家庭中生产的自用产品和服务的价值。例如，一位特级厨师在高级餐厅中做出了价值上万元的美味佳肴，这顿饭的价值就被计入 GDP。然而，当特级厨师回到家中为家人制作同样的饭菜时，他所提供的劳务就没有被计入 GDP。两者都是为社会做出了贡献、创造了价值，但 GDP 却不能反映没有参与市场交易的那部分价值。

其次，GDP 作为衡量经济活动的总指标时，没有将环境资源的变化包括在内。例如，造纸厂在创造价值上亿的 GDP 的纸制品时，由于追求利润而降低成本，不去治理它所排放的废气废水，严重污染着空气和水资源。长远来看，有些对环境造成的破坏损失甚至可以超过其创造的价值。然而，在 GDP 中只计算了这些工厂创造的价值，却没有计算这些生产活动所带来的负面价值。针对于此，绿色 GDP 的概念渐渐被人们提出。

绿色 GDP（Green GDP）是指一个国家或地区在考虑了自然资源（主要包括土地、森林、矿产、水和海洋）与环境因素（包括生态环境、自然环境、人文环境等）影响之后经济活动的最终成果，即将经济活动中所付出的资源损耗成本和环境降级成本从 GDP 中予以扣除。其公式：

$$绿色\ GDP = GDP - （环境资源成本 + 环境资源保护服务费用）$$

由此可知，绿色 GDP 占 GDP 的比重越高越好，它表明国民经济增长的正面效应越高，负面效应越低，反之亦然。

再次，GDP 没有计入闲暇消费价值。

最后，GDP 没有计入地下经济合法收入。地下经济是指那些不向政府报的活动。地下经济分为不合法的和合法的。不合法的地下经济包括赌博、卖淫、贩毒等（有的国家有的这类活动属于合法的）；合法的地下经济一般是指那些逃税而没有记录的经济活动。

由于 GDP 统计的不足，经济学界提出了经济净福利（Net Economic Welfare, NEW）的概念，NEW 对 GDP 进行了两大修改，即：NEW 排除了 GDP 中对个人福利没有贡献的部分；GDP 中没有计入的重要消费项目包括在 NEW 之中。NEW 的统计目前还有很多困难，经济学家才刚刚开始。

我国改革开放三十多年中 GDP 以年均 9.8% 的速度增加，人民摆脱了贫困，生活逐渐地进入了小康水平，近年来我国 GDP 已稳稳地位居世界第二名。

三、国民生产总值

国民生产总值（Gross National Product, GNP）是指一国的国民拥有的生产要素在一定时期内生产的最终产品和服务的市场价值之和。国民生产总值和国内生产总值一样是宏观经济学的重要衡量指标，二者之间既有区别又有联系。

GNP 与 GDP 最大的差别体现在：GDP 是一个地域概念，其要求计算一个国家或者地区内生产的所有最终产品的市场价值之和，无论是哪国国民拥有的生产要素在此生产，只要生产发生地是在这个国家或者地区，那么这些价值就计算到 GDP 中；而 GNP 是一个国民的概念，其要求计算的是一国国民所拥有的生产要素所生产的最终产品和服务的市场价值之和，无论国民是在什么地方进行生产，只要是本国国民拥有的生产要素进行的生产，就都将计入该国的 GNP 之中。例如，在中国开设的德国大众汽车公司，其公司收益应该计入中国的 GDP，同时也应该计入德国的 GNP，但在计算中国的 GNP 时，就不能计入其收益。同样的，在美国工作的中国人创造的收益就应该计入中国的 GNP 之中，而不能计入美国的 GNP，但是要计入美国的 GDP 之中。总而言之，GNP 是按价值生产的国民归属来进行判断是否计入，而 GDP 是按价值生产的发生地来判断是否计入，即一个是"国民原则"，另一个是"国土原则"。

二者之间关系是：

GNP = GDP + 本国公民投在国外的生产要素所得的收入 – 外国公民投在本国的生产要素所得的收入

如果一个国家内许多生产力都归属外国所有，或者一个国家国民拥有许多海外资产，那么这个国家的 GDP 和 GNP 在量上就会有很大的差距。随着经济全球化的发展，许多国家的 GDP 与 GNP 两个指标差值逐渐扩大，一般情况下，发达国家表现为 GNP 大于 GDP，发展中国家表现为 GNP 小于 GDP。两者之间的差异，最终则表现为国与国之间生产要素不均衡下的财富转移。

开放经济条件下的宏观经济既重视 GNP 的数据也重视 GDP 的数据。因为前者能反映出一个国家拥有的生产要素的数量和质量的高低，后者则能反映出不同区域的经济发展水平的差异。

目前，GDP 是世界组织和各国官方普遍认可、广泛采用的最重要经济指标。20世纪 90 年代前，各国主要采用 GNP 和人均 GNP 的统计来测算经济增长率，用来衡量国与国之间经济实力的比较研究。进入 90 年代后，各国重点采用 GDP 和人均 GDP 来衡量国家之间的经济增长快慢以及经济实力的强弱。在我国，GDP 增长程度不仅反映了我国的三驾马车对国民经济的拉动作用，也反映了外国投资企业对我国经济的拉动作用，以及对外开放的程度。因此，我国更加重视 GDP 指标的增长。

四、国民收入的其他衡量指标

广义的国民收入除了 GDP 和 GNP 外，还包括国内生产净值、国民收入（狭义）、个人收入和个人可支配收入。

（一）国内生产净值

国内生产净值（Net Domestic Product，NDP）是指扣除了资本设备的消耗（即折旧）以后的最终产品价值，也就是从 GDP 中扣除折旧，就得到 NDP。因为 GDP 计算的是所有生产出的最终产品的价值，并没有扣掉生产这些最终产品所消耗掉的资本设备，而 NDP 计算的是减去所有消耗以后的净产值。即：

$$NDP = GDP - 折旧$$

固定资产在使用过程中存在着物质磨损和精神磨损，其价值随着磨损逐渐转移到产品价值中，折旧费是指按固定资产额及其折旧年限，计算出的每年应分摊的费用。折旧率也称为固定资产折旧率，是指固定资产折旧额与固定资产原始价值比率。它反映固定资产价值分摊到成本费用中的程度。

（二）国民收入

国民收入（National Income，NI），属于狭义的国民收入，它是指生产要素在一定时期内提供生产服务所获得的报酬总和，即：

$$NI = 生产要素收入 = 工资 + 利息 + 租金 + 利润$$

这里的利息是指的净利息，净利息是指企业与银行借贷关系中所产生的利息。在现实经济中利息分为：高利贷利息、公债利息和银行借贷利息。高利贷利息是非法利息，公债利息是政府转移支付的利息。银行借贷利息是由资本市场中借贷资本供求关系决定的。这样 NI 与 NDP 以及 GDP 的关系是：

$$NI = NDP - 间接税 + （政府补贴） - （企业转移支付）$$

$$NI = GDP - 折旧 - 间接税 + （政府补贴） - （企业转移支付）$$

间接税也称流转税，是指税收负担不由纳税者本人承担，而是将其转嫁出去，或者说纳税义务人不是税收的实际负担人。间接税主要是关税、消费税、销售税、营业税。间接税之所以不计入 NI 里是因为纳税义务人通过提高价格或提高收费的标准等方法把税收负担转嫁给别人的税种，不是企业生产要素创造出来的价值，并经过交税转移到国家手里，要素所有者得不到这部分钱。

政府补贴是指政府对某一产品的市场售价低于"要素成本"而做出的补贴。虽然政府对某企业补贴不是该企业创造的价值，但它构成该企业生产要素的收入，应计入 NI 中。

企业转移支付通常是指企业对非赢利组织的赠款或捐款，以及非企业雇员的人身伤害赔偿等。企业转移支付资金来源于产品价格，不是企业生产要素创造的，因此需要减去。

（三）个人收入

个人收入（Personal Income, PI）是指个人在一定时期从各种来源所得到的收入总和。PI 不等于 NI，NI 不会全部给个人，NI 中主要有三项没有分配给个人，即：社会保险税（费）、公司所得税和公司未分配的利润。公司经营得到利润后要向政府缴纳所得税、资本积累、红利和股息发放。同时，个人也会以各种方式从政府那里得到转移支付，例如职工养老金，社会最低保障金和失业救济金等，这一部分收入并不是本期提供生产要素服务得来的价值，所以没有被包含在 NI 中，但它又是在本期实际得到的，因此必须加入到 PI 中。PI 的等式是：

$$PI = NI - （社会保险税 + 公司所得税 + 公司未分配的利润） + 转移支付$$

（四）个人可支配收入

个人可支配收入（Disposable Personal Income, DPI）：一国的所有个人在一定时期可以自由支配的收入。个人可支配的收入只有两部分，个人消费支出和个人储蓄。

$$PDI = 个人消费支出 + 个人储蓄$$

PDI 与 PI 的关系是：

$$PDI = PI - 个人所得税$$

第二节　国内生产总值的核算

在国民收入核算中，一个最奇妙的核算关系是：总产出等于总支出等于总收入。为了更好理解国民收入核算方法，我们需要认识"总产出等于总收入，总产出也等于总支出"。

总产出等于总收入。假设某食品加工厂某年的总产出为 200 万元，其中原材料耗费 120 万元，付给工人工资及其他要素成本是 40 万元，交给政府的赋税是 15 万元，工厂最后所得利润为 25 万元。即：

$$200 \text{ 万元} = 120 \text{ 万元} + 40 \text{ 万元} + 15 \text{ 万元} + 25 \text{ 万元}$$

因为企业使用生产要素必须支付代价，向工人需要支付工资，使用资本需要支付利息等，这些要素都在生产产品中做出了贡献，要素供给者就会获得要素报酬作为收入。在这里，农场提供了食材，原材料成本 120 万元实际就是农场得到的销售收入；工人提供了自身劳动力，其他要素所有者提供了生产要素服务，工人工资及其他要素成本实际就是要素所有者的收入 40 万元；政府提供了治安稳定等服务，以使得工厂能够顺利正常运营，税收实际就是政府的收入 15 万元；利润就是食品加工厂企业家才能的收入。企业生产的总价值或总产出是由各种生产要素提供服务的结果，这些生产要素的总收入必然与其生产的总产出相等。

总产出等于总支出。我们知道总产出计算的是最终产品的市场价值，也就是最终产品购买者的总支出。例如，食品加工企业生产销售了 200 万元成品食物，也就意味着消费者支出了 200 万元来购买这些食物。不只是成品食物是这样，在现实生活中千千万万的最终产品生产都是这样。那么，就能得出总产出等于总支出。

如果某工厂在一定时期内生产了 100 万元货物，并没有全部销售出去，假设只销售掉 60 万元的货物，那么总产出与总支出如何相等呢？在现实中企业会将剩下的 40 万元货物看作是企业自己购买自己的产品，作为在存货方面的投资，称为存货投资。这样也会得出，从一个经济总体来看，总产出等于购买最终产品的总支出。

由于国民经济的总产出等于总收入等于总支出，则 GDP 的核算方法就有支出法、收入法和生产法。

一、核算国内生产总值的支出法

支出法，也称为产品流量法，是指在一定时期内（如一年）整个经济总体购买最终产品和服务的总支出来计算的 GDP。每年国家都会生产出成千上万的各种各样的最终产品，并进入市场按着其价格销售，因此 GDP 核算公式：

$$GDP = Q_1 P_1 + Q_2 P_2 + Q_3 P_3 + Q_4 P_4 + \cdots + Q_n P_n$$

其中 Q_1 为第 1 种产品数量，P_1 为其价格，二者相乘为第 1 种产品的总价值，加上第 2 种产品总价值,以此类推,一直加到第 n 种产品,将设定的这一定时期内所创造的全部最终产品和服务价值加总求和得出其 GDP 总值。

这些最终产品和劳务的购买者是谁呢?现实中有:居民消费、企业投资、政府购买和出口。因此,用支出法核算 GDP 就是核算一个国家或地区在一定时期内(通常为一年)的消费、投资、政府购买和出口支出的总和。如表 2 - 2 所示为 1996 年美国国内生产总值。

表 2 - 2   1996 年美国国内生产总值　　　　单位:10 亿美元

支出法		
1. 个人消费支出		5 208
耐用品	635	
非耐用品	1 535	
服务	3 038	
2. 国内私人总投资		1 116
住宅投资	309	
企业投资	781	
存货变动	26	
3. 政府消费投资		1407
4. 净出口		−95
出口	871	
进口	966	
国内生产总值		7 636

(一) 消费

个人消费支出 (Personal Consumption Expenditure) 用 C 来表示,是居民或个人用于物品和劳务的支出。包括耐用消费品 (小汽车、电视机、洗衣机等),非耐用消费品 (如食物、衣物等) 和劳务 (医疗、旅游、理发等) 的支出。然而,购买新房支出是除外的,因它被算在固定投资中。如表 2 - 2 中的个人消费支出 52 080 亿美元,其中,耐用品 6 350 亿美元、非耐用品 15 350 亿美元、服务 30 380 亿美元。

(二) 投资

投资 (Investment) 用 I 来表示,是指增加或更换资本资产 (包括厂房、住宅、机械设备及存货) 的支出,是一定时期内增加到资本存量中的资本流量,而资本存量是经济当中某一时点的资本总量。也可以说,投资是指一年内一国的建筑物、设备及库存等资本存货的增加部分,在开放经济条件下也包括外国直接投资在内。如表 2 - 2 中国内私人总投资 11 160 亿美元,其中,住宅投资 3 090 亿美元、企业投资 7 810

亿美元。资本设备和建筑物的使用虽然是可以用于其他产品的生产过程，但是资本设备和建筑物并不能算为中间产品。因为中间产品是在生产其他产品时被全部消耗掉，而资本设备和建筑物在生产其他产品时只是部分地被消耗掉，这是两者之间最重要的区别。

投资可以分为固定资产投资与存货投资之和，也可以分为净投资与重置投资之和，净投资可正可负，也可以为零，净投资的多少反映出国家发展的实力。另外，从经济理论角度看，投资分为实际投资与金融投资。经济学所说的投资为实际投资。投资意味着牺牲当前消费以增加未来消费。

投资的其他概念。国民毛投资总额（Total Gross National Investment）是指国内投资与净出口之和；国民投资总额（Total National Investment）是指净出口加上国内对新资本品的投资；对外净投资（Net Foreign Investment）是指当某国出口大于进口时，将贸易余额（净出口）投资于海外。

（三）政府购买

政府购买（Government Purchase）用 G 表示，是指中央政府、地方政府等，购买物品和劳务的支出。如政府花钱建设铁路、开办学校、外交、公共交通、筹备军队和管理治安以及公务员的薪水等方面的支出需要计入 GDP 里。如表 2 - 2 中，政府消费投资 14 070 亿美元。值得注意的是，政府购买并不完全等于政府支出，政府支出包含了政府购买和转移支付等。因为政府购买时通过雇用人员，采购原料，建设公共设施，组建军队等为社会提供了服务和产品，而转移支付只是简单地把收入从一部分人转移到另一部分人那里，这个过程中并没有发生对应产品和服务的交换。例如政府发放救济金并不是因为那部分人创造了价值或提供了服务，只是因为他们没有自给自足的能力，需要靠救济金生活。所以政府采购被纳入 GDP，而转移支付等不被纳入 GDP。

（四）净出口

净出口（Net Exports）用 NX 表示，是指出口与进口之差。国际经济交往中，商品的出口就是国外为购买国内生产的商品进行的支付，收入从国外流入。而商品的进口就等于国内的支出用于购买国外生产的产品，收入流到国外。因此，用支出法核算 GDP 时，商品出口获得的支付应该计入 GDP 中，同时 GDP 中应该减去为商品进口的支付。例如，中国企业生产的纺织品出口美国，这部分收入就应该计入中国的 GDP 中；而中国进口俄罗斯石油的支出就应该从我国的支出法计算的 GDP 中扣除。如表 2 - 2 中净出口为 - 950 亿美元，其中，出口 8 710 亿美元、进口 9 660 亿美元。按着支出法核算 1996 年美国国内生产总值将 1、2、3、4 项加总求和 GDP 为 76 360 亿美元。

二、核算国内生产总值的收入法

收入法（或者称为成本法）是指生产要素在生产中所得到的收入之和。各种生产要素构成的成本并不等于 GDP，还有间接税、折旧等内容。如表 2-3 所示。因此，用收入法核算的内容有：

（1）工资、利息、租金等生产要素的报酬（即 44 270 + 4 250 + 1 460 = 49 980 亿美元）。工资包括所有对工作的酬金、津贴、补贴养老费、保健费及工资收入者必须缴纳的所得税和社会保险税。这里的利息是指人们给企业提供的货币资金所得到的利息收入，如银行存款利息、企业债券的利息等，但不包括政府公债利息和消费信贷利息。租金包括个人出租土地、房屋等租赁收入、个人使用自己的土地所估算的租金，以及生产者专利权、版权等收入。

（2）非公司企业主收入（即 5 200 亿美元）。包括医生、律师、农民、小店铺主的收入。他们自己雇用自己，使用自己的资金，其工资、利息、利润、租金混在一起是非公司企业收入。

（3）企业转移支付和企业间接税。这些虽然不是生产要素创造的收入，但要通过产品价格转嫁给购买者，视为成本，故应计入 GDP。而直接税已经包括在工资、利润、净利息、租金中，为避免重复计算，则不应计入 GDP 中。

（4）公司税前利润（即 7 360 亿美元）。包括公司所得税、社会保险税、股东红利及股息、公司未分配利润等。

（5）资本折旧和误差调整。资本折旧在支出法中计入总投资，所以在收入法中也应计入 GDP 中。统计误差，是由于官方统计人员从来没有完全掌握他们所需要的每一项统计数据，而统计工作者总是不得不使用数据不完整的报表，并经由估算等办法填充缺漏的数据。

表 2-3　1996 年美国国内生产总值收入法（成本法）　单位：10 亿美元

1. 工资或其他雇员补贴		4 427
2. 净利息		425
3. 个人租金收入		146
4. 企业间接税，调整和统计误差		552
5. 折旧		830
6. 非公司企业的收入		520
7. 税前公司利润		736
股息	305	
未分配利润	202	
公司利润税	229	
国内生产总值		7 636

通过收入法的统计，1996 年美国的国内生产总值 GDP 为 76 360 亿美元，与支出

法统计的国内生产总值 76 360 亿美元相同。那么，不管采取哪种方法核算国内生产总值，其结果应该是一致的。

三、核算国内生产总值的产出法

产出法（增值法、部门法）。产出法核算 GDP 就是核算每个企业在生产产品和服务的过程中创造价值的总和。

$$GDP = 价值增值 = 总产出 - 中间消耗$$

我国的 GDP 核算方法主要是生产法，国家统计局的解释是用生产法核算 GDP 更符合中国国情。如表 2 - 4 所示。将我国企业分成三大产业，先统计出各产业创造价值，然后再加总求和，核算出每年的国内生产总值。

表 2 - 4　我国国内生产总值（生产法）

年份	国民收入（10 亿元）	国内生产总值（10 亿元）	第一产业（10 亿元）	第二产业（10 亿元）	工业（10 亿元）	建筑业（10 亿元）	第三产业（10 亿元）	人均国民生产总值（元）
2006	21 590.4	21 631.4	2 404.0	10 372.0	9 131.1	1 240.9	8 855.5	16 500
2007	26 642.2	26 581.0	2 862.7	12 583.1	11 053.5	1 529.7	11 135.2	20 169
2008	31 603.0	31 404.5	3 370.2	14 900.3	13 026.0	1 874.3	13 134.0	23 708
2009	34 032.0	34 090.2	3 522.6	15 763.8	13 524.0	2 239.9	14 803.8	25 608
2010	39 976.0	40 151.3	4 053.4	18 738.3	16 072.2	2 666.1	17 359.6	30 015
2011	47 211.5	47 288.2	4 748.6	22 041.3	18 847.0	3 194.3	20 498.3	35 181

资料来源：2012 中国统计年鉴 2 - 1 国内生产总值；数据按当年市场价格统计。

第三节　名义 GDP 和实际 GDP

GDP 作为衡量经济总量的指标，代表了一定时期内经济总体的经济活动创造的价值。当我们需要纵向比较一国的经济产出的变化时，不同时期的 GDP 真的可以体现这种变化吗？我们知道 GDP 是代表的市场价值，GDP 是用货币来计算的，所以 GDP 的变化将由两个因素来决定：商品和劳务的数量变化；商品和劳务的市场价格变化。因此，单纯的 GDP 数值的变化并不能体现经济体实际产出的变化。

例如，一个山区经济体，只生产木材和毛皮两种商品，第一年生产了 10 吨木材和 5 000 件毛皮，市场价格分别为每吨 1 000 元和每件 50 元。那么第一年的 GDP 为：

$$第一年的 GDP = 木材数量 \times 木材价格 + 毛皮数量 \times 毛皮价格$$
$$= 10 \times 1 000 + 5 000 \times 50 = 260 000$$

第二年生产了 5 吨木材和 4 000 件毛皮，但是由于市场价格波动，木材价格变为每吨 4 000 元，毛皮价格变为每件 60 元，则第二年的 GDP 为：

第二年的名义 GDP = 5 × 4 000 + 4 000 × 60 = 260 000

此时，如果只比较两年的 GDP 我们会认为这个山区两年的生产水平是相同的。但是，实际上我们知道第二年创造的价值远远少于第一年，只是因为市场价格变动导致了 GDP 数值上的不变。因此，衡量商品的价值尺度不应具有伸缩性，而应该是固定的。

经济学家为了正确地比较不同年份的实际产出，提出了实际 GDP 的概念。实际 GDP 是按不变价格衡量的商品和劳务的产出，一般是用以前某一年的市场价格作为基期价格衡量出来的全部商品和劳务的价值。而以现期价格衡量的商品和劳务的价值被称为名义 GDP（或货币 GDP）。由于使用实际 GDP 时剔除了因为价格变动而引起 GDP 变化的因素，所以实际 GDP 可以真实反映不同时期经济体的产出水平及变化。

在山区经济体的例子中，若以第一年的市场价格作为基期价格，则：

第一年的实际 GDP 等于第一年的名义 GDP = 10 × 1 000 + 5 000 × 50 = 260 000

第二年的实际 GDP = 5 × 1 000 + 4 000 × 50 = 205 000

我们可以发现第二年的实际 GDP 远低于第一年的实际 GDP，表示了第二年产出减少的变化。同时，第二年的名义 GDP 和实际 GDP 的差别正好反映出第二年价格水平和第一年价格水平（即基期价格水平）的变动程度。

随着实际经济的发展和经济理论不断深入探索，提出了 GDP 平减指数用来衡量实际 GDP。

实际 GDP = 名义 GDP ÷ GDP 平减指数

GDP 平减指数（GDP 折算指数）：根据国民经济各个部门中的每种商品的经济重要性来确定其权数，然后对每种商品进行加权计算而得出的价格指数。权数是指在统计计算中，用来衡量总体中各单位标志性作用大小的数值。

假如，各类商品的权数是：食品为 34%、烟酒及用品为 4%、衣着 9%、家庭设备及维修服务为 6%、医疗保健个人用品 10%、交通通信 10%、娱乐教育文化用品服务 14%、居住 13%，为了说明方便，假设第一年商品价格为 100 元。则第一年 GDP 平减指数是：

（0.34 × 100）＋（0.04 × 100）＋（0.09 × 100）＋（0.06 × 100）＋（0.10 × 100）＋（0.10 × 100）＋（0.14 × 100）＋（0.13 × 100）＝100

第二年，这些商品的价格发生了变动的顺序为：食品价格上升了 5%；烟酒及用品价格上升了 10%；衣着上升了 6%；家庭设备及维修服务上升了 3%；医疗保健个人用品上升了 4%；交通通信上升了 2%；娱乐教育文化用品服务上升了 1%；居住上升了 20%，则第二年 GDP 平减指数是：

$(0.34 \times 105) + (0.04 \times 110) + (0.09 \times 106) + (0.06 \times 103) + (0.10 \times 104) + (0.10 \times 102) + (0.14 \times 101) + (0.13 \times 120)$

$= 35.7 + 4.4 + 9.54 + 6.18 + 10.4 + 10.2 + 14.14 + 15.6$

$= 106.16$

这样，用第二年名义 GDP 除以 106.16 所得出来的商就是第二年的实际 GDP。

第四节　开放经济条件下宏观经济循环流动模型

在市场经济中，市场经济的参与者分为：消费者（或居民户）、厂商（或企业）、政府和对外经济。市场可以分为：产品市场、生产要素市场、金融市场（包括国内金融市场和国际金融市场）。为了分析层次清晰，依据参与市场者的划分，可以将市场分为两个部门、三个部门、四个部门的经济模型。

一、两个部门（私人部门）经济循环流动模型

两个部门经济是由居民户部门和厂商部门构成的经济，这里假设没有政府部门、没有对外贸易和对外投资部门，也没有外汇市场等国际金融市场。因此，没有税收、政府支出、进出口和资本输入输出。为了分析简化，再撇开折旧。这样，国内生产总值等于国内生产净值也等于国民收入。

居民户部门与厂商部门，首先通过产品市场和要素市场联系起来。如图 2 - 1 所示。居民户部门是要素的所有者，向厂商部门提供土地、劳动、资本和企业家才能。厂商向生产要素的所有者支付其提供服务的报酬；厂商部门将生产要素组织起来，生产出产品，然后，将产品（即消费品和劳务）提供到产品市场上去销售，厂商得到的销售收入为国民收入；居民将其得到的收入（即国民收入）到产品市场去购买自己所需要的消费品和劳务。这样就形成了整体的国民经济循环流动。

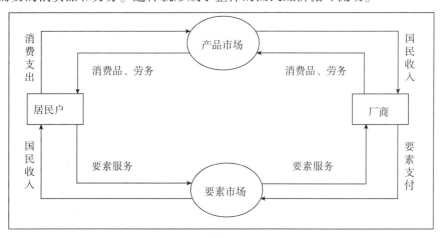

图 2 - 1　两个部门基本循环流动模型

从图 2 - 1 中可以看到逆时针转动的是实物，顺时针变动的是货币，而且每个环节的交换都是实物与货币的等价交换，社会上的生产与消费相等。

居民户部门与厂商部门的第二个联系是通过金融市场来进行。如图 2 - 2 所示。居民户得到收入后，将其一部分用于消费，另一部分用于储蓄，进入金融市场。假设金融市场中的银行不考虑其成本与利润。银行把社会上的闲散资金吸收进来，然后将其以贷款的形式贷放出去，企业在经营过程中需要资金，并从银行机构获得投资。如果全社会通过金融机构将储蓄全部转化为投资，二者相等，则经济循环可以正常运行下去。因为居民户将其收入的一部分用于储蓄，会导致社会上一部分的产品卖不出去，如果企业将该部分从银行取得贷款并用于投资，把社会上另一部分的产品购买了下来，整个社会的循环就能正常运行。

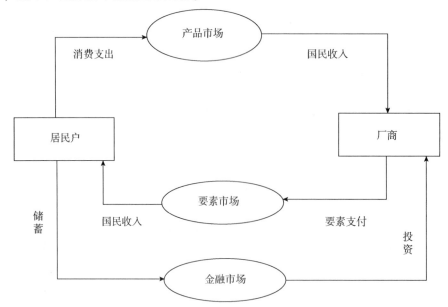

图 2 - 2 两个部门国民经济循环模型

两个部门经济循环模型也可以用公式表达。从宏观经济来看总支出是购买者购买的所有生产的商品和服务的货币总值。它包括居民户的消费支出和厂商的投资支出，可分别用消费与投资来代表。我们知道核算国内生产总值的方法有支出法，因此，国内生产总值总等于消费加投资。即：

$$总支出 = 消费 + 投资$$

总支出用 AE 表示，用 C 代表消费（Consumption），用 I 代表投资（Investment），则：

$$AE = C + I$$

社会中的全部产品和劳务是由各种生产要素生产出来的，所以，总收入是各种生产要素收入的总和，即：工资、利息、地租、利润的总和。在这里居民所得到的这些收入也可分为消费和储蓄两部分。所以：

$$总收入 = 工资 + 利息 + 租金 + 利润$$
$$= 消费 + 储蓄$$

用 Y 表示总收入，用 S 表示储蓄（Saving），则上式可以写为：

$$Y = C + S$$

因为没有政府和对外经济，所以这里的总收入为个人可支配收入。由于总支出等于总收入，则两个部门的总支出与总收入的恒等式为：

$$AE \equiv Y$$
$$C + I \equiv C + S$$
$$I \equiv S$$

国民经济运行中都存在着漏出和注入。漏出（Leakage）是指国民收入中家庭等经济体未用来购买国内产品和劳务部分。比如，这里的储蓄就是居民将一部分收入未用于消费，减少了对国内市场上的商品和劳务购买量。此时，企业将有一部分产品和劳务销售不出去，有可能会减产，进一步可能减少对要素的购买，最后引起居民收入减少，所以，储蓄是国民收入循环流量的漏出。

注入（Injection）是指进入或增加对国内产品和劳务的购买。如在这里的投资，企业可以通过金融机构获得贷款，来扩大对生产设备的购买或增加存货，把居民户因储蓄而剩下的产品购买下来，则社会总支出等于社会总产出，所以，企业投资是对国民经济循环流量的注入。

须要明确的是，这里的储蓄与投资恒等式是根据定义得出来的，即是根据国内生产总值等于总收入，国内生产总值等于消费加投资，总收入等于消费加储蓄，消费加上投资等于消费加储蓄的等式得出来的。然而，这一恒等式决不意味着人们的意愿的，或者说事前计划的储蓄总会等于企业想要有的或者说事前计划投资。现实中储蓄与投资是由不同的因素决定的，某个企业、某个行业、某个地区则完全有可能投资与储蓄不相等。后面分析宏观经济均衡时所讲的投资等于储蓄时，所形成经济的均衡状态，与这里讲的储蓄—投资恒等不是一回事。此处讲的储蓄和投资恒等，是从国民收入会计角度看，事后的储蓄和投资总是相等的，是就整个经济而言。

二、三个部门经济的循环流动模型

三个部门循环流动模型是在基本的循环流动模型中加上公共部门即政府部门。政府在此模型中的收入与支出是通过税收与政府支出来实现其职能，政府通过税收和支出与居民和厂商发生联系，如图 2 - 3 所示。政府向居民户和厂商征收各种税，即所得税、工薪税、财产税、公司所得税等。政府支出分为两部分：一部分是政府转移支付（Government Transfers，GT）用作救济贫困家庭和支付社会保险费用的资金，该资金流回家庭；另一部分，政府购买支出（Government Purchases，GP）用作购买最终产品和劳务，以及国有企业生产经营等支出。

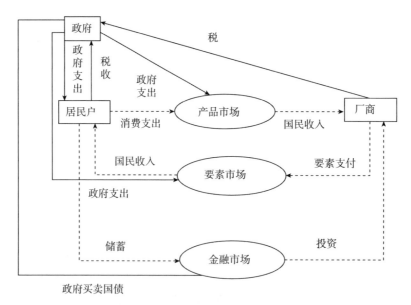

图2-3 三个部门国民经济循环流动

政府为什么要得到收入呢？因为政府为社会提供了国防、立法、基础设施等"公共物品"。政府为提供这些物品应该得到相应的收入，其收入就是税收。因此，可用政府税收来代表政府为社会提供的服务。

这些税收来自居民户和厂商，从收入角度看，国内生产总值仍旧是所有生产要素获得的收入总和，即工资、利息、租金和利润的总和。总收入得到之后得先纳税，然后才能用于消费和储蓄。

居民户除了纳税外，还能从政府的转移支付得到一部分收入，居民得到了这部分收入仍用于消费和储蓄（主要是消费，因为转移支付是政府给居民救济性收入及津贴）。因此，政府转移支付包括在消费和储蓄之中。

政府的纯收入，或者称为净税收（Net Tax，NT）是税收减去政府转移支付。即：

$$NT = T - GT$$

也就是国民收入中归于政府的部分。政府的购买支出主要来源于此。

政府的收入与支出也就构成了政府财政收支，政府的财政收支有时会出现盈余，有时会出现赤字，有时收支平衡。此外，政府会在金融市场上买卖国债等金融活动。为了分析方便，我们暂时舍下此项。

因为，政府的税收来自居民和企业，这会减少居民和企业消费，市场上就会有一部分产品卖不出去，使生产和收入下降。那么，政府的税收是对国民经济循环流量的漏出。相反，政府的支出会增大商品与劳务消费量、循环的流量，是对国民经济循环流量的注入。

通过上面的分析可以得出三个部门经济循环流动模型。总支出中不仅包括居民消费需求、厂商投资，也包括政府支出，即：

$$总支出 = 消费 + 投资 + 政府支出$$

如果用 G 代表政府支出，则上式可写为：

$$AE = C + I + G$$

总收入中除了居民提供了各种生产要素服务外，还有政府为整个社会提供了国防、立法、基础设施等"公共物品"服务。因此，总收入中不仅有消费和储蓄，也要有税收，即：

$$总收入 = 消费 + 储蓄 + 税收$$

如果用 T 代表政府税收（Tax），则可把上式写为：

$$Y = C + S + T$$

三个部门的恒等式是：

$$AE = Y$$

或：

$$C + I + G = C + S + T$$

$$I + G = S + T$$

三、四个部门（开放）经济的循环流动模型

四个部门的经济循环模型是在前三个部门的基础上加上对外经济活动所构成。国与国之间的经济交往主要有贸易和投资，其交易过程中必然要有货币的兑换等金融交易，从而需要国际金融市场的存在。如图 2 - 4 所示，该循环是以现行价格表示的资金流动方向，对外直接投资（Foreign Direct Investment，FDI）与引进外国直接投资（Attract Foreign Direct Investment）表明资本流动方向。同时，资金与实物的流动方向相反，因此，图中的出口是指出口支出，国内各部门向国外提供产品和劳务，货币的流动方向是从国外的循环中走向国内；相反，图中的进口指的是进口支出，国外向国内各部门提供产品和劳务，货币流动方向是从本国的循环流动中走向其他国家。

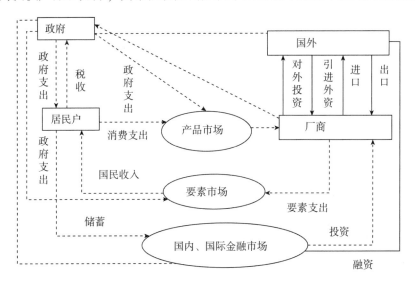

图 2 - 4　四个部门国民经济循环流动图

对外投资分为对外直接投资与对外间接投资。简单地说，对外直接投资（FDI）是指一个国家的投资者直接输出资本（资金、机器设备、专利、管理经验等）到另一个国家的企业中，并由投资者直接参与企业的经营管理，以最终获取利润为目的的投资方式。对外间接投资（Foreign Indirect Investment，FII）是指投资者在国际证券市场上购买外国公司的股票、其他证券、提供国际信贷为手段，以获取股息、利息和红利为目的的投资方式。经济学理论中的投资是指的直接投资。任何一个企业在跨国直接投资过程中都离不开金融市场，需要到金融市场融资，这个市场可能是国内金融市场，也可能是国际金融市场。

出口是外国用其收入购买本国产品和劳务，促使本国生产的增加。因此，出口属于注入。反之，进口是本国居民和企业用收入购买外国商品和劳务，会减少对本国的商品和劳务的需求，导致社会总产出的减少，因而进口属于漏出。同样如此，引进外国资本进行直接投资是注入，对国外直接投资则是漏出。那么，四个部门国民经济的总支出是：

总支出 = 消费 + 投资 + 政府支出 + 出口 + 引进外国直接投资

如果用 X 表示出口，用 I_A 表示引进外国直接投资。则：

$$AE = C + I + G + X + I_A$$

四个部门的总收入为：

总收入 = 消费 + 储蓄 + 税收 + 进口 + 对外直接投资

如果用 M 表示进口，用 I_F 表示对外直接投资。则：

$$Y = C + S + T + M + I_F$$

四个部门国民经济循环流动恒等式：

$$AE \equiv Y$$

$$C + I + G + X + I_A \equiv C + S + T + M + I_F$$

$$I + G + X + I_A \equiv S + T + M + I_F$$

出口与进口的差额称为净出口，即：

$$NX = X - M$$

当然，净出口 NX 值可正、可负、可为零。

经济学中将对外投资与引进外资之差，称为净资本流出，如果用 F 表示净资本流出，则：

$$F = I_F - I_A$$

同样，该差额可正、可负、可为零。

四个部门恒等式可以用下面等式表示：

$$I + G + X + I_A \equiv S + T + M + I_F$$

$$I + G + (X - M) \equiv S + T + (I_F - I_A)$$

一个国家的经济活动循环流动模型表现着该国稳定流动的开放式的宏观模型，而不是表现经济周期波动的模型。因此，它不涉及宏观经济关注的失业和通货膨胀，以及经济增长、汇率等问题。虽然如此，它却是开放式宏观经济运行最基本的概括。

本章围绕着国内生产总值，介绍了国民生产总值、国内生产净值、实际 GDP 等一系列的基本概念，以及这些概念之间的内在关系。为下一步分析国民收入决定奠定了基础。

思考题：

1. 请查找我国改革开放以来的国内生产总值增长过程的数据。并制作出图表，查看变化的情况。

2. 说明 GDP 与 GNP 之间的关系。请查找出来外资独资企业、合资企业改革开放以来各自数量变化情况，以及占我国出口总量的比重是多少？

3. 说明国内生产总值、国内生产净值、国民收入（狭义）、个人收入、个人可支配收入五个总量之间的关系。

4. 请说出四个部门中的漏出和注入都有哪些？为什么？

5. 引进外资和对外投资为什么与出口和进口都要加入四个部门里？对外经济关系还有其他方式吗？

参考资料：

1. 萨缪尔森：《经济学》第 3、4、5 章，人民邮电出版社 2012 年 1 月。

2. 付卡佳：《当代西方经济学原理》第九章，经济科学出版社 1999 年 2 月。

3. 杨大楷、杨晔：《国际投资（第五版）》第一章，上海财经出版社 2015 年 8 月。

第三章 简单国民收入决定理论

从本章开始，进入国民收入决定理论的分析。简单国民收入理论分析包括：消费理论、投资理论、政府的支出与税收、出口与进口、对外投资与引进外资等，以及与其密不可分的一系列产品市场中的乘数理论，从而证明国民收入增长的基本决定因素。

第一节 消费函数、储蓄函数和投资函数

我们常常听说，一个国家的国民收入状况主要取决于三驾马车的好坏。即消费、投资和出口。那么，我们就此开始入手进行分析国民收入决定理论。

一、消费函数

这里所分析的消费函数是指的社会总消费函数，是社会各个成员消费支出量的总和。决定一定时期内的社会消费量的多少有很多因素：收入水平、价格水平、消费者的资产、消费者的偏好、消费信贷、风俗习惯等。但在这些因素中收入是消费的决定因素。消费和收入之间的关系称为消费函数。可记为：

$$C = c(Y)$$

这里的 C 表示消费函数，Y 代表收入，即个人可支配收入。

消费和收入之间的关系可用表 3-1 来表示。当收入增加时，消费也增加。但随着收入的增加，消费增加的幅度越来越小于收入的增加幅度。假设，收入由 5 000 增加为 10 000、15 000、20 000、25 000、300 000，每次增幅为 5 000；而消费则由 1 950增加为 6 500、11 000、15 000、18 500、21 000、23 000，各次增幅为 4 550、4 500、4 000、3 500、2 500、2 000，显然是递减的。

表 3-1 收入与消费、边际消费、平均消费的关系   单位：元

	Y	C	ΔC	MPC	APC
A	0	1 950			
B	5 000	6 500	4 550	0.91	1.3
C	10 000	11 000	4 500	0.9	1.1
D	15 000	15 000	4 000	0.8	1
E	20 000	18 500	3 500	0.7	0.925

	Y	C	ΔC	MPC	APC
F	25 000	21 000	2 500	0.5	0.84
G	30 000	23 000	2 000	0.4	0.7667

根据表 3 – 1，可以给出消费曲线，如图 3 – 1 所示。图中横轴为收入（Y），纵轴为消费（C），45 度线上任意一点到 Y 轴和到 C 轴的垂直距离都相等，表示收入的全部都用于消费。图中的 $C = c(Y)$ 是消费曲线，D 点是消费曲线与 45 度线的交点，该点上收入与消费都是 15 000，收支相抵。在 D 点的左方，消费曲线位于 45 度线上方，表示消费大于收入，入不敷出；在 D 点的右方，消费曲线位于 45 度线下方，表示消费小于收入，有储蓄。随着收入的增加，消费曲线向右延伸，它与 45 度线的距离越来越远，说明消费随着收入的增加而增加，但增加的幅度越来越小于收入的增加幅度。其消费函数的性质是：

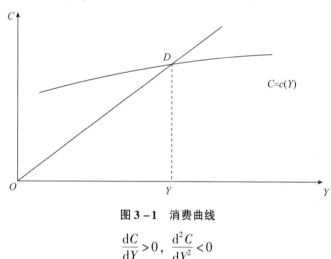

图 3 – 1　消费曲线

$$\frac{\mathrm{d}C}{\mathrm{d}Y} > 0, \ \frac{\mathrm{d}^2 C}{\mathrm{d}Y^2} < 0$$

消费函数又称为消费倾向。凯恩斯把消费倾向分为平均消费倾向和边际消费倾向。边际消费倾向（Marginal Propensity to Consume，MPC）是指消费的增量与收入增量之比。其公式为：

$$\mathrm{MPC} = \frac{\Delta C}{\Delta Y} \ (0 < \mathrm{MPC} < 1)$$

如果收入与消费增量极小，上述公式可以写成：

$$\mathrm{MPC} = \frac{\mathrm{d}C}{\mathrm{d}Y}$$

表明消费曲线上任一点的斜率。在上例中 Y 是按 5 000 规律增加的。而 MPC 则是以：0.91、0.9、0.8、0.7、0.5、0.4 递减的。凯恩斯认为 MPC 随着个人可支配收入的增加是递减的，收入越增加，收入增量中用于消费增量的部分越来越小，意味着消费函数曲线逐渐与收入等于消费的线距离越来越远。如图 3 – 1 所示。如果消费曲线是线性的，MPC 是不变的。为了简便，后面的分析中将采用线性的消费函数。

在现实生活中当人们收入为零时，消费也要进行，或者动用存款或者依靠社会救济来保持一个起码的消费水准。因此，该部分消费是个常数，它是不随收入的变化而变化的消费，被称为自主消费。如上表中的 1 950 消费就是在收入为零时的自主消费。这样消费与收入的函数可表示为：

$$C = 1\,950 + 0.91Y$$

其中 0.91 是 MPC，可支配收入为 Y 时的消费，$\mathrm{MPC} \cdot Y$ 是随着可支配收入变化而变化的消费，被称为引致消费。如果用 $\overline{C}$ 表示自主消费，则消费函数的一般公式可写成为：

$$C = \overline{C} + \mathrm{MPC} \cdot Y$$

其经济学含义是：消费等于自主消费与引致消费之和。

另外，随着收入的不断增加用于自主消费的部分所占比重越来越小，可以忽略不计，消费函数可以写成：$C = \mathrm{MPC} \times Y$。经济学界有人将 $C = \overline{C} + \mathrm{MPC} \cdot Y$ 称为短期的消费函数，$C = \mathrm{MPC} \times Y$ 为长期消费函数。

平均消费倾向（用 APC 表示）指的是消费与可支配收入的比例。公式为：

$$\mathrm{APC} = \frac{C}{Y}$$

在图 3 – 1 中，APC 在 D 点之前大于 1；在 D 点等于 1；在 D 点之后小于 1。平均消费倾向也是递减的。

APC 与 MPC 之间的关系。当消费曲线为线性时，我们不难看出 APC 大于 MPC。因为，消费函数曲线上任意一点与原点相连所成射线的斜率都大于消费曲线的斜率。如果从公式上看也可以得出此结论。

$$\mathrm{APC} = \frac{C}{Y}$$

$$= \frac{\overline{C} + \mathrm{MPC} \cdot Y}{Y}$$

$$= \frac{\overline{C}}{Y} + \mathrm{MPC}$$

$$\therefore \mathrm{APC} > \mathrm{MPC}$$

在这里 C 和 Y 都是正数。随着收入增加，$\dfrac{\overline{C}}{Y}$ 之值相对来说越来越小，说明 APC 逐渐趋近于 MPC。

二、储蓄函数

消费者可支配收入可以分成两大部分，一部分是消费，另一部分是储蓄，即：$Y = C + S$。消费是可支配收入的函数，储蓄又是可支配收入减去消费的余额，即：$S = Y - C$。因此，储蓄也是可支配收入的一个函数。确立了消费函数，储蓄函数也就确立了。

随着收入的增加，消费的增加幅度越来越小，而储蓄的增加幅度越来越大。储蓄与收入两个变量之间的关系被称为储蓄函数或称为储蓄倾向，即：

$$S = s(Y)$$

对应于表 3 - 1 和图 3 - 1，可以得出储蓄函数表 3 - 2 和储蓄曲线图 3 - 2。从表 3 - 2 中可以看出当收入为零时，人们的消费也得进行，这是由人生理决定的，其消费资金应该来源于负储蓄，如 A 的组合是负储蓄为 - 1 950 元；随着收入的增加，虽然消费在增加，则负储蓄在减少，如 B 的组合和 C 的组合；到了 D 的组合消费正好等于收入，储蓄为零；之后的 E、F、G 的各自组合中随着收入的增加储蓄也在增加，由于边际消费倾向的递减，则储蓄以递增的方式向上增加。

表 3 - 2 收入与储蓄、边际储蓄倾向、平均储蓄倾向   单位：元

	Y	S	MPS	APS
A	0	- 1 950		
B	5 000	- 1 500	0.09	- 0.3
C	10 000	- 1 000	0.1	- 0.1
D	15 000	0	0.2	0
E	20 000	1 500	0.3	0.075
F	25 000	4 000	0.5	0.16
G	30 000	7 000	0.6	0.233

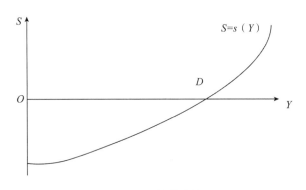

图 3 - 2 储蓄曲线

图 3-2 中的曲线是非线性储蓄函数曲线。D 点是储蓄曲线与横轴交点，即收支平衡。D 点以左是有负储蓄，D 点以右则有正储蓄。随着曲线向右延伸，它与横轴距离越来越大，表示储蓄随收入的增加而增加，且增加的幅度越来越大。

储蓄倾向也分为边际储蓄倾向和平均储蓄倾向。边际储蓄倾向（Marginal Propensity to Saving，MPS）是储蓄增量与可支配收入增量之比。公式为：

$$\mathrm{MPS} = \frac{\Delta S}{\Delta Y}$$

与前面边际消费倾向分析相对应。如果收入与储蓄增量极小，上述公式可写成：

$$\mathrm{MPS} = \frac{\mathrm{d}S}{\mathrm{d}Y}$$

$$(0 < \mathrm{MPS} < 1)$$

MPS 是储蓄曲线的斜率，其斜率随着收入的增加而越来越大。而线性储蓄函数中，MPS 是固定不变的，后面的分析我们仍然假定储蓄函数是线性的。

从消费函数 $C = 1\,950 + \mathrm{MPC} \cdot Y$ 中能够得出储蓄函数：

$$S = -1\,950 + \mathrm{MPS} \cdot Y$$

该式中，$-1\,950$ 表示不随收入变化而变化的储蓄，用 $\bar{S}$ 表示。它为负值，表明消费者在没有收入时，必须靠借债度日，负储蓄；而 $\mathrm{MPS} \cdot Y$ 是随着个人可支配收入变化而变化的储蓄。储蓄函数一般形式为：

$$S = -\bar{S} + \mathrm{MPS} \cdot Y$$

平均储蓄倾向用 APS 表示，它是指储蓄占可支配收入的比例。公式为：

$$\mathrm{APS} = \frac{S}{Y}$$

MPS 与 APS 的关系。在非线性储蓄函数中，MPS 和 APS 都是随着收入的增加而递增。但与 APC 和 MPC 关系不同，APS 小于 MPS，表现在图形上，储蓄曲线上任一点与原点连成的线段斜率总小于储蓄曲线上该点的斜率。

如果用公式表示，则：

$$\mathrm{APS} = \frac{-S + \mathrm{MPS} \cdot Y}{Y}$$

$$= -\frac{S}{Y} + \mathrm{MPS}$$

由于储蓄被定义为消费之差，两个函数之间一个确立，另一个也随之确立，那么，消费函数与储蓄函数是互补关系。如图 3-3 所示。两个函数之和恒等于 45 度线。当消费曲线位于 45 度线上方（即 $C > Y$）时，储蓄曲线位于横轴下方（即 $S < 0$）；当消费曲线与 45 度线相交（即 $C = Y$）时，储蓄曲线与横轴相交（即 $S = 0$）；当消费曲线位于 45 度线下方（即 $C < Y$）时，储蓄曲线位于横轴上方（即 $S > 0$）。储蓄曲线与横轴 Y 的距离永远是消费曲线与 45 度线之间相应的垂直距离。

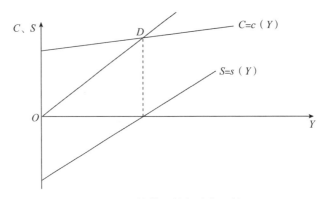

图 3 – 3　储蓄函数与消费函数

这样我们可以得出边际消费倾向与边际储蓄倾向为互补关系，二者之和等于1，即：

$$MPC + MPS = 1$$

则：

$$1 - MPC = MPS$$

$$1 - MPS = MPC$$

同样，平均消费倾向和平均储蓄倾向也互为补数，二者之和也等于1，即：

$$APC + APS = 1$$

则：

$$1 - APC = APS$$

$$1 - APS = APC$$

三、消费理论的主要发展

（一）总消费函数

宏观经济学所说的消费函数和储蓄函数不是单个家庭的消费函数和储蓄函数，而是整个社会的消费函数和储蓄函数，即总消费函数和总储蓄函数。消费、储蓄与收入之间的关系，在这里是总消费与总收入之间的关系，总储蓄与总收入之间的关系。然而，社会消费函数并不是将居民户消费函数简单相加求和，因为从居民户消费函数到社会消费函数，需要考虑以下主要限制条件：

（1）国民收入的分配是否均等，影响着社会消费曲线的位置。从现实经济社会生活中人们收入越高储蓄越多，消费相对越少，即 MPC 曲线就越低；收入越少的人储蓄越少，用于消费相对就越多，MPC 曲线就越高。因此，国民收入分配越不均等，社会消费曲线越向下移动。反之国民收入越均等，社会消费曲线就越向上移动。

（2）政府对个人收入所征税收政策的变化，影响着社会消费曲线的位置。假设，政府采取累进税政策，将富人用于储蓄的一部分收入征收到政府手里，再以支出的方式，主要是公共支出等，社会消费水平上升，消费曲线向上移动。反之亦然。

（3）未分配利润占总利润的比重，影响社会消费曲线的位置。企业未分配的利润是企业的资本积累，是一种储蓄，如果减少该部分，就会增加股东分配的利润，股东收入增加会提高消费。所以，企业未分配的利润占总利润比重上升，消费就会下降，即消费曲线向下移动，储蓄曲线就会向上移动。反之亦然。

社会消费曲线不等于居民户的消费曲线简单求和而得到，但是，考虑到许多限制条件后，社会消费曲线的基本形状和居民户的消费曲线是相似的。

（二）永久收入理论

随着宏观经济研究的深入，人们提出了一些其他影响着消费者当前消费理论的收入。主要有永久收入理论、生命周期假说理论、相对收入理论。

永久收入理论（Permanent—income Theory）由美国经济学家米尔顿·弗里德曼（M. Friedman）提出来，他认为理性消费者为了实现效应最大化，其消费不是取决于偶然所得的暂时性收入，而是取决于消费者的永久性收入。永久收入可以理解为消费者预测到未来相当长时间里可以得到的收入，是一种长期平均的预期内可以得到的收入，比如，三年以上可以维持的稳定收入的流量。由于永久性收入是稳定的，则消费函数也在较长时期内保持稳定，从而也对"平均消费之谜"做出了解释。则，消费公式：

$$C_t = \mathrm{MPC} \cdot YP_t$$

式中的 C_t 为现期消费，YP_t 为现期永久性收入。

永久性收入是无法直接观察出来的，它必须从消费单位的行为中推导出来，大致可以根据消费者所观察到的若干年收入数值进行加权平均计算。其公式：

$$YP_t = \theta Y_t + (1 - \theta) Y_{t-1}$$

式中 θ 为权数，Y_t 为现期收入，Y_{t-1} 为前期收入。该公式表明现期永久性收入等于前期收入与现期收入的加权平均数，或者说，是两期收入和它们之间变动的一定比率。加权数的大小取决于人们对未来的预期，一般来说，这种预期是根据过去的经验进行确定的，如果前期和现期收入变动的时间较长，那么现期就大些。反之亦然。

依据永久性收入的估算公式，可以将永久性收入的消费函数写为：

$$C_t = \mathrm{MPC} \cdot YP_t$$
$$= \mathrm{MPC} \cdot \theta Y_t + \mathrm{MPC}(1 - \theta) Y_{t-1}$$

这一理论不仅解释了长期消费函数的稳定性，也解释了短期消费函数的波动，暂时性收入变动通过对永久性收入变动的影响而影响着消费的变动。

（三）生命周期理论

生命周期假说（Life-cycle Hypothesis），也称为生命周期假设消费函数、莫迪利安尼消费函数。由美国经济学家弗兰科·莫迪利安尼（F. Modigliani）提出来，他认为理性消费者根据效用最大化的原则安排一生的消费和储蓄，使一生中的收入等于消费，达到人们在整个生命周期内消费的最佳配置。生命周期理论假说将人的一生分为年轻时期、中年时期和老年时期，即年轻阶段、中年阶段和退休以后阶段。一般来说，在年轻时期收入较低，但未来收入会增加，则处在该时期的人们往往会把收入的绝大部分用于消费，有时甚至举债消费，消费大于收入；进入中年时期后收入会增加，消费在收入中所占的比例会降低，收入大于消费，因为消费者一方面要偿还他年轻时的负债，另一方面要为年老时消费储蓄起来一部分收入；退休以后收入下降，消费会超出收入。

根据生命周期假说，莫迪利安尼建立了总消费函数：

$$c_t = b_1 \cdot Y_t + b_2 \cdot Y^* + b_3 \cdot A_t$$

公式中 c_t、Y_t、Y^*、A_t 分别为现期消费、现期收入、未来收入和现期财产，b_1、b_2、b_3 分别为现期收入边际消费倾向、未来收入边际消费倾向和财产的边际消费倾向。

莫迪利安尼认为，可以把未来收入作为现期收入的一个倍数，即 $Y^* = \beta \cdot Y_t$，则总消费函数为：

$$c_t = (b_1 + b_2 \cdot \beta) Y_t + b_3 \cdot A_t$$

莫迪利安尼认为，在人口没有发生重大变化的前提下，社会上各个家庭处在不同的生命周期阶段，从长期看边际消费倾向是稳定的，消费支出与可支配收入和实际国民收入之间存在着稳定关系。但是，假设某社会人口构成比例发生了变化，则边际消费倾向会发生变化，现实的世界经济中有的发达国家已经进入老年社会阶段，我国也将进入老年社会，有的国家给老年很大的福利，年轻人和老年人比例增大，则消费倾向会提高；反之，如果中年人比例增大，则消费会下降，储蓄会上升。

（四）相对收入理论

相对收入消费理论是由美国经济学家杜森贝利（James Duesenberry）所提出。他认为消费者的消费是由消费习惯和消费者周围的消费水平决定，当期消费是相对地被决定的。

（1）棘轮效应。该理论认为长期内消费者消费与收入之间保持着较为固定的比率，如图 3-4 所示，横轴 Y 为收入，纵轴 C 为消费，C_L 为长期消费曲线，表明随着收入的增加消费也增加并按着较为固定的比例变化，当收入为 Y_1 时，消费为 C_1；当收入是 Y_2 时，消费为 C_2；收入是 Y_3 时，消费就是 C_3。反过来就不同了，当收入忽然减少时，消费不能立即下降到这一固定比例，而是缓慢下降，比如当收入由 Y_3 降至 Y_4 时，按固定比例来说消费应该同时降至 C_4，但现实中是暂时降到 C_{4s}；当收入由 Y_2 降至 Y_1 时，消费暂时降到 C_{1s} 处。杜森贝利认为消费者易于随着收入的提高增加消费，却不易随着收入的减少而降低，消费是上去容易下来难，因为，消费者决定消费时，不能摆脱过去的消费习惯，这种特点被称为"棘轮效应"。消费者的当期消费决定于当期收入和过去的消费支出水平。

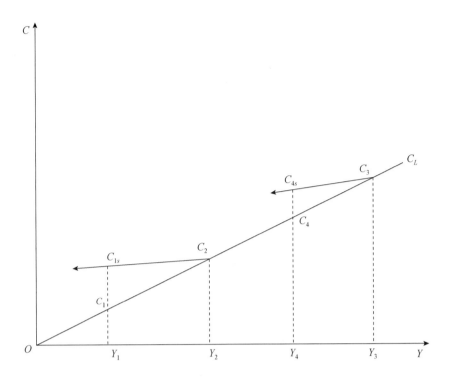

图 3-4 棘轮效应

（2）示范效应。杜森贝利认为人们的消费行为受周围人消费水准影响，虽然周围人的收入水平有所不同，但消费水准却相互影响，一般来说，人们会向着较高收入者的消费水准看齐。这是由心理因素决定的，会使短期消费函数随着社会平均收入的提高整体地向上移动。

（五）影响消费的其他因素

（1）财产的影响。通常情况，人们的消费与其财产之间是同方向变动的，财产比较多的人消费比较高，反之亦然。如果财富每年变化不大，所引起消费很少急剧变动。但是，当股票市场在1929年崩盘之后，大量的财富化为乌有，账面上富有的人一夜之间就可能变成穷人，这些人的消费开支大幅度下降。同样，我们会联想到1997年的东南亚金融危机，以及现在仍然没有走出萧条的由美国次级贷款引发的世界性金融危机，都会影响到人们的消费。

（2）储蓄利率的变动。储蓄利息率提高会引起替代效应或收入效应。当银行提高储蓄利率时，有些人可能会尽量减少当前消费，增加储蓄以增加未来的收入，往往是收入比较少的人，在此时，一般会采取替代效应；也有的人原来在银行中就有一定的储蓄，当储蓄利率提高后，他会提高当前消费，而减少储蓄的增加。因为，未来他的收入会因储蓄利率提高而增加，往往是收入比较高的人会出现收入效应。

（3）价格水平的变动。货币收入（名义收入）不变，当物价总水平上升时，实际收入下降，平均消费倾向会提高；反之亦然。当然，如果货币收入上升，但上升的幅度没有物价水平上升的快，其结果也是相同的。

（4）社会保障制度。退休后的社会保障金、医疗保健服务、失业救济金等的多少，直接或间接地影响着消费水平。改革开放 30 多年来，我国的社会保障制度和医疗保障制度随着改革逐渐深入，符合我国国情的社会保障制度和医疗保障制度正在形成，并且，覆盖到我国所有的城市和乡村。

四、投资函数

（一）投资预期收益现值

投资支出的大小取决于投资者的投资决策，而投资决策又依赖于该项投资的成本和投资者对该项投资的预期收益。

投资的目的就是要得到收益，未来收益要大于同量的现期价值。假如我们投资某一种债券 1 000 元，期限为一年，预期收益率为 10%，则一年以后会得到收益 1 100元。

$$未来的收益 = 本金 + 利息$$

假如用 r 表示预期收益率，那么：

$$未来的收益 = 本金（1 + r）$$

$$1\ 100 = 1\ 000（1 + 10\%）$$

$$1\ 000 = \frac{1\ 100}{（1 + 10\%）}$$

即：

$$本金 = \frac{本金 + 利息}{1 + r}$$

从上面等式中，可知未来的收益是 1 100，预期收益率为 10%，那么，未来收益的现在价值就是 1 000。

如果设两年期的债券，预期收益率为 10%，两年后到期时的收益是：

$$本金 + 利息$$

$$= [1\ 000（1 + 10\%）]（1 + 10\%）$$

$$= 1\ 000（1 + 10\%）^2$$

$$= 1\ 210$$

$$本金 = \frac{本金 + 利息}{（1 + r）^2}$$

即：

$$1\ 000 = \frac{1\ 210}{（1 + 10\%）^2}$$

则：预期未来收益 1 210 的现值就是 1 000。其公式是按复利方法得来的。复利是指本生利与利生利之和 。

同理，如果厂商购买的是资本品（假设一台机器设备），使用年限为 n 年，用 i 表示投资的报酬率，用 R_V 表示未来收益的现值，R_1、R_2、R_3……R_n 分别为第一年的收益、第二年的收益、第三年的收益……第 n 年的收益，S 为资本品 n 年后报废的废品出售残值。则未来收益的现在值为：

$$R_V = \frac{R_1}{(1+i)} + \frac{R_2}{(1+i)^2} + \frac{R_3}{(1+i)^3} + \cdots + \frac{R_n}{(1+i)^n} + \frac{S}{(1+i)^n}$$

现在来分析购置该台机器的成本。购置这种资本品的成本是对其供给价格，也就是说，购置其资本品所实际支付的费用，用 C 表示。也可以理解为重置成本，即其资本品使用若干年折旧报废以后，重新添置同样的资本品所需要的成本。如果假定其资本品的重置成本与当前成本相同，即是添置该种资本品现时所付成本。

在现实中我们决定一项投资是否进行时，就要对未来收益现在值 R_V 与购置资本品实际成本 C 进行比较，二者之间的关系有三种情况，即：$R_V = C$；$R_V < C$；$R_V > C$。很显然可以知道，哪种情况下增加投资，哪种情况下减少投资，直至二者相等达到均衡，投资既不增加也不减少。

（二）投资的边际效率和投资函数

根据上面的等式，如果知道了未来的预期收益和预期收益现值，就可以求出收益率，称为投资边际效率（Marginal Efficiency of Investment，MEI），也是一贴现率，即 i 的部分。通俗地说，实际是指厂商计划一项投资时预期可赚得的按复利方法计算的利润率。投资边际效率之值取决于两项因素，即预期的未来收益和购置投资资产（如一台机器）的成本，即：

$$i = \frac{\text{总收益} - \text{成本}}{\text{成本}} = \frac{\text{净收益}}{\text{成本}}$$

这样，就可以用投资边际效率 i 与利率 r 进行比较。二者之间可以有三种情况，即：$i > r$；$i < r$；$i = r$。很明显可以知道，何种情况可以增加投资，何种情况得减少投资，直至二者相等，达到均衡。

随着投资的增加，投资的边际效率 MEI 会形成一条自左向右下方倾斜的曲线。因为，一方面，使用同种资本品的厂商短时期内会增加，其资本品的价格必然上升，则资本资产的成本会增加；另一方面，同种资本品所生产的产品供给增加，产品价格下降，则预期收益会减少。如图 3-5 所示，横轴为投资，纵轴为投资收益率，曲线为投资边际效率，随着投资的增加 MEI 递减，斜率为负。

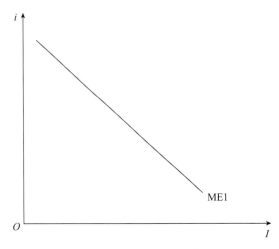

图 3 - 5　投资边际效率

在投资现实中，企业会根据不同投资项目的投资边际效率 i 和市场利率 r，来决定不同项目的投资。假设在某一时点，厂商面对一系列可能的投资方案，如图 3 - 6 所示：横轴表示投资量，纵轴表示利率和利润率，某厂商有 A、B、C、D 项投资的方案，但它们的利润率不同，A 项投资 50 万元，i 为 10%；B 项目耗资 75 万元，i 为 8%；C 项目投资需耗资 25 万元，i 为 5%；D 项目耗资 50 万元，i 为 3.5%。假如，此时市场利率是 6%，厂商会进行 A 和 B 两项的投资，即 125 万元的投资。假如市场利率是 5%，则该厂商进行 A、B、C 项投资，投资总额是 150 万元。以此类推，假如市场利率是 3.5%，则该厂商进行全部项目投资，即共投资 200 万元。一个厂商这样决定他的投资，如果是全社会的厂商，就会形成一条光滑的投资曲线，如图 3 - 7 所示。由此分析，可以得出投资函数，即：

$$I = I(r)$$

社会总投资与利率之间呈反方向变动。

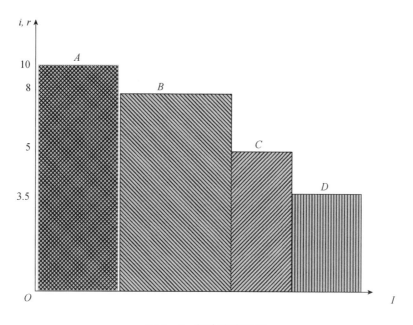

图 3 – 6　投资方案排序

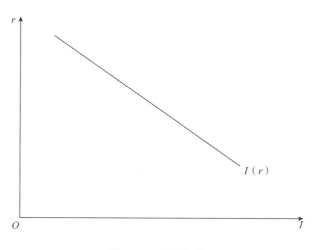

图 3 – 7　投资曲线

第二节　两个部门国民收入的决定

　　两个部门是假定社会上仅有居民户和企业部门，没有政府，也没有对外经济关系的封闭经济。因为是两个部门，没有政府存在，那么 Y 为可支配收入。如果 $Y = AE$，该公式被称作总收入与总支出的均衡公式，此时的国民收入为均衡国民收入，即均衡收入与计划总支出相等的收入，也是最终产品市场均衡公式。

　　因为，$Y = AE$、$AE = C + I$、$Y = C + S$、$Y = C + I$、$I = S$，所以，使用消费函数或储

蓄函数可得出两个部门的均衡国民收入。

一、用消费函数决定国民收入

根据 $Y = AE$，可得出均衡国民收入条件是：$Y = C + I$。消费函数是：$C = \bar{C} + \mathrm{MPC} \cdot Y$。假定投资需求为自主投资，既不考虑利息率对投资的影响，也不考虑国民收入水平的影响，设它为一个常数，记为：$I = \bar{I}$，这样可得出两个部门国民收入决定的简单模型：

$$\begin{cases} Y = C + I \\ C = \bar{C} + \mathrm{MPC} \cdot Y \\ I = \bar{I} \end{cases}$$

解：

$$Y = \bar{C} + \mathrm{MPC} \cdot Y + \bar{I}$$

$$Y - \mathrm{MPC} \cdot Y = \bar{C} + \bar{I}$$

$$Y(1 - \mathrm{MPC}) = \bar{C} + \bar{I}$$

$$Y = \frac{\bar{C} + \bar{I}}{1 - \mathrm{MPC}}$$

因此，均衡国民收入是：

$$Y = \frac{\bar{C} + \bar{I}}{1 - \mathrm{MPC}}$$

也就是说国民收入受消费和投资影响，其中每一项增加，国民收入都会增加。

两个部门国民收入决定模型：$Y = C + I$，可以用图形来表示，如图 3 - 8 所示。横轴 Y 为国民收入，纵轴 C，I 为消费和投资，45 度线上任意一点均表示总收入等于总支出。$AE = C + I$，即消费曲线与投资曲线所表示的总支出曲线，该曲线与 45 度线相交于 E 点，经济处于均衡状态。E 点是家庭想要有的消费支出与企业想要有的投资之和正好等于总收入 Y_0，此时的收入为均衡的国民收入。在 E 点的左边是总支出大于总收入，市场出现供不应求，企业必将提高产量和增加就业，从而增加收入；在 E 点的右边是总支出小于总收入，市场出现供过于求，企业必将减少产量和减少就业，从而减少收入。因此，不论在 E 点的左侧，还是在 E 点的右侧，经济都会根据市场的供求情况进行调整，使收入增加或减少，直到达到均衡收入水平。

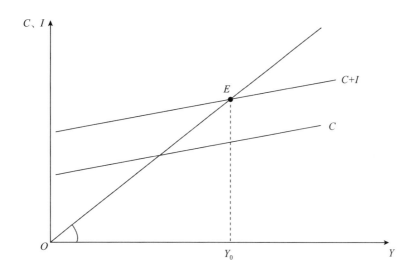

图 3 - 8　消费函数决定国民收入

二、用储蓄函数决定国民收入

国民收入均衡条件是 $AE = Y$，$Y = C + S$，$AE = C + I$，则：$S = I$。

储蓄函数是：

$$S = -\overline{C} + \text{MPS} \cdot Y$$

$$= -\overline{C} + (1 - \text{MPC}) \; Y$$

同样，假定投资为自主投资，是一常数。这样两个部门的国民收入决定

的简单模型是：$\begin{cases} S = I \\ S = -\overline{C} + (1 - \text{MPC}) \; Y \\ I = \overline{I} \end{cases}$

解其联立方程，均衡国民收入：

$$-\overline{C} + (1 - \text{MPC})Y = \overline{I}$$

$$Y = \frac{\overline{C} + \overline{I}}{1 - \text{MPC}}$$

用储蓄函数决定的均衡国民收入联立方程与用消费函数决定均衡国民收入的结论相同。

用储蓄函数决定均衡国民收入的两个部门收入决定模型也可以用图 3 - 9 来加以说明。横轴 Y 为国民收入，纵轴为储蓄 S 和投资 I，在这里因为投资是作为自主投资，

它不受模型内的利率因素影响，不论 GDP 的水平如何，每年的投资均为一个常数。这意味着，如果我们画一条投资对 GDP 的曲线，那么它必然是一条水平线，它总是与横轴保持着相等的距离。在图中该曲线 I 为标记。它与储蓄曲线 S 相交于 E 点，该点为均衡点，它表明均衡国民收入为 Y_0，投资 I 等于储蓄 S，说明家庭部门想要的储蓄正好等于企业部门想要投资的数量。如果离开了 E 点，储蓄与投资之间处于失衡状态，企业部门销售量必然会大于或小于其产出量，从而增加投资或减少投资，这必然引起生产的扩大或缩小，导致国民收入水平的提高或下降，直至回到均衡国民收入 Y_0 水平。

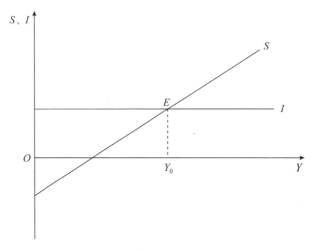

图 3 – 9　储蓄函数决定国民收入

　　以上用两种方法来说明国民收入决定，它们所得出的结果是一致的，现在我们用同一张图来说明国民收入决定也是成立的。在图 3 – 10 中，横轴 Y 为国民收入，纵轴 C、S、I 分别代表消费、储蓄和投资，$C+I$ 曲线与 45 度线相交于 E_1，S 与 I 相交于 E_2，此时的国民收入都是 Y_0 均衡国民收入。

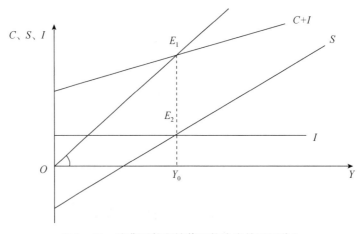

图 3 – 10　消费函数和储蓄函数决定的国民收入

三、投资乘数

投资是总支出的组成部分，投资增加或减少必然引起国民收入增加或减少。而投资的变化所引起的国民收入变化，不仅仅限于投资本身的变化量，而是它的倍数。经济学把投资的变量所引起的国民收入变量按倍数变化的关系，称为乘数原理。投资乘数是由凯恩斯的学生卡恩发现的。

如果用 K_I 表示投资乘数或倍数（一般情况：$K_I > 1$），ΔI 表示投资的增量，ΔY 表示由 ΔI 所带来的国民收入的增量，则：

$$\Delta Y = K_I \cdot \Delta I$$

或：

$$K = \frac{\Delta Y}{\Delta I}$$

投资增加之所以会引起国民收入有乘数的增加变化。原因在于投资量的增加会引起资本品投入数量增加，进而会引起资本品生产者的收入增加，其收入的增加又会引起消费的增加；消费的增加必然会再次引起消费品生产的增加，从而再次引起消费品生产企业的人们国民收入的增加……不断地这样进行下去，直至国民收入达到一个新的均衡水平。因此，一笔投资必将带来若干倍的国民收入量的增加，则投资具有乘数的效应。

例如，某一社会增加 100 亿元的投资用于建设高铁，将其用于购买相应的资本品，这会引起生产这些资本品的生产者得到 100 亿元的收入；假设边际消费倾向 MPC 是 0.8，则消费需求增加 80 亿元，从而引起生产消费品的生产者增加 80 亿元的收入；假如这些人的 MPC 仍然是 0.8，则有 64 亿元用于消费，这又会引起 64 亿元消费品生产者的收入；如此进行下去，最终必然使国民收入增加到投资的 5 倍。

用数学来加以说明：

$$
\begin{aligned}
\Delta Y &= 100 + 80 + 64 + 51.2 + 40.96 + 32.768 + \cdots \\
&= 100 + 0.8 \cdot 100 + 0.8^2 \cdot 100 + 0.8^3 \cdot 100 + 0.8^4 \cdot 100 + \cdots \\
&= 100 \ (1 + 0.8 + 0.8^2 + 0.8^3 + 0.8^4 + \cdots) \\
&= 100 \ (\frac{1}{1 - 0.8}) \\
&= 100 \times 5 \\
&= 500
\end{aligned}
$$

MPC < 1 是收敛几何级数。其极限值为：$\dfrac{1}{1 - 0.8}$

该例子说明投资乘数：

$$K_I = \frac{\Delta Y}{\Delta I} = \frac{500}{100} = 5$$

投资引起的国民收入增加也可以用公式表示：

$$\Delta Y = \Delta I + \text{MPC} \cdot \Delta I + \text{MPC}^2 \cdot \Delta I + \text{MPC}^3 \cdot \Delta I + \cdots$$
$$= \Delta I \ (1 + \text{MPC} + \text{MPC}^2 + \text{MPC}^3 + \cdots)$$
$$= \frac{1}{1 - \text{MPC}} \cdot \Delta I$$

投资乘数为：

$$K_I = \frac{1}{1 - \text{MPC}}$$
$$= \frac{1}{\text{MPS}}$$

用图 3-11 表示。横轴为收入 Y，纵轴为消费 C、投资 I，投资增加 100，使 $C+I$ 线平行向上移动到 $C+I'$，国民收入 Y 则从 500 增加到 1 000，即净增 500。从分析中可以看出投资乘数的大小取决于 MPC 的数值多少。

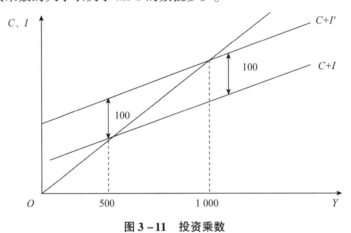

图 3-11　投资乘数

需要注意的是，作为投资变化使国民收入变化的关系的乘数是双重的。也就是说，投资增加会引起国民收入成 K_I 倍增加，如果投资减少也会引起国民收入成 K_I 倍减少，乘数这匹马既可以正方向骑，也可以反方向来骑。

四、加速原理

加速原理是指由于国民收入的增加或减少而引起投资的增加或减少。因为，国民收入增加必定引起消费增加，消费增加必定引起消费品生产的增加，消费品生产的增加必定引起资本品生产的增加。所以，国民收入或消费的增加必定引起投资的增加。

投资不是国民收入绝对量的函数，而是相对量的函数。如果用 v 表示加速数（通常 $v > 1$），用 I_t 表示 t 时期的投资量，并且是引致投资，即由于收入变化所引起的投资变化量；Y_t 为 t 期的国民收入；Y_{t-1} 为 $t-1$ 期的国民收入；国民收入或消费的增加与投资增加之间的关系，可用公式表示为：

$$I_t = v(Y_t - Y_{t-1})$$

或：

$$v = \frac{I_t}{Y_t - Y_{t-1}}$$

假如，加速数 $v = 5$ 时，国民收入与投资之间的关系可以用表 3-3 来表示。第二年国民收入尽管仅仅是 110 提高了 10 个单位，但投资却增长了 50 个单位。加速原理和乘数理论一样，可以正方向运行，也可以反方向运行。比如，第四年国民收入 140，却与上一年相比没有增加；第五年的国民收入仍然较高，为 120，但与上一年相比却下降了 20 个单位，则投资也按加速数 v 倍减少，相应地下降了 100 个单位。

表 3-3　加速原理 $v = 5$

t	Y	$Y_t - Y_{t-1}$	$I_t = v(Y_t - Y_{t-1})$
1	100	0	0
2	110	10	50
3	140	30	150
4	140	0	0
5	120	-20	-100

第三节　三个部门国民收入决定

一、三个部门国民收入决定

三个部门是在两个部门的基础上，加入政府部门，说明政府的支出和政府的税收对国民收入决定的影响，仍然是封闭性经济。因此，$AE = C + I + G$，$Y = C + S + T$。均衡国民收入条件是：$AE = Y$，即：$Y = C + I + G$ 或者 $I + G = S + T$。

三个部门国民收入决定模型 $Y = C + I + G$ 可以用图形来说明，如图 3-12 所示。由消费曲线，投资曲线与政府支出曲线垂直相加，而构成支出曲线：$Y = C + I + G$，它同 45 度线相交于 E 点，所决定的收入水平是 Y_0。如果经济实际运行离开了该均衡点，则会出现总支出与总收入失衡的不同情况，经过增加或减少产量及就业量，使国民收入水平提高或降低，直至实现均衡国民收入 Y_0。

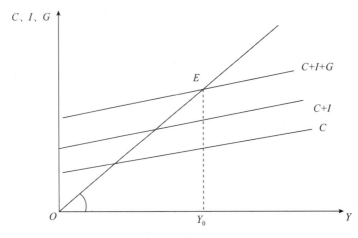

图 3 – 12　三个部门国民收入决定（$Y = C + I + G$）

再从 $I + G = S + T$ 角度看国民收入决定。在经济学中税收主要有两种，一种是定量税收，它是指税收量不随收入变化而变化，比如，现阶段我国的酒的消费税、资源税、土地使用税等，在此用 $\bar{T}$ 表示。另一种是比例所得税，它是随着收入增减而增减的税收量，比如，现阶段我国的营业税、增值税、企业所得税，用 MT（Y）来表示，MT 表示边际税率。[①] 两种税收不同，所得到的均衡收入也不同。

首先，看在定量税收下均衡收入的公式为：$I + G = S + \bar{T}$。图 3 – 13 中所示，因 $\bar{T}$ 是固定不变的，所以由 S 线到 $S + \bar{T}$ 线平行移动，均衡点为 E 点，均衡国民收入为 Y_1；其次，看比例所得税，在图 3 – 13 中，$S + MT$（Y）线的斜率大于 $S + \bar{T}$ 线的斜率，其均衡点为 E'，均衡国民收入为 Y_2。这是因为，$S + MT$（Y）线意味着收入每增加一定数量，就要缴一定比例税率下的税收，其税率随着收入的增加而提高。而 $S + \bar{T}$ 线里，收入每增加一定数量，只有固定的税收，税收率不随收入增加而增加。所以，在图中 $Y_1 > Y_2$。

---

① 现阶段，我国还有：累进税（如个人所得税）、定额税（如车船税）等。

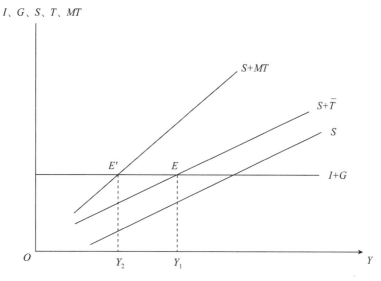

图 3 – 13　税收不同决定的均衡点不同

二、政府购买支出乘数和转移支付乘数

（一）政府购买支出乘数

在三个部门中不仅投资支出变动有乘数效应，政府购买支出和政府转移支付也具有乘数效应。

政府购买支出乘数也称为政府支出乘数，它是指由政府购买支出的变化所引起的国民收入的若干倍数量的变化。用 K_G 表示。

$$K_G = \frac{\Delta Y}{\Delta GP}$$

$$K_G = \frac{\Delta Y}{\Delta G}$$

或者：

$$K_G = \frac{1}{1 - \text{MPC}}$$

政府支出对国民收入的作用同投资增加的作用一样，都是

$$\frac{1}{1 - \text{MPC}}$$

证明如下：

三个部门均衡国民收入为：$Y = C + I + G$，假设 I 不变，G 为自变量，对 Y 全微分得：

$$dY = dC + dI + dG$$

$$= \frac{dC}{dY}dY + dG \quad (\because dI = 0)$$

$$= MPC \cdot dY + dG$$

$$dG = dY \ (1 - MPC)$$

$$\therefore \frac{dY}{dG} = K_G = \frac{1}{1 - MPC}$$

例如，我国政府为了有效应对 2008 年由美国引发的国际金融危机，在 2009 年及时果断出台一系列扩大内需、促进经济增长的政策措施，两年内投资 4 万亿元人民币，主要用于保障性安居工程，农村民生工程、铁路交通等基础设施建设、生态环境等方面建设和地震灾后重建。引导带动了社会投资，发挥了政府投资"四两拨千斤"的作用。有效弥补了外需下降的缺口，为经济社会长远发展奠定了坚实的基础。

（二）政府转移支付乘数

政府转移支付乘数是指收入变动对政府转移支付变动的比率，用 K_{GT} 表示。$K_{GT} = \frac{\Delta Y}{\Delta GT}$，该乘数与政府购买支出乘数不同，为：

$$K_{GT} = \frac{MPC}{1 - MPC}$$

证明如下：

如果不考虑社会保险和企业留利等情况，$PDI = Y - NT$ 即个人可支配收入等于国民收入减去净税收。而 $NT = T - GT$ 即净税收等于税收减去转移支付。政府转移支付被当作一种负税收。则：

$$PDI = Y - T + GT$$

$$C = c \ (PDI)$$

$$= \bar{c} + MPC \cdot PDI$$

$$= \bar{c} + MPC(Y - T + GT)$$

$$Y = C + I + G$$

$$= MPC \cdot PDI + I + G$$

则：

对其进行全微分，设 I 和 G 都不变，那么，$dI = 0$，$dG = 0$。

$$dY = MPC \cdot dPDI$$

$$= MPC \cdot d(Y - T + GT)$$

$$= MPC \cdot dY - MPC \cdot dT + MPC \cdot dGT$$

假定税收 T 也不变，那么，$dT = 0$

$$\because dY - MPC \cdot dY = MPC \cdot dGT$$

$$dY \ (1 - MPC) = MPC \cdot dGT$$

$$\therefore \frac{\mathrm{d}Y}{\mathrm{d}GT} = K_{GT} = \frac{\mathrm{MPC}}{1 - \mathrm{MPC}}$$

可见政府购买支出乘数与政府转移支付乘数不同。即：

$$K_G > K_{GT}$$

$$\frac{1}{1 - \mathrm{MPC}} > \frac{\mathrm{MPC}}{1 - \mathrm{MPC}}$$

理论上如何解释呢?

三、税收乘数、平衡预算乘数

有政府支出乘数就会有税收乘数，也会有政府收支平衡构成的平衡预算乘数。

(一) 税收乘数

1. 定量税收乘数

税收乘数是指税收变动后引起国民收入变动的倍数，用 K_T 表示。

$$K_T = \frac{\Delta Y}{-\Delta T}$$

在这里税收为净税收。税收乘数为负值，表明收入随着税收增加而减少，随着税收减少而增加。因为税收增加人们可支配收入减少，从而消费会相应减少，所以，税收变动与总支出变动呈反方向。

在定量税收条件下，税收乘数为：

$$K_T = \frac{-\mathrm{MPC}}{1 - \mathrm{MPC}}$$

证明如下：

$$Y = c(Y - T) + I + G，假定 I、G 不变。对其式子进行全微分$$

得：

$$\mathrm{d}Y = \frac{\mathrm{d}C}{\mathrm{d}(Y - T)}\mathrm{d}(Y - T)$$

$$= \mathrm{MPC} \cdot \mathrm{d}(Y - T)$$

$$= \mathrm{MPC} \cdot \mathrm{d}Y - \mathrm{MPC} \cdot \mathrm{d}T$$

$$\mathrm{d}Y - \mathrm{MPC} \cdot \mathrm{d}Y = -\mathrm{MPC} \cdot \mathrm{d}T$$

$$\mathrm{d}Y(1 - \mathrm{MPC}) = -\mathrm{MPC} \cdot \mathrm{d}T$$

$$\frac{\mathrm{d}Y}{\mathrm{d}T} = K_T = \frac{-\mathrm{MPC}}{1 - \mathrm{MPC}}$$

我们仅从固定税收乘数与政府购买支出乘数比较，税收乘数的绝对值小于政府支出乘数，相差的幅度为一个 MPC 因子，

即：

$$K_T = -\mathrm{MPC} \cdot \frac{1}{1 - \mathrm{MPC}}$$

因为，当政府在支出上增加 1 元时，这 1 元钱会直接花在国民收入上，而当政府

减少 1 元税收时，这 1 元中只有一部分花费在消费上，另一部分会储蓄起来，属于漏出。这种不同的反应，就足以说明税收乘数小于政府支出乘数。用同样的道理也可说明政府购买支出乘数大于政府转移支付乘数。

2. 比例税率变动对国民收入的影响

我们知道税收是定量税收与比例税收之和，即 $T = \overline{T} + \text{MT}(Y)$。这样，三个部门国民收入决定的等式为：

$$\begin{cases} Y = C + I + G \\ I = \overline{I} \\ C = \overline{C} + \text{MPC} \cdot \text{PDI} \\ \text{PDI} = Y - T \\ T = \overline{T} + \text{MT}(Y) \\ G = \overline{G} \end{cases}$$

解：

$$Y = \overline{C} + \text{MPC}\left[Y - (\overline{T} + \text{MT} \cdot Y)\right] + \overline{I} + \overline{G}$$

$$= \overline{C} - \text{MPC} \cdot \overline{T} + \text{MPC}(1 - \text{MT})Y + \overline{I} + \overline{G}$$

$$Y = \frac{\overline{C} + \overline{I} + \overline{G} - \text{MPC} \cdot \overline{T}}{1 - \text{MPC}(1 - \text{MT})}$$

从三个部门国民收入决定的等式看，任何一个因素变动都会引起国民收入的变动。从等式中也可以看出，如果其他因素不变，比例税率 MT 的提高或降低，会使国民收入 Y 减少或增加。

（二）平衡预算乘数

平衡预算乘数是指政府财政收支平衡变动时引起的国民收入变动的倍数，用 K_B 表示。如果从乘数关系来看，K_B 等于 1，即：

$$K_B = K_G - K_T$$

$$= \frac{1}{1 - \text{MPC}} + \frac{\text{MPC}}{1 - \text{MPC}}$$

$$= \frac{1 - \text{MPC}}{1 - \text{MPC}}$$

$$= 1$$

预算收支平衡说明 $T = G$，这也可以用 NT = GP 来表示，政府的支出数量与其来源的政府税收相等。那么，如果 $\Delta\text{NT} = \Delta GP$，即净税收增量与政府购买支出增量相等。

假设：
$$\Delta NT = \Delta GP = 100$$
$$MPC = 0.8$$

由于政府购买支出增加了 100，即总支出增加了 100，根据税收乘数原理，就会引起均衡国民收入增加：

$$\Delta Y = K_G \cdot \Delta GP$$
$$= \frac{1}{1-0.8} \times 100$$
$$= 5 \times 100$$
$$= 500$$

国民收入增加到 500。

另外，政府的支出来源于税收，并与之相等，即净税收增加了 100，根据税收乘数原理会减少国民收入。其国民收入下降为：

$$\Delta Y = \Delta NT \cdot K_T$$
$$= 100 \times \frac{-MPC}{1-MPC}$$
$$= 100 \times (-0.8) \times 5$$
$$= -400$$

政府购买支出增量 100，使国民收入增加了 500，而净税收增量 100，却使国民收入减少了 400，二者相抵，国民收入仍然增加了 100，相当于平衡预算变动的数量，$\Delta NT = \Delta GP = 100$。所以，平衡预算乘数等于 1。

第四节　四个部门国民收入决定

一、四个部门国民收入决定

四个部门国民收入决定是在三个部门的基础上把对外经济加进来成为开放性经济，对外经济主要有对外贸易和对外直接投资、引进外资。

四个部门总支出是：

$$AE = C + I + G + X + I_A$$

四个部门总收入是：

$$Y = C + S + T + M + I_F$$

四个部门国民收入均衡条件是：

$$Y = C + I + G + (X - M) - (I_F - I_A)$$

或：
$$I + G + X + I_A \equiv S + T + M + I_F$$
$$I + G + (X - M) \equiv S + T + (I_F - I_A)$$

一个国家出口就是其他国家的进口。因此，我国的商品出口主要取决于我国的贸易伙伴国家的收入和产出、我国出口品在世界市场的竞争能力以及本国货币对外币汇率的高低，它不与本国的国民收入发生直接关系。为了分析方便，在此不考虑这些因素的情况下，将出口假定为一个常数，用 $\overline{X}$ 表示。进口的大小则与本国国民收入有直接关系，本国国民收入越高，购买外国产品就越多，M 越多，购买本国的产品就会越少。当然，购买进口产品的多少还要取决于产品的相对价格和汇率的高低，假定这后两个因素不变，那么，进口是本国国民收入的增函数。用 $\overline{M}$ 表示自主进口量，是一常数。边际进口倾向（Marginal Propensity To Import，MPm）是指增加的国民收入中用于购买进口商品所占的比重，即：$MPm = \dfrac{\Delta M}{\Delta Y}$。这样净出口函数为：

$$X - M = \overline{X} - \overline{M} - MPm\ (Y)$$

净对外投资是：

$$F = I_F - I_A$$

对外直接投资受很多因素影响，比如：跨国公司巩固和扩大其垄断优势、内部化优势、环境优势、占领国际市场、产品生命周期、边际产业、吸收世界先进科学技术、利息率、汇率等。归根结底是为了利润，而利润率的高低主要取决于利率的高低。因此，对外直接投资和引进外资主要由利率，国内外利率的相对水平决定。如果东道国利率水平相对于投资国的利率水平高，会使引进外资上升。同时，对外直接投资所创造的投资国国民收入为国民生产总值GNP，引进外资增加会提高国内生产总值GDP。那么，净资本流出 F 不论是正值还是负值，都会增加本国的福祉。

为了分析方便，在此假设对外直接投资 I_F 和引进外资 I_A 不受利率影响的自主投资；国民收入 Y 为国内生产总值。四个部门国民收入决定的联立方程为：

$$\begin{cases} Y = C + I - (I_F - I_A) + G + (X - M) \\ C = \overline{C} + MPC \cdot PDI \\ PDI = Y - NT \\ NT = \overline{T} + MT\ (Y) \\ G = GT + GP \\ I = \overline{I} \\ I_F - I_A = \overline{I}_F - \overline{I}_A \\ X - M = \overline{X} - \overline{M} - MPm\ (Y) \end{cases}$$

解：

$$Y = \overline{C} + MPC\ [Y - (\overline{T} - MT \cdot Y)] + \overline{I} - (\overline{I}_F - \overline{IA}) + GT + GP + \overline{X} - \overline{M} - MPm \cdot Y$$

$$Y = \frac{\overline{C} - \text{MPC} \cdot \overline{T} + \overline{I} - (\overline{I}_F - \overline{I}_A) + GT + GP + \overline{X} - \overline{M}}{1 - [\text{MPC}(1 - \text{MT})] + \text{MPm}}$$

即四个部门国民收入决定等式为:

$$Y = \frac{\overline{C} - \text{MPC} \cdot \overline{T} + \overline{I} - (\overline{I}_F - \overline{I}_A) + GT + GP + \overline{X} - \overline{M}}{1 - [\text{MPC}(1 - \text{MT})] + \text{MPm}}$$

从等式中可以看出国内生产总值 GDP 的增加取决于消费、投资、引进外资、政府支出、出口,政府支出包括消费支出和投资支出。因此,国内生产总值 GDP 的增长靠消费、投资和出口三驾马车的拉动作用。同时,从等式中也能看出储蓄的提高、税收的增加、进口的增加都会减少 GDP。反之,则会增加 GDP。对外净投资如果大于1,有可能引进外资创造的 GDP 增长小于对外直接投资创造的 GNP 增长;如果小于1,引进外资创造的 GDP 的增长可能大于对外直接投资创造的 GNP 增长;如果对外净投资为零,则引进外资创造的 GDP 增长可能等于对外直接投资创造的 GNP 增长。

根据 $Y = C + I - (I_F - I_A) + G + (X - M)$ 公式,四个部门国民收入决定可以用图 3 - 14 来表示。图中的横轴为国民收入 GDP,纵轴表示总支出,在 $C + I$ 的基础上减去净资本输出 $(I_F - I_A)$,在 $C + I - (I_F - I_A) + G$ 曲线上加净出口 $(X - M)$,形成开放经济的总支出 $C + I - (I_F - I_A) + G + (X - M)$。该曲线与45°线交点 E 决定了开放经济条件下均衡国民收入水平 Y_0。当经济运行偏离该点时,会出现生产和就业的增加或减少,直至达到 E 点经济 Y_0 才能处于稳定状态。

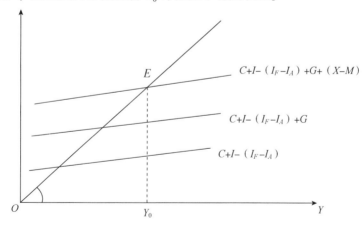

图 3 - 14　四个部门国民收入决定

另外,根据 $I + G + X + I_A = S + T + M + I_F$ 等式也可以画出图 3 - 15 均衡国民收入决定图形。在图中横轴为国民收入,纵轴为投资、政府购买、出口、引进外资、储蓄、税收、进口、对外直接投资。均衡点是 E 点,均衡收入是 Y_0。如果现实中出现了支出大于收入,即在 E 点左边,在市场经济中国民收入会自动增加向 Y_0 趋近。反之,支出小于收入,在 E 点的右边,市场经济自发地发挥作用,国民收入会减少,

并向 Y_0 趋近。

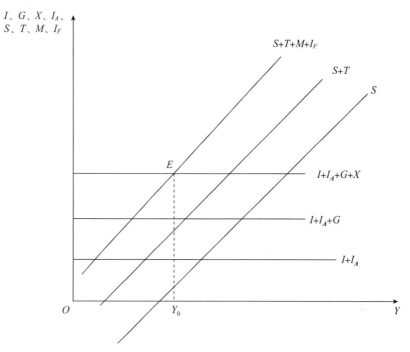

图 3 - 15　$I + G + X + I_A = S + T + M + I_F$ 均衡国民收入

二、对外贸易乘数

(一) 对外贸易乘数

在对外贸易的条件中，进出口的变动会引起国民收入相应变动。对外贸易乘数是指进出口变动量所引起国民收入变动量的倍数，用 K_F 表示。

仅从出口看，出口乘数与投资乘数相同。即：

$$K_X = \frac{\Delta Y}{\Delta X} = \frac{1}{1 - \text{MPC}}$$

用 K_X 表示出口乘数。为了简单分析，假设对外投资、引进外资、进口不考虑。简单的国民收入均衡等式为：

$$Y = C + I + G + X$$

$$= \overline{C} + \text{MPC} \cdot Y + I + G + X$$

$$= \frac{1}{1 - \text{MPC}} (\overline{C} + I + G + X)$$

则：

$$K_X = \frac{1}{1 - \text{MPC}}$$

对外贸易乘数是将进口也考虑进来，根据四个部门国民收入决定恒等式：

$$Y = \frac{\overline{C} - \overline{I} \; (\overline{I}_F - \overline{I}_A) \; + GT + GP + \overline{X} - \overline{M}}{1 - [\text{MPC} \; (1 - MT)] \; + \text{MPm}}$$

假设只存在进出口影响国民收入，并设 K_B 为对外贸易乘数。即：

$$K_B = \frac{1}{1 - \text{MPC} + \text{MPm}}$$

$$= \frac{1}{\text{MPS} + \text{MPm}}$$

对外贸易乘数的大小取决于边际进口倾向 MPm 和边际储蓄倾向 MPS。增加的国民收入中用于购买进口商品比重越大，边际进口倾向越大，则购买国内生产的商品比重就越小。相反，进口倾向越小，购买国内的国民收入增加量就越大。

边际储蓄倾向即：$\text{MPS} = \dfrac{\Delta S}{\Delta Y}$。因国民收入可分成消费和储蓄，MPS 越大，意味着用于购买国内产品越小。反之，就越大。对外贸易乘数还可以进一步简化：

$$K_F = \frac{1}{\text{MPm} + \text{MPS}}$$

$$= \frac{1}{\dfrac{\Delta M}{\Delta Y} + \dfrac{\Delta S}{\Delta Y}}$$

$$= \frac{\Delta Y}{\Delta M + \Delta S}$$

（二）对外贸易依存度

我国实行改革开放以来，对外贸易对 GDP 的拉动作用功不可没。依据表 3 – 4 所示，1979 年我国商品进出口总额仅为 293.3 亿美元，到 2013 年达到 46 146 亿美元，增长了 156.33 倍。1988 年货物贸易总额超过千亿美元，2004 年突破万亿美元大关；1979 年我国货物出口总额 136.6 亿美元，到 2013 年达到了 24 250 亿美元，增长了 176.53 倍。1994 年超过千亿美元，2007 年突破万亿美元；1979 年我国进口货物总额 156.8 亿美元，到 2013 年达到了 21 896 亿美元，增长了 138.64 倍，1993 年达到千亿美元，2008 年突破万亿美元。2011 年我国的货物贸易额全球排名由第六位上升到第二位，其中出口额跃居第一位。[①]

表 3 – 4　1979—2013 年货物进出口变动　　　　单位：亿美元

年份	进出口总值	出口总值	进口总值	年份	进出口总值	出口总值	进口总值
1979	293.3	136.6	156.8	1996	2 898.8	1 510.5	1 388.3
1980	378.2	182.7	195.5	1997	3 251.6	1 827.9	1 423.7

---

① 胡锦涛："中国加入世界贸易组织十周年高层论坛"讲话，中广网，2011 年 12 月 11 日 11：18。

年份	进出口总值	出口总值	进口总值	年份	进出口总值	出口总值	进口总值
1981	440.2	220.1	220.2	1998	3 239.5	1 837.1	1 402.4
1982	416.1	223.2	192.9	1999	3 606.3	1 949.3	1 657.0
1983	436.2	222.3	213.9	2000	4 743.0	2 492.0	2 250.9
1984	535.5	261.4	274.1	2001	5 096.5	2 661.0	2 435.5
1985	696.0	273.5	422.5	2002	6 207.7	3 256.0	2 951.7
1986	738.5	309.4	429.0	2003	8 509.9	4 382.3	4 127.6
1987	826.5	394.4	432.2	2004	11 545.5	5 933.3	5 612.3
1988	1 027.8	475.2	552.7	2005	14 221.2	7 620.0	6 601.2
1989	1 116.8	525.4	591.4	2006	17 606.9	9 690.7	7 916.1
1990	1 154.4	620.9	533.5	2007	21 738.3	12180.1	9 558.2
1991	1 357.0	719.1	637.9	2008	25 616.3	14 285.5	11 330.9
1992	1 655.3	849.4	805.9	2009	22 072.2	12 016.6	10 055.6
1993	1 957.0	917.4	1 039.6	2010	29 727.6	15 779.3	13 948.3
1994	2 366.2	1 210.1	1156.2	2011	39 977.0	20 898.0	19 079.0
1995	2 808.6	1 487.8	1320.8	2012	42 648.0	22 483.0	20 165.0
				2013	46 146.0	24 250.0	21 896.0

资料来源：1979—2010 年中华人民共和国商务部网站数据整理。2011—2013 年国家外汇管理局网站数据整理。

　　对外贸易中的出口乘数是拉动国民经济增长的重要马车之一，我国经济体制改革开放以来，国民经济增长长期依赖对外贸易的增长。这种依赖可通过对外贸易依存度体现出来。

　　对外贸易依存度（对外贸易系数）是指一国的进出口总额占该国国民生产总值或国内生产总值的比重。其中，出口总额占国民生产总值或国内生产总值比重为出口依存度，进口总额占国民生产总值或国内生产总值比重为进口依存度。通常用来衡量一国或地区的经济对国际市场的依赖程度和经济开放程度。

　　我国对外贸易依存度的变化可通过表 3 - 5 看出。改革开放初期对外贸易依存度比较低，我国经济与世界经济联系非常少，到了 1985 年我国对外贸易依存度超过20%，1991 年超过 30%，1994 年超过 40%，然后，出现了反反复复。2001 年年底，我国加入 WTO 后对外贸易依存度迅速提高，2003 年超过 50%，然后，仅仅相隔一年的 2005 年就突破了 60%，2006 年达到了 65.17% 最高峰。此后，伴随着国际金融危机，我国的对外贸易依存度有所下降，但仍然徘徊在高位运行。与此同时，从该表中也反映出，改革开放初期进口依存度大于出口依存度，当时，我国需要大量进口外国产品。直到1994年以后，出口依存度超过进口依存度。

对比表3-5与表3-6，可以看到我国的对外贸易依存度超过了美国和日本经济大国。对外贸易依存度高，尤其是出口依存度高，反映我国产品在国际市场竞争力比较强，拉动GDP增长的力度也非常之大。这也说明我国经济正处在起飞阶段，属正常现象。当然，国际市场上的波动也会对我国经济造成比较大的影响。

表3-5　我国对外贸易依存度　　　　　单位:%

年份	对外贸易依存度	出口依存度	进口依存度
1979	11.19	5.21	5.98
1980	12.54	5.97	6.57
1981	15.03	7.51	7.52
1982	14.49	7.77	6.72
1983	14.42	7.35	7.07
1984	16.66	8.05	8.61
1985	22.92	8.97	13.95
1986	25.12	10.53	14.58
1987	25.58	12.19	13.39
1988	25.41	11.74	13.66
1989	24.46	11.51	12.95
1990	29.78	15.99	13.79
1991	33.17	17.57	15.60
1992	33.87	17.37	16.50
1993	31.90	14.96	16.94
1994	42.29	21.62	20.67
1995	38.66	20.48	18.17
1996	33.91	17.67	16.24
1997	34.15	19.20	14.95
1998	31.81	18.04	13.77
1999	33.34	18.02	15.32
2000	39.58	20.80	18.79
2001	38.47	20.09	18.38
2002	42.70	22.39	20.30

年份	对外贸易依存度	出口依存度	进口依存度
2003	51.89	26.72	25.18
2004	59.76	30.71	29.04
2005	63.22	33.88	29.35
2006	65.17	35.87	29.30
2007	62.73	35.16	27.57
2008	57.29	31.97	25.32
2009	44.24	24.09	20.15
2010	47.81		
2011	50.1		
2012	47	24.9	22.1
2013	46		

资料来源：《历年中国与福建对外贸易依存度》百度文库。2010 年、2011 年数据来源于《2000—2011 中国的对外贸易依存度》360 问答。

2012 年数据来源：杜海涛：《去年我国外贸依存度降至 47%》，人民日报 2013 年 2 月 8 日。2013 年数据来源于《商务部：2013 年中国外贸依存度为 46% 不足虑》，中国银河证券 2014 年 2 月 26 日。

表 3 - 6　美日对外贸易依存度　　　　　　　　单位：%

国家＼年份	2001	2002	2003	2004	2005
美国	19.01	18.18	18.52	20.07	21.2
日本	18.08	18.98	19.87	22.25	24.4

资料来源：赵海林：《对外贸易依存度》，DOC88.COM。

三、我国引进外资和对外直接投资

（一）利用外资推进我国经济增长

发展开放型经济，积极利用外资是我国经济发展战略的重要组成部分。外商的直接投资是我国固定资产投资的重要资金来源。从表 3 - 7 看，每年外商新设立的企业数量在不断地增加，以 1983 年为基数年，当年是 470 家，第二年达到近两千家，1991 年就突破了万家大关，1993 年达到 83 437 家，是最多的一年，直到 2013 年每年都基本在两万至四万家范围。再从实际使用外资金额看，1983 年为基数，年仅为 9.2 亿美元，第二年就达到了两位数 14.2 亿美元，增长率为 54.35%，到了 1992 年仅十年的时间就超过了百亿美元，2010 年突破了千亿美元大关。2013 年我国吸引外资在全球排名居第二位，已连续 21 年保持发展中国家首位。① 利用外资的资金规模已经成为我国固定资产投资中与企业自筹资金和国内贷款第三大资金来源之一。

表 3 – 7 1983—2013 年我国吸收外商直接投资

时间	新设立企业数（家）	实际使用外资金额（亿美元）	实际使用金额同比增长（%）
1983 年 1—12 月	470	9.2	
1984 年 1—12 月	1 856	14.2	54.35
1985 年 1—12 月	3 073	19.56	37.75
1986 年 1—12 月	1 498	22.44	14.72
1987 年 1—12 月	2 233	23.14	3.12
1988 年 1—12 月	5 945	31.94	38.03
1989 年 1—12 月	5 779	33.92	6.2
1990 年 1—12 月	7 273	34.87	2.8
1991 年 1—12 月	12 978	43.66	25.21
1992 年 1—12 月	48 764	110.08	152.13
1993 年 1—12 月	83 437	275.15	149.95
1994 年 1—12 月	47 549	337.67	22.72
1995 年 1—12 月	37 011	375.21	11.12
1996 年 1—12 月	24 556	417.26	11.21
1997 年 1—12 月	21 001	452.57	8.46
1998 年 1—12 月	19 799	454.63	8.46
1999 年 1—12 月	16 918	403.19	− 11.31
2000 年 1—12 月	22 347	407.15	0.98
2001 年 1—12 月	26 140	468.79	15.14
2002 年 1—12 月	34 171	527.43	12.51
2003 年 1—12 月	41 081	535.05	1.44
2004 年 1—12 月	43 664	606.3	13.32
2005 年 1—12 月	44 001	603.25	− 0.5
2006 年 1—12 月	41 473	630.21	4.47
2007 年 1—12 月	37 871	747.68	18.64
2008 年 1—12 月	27 514	952.53	21.6

① 商务部新闻发言人姚坚：《中国吸收外资全球排名第二》，人民日报海外版，2013 年 6 月 5 日。

续表

时间	新设立企业数（家）	实际使用外资金额（亿美元）	实际使用金额同比增长（%）
2009 年 1—12 月	32 435	918.04	−3.62
2010 年 1—12 月	27 406	1 088.21	18.54
2011 年 1—12 月	27 712	1 160.11	9.72
2012 年 1—12 月	2 4925	1 117.16	−3.7
2013 年 1—12 月	22 773	1 175.86	5.25

资料来源：中华人民共和国商务部网站。

注：未包括银行、保险、证券领域吸收外资数据。

外商的直接投资已经渗透到我国经济各个领域，对我国的工业化进程产生了巨大的影响。1995 年全国工业普查有关数据表明，外资企业销售额占全部工业企业销售额的 20%，利润占 30%。2002 年外商投资企业工业增加值已占全国工业增加值的 25%，涉外税收占全国税收的 20% 左右，[1] 同年，全国外商投资企业工业增加值 8 091 亿元，同比增长 13.3%，高于全国工业增加值增幅 0.7 个百分点，占全国工业增加值的 25.7%，比 2001 年提高了 1.2 个百分点。[2] 2012 年占中国企业不到 3% 的外商投资企业，创造工业产值 22 万亿元，缴纳税收 19 638 亿元，分别占全国相应总量的 26.1% 和 20.5%。[3]

外资企业为我国创造了大量的就业机会。随着外资企业规模的扩大，外资企业吸纳的就业量逐年增加，1985 年是 6 万人，1999 年增加到 612 万人，对全国城镇就业新增数的贡献率为 7.4%。2002 年外商投资企业中吸纳直接就业人员占全国城市就业人员的 10%。[4] 到了 2012 年外资吸纳直接就业人口 4 500 万占全国就业量的 14%。[5] 解决的就业量是 28 年前的 750 倍。与此同时，外资企业对我国劳动力素质的提高做出了一定的贡献，比如，外资企业的优厚待遇吸引了高科技人才和熟练的劳动力不断出现，进入外企的员工需要经常培训和提高业务水平。与此同时，外资企业持续进入我国还伴随着海外人才回流现象，即"智力回流"，一定程度遏止了发展中国家普遍存在的"智力外流"现象。

外商的直接投资对我国对外贸易影响的突出表现是促进我国出口数量大幅度地增长。1991 年我国出口额为 719.10 亿美元，其中外资企业出口 120.47 亿美元，占我国出口比重的 16.75%。2002 年全国出口总额为 3 255.69 亿美元，其中，外资企业出口

---

[1] 张玉英：博士论文《外商直接投资对我国工业化进程的影响》，第 1 页。

[2] 《去年中国外资企业工业增加值增长 13.3%》，外经贸部，2003 年 2 月 21 日，www.china.org.cn。

[3] 商务部：《去年外资企业进出口额占全国半数以上》，中国经济网，2013 年 6 月 4 日。

[4] 张玉英：博士论文《外商直接投资对我国工业化进程的影响》，第 1 页。

[5] 商务部：《去年外资企业进出口额占全国半数以上》，中国经济网，2013 年 6 月 4 日。

1 699.37 亿美元，占全国出口比重的 52.20%，为扩大我国出口规模做出了贡献。与此同时，外商的直接投资也在改变着我国出口商品结构，外商自身优势使之创造了相对高附加值的产品出口，比如，我国改革开放初期第一大出口产品是纺织品，20 世纪 90 年代后逐渐被机电产品所替代，特别是电子工业发展十分迅速，该行业中外资企业占有绝对优势。1999 年全国高新技术产品出口额中，外商投资企业占了 70% 以上，改善了我国出口商品结构。到了 2012 年外商实现进出口额 18 602 亿元，占全国总量的 51.1%[①]。

外商来我国直接投资强化了管理和推动了技术进步。为了加速引进外资，我国各地都建立了经济技术开发区，跨国公司的进入带来了先进的生产组织管理模式，通过扩散效应和示范效应，促进了国内管理水平的提高。同时，也明显地促进了我国技术进步，比如 1987—1999 年，外资企业的设备进口大约相当于投资额的 60%，其中转让技术中有 34% 左右是先进技术，其余 66% 左右是成熟技术。截至 2013 年 6 月跨国公司地区总部超过 50 家；外资研发中心超过 1 800 家，研发内容向基础性、先导性领域延伸（见表 3 - 7）[②]。

总之，利用外资对我国经济增长和经济发展，以及市场经济的形成和深化经济体制改革有着重要的作用。按着某些经济学家的测算，来华的外商直接投资每增加 1 个百分点，我国的 GDP 就会增加 0.3 ~ 0.4 个百分点[③]。我国改革开放的三十多年，也是外资企业对我国经济增长直接或间接作用的三十多年。

（二）我国对外的直接投资

引进来与走出去相结合是国家一项重要的经济战略，二者的协调发展是实现全面对外开放的必经之路。从资本的流向看二者是相反方向，但它们彼此之间又是相互促进的，引进外资能够诱发对外投资，对外投资又能吸引外资，参与到全球范围内的资源最优配置。因此，我国在经济增长已经形成规模的条件下，近年来，也开始了大规模的走出去，向海外直接投资，以适应经济全球化的需要。从表 3 - 8 中可以看出，我国对海外非金融类的直接投资不断增加。尤其是 2008 年爆发国际金融危机以来，全世界对外直接投资锐减，从 2007 年的 2.3 万亿美元的峰值下降到 2010 年的 1.3 万亿美元，几乎减少了一半。而我国在此背景下加大了海外直接投资步伐，仅仅五年时间就增长了一倍多。2013 年我国境内投资者共对全球 156 个国家和地区的 5 090 家境外企业进行了直接投资，主要的国家和地区是中国香港、东盟、欧盟、澳大利亚、美国、俄罗斯、日本，占对外总投资的 72.6%。其中有 90% 的投资流向商务服务业、采矿业、批发和零售业、制造业、建筑业和交通运输业。[④]

---

① 商务部：《去年外资企业进出口额占全国半数以上》，中国经济网，2013 年 6 月 4 日。
② 同上。
③ 张金杰：《外资对中国经济的"双刃剑"作用》，华夏时报，2008 年 8 月 17 日。
④ 沈丹阳：中国经济网，2014 年 1 月 16 日。

表 3 – 8 我国非金融类的对外直接投资　　　　　单位：亿美元

日　期	投资额	日　期	投资额
2003 年 1—12 月	17. 38	2009 年 1—12 月	433
2010 年 1—12 月	590	2011 年 1—12 月	600. 7
2012 年 1—12 月	772. 2	2013 年 1—12 月	901. 7

资料来源：中华人民共和国网站。

（三）　对外承包工程

对外承包工程是指我国企业或其他单位承包境外建设工程项目的活动。发包人和承包人签订承包合同，由承包人自己承担费用和风险。承包人在规定的期限内按合同用发包人或承包人的材料完成工程，发包人按着合同接收承包人所完成的工程，并付款。

我国对外承包工程的增长速度惊人。从表 3 – 9 中就能反映出来，营业额从 1979 年零点开始，三十多年来增长到 1 371. 4 亿美元。1987 年实现了两位数，2002 年出现了三位数，2011 年突破了四位数；签订的合同额 1979 年仅为 3. 3 亿美元，到 2013 年达到 1 716. 3 亿美元，增长近 520 倍。用表 3 – 9 与表 3 – 7 比较，我国的对外承包工程比我国对外直接投资增长的速度快，2013 年的总量也比我国对外直接投资规模大。截至 2013 年年底，我国对外承包工程业务累计合同 11 698 亿美元，完成营业额 7 927 亿美元[①]。

表 3 – 9 我国对外承包工程　　　　　单位：亿美元

日　期	营业额	签订合同额	日　期	营业额	签订合同额
1979 年 1—12 月	0	3. 3	1997 年 1—12 月	60	85. 16
1980 年 1—12 月	1	1. 4	1998 年 1—12 月	78	93. 43
1981 年 1—12 月	0	2. 76	1999 年 1—12 月	85	101. 99
1982 年 1—12 月	1	3. 46	2000 年 1—12 月	84	117. 19
1983 年 1—12 月	2	7. 99	2001 年 1—12 月	89	130. 39
1984 年 1—12 月	5	15. 38	2002 年 1—12 月	112	150. 55
1985 年 1—12 月	7	11. 16	2003 年 1—12 月	138	176. 67
1986 年 1—12 月	8	11. 89	2004 年 1—12 月	175	238. 44

① 沈丹阳：中国经济网，2014 年 1 月 16 日。

日期	营业额	签订合同额	日期	营业额	签订合同额
1987 年 1—12 月	11	16.48	2005 年 1—12 月	217.6	296
1988 年 1—12 月	13	18.13	2006 年 1—12 月	300	660
1989 年 1—12 月	15	17.81	2007 年 1—12 月	406	776
1990 年 1—12 月	16	21.25	2008 年 1—12 月	566	1 046
1991 年 1—12 月	20	25.24	2009 年 1—12 月	777	1 262
1992 年 1—12 月	24	52.51	2010 年 1—12 月	922	1 344
1993 年 1—12 月	37	51.89	2011 年 1—12 月	1 034.2	1 423.3
1994 年 1—12 月	49	60.27	2012 年 1—12 月	1 166	1 565
1995 年 1—12 月	51	74.84	2013 年 1—12 月	1 371.4	1 716.3
1996 年 1—12 月	58	77.28			

资料来源：商务部网站。

（四）对外劳务合作

对外劳务合作指我国劳动者在国外以收取工资的形式向业主或承包商提供技术和劳动服务的活动。

从表 3-10 中可以看出我国对外劳务合作中派出的劳务人员总体看数量多，增长速度快，从 2006 年的三十多万人增长到 2013 年的五十多万人。截止到 2013 年年底，我国在外劳务人员 85.3 万人，累计派出各类劳务人员 692 万人。

表 3-10　我国对外劳务合作　　　　　　　　单位：万人

日期	派出人员	日期	派出人员
2006 年 1—12 月	35.1	2010 年 1—12 月	41.1
2007 年 1—12 月	37.2	2011 年 1—12 月	45.2
2008 年 1—12 月	42.7	2012 年 1—12 月	51.2
2009 年 1—12 月	39.5	2013 年 1—12 月	52.7

资料来源：商务部网站。

消费、投资、出口决定着国民收入。各种乘数的大小直接或间接决定着国民收入量。引进外资和对外投资，以及对外承包工程、对外劳务合作是我国国民收入增长的重要的组成部分。

思考题：

1. 如何理解消费、投资、出口与国内生产总值的关系？

2. 投资乘数、政府支出乘数、政府转移支付乘数、税收乘数、平衡预算乘数、对外贸易乘数之间的关系。

3. 是否存在消费乘数？为什么？

4. 吸引外资与对外投资是否也存在着乘数？为什么？

5. 对外承包工程和对外劳务合作会增加国内生产总值吗？为什么？

6. 乘数和加速数的作用发挥在现实经济中是否会受到限制？为什么？

7. 四个部门条件下的投资乘数、税收乘数、转移支付乘数的表达方式是什么？

8. 为什么 MPC + MPS = 1 和 APC + APS = 1？

9. 请用消费函数说明国民收入决定。

10. 请用几何图形说明四个部门国民收入决定。

参考资料：

1. 萨缪尔森：《经济学》第 6 章，人民邮电出版社 2012 年 1 月。

2. 付卡佳：《当代西方经济学原理》第十章，经济科学出版社 1999 年 2 月。

3. 高鸿业：《西方经济学》（宏观部分 第六版）第十三章，中国人民大学出版社 2014 年 11 月。

第四章　货币市场的均衡

第一节　货币

一、货币的定义

（一）货币定义

在现实社会中，货币可谓是无处不在，无论我们做什么都离不开货币支撑，货币始终伴随着我们生活的左右。货币产生于商品交换，是从商品交换中逐渐分离出来的固定充当一般等价物的特殊商品。作为一般等价物，它是所有商品价值的表现形式，具有直接与所有商品交换的能力，是社会财富的一般代表，谁占有了货币，就等于占有了商品价值和财富。

充当货币的商品随着商品经济的发展也在发生着变化。历史上不同地区曾有过不同的商品充当过货币，如羊、布、贝壳等，随着商品经济的扩大和发展，货币逐渐过渡到金银等贵金属。伴随着商品经济、市场经济在世界范围的扩大和深度的发展，金银的供应越来越不能满足对货币日益增长的需求，逐渐出现了代用货币、信用货币，以弥补流通手段的不足。代用货币是指：代表实质货币来在市场上流通的货币，其货币面值与货币材料价值不等，但可以兑换的货币。它通常为可兑换的纸币，由政府或银行发行，代表着金属货币。

信用货币是由国家法律规定强制流通，不以任何贵金属为基础独立发挥货币职能的货币。是由一国政府或金融管理当局发行，并与贵金属完全脱钩，银行提供信用的流通工具。在 1929 年至 1933 年世界性的经济危机中经济的恐慌和金融混乱，迫使发达国家先后脱离金本位和银本位，国家发行纸币，即信用货币。"二战"后，金银慢慢地退出货币舞台，当今世界各国几乎都采用信用货币形态。

信用货币形态主要有：辅币、纸币、银行存款和电子货币。辅币由专门的铸币厂铸造，多用贱金属制造，一般由政府发行。其主要用于小额或零星交易中的媒介手段；纸币或现金一般由一国中央银行发行，承担着人们日常生活用品的购买手段；银行存款是存款人将部分现金存入银行，可以在银行账户进行转移支付和支票支付等；电子货币（Electronic Money）是指在消费者拥有一定的现金或存款的基础上，通常是利用电脑或贮值卡来进行金融交易和支付活动，例如各种各样的信用卡、贮值卡、电子钱包等。它借助于互联网与银行联通，通过电脑、手机，以及自动柜员机或用电话来进行清偿债务操作。由于电子货币的不断发展与完善推动了电子商务的迅速发展，网上购物迅速崛起，减少了流通领域纸币的实际数量，改变着人们的生活方式。

从经济学角度来看，将现代货币划分为：M_0、M_1、M_2、M_3。

M_0 为现金。

M_1 被称为交易货币，与 M_0 之间的关系为：

$$M_1 = M_0 + 支票账户存款$$

即 M_1 包括全部现金和随时开支票提取或转账的银行存款，一般为活期存款。M_1 是基础的货币计量形式。

$$M_2 = M_1 + 小额定期存款 + 短期定期存款 + 货币市场互助基金$$

M_1 和 M_2 是经常使用的货币，各国对 M_1 的内涵大致相同，而对 M_2 则不尽相同。

$$M_3 = M_2 + 其他短期流动资产$$

这里所说的短期流动资产，主要是指国库券、银行承兑汇票、商业票据等。

现阶段，我国将货币划分的层次是：

$$M_0 为流通中的现金。$$

M_1 为狭义货币，与 M_0 之间的关系为：

$$M_1 = M_0 + 企业活期存款 + 机关团体和部队存款$$

$$+ 农村存款 + 个人持有信用卡类存款$$

M_2 为广义货币，与 M_1 之间的关系是：

$$M_2 = M_1 + 城乡居民储蓄存款 + 企业定期存款$$

$$+ 信托类存款 + 其他存款$$

其中，城乡居民储蓄存款、企业定期存款、信托类存款和其他存款为准货币。

$$M_3 = M_2 + 金融债券 + 商业票据$$

$$+ 大额可转让定期存单等$$

M_3 属于金融工具不断创新的货币。

国际货币基金组织采用的货币口径为：

$$货币 = 银行以外的通货 + 私人部门的活期存款$$

$$准货币 = 定期存款 + 储蓄存款 + 外币存款$$

（二）货币的职能

在发达商品经济条件下，货币具有五种职能：价值尺度、流通手段、贮藏手段、支付手段和世界货币。前两项是货币的基本职能，后三项是商品经济发展过程中逐渐出现的职能。

价值尺度是指货币表现和衡量其他商品的价值的职能。货币之所以能衡量其他商品价值，是因为货币本身也是商品，具有价值。商品的价值在货币上的表现是商品的价格。货币在执行价值尺度时需要有衡量自身的标准，即价格标准，如黄金、白银以重量单位"两"作为计价标准。我们现在手中的纸币，即人民币是以 1 元等于 10 角，1 角等于 10 分为计价标准的。1 美元等于 100 美分、1 欧元等于 100 欧分等。货币通过价格标准将各种不同的商品价值表现出不同的价格。

流通手段也称为购买手段，是指货币充当商品交换的媒介职能。商品生产者生产出商品后先将商品卖出去，换来货币，再用货币去购买自己所需要的其他商品。避免了物与物直接交换中人们寻找各自所需商品的困难。

贮藏手段即财富储藏职能，是指货币能够作为财富的代表储蓄起来，货币可以推迟用它来交换实际商品和劳务的职能。货币完成这一职能，取决于两个因素：一是在储藏期间它不丧失价值；二是在需要的商品和劳务时可以买到。从理论上来说，只有足价的金银才能执行该职能。在现代社会，人们只能将纸币储蓄到银行或其他风险相对小的金融理财中，以减少通货膨胀的冲击。

支付手段是指在商品赊销赊购、工资发放、放债还债等情况下货币执行着延期付款的职能。在现实社会中很多商品生产者之间很可能形成债务链条，其中一个断裂，就有可能引起一系列连锁反应，爆发债务危机。

世界货币是指货币在世界市场中发挥作用。货币作为流通手段用来购买外国商品；作为支付手段用来支付国际收支差额；作为财富的代表由一国转移到另一国。既然货币必须在世界范围内执行上述三种职能，就必须是世界各国都能普遍接受的货币，那就是真实的黄金和白银。但是，当前的世界经济中黄金和白银已经不再充当货币材料，而是由主要发达国家的货币来充当国际货币，执行着货币职能。

二、国际货币

国际货币是指在国际经济交易中被普遍接受并广泛使用的可自由兑换货币。国际货币与世界货币（黄金和白银）不同，它是由某一国发行的，存在着贬值或升值的可能性，给其他国家的经济造成损失。而历史上的世界货币金银价值是稳定的，不受哪个国家限制。当今世界上的国际货币是美元，而欧元、日元属于区域性国际货币，只是对美元的国际货币起着补充性、辅助性作用。全球性货币是建立在单一美元本位货币基础之上，具有一定程度世界货币性质。

2007 年下半年，由美国次级贷款危机引发国际性金融危机，直到今天世界经济还没有摆脱其困扰，中间经历了几次反复，经济经历了几次探底，从而也使美元币值出现反复波动。而我国经济却是这边独好，国内生产总值保持着较高速度的增长，一路超过其他主要发达国家，成为世界第二大经济国，人民币则很坚挺。在国际经济交往过程中人民币国际化被提出来，我国政府也在对其积极推进。

人民币已经成为对外贸易边境结算的货币之一。人民币在柬埔寨、缅甸、尼泊尔等与中国接壤的国家全境通用；韩国、新加坡、马来西亚等国在一定程度上接受人民币；俄罗斯远东地区已大量使用人民币；在中国的香港、澳门，新加坡等地区，人民币不仅仅是交易媒介，而且出现了单纯以资金流的方式出入。人民币在东南亚地区的自由流通已受到"第二美元"的待遇，一些国家和地区的居民还把人民币作为一种储藏手段。在 174 个国家和地区中，人民币跨境结算占全部本外币跨境收支的比重，由 2010 年的 1.7% 提高至 2014 年上半年的 24.6%。货物贸易进出口的人民币结算比重从 2010 年的 2.2% 提高到 2014 年 1—8 月的 15.8%。中国银行已与东盟马来西亚、印尼、新加坡、泰国签署了双边本币互换协议。2014 年 1—8 月，我国与东盟 10 国跨境人民币结算量约占全部结算量的 13%。2013 年广西与东盟跨境人民币量达 904 亿元，占同期广西跨境人民币结算量的 89%。[①]

跨境贸易人民币结算在我国基本铺开。2012 年 3 月，人民银行、财政部、商务部、海关总署、国家税务总局和银监会联合发布了《关于出口货物贸易人民币结算企业管理有关问题的通知》，放开跨境贸易人民币结算试点企业，对出口贸易人民币结算企业实行重点监管名单管理。境内所有具有进出口经营资格的企业均可依法开展出口货物贸易人民币结算业务。

作为国际货币的贮藏职能，人民币已经伴随着其基本职能而出现。

2014 年年初，尼日利亚央行宣布多元化外汇储备资产，将人民币份额从 2% 提升至 7%。目前，东南亚、东欧、拉美和非洲的一些国家已经或者正在考虑把人民币作为官方储备货币。

人民币离岸市场已经形成。中国银行在 2014 年 9 月 11 日发布的二季度末离岸人民币指数[②]显示，截至二季度末，离岸人民币指数为 1.13%，较上季度末上升 0.06 个百分点，刷新人民币在国际金融市场使用水平的纪录。二季度，离岸人民币存款继续增加，占所有货币离岸存款的比重上升至 1.55%；离岸人民币债券市场规模占全球国际债券的比重提升至 0.32%；人民币外汇交易量占全球外汇交易量的比重上升至 3.67%。香港仍是最大的离岸人民币中心，6 月末银行体系人民币存款约 9 260 亿元，1—6 月累计发行"点心债"约 1 200 亿元。新加坡、韩国人民币业务发展势头良好，6 月末人民币存款余额约为 2 540 亿元和 740 亿元，均创历史新高。欧洲地区离岸人民币市场地位进一步提升，英国、法国、德国、卢森堡等国家的人民币业务继续保持健康发展，与中国之间的人民币收付金额快速增长。

虽然，人民币在离岸金融市场的使用水平与主要国际货币的绝对差距仍较大，但相对差距继续缩小。二季度末，美元、欧元、英镑、日元的离岸市场指数分别为48.05%、26.27%、6.25%、6.15%，较去年末分别上升 - 0.12、1.47、0.34 和0.25 个百分点，离岸人民币指数同期上升 0.22 个百分点。

---

① 吴小康：《人民币国际化金融基础设施掣肘有待破解》，搜狐财经，2014 年 9 月 20 日 18：01：59。
② 《中行：离岸人民币指数再摸高》，新浪财经，2014 年 9 月 15 日 20：51。

2014 年 9 月 18 日上海黄金交易所黄金国际板正式启航,用人民币计价、交易、结算。该国际板将依托自贸区账户体系,实现我国资本市场对外开放。境外投资者无需经过货币兑换,只需遵循资金账户对应,定向划转的原则,实际上实现了黄金项下的人民币自由兑换。有助于提升人民币国际影响力,助推人民币国际化。

2016 年 10 月 1 日人民币正式加入国际货币基金组织的特别提款权(Special Drawing Right,SDR),标志着人民币国际化程度又上了一个新的台阶。SDR 亦称"纸黄金"(Paper Gold),最早发行于 1969 年,是国际货币基金组织根据会员国认缴的份额分配的,可用于偿还国际货币基金组织债务、弥补会员国政府之间国际收支逆差的一种账面资产。还可以与黄金、自由兑换货币一样充当国际储备。但由于 SDR 只是一种记账单位,不是真正货币,使用时必须先换成其他货币,不能直接用于贸易或非贸易的支付。SDR 的价值最初是由 16 种货币决定,经过多年的调整,目前以美元、欧元、人民币、日元和英镑五种货币组成的一篮子货币当期汇率决定,所占权重分别为 41.73%、30.93%、10.92%、8.33%、8.09%。

人民币国际化的路程还很长。国际货币基金组织总结主要国际货币的历史经验,得出其发行国应该具备的条件:达到一定的经济发展和经济开放程度;有充足的国际清偿手段;有效的宏观调控,并且经济相对稳定;市场经济体制完善;合理的汇率机制。我国现阶段经济虽然已经达到了 GDP 第二大国,但人均 GDP 还很低,金融领域还不能完全开放,人民币还没有实现完全的自由兑换,汇率还没有放开。总之,人民币国际化的经济基础还没完全达到,还需要我国长期继续努力。

三、股票、债券和外汇

由于货币 M_3 本身就是金融资产,金融资产中最主要的是债券和股票。同时,国际货币基金组织将外币存款确定为准货币。三者与货币有着密不可分的关系。因此,我们需要掌握债券、股票和外币的基本知识。

(一)债券

债券是指发债人为了筹措资金而向投资者出具的承诺凭证,证明按着票面标的面额、利率和偿还期等要求还本付息的有价证券。债券的基本要素:票面价值、偿还期、付息期、票面利率和发行人名称。债券本质是债的说明书,具有法律效力。债券的发行者是政府、金融机构、工商企业等机构。债券发行者与购买者之间是一种债务与债权的关系,债券发行人是债务人,债券持有人(投资者)为债权人。

债券的特征有:偿还性、流通性、安全性和收益性。其中偿还性是指发行人必须按约定条件还本付息。流通性是指债券一般可以在流通市场上自由转让。安全性是因为债券通常规定固定利率,如果企业出现破产,债券持有者享有优先于股票持有者对企业资产的索取权,债券风险比较小。收益性是因为,一方面,投资债券可以给投资者定期或不定期地带来利息收入,另一方面,投资者可以利用债券价格的变动,买卖债券赚取差额。

债券的种类。按发行主体划分有：政府债券、金融债券和公司（企业）债券。政府债券是指国家政府债券即国债和地方政府债券。金融债券是由银行和非金融机构发行的债券；按财产担保划分：抵押债券和信用债券。抵押债券是以企业财产作为担保的债券。有一般抵押债券、不动产抵押债券、动产抵押债券和证券信托抵押债券；按债券形态分类：实物债券（无记名债券）、凭证式债券、记账式债券；按是否可以转换划分：可转换债券和不可转换债券，前者是指在特定时期内可以按某一固定的比例转换成普通股的债券；按付息的方式划分：零息债券、定期债券和浮息债券。其中，零息债券也称为贴现债券，是指债券券面上没有附息票，票面上不规定利率，发行时按规定折扣率，以低于债券面值的价格发行，到期按面值支付本息的债券。浮息债券是指息票率是随市场利率变动而调整的利率；按着是否能够提前偿还划分：可赎回债券和不可赎回债券。前者指债券到期前，发行人可以以事先约定的赎回价格收回的债券，后者与前者相反；按偿还方式划分：一次到期债券和分期到期债券；按计算方式划分：单利债券、复利债券和累进利率债券；按债券是否记名划分：记名债券和无记名债券；按是否参加公司盈余分配划分：参加公司盈余分配债券和不参加分配盈余债券；按是否上市划分：上市债券和不上市债券。

债券发行价格。公司须在遵守法律法规前提下发行债券，其发行价格是指债券原始投资者购入债券时应付的市场价格。它与债券的面值可能一致也可能不一致，这主要取决于债券期限、票面利率和市场利率水平。债券发行价格是债券的面值和需要支付的年利息按发行时的市场利率折现所得到的现值。发行价格高于面额为溢价发行，等于面额为平价发行，低于面额为折价发行。

债券评级。在实务中债券发行还要结合公司自身的信誉情况，这种信誉通常需要由债券评信机构评定等级。国际上流行的债券等级是3等9级：最高级为AAA，高级为AA，中上级为A，中级为BBB，中下级为BB，投机级为B，完全投机级为CCC，最大投机级为CC，最低级为C。一般情况，资信等级高的债券能够以较低的利率发行。反之，等级低的债券，风险较大，只能以较高的利率发行。从投资者角度看，受时间、知识和信息的限制，证券的等级是非常重要的参考信息。

（二）股票

股票是股份公司为筹集资金而发行给股东作为持股凭证借以取得股息和红利的一种有价证券。每股股票都代表着股东对股份公司拥有的一个基本单位的所有权。股份制企业分为上市与非上市两种，上市的股票也称为流通股，可以在股票交易所自由买卖。非上市的股票则不能进入股票交易所。股票具有流通性、收益性、参与权、风险性、不返还性的特点。

按着不同的划分标准，可将股票划分不同类型。主要有：按着股东权益和风险大小，划分为普通股和优先股。普通股，是指在公司的经营管理和盈利财产的分配上享有普通权利的股份，代表满足所有债权偿付要求及优先股东的收益权与求偿权要求后对企业盈利和剩余财产的索取权。它是股票的基本形式，构成股份公司资本的基础。普通股股东按着持股的比例拥有一定权利，即公司决策参与权、利润分配权、优先认股权、剩余资产分配权。

优先股，是指持有该股票者优先于普通股股东分配公司利润和剩余财产，但享受的是固定金额的股利，同时，参与公司经营管理等权利也要受到限制。

按着流行分类方法分为：A 股、B 股、H 股、S 股、N 股。A 股是人民币普通股票，它是由中国境内的公司发行，供境内机构、组织或个人（不含台、港、澳投资者）以人民币认购和交易的普通股股票；B 股，也称为人民币特种股票，是指那些在中国大陆注册、在中国大陆上市的，以人民币标明面值，只能以外币认购和交易的股票；H 股是在香港上市的国有企业股票；S 股是在新加坡或者其他国家和地区注册，并在新加坡（Singapore）交易所挂牌上市的企业，但主要生产或者经营等核心业务在中国大陆企业的股票。N 股是指在中国大陆注册，但在纽约（New York）上市的外资股票。

在香港股市中有"红筹股""蓝筹股"之分。蓝筹股是指那些在所属行业中处于支配地位，业绩优良，在股市上成效活跃，红利优厚的大企业股票。红筹股是指在香港上市的中国内地中资企业的股票。

股票交易市场有：一级市场也称为发行市场，是指公司直接或通过中介向投资者出售新发行的股票市场；二级市场也称股票交易市场，是投资者之间买卖已发行股票的场所；三级市场是指既在证交所上市又在场外市场交易的股票；四级市场是指大机构（和富有的个人）绕开通常的经纪人，彼此之间利用电子通信网络直接进行的证券交易；二板市场也称为"第二交易系统"，或创业板，主要是指一些小型高科技公司的上市场所。

从理论上看，股票交易价格主要取决于股息收入和市场利率。即：

$$股票价格 = \frac{股息}{市场利率}$$

股息越高，股票价格也就越高，二者为正相关。股票价格与市场利率则是负相关，假设股息是 10 元，市场利率为 10%，如果持股人要将股票卖出去，然后将所得到的钱存入银行，就会要求利息收益得相当于股息 10 元的收入，此时股票价格为100；如果市场利率下降到 5%，为了得到与股息相当的利息收益，股票销售价格就得是 200 元。

（三）外汇

外汇（Foreign Exchange）是指货币行政当局以银行存款、财政部库券、长短期政府证券等形式保有的在国际收支逆差时可以使用的债权。在我国外汇包括：外国货币（铸币、钞票等）；外币支付凭证（票据、银行存款凭证、邮政储蓄凭证等）；外国有价证券（公债、国库券、公司债券、股票、息票等）；特别提款权；欧洲货币；其他外汇资产。

外汇可划分为动态外汇和静态外汇。从动态角度看外汇是指货币在各国间的流动，以及把一个国家的货币兑换成另一个国家的货币，借以清偿国际间债权、债务关系的活动，即国际间汇兑的简称。

从静态角度看外汇是以外币表示并可以用于支付国际结算的凭证。可将其分为狭义外汇与广义外汇。狭义外汇是以外国货币表示的，为各国普遍接受的，可用于国际间债权债务结算的各种支付手段。其必须具备的特点是：可支付性（必须以外国货币表示的资产）、可获得性（必须是在国外能够得到补偿的债权），以及可兑换性（必须是可以自由兑换为其他支付手段的外币资产）。广义外汇是指一国拥有的一切以外币表示的资产。

第二节　汇率的基本知识

一、汇率及其标价

汇率是一个国家的货币折算成另一个国家货币的比率，表示着两个国家货币之间的互换关系。汇率也称为汇价，是以一种货币表示另一种货币的价格。人们将一种货币数量固定不变，用另一种可以变化数量的货币表明其价格。前者称基准货币，后者称标价货币。

汇率有两种标价方法：一种是直接标价法，又称为应付标价法。它是用一单位的外国货币作为标准，折算为一定数额的本国货币来表示的汇率，即基准货币为外币，标价货币为本币的汇率。当一单位外币折算的本国货币量减少时，即汇率下降，表明外国货币贬值或本国货币升值。反之，若一单位外币折算的本国货币量增加，即汇率上升，表示外国货币升值或本国货币贬值。我国和世界上大多数国家一样都采取直接标价法，例如，2014 年 9 月 26 日人民币汇率中间价是：$ 100 = ¥615.08，2014 年 10 月 8 日是：$ 100 = ¥614.93，[①] 说明汇率有点下降，人民币升值；2016 年 12 月 30 日汇率：$ 100 = ¥693.7[②]，说明人民币贬值。

另一种标价法为间接标价法，又称应收标价法。它是用一单位的本国货币作为标准，折算为一定数额的外国货币来表示的汇率，即本币为基准货币，标价货币为外币。当一单位本国货币折算的外国货币量增加时，表示本国货币升值或外国货币贬值。反之，如果一单位本国货币折算的外国货币量减少，表示本国货币贬值或外国货

---

① 国家外汇管理局网站，2014 年 10 月 8 日。
② 国家外汇管理局网站，2016 年 12 月 30 日。

币升值。英国的英镑一直是间接标价法标价，美国的美元除了对英镑直接标价外，对其他国家货币都采取间接标价法。

目前，国际金融市场上通行的是美元标价法。美元标价法也称为纽约标价法，是指在纽约国际金融市场上，除了对英镑采用直接标价法外，对其他国家货币用间接标价方法。该种标价法由美国在 1978 年 9 月 1 日制定并执行。

按照上述说明，显然，如果人们得到了某种外币的直接标价，只要取其"倒数"，即用 1 除以这个标价，就马上得到了该外币的间接标价。反之亦然。

二、汇率制度

汇率制度（Exchange Rate Regime，Exchange Rate System）又称为汇率安排，是指一国或地区货币当局对本国或地区的汇率变动的基本方式所做的一系列安排或规定。比如规定本币对外币价值、汇率波动幅度、本国货币与其他货币的汇率关系、影响和干预汇率变动的方式等。

按照汇率波动幅度的大小，可以将汇率制度分为固定汇率制度和浮动汇率制度。固定汇率制（Fixed Exchange Rate System）是以某些相对稳定的标准或尺度作为基准，来确定汇率水平的制度。则现实汇率水平受平价的制约，只能围绕平价在很小的范围内上下波动，是一种比较稳定的汇率制度。比如，金本位制度的固定汇率制度，是以黄金为中心的国际货币体系，是钉住型汇率制度。在该制度下黄金是两国汇率决定的物质基础；汇率在铸币平价的上下各 6‰左右非常小的幅度内波动；汇率的稳定自动维持，不需要人为干预。又如，布雷顿森林体系的固定汇率制度，实行美元与黄金挂钩，其他各国货币与美元挂钩的"双挂钩"制度，同时，《国际货币基金协会》规定，各国货币对美元的汇率一般只能在汇率平价 ±1% 的范围内波动，各国必须采取适当的措施保证汇率在界限内波动。因此该制度也可称为以美元为中心的固定汇率制，或可调整的钉住汇率制度。

浮动汇率制（Floating Exchange Rates）是指一国中央银行不规定本国货币与他国货币的官方汇率，听任汇率由外汇市场的供求关系自发地决定。浮动汇率制可以分许多类：按政府是否干预，可以分为自由浮动汇率和有管理浮动的汇率。前者指中央银行对外汇市场很少干预，汇率完全由外汇市场的供求力量自发地决定。后者是指中央银行通过各种措施和手段对外汇市场进行干预，以使汇率向有利于本国经济发展的方向变化，主要是根据外汇市场的供求情况售出或购入外汇来影响汇率。

按浮动形式，可分为单独浮动和联合浮动。单独浮动汇率 Single Floating Exchange Rate：指一国货币不与其他任何货币固定汇率，其汇率根据市场外汇供求关系来决定的汇率制度。比如美元、日元、加拿大元、澳大利亚元等都采取的单独浮动；联合浮动又称共同浮动，是指国家集团在成员国之间实行固定汇率，同时对非成员国货币采取共同浮动的方法。如在欧元推出之前欧洲货币体系成员国实行联合浮动。

按被钉住的货币不同，可分为钉住单一货币浮动以及钉住合成货币。钉住浮动汇率制度是指一国货币与外币保持固定比价关系，随外币的浮动而浮动。其中的钉住单一货币浮动是指一国将本币汇率钉住某一发达国家外币变动。这是由于历史上该国在对外经济往来中，主要集中于某一发达国家或主要使用某种外币，这些国家将本币汇率钉住该国货币变动；钉住合成货币是指某国家将本币与一篮子货币挂钩。一篮子货币或是复合货币单位或是以贸易额为权数计算出来的货币篮子，篮子里的货币是由与该国经济联系最为密切的一些国家的货币所构成。钉住合成货币与钉住单一货币的不同之处，在于摆脱本币受某一种货币支配的状况；联系汇率是特殊钉住汇率制，是将本币与某种特定的外币汇率固定下来，货币发行量随外汇存储量联动的货币制度。

港元是联系汇率制。港元于1935年12月至1972年6月期间与英镑挂钩，1935年12月至1967年11月间，1英镑可兑16港元，1967年11月至1972年6月，1英镑则可兑14.55港元。1972年7月至1974年11月，港币与美元挂钩之后，曾经自由浮动。1983年10月15日采取联系汇率制度，港元再与美元挂钩，汇率定为7.8港元兑换1美元。联系汇率制度一直实行至今。它依赖着香港庞大的外汇储备支持。

三、人民币汇率制度

我国现在实行的是以市场供求为基础、参考一篮子货币进行调节、有管理的浮动汇率制度。

解放后，1949年至1952年实行单一浮动汇率制。在50年代至60年代采取固定汇率制。这一时期人民币汇率是以购买力平价为依据，以"物价对比法"为基础，并配合国家的相关政策来确定。1973年至1980年，布雷顿森林体系崩溃后采取钉住"一篮子货币"的浮动汇率制。脱离了直接的物质基础和货币购买力平价，反映人民币与一篮子货币的相对变动情况。

1981年至1993年实行双重汇率制。党的十一届三中全会以后，我国进入了向社会主义市场经济过渡的改革开放新时期。国务院于1979年8月颁布了《关于大力发展对外贸易增加外汇收入若干问题的决定》，决定从1981年1月1日起实行双重汇率制，公布的牌价用于非贸易项目结算，而进出口贸易的结算采用贸易外汇内部结算价，即官方汇率与贸易外汇内部结算价并存。1985年1月1日起正式取消贸易外汇内部结算价，逐渐变为官方汇率与外汇调剂价格并存。

1994年1月1日取消人民币官方汇率与外汇调剂价格双轨制，将其并轨，开始实行以市场供求为基础的、单一的、有管理的浮动汇率制。1996年12月我国实现人民币经常项目可兑换。亚洲金融危机以后，由于人民币与美元脱钩可能导致人民币升值，不利于出口增长，中国政府进一步收窄了人民币汇率的浮动区间。1999年，国际货币基金组织对中国汇率制度的划分也从"管理浮动"转为"钉住单一货币的固定钉住制"。2001年我国加入WTO后，人民币逐渐向资本项目下的有条件自由兑换过渡，但人民币汇率仍然以钉住美元为基本汇率政策。

2005 年 7 月 21 日，我国对完善人民币汇率形成机制进行改革。人民币汇率不再盯住单一美元，而是选择若干种主要货币组成一个货币篮子，同时参考一篮子货币计算人民币多边汇率指数的变化。货币篮子的确定以我国对外贸易国家重要程度给予不同外币不同权重，包括：美元、欧元、日元、韩元、新加坡元、英镑等 11 种货币。开始实行着以市场供求为基础、参考一篮子货币进行调节、有管理的浮动汇率制度。人民币对美元汇率从当天的 8.2765∶1 改为 8.11∶1，小幅升值 2%。从此，人民币处在稳步升值状态，2006 年 6 月 26 日破 8 大关，伴随着 2007 年中国经济景气周期登顶，人民币升值幅度也迅速加大，人民币对美元汇率在 6.8∶1 附近波动。

2008 年由美国引起的国际金融危机的爆发。当时几乎所有新兴市场国家的货币对美元采取贬值政策，而我国重新采取钉住美元汇率，将汇率维持在 6.81～6.85 区间。导致人民币对欧元、英镑等货币大幅升值。

2009 年美国采取"量化宽松"的货币政策，美元与其他主要货币发生贬值。由于人民币依然采取钉住美元的汇率政策，从而人民币对其他主要货币也发生贬值。

2010 年 6 月 19 日：中国人民银行宣布，重启自国际金融危机以来冻结的汇率制度，进一步推进人民币汇率形成机制改革，增强人民币汇率弹性。自 2012 年 4 月 16 日起，银行间即期外汇人民币兑美元交易价浮动幅度，由 0.5% 扩大至 1%。2014 年 3 月 17 日起，人民币兑美元交易价格浮动上限由 1% 进一步扩大至 2%。

2015 年 8 月 11 日，人民银行决定完善人民币兑美元汇率中间价报价，做市商在每日银行间外汇市场开盘前，参考上日银行间外汇市场收盘汇率，综合考虑外汇供给情况以及国际主要货币汇率变化向中国外汇交易中心提供中间价报价。

2015 年 12 月 11 日中国外汇交易中心发布"CFETS 人民币汇率指数"，人民币汇率形成机制开始转向参考一篮子货币，保持一篮子汇率基本稳定。该指数包括 13 种货币，其中美元在一篮子货币中的权重为 26.4%，欧元占比为 21.4%，日元为 14.7%。CFETS 人民币汇率指数主要用来综合计算人民币对一篮子外国货币加权平均汇率的变动，旨在更全面地反映人民币的价值变化。

2016 年 12 月 29 日我国外汇交易中心调整 CFETS 人民币汇率指数权重，[①] 并于 2017 年 1 月 1 日生效。CFETS 人民币汇率指数篮子里新增 11 种 2016 年挂牌人民币对外汇交易的币种，CFETS 人民币汇率指数篮子里的货币数量由 13 种增加到 24 种。新增篮子里的货币包括南非兰特、韩元、阿联酋迪拉姆、沙特里亚尔、匈牙利福林、波兰兹罗提、丹麦克朗、瑞典克朗、挪威克朗、土耳其里拉、墨西哥比索。篮子货币权重采用考虑转口贸易因素的贸易权重法计算而得，本期调整采用 2015 年度数据。此次新增篮子货币权重累计加总 21.09%，其中权重最高的 5 个货币分别为韩元

---

① 中国证券网，2016 年 12 月 30 日 10∶23。

（10.77%），沙特里亚尔（1.99%），阿联酋迪拉姆（1.87%），南非兰特（1.78%），墨西哥比索（1.69%），其他新增货币占比均小于1.00%。这样，CFETS人民币汇率指数基本涵盖我国各主要贸易伙伴币种，进一步提升了货币篮子的代表性。

四、自由浮动制度下汇率的决定

汇率既然是两种货币之间的兑换率，货币是商品，汇率是货币市场上买卖双方交易的市场价格。其价格应是货币市场上对货币的需求和供给达到均衡时确定的。

假设，货币市场上有两个国家美国和中国进行着美元和人民币的兑换活动。从美国人的角度看，他们感兴趣的是用1美元可换多少人民币。图4-1中表示美元兑换人民币的需求曲线和供给曲线。横轴表示美元的数量，纵轴表示美元的价格。S曲线为美元的供给曲线，斜率为正，说明美元的价格水平越高，对美元的供给就越多，美元能够兑换更多的人民币，有更多的美元持有者愿意供给美元；如果价格降低，美元供给就下降。D曲线为对美元需求的曲线，斜率为负，当美元价格提高时，需求少，人民币持有者减少兑换美元；价格降低时，需求增加，会有更多的人民币持有者将手中的货币兑换成美元。美元的供给曲线S与其需求曲线D的交点F为市场的均衡点，相对应的是美元的均衡数量和美元以人民币表示的价格——汇率。

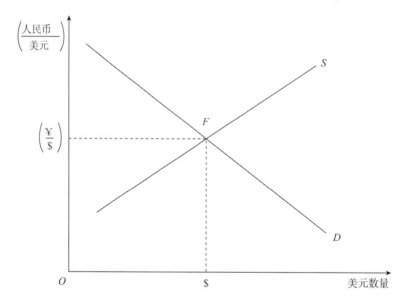

图4-1 美元的供给曲线和需求曲线

社会上如果由于某种原因，对美元的需求增加，则对美元的需求曲线D会向右移动，均衡汇率就会提高，美元升值（或人民币贬值）；相反，如果由于某种原因，对美元的供给增加，供给曲线S向右移动，此时，均衡汇率会下降，则美元贬值（或人民币升值）。

那么，美国人为什么会用美元与人民币进行交换？人民币持有者为什么要用人民币兑换美元？促使中国人想用人民币兑换美元，并将其本国货币拿到外汇市场上进行交易的原因是：一是想买美国商品，美国对中国出口，或者中国从美国进口，要求使用美元；二是想在美国进行投资，对美国进行直接投资或间接投资；三是想投机，如果中国人认为美元将来对人民币会升值，就想持有美元，可以赚取美元升值后多余的价值，资本增值。与此相类似，也使得美国人想要人民币，并向外汇市场供应美元。正是中国人想要美元、美国人想要人民币的三个原因，导致了外汇的供求曲线的形成和移动。

下面重点考察进出口变动对汇率的影响。假设影响汇率的其他因素不变，美元供给是由美国进口需求决定。当美国对从中国进口需求增加时，美国人必须支付中国人的现钞——人民币，美国进口商在外汇市场上供应更多的美元以换取更多人民币，则美元的供给曲线会向右移动，图 4 - 2 中美元供给曲线 S_0 移动到 S_1 处。

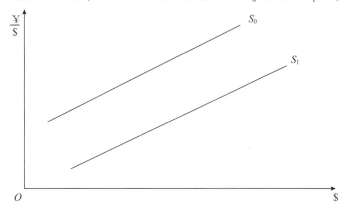

图 4 - 2　美元供给曲线向右移动

美元的需求曲线是由中国人对美国商品需求所决定的。同样，假定其他条件不变的情况下，如图 4 - 3 所示，当中国人对美国商品偏好下降，从而对美国商品需求减少时，使得美国出口商品下降，导致了每一汇率水平上对美元需求下降，则美元的需求曲线由 D_0 向左移动到 D_1 处。

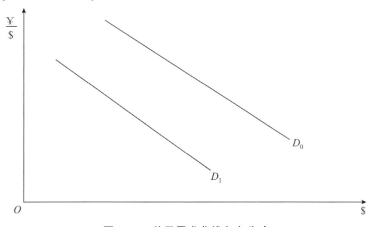

图 4 - 3　美元需求曲线向左移动

现在将上面两个图放在一起，得出美元汇率下降，如图 4 – 4 所示。美元汇率下降（即美元贬值）的原因：可能是每一汇率水平上中国对美国出口商品的需求下降，反映在图中，对货币美元的需求曲线向左移动，曲线 D_0 移动到 D_1，供需曲线交点由 F_0 到 F_1，汇率也由 $\left(\dfrac{¥}{\$}\right)_0$ 下降到 $\left(\dfrac{¥}{\$}\right)_1$；也有可能是在每一汇率水平上美国对中国产品进口需求增加，反映在图中，美元的供给曲线向右移动，S_0 曲线移动到 S_1 曲线，供需曲线交点由 F_0 移到 F_2，汇率也由 $\left(\dfrac{¥}{\$}\right)_0$ 下降到 $\left(\dfrac{¥}{\$}\right)_2$；当然也有可能是两种因素同时发生，导致汇率下降，如图 4 – 4 中供需曲线同时移动，结果新的交点为 F_3，汇率由 $\left(\dfrac{¥}{\$}\right)_0$ 下降到 $\left(\dfrac{¥}{\$}\right)_3$。

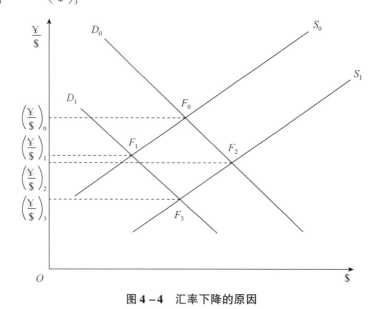

图 4 – 4　汇率下降的原因

五、购买力平价理论

对于一国汇率的决定，经济学者提出了大量的解释，购买力平价理论是比较著名的解释之一。

国际金融中的平价（Parity）是指一国金融当局为其货币定的价值，常以黄金或另一个国家的货币来表示。比如布雷顿森林体系中美元的平价以黄金表示，其他国家货币的平价以美元表示。

购买力平价理论（Theory of Purchasing Power Parity，PPP 理论）是由瑞典经济学家卡塞尔（Gustav Cassel）在 1922 年出版的《1914 年以后的货币和外汇》一书完成的。该理论认为，人们对外国货币的需求是它可以用来购买外国的商品和劳务，同样，外国人需要其本国货币也是要用它来购买其国内的商品和劳务。因此，本国货币与外国货币相交换，就等于本国与外国购买力的交换。该理论也被称为同一价格定律

（Law of One Price），即同一种商品在两个国家的货币购买力应该是相同的。购买力平价理论表明，两国货币的购买力之比是决定汇率的基础，而汇率的变动是由两国货币购买力之比变化引起的。

然而，货币的购买力如何衡量？由于货币的购买力与一般物价水平呈反方向变动，那么，汇率就由两个国家的价格水平决定，价格水平的变化就会导致汇率的变动。两国之间的货币汇率可由两国物价水平之比表示。购买力平价从表现形式上看，可分为绝对购买力平价和相对购买力平价。

绝对购买力平价（Absolute PPP）理论认为一国货币的价值和对其货币的需求是由单位货币在国内所能买到的商品和劳务数量决定的，两国货币之间的汇率可以表示为两国货币购买力之比。如果用一般物价指数的倒数来表示各自的货币购买力的话，则两国货币汇率决定于两国一般物价水平之比。

绝对购买力平价是指在一定的时点上，两国货币汇率决定于两国货币的购买力之比，两国一般物价绝对水平之比。如果用直接标价法表示汇率，P_d 和 P_f 分别表示本国和外国一般物价的绝对水平，汇率用 e 来表示。则绝对购买力平价公式：

$$e = \frac{P_d}{P_f}$$

相对购买力平价（Relative PPP）的观点认为，由于第一次世界大战期间各国滥发不兑现的银行券，导致战后通货膨胀，物价上涨，货币的购买力下降。那么，两国货币的汇率水平应该根据两国通胀率的差异而进行相应的调整。通货膨胀率高的国家的货币会相对贬值，通货膨胀率低的国家的货币会相对升值。此种汇率能表明两国间的相对通货膨胀决定两种货币间的均衡汇率。因此，相对购买力平价表示的是一段时期内汇率的变动，并考虑到了通货膨胀因素的汇率，是两个时点的汇率之比等于两国一般物价指数之比。如果用 e_0 和 e_t 分别表示基期汇率和报告期汇率，用 P_{d_t} 和 P_{f_t} 分别表示报告期的本国和外国一般物价指数，则其公式为：

$$\frac{e_t}{e_0} = \frac{P_{d_t}}{P_{f_t}}$$

$$e_t = \frac{e_0 \cdot P_{d_t}}{P_{f_t}}$$

该公式也表明报告期的名义汇率等于其过去的汇率乘以两国通货膨胀率之商。

在绝对购买力平价与相对购买力平价之间，如果绝对购买力平价成立，相对购买力平价一定成立，因为物价指数就是两个时点物价绝对水平之比。反之，如果相对购买力平价成立，绝对购买力平价不一定成立。例如，基期和报告期的汇率都等于绝对购买力平价的1/2，这时相对购买力平价成立，但是绝对购买力平价不成立。

从购买力平价理论的分析中，可以看出它包含着一些假定条件，比如，不存在交易费用、关税等，而在现实中是难以完全满足的，因此，购买力平价理论无法解释现实中汇率的短期波动。但是，它给出的货币之间购买力的比较却是汇率的基础，经济学中用其解释汇率长期趋势的比较。

第三节 货币需求

在货币市场上存在着对货币的需求与货币的供给，二者相等时实现了市场均衡。

一、凯恩斯的货币需求理论

货币需求（liquidity）是指人们在不同的条件下出于各种考虑而愿意以货币形式保持一部分财富而形成的货币持有量。凯恩斯将其称为人们心理上的流动偏好，即人们愿意持有货币而不愿意持有其他缺乏流动性资产的欲望。要实现货币需求必须同时包括两个基本要素，持有货币的愿望和持有货币的能力。

凯恩斯的货币需求理论称为灵活偏好理论或流动性偏好理论，其突出贡献是分析了人们持有货币的三大动机。

（一）交易动机

交易动机（Transaction Motive）是指人们为了应付日常的商品交易而需要持有货币的动机。交易动机可分为所得动机和业务动机，前者主要是指个人消费对货币的需求，后者主要是指保证企业生产正常运行对货币的需求。

影响交易货币需求量的主要因素有：第一，收入与支出间隔时间。间隔时间越短，交易货币量的需求越少，反之就越多。假如，某甲是月工资 4 000 元，平均手中拥有货币量是 4 000÷2 = 2 000；某乙是周工资 1 000 元，平均手中拥有货币量是 1 000÷2 = 500。

第二，利息率。如果人们的收入与支出间隔时间比较长，人们会根据储蓄利率的上升将一部分暂时不用的货币存入银行赚取利息。

第三，收入。收入越多人们手头就越宽余，收入是交易货币需求最主要的因素。

第四，其他因素。支付习惯、工业集中程度、商业制度等。

（二）预防动机

预防动机（Precautionary Motive）也称为谨慎动机，指人们为了应付不测之需而持有货币的动机。影响其数量的因素有：人们的主观因素、利息率和收入。在这里最主要的因素应该是收入，收入越多，人们用于预防的货币需求量也就越多。

为了简化分析，我们假定，交易动机和预防动机的货币需求唯一取决于收入的大小。用 L_1 表示交易动机和预防动机对货币的需求，用 Y 表示国民收入。其函数为：

$$L_1 = L_1(Y)$$

（三）投机动机

投机动机（Speculative Motive）是指人们为了抓住有利的获得投机利益的机会而

保留一部分货币的动机。货币是最灵活的流动性资产，持有它可以根据市场行情的变化随时进行金融投机。

影响其需求量的因素是利率的高低。利息率与投机货币数量成相反方向变动，当利率越来越高时，持有货币所牺牲的利息就越来越多，那么人们就会减少货币持有量。另外，现行利率越高，日后的利率会下跌，从而债券市价上升的可能性越大，人们在利率升高时会用货币购买债券。因为：

$$债券价格 = \frac{债券收益}{利息率}$$

债券价格与利息率成反方向变动。

假设一个货币投机需求者在他心里确定一个利率，如图 4 - 5 纵轴为利率 r，横轴是货币数量，图中 C 点的利率是 r_0。当实际利率高于 r_0 时，他会把手中的货币全部用于购买债券，他认为利率提高，债券价格下降，将来一定会出现利率下降，债券价格上升；反之，当利率低于 r_0 时，他会立刻卖出手中的债券，他认为债券的价格已经达到很高，将来只会下降。

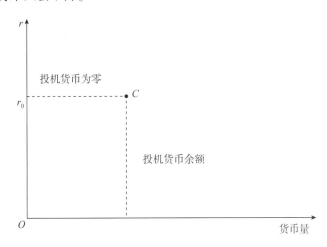

图 4 - 5　单个人对投机货币的需求

如果社会上有许许多多的投机者，他们心里的利率各不相同，把这些利率连接起来，就会形成一条光滑的曲线，如图 4 - 6 中的曲线，是向右下方倾斜的曲线。表明利率越高投机货币需求越少，利率越低投机货币需求就越多。当曲线在 A 点之上时，利率达到非常高，社会上的投机货币需求为零，因为此时的债券价格非常低，将来利率肯定会下降，债券价格会上升，人们把手中的投机货币全部用于购买债券了。当曲线在 B 点之后平行于横轴，利率非常低，人们认为利率达到最低水平不会再低了，此时债券价格也就达到最高，不会再高了，所以人们把手中的债券全部出售出去，换回货币，社会上流通领域中的货币量非常多。经济学把 A 点之上的曲线称为"古典区域"，流通领域中的投机货币需求为零；把 B 点之后称为"凯恩斯陷阱"或"凯恩斯区域"，不管流通领域中投放多少货币，人们也不会购买债券；把 A、B 之间看成正常的投机货币需求曲线。

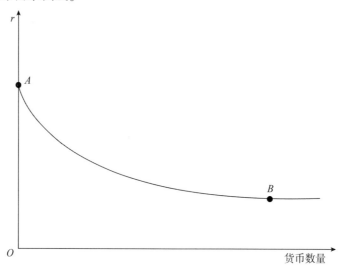

图 4-6 社会投机货币需求

如果用 L_2 表示投机货币，则投机货币函数是：

$$L_2 = L_2(r)$$

投机货币 L_2 与利率 r 之间成相反方向变动。

把交易动机、预防动机和投机动机的货币相加起来构成货币的总需求。假如用 L 表示货币的总需求，则等式为：

$$L = L_1(Y) + L_2(r)$$

如果用图形表示，那么如图 4-7 所示，因为影响 L_1 的主要因素是国民收入 Y，则曲线垂直于横轴，L_2 受利率影响，斜率为负，L_1 线与 L_2 曲线之和是 L 曲线。从总体上考察货币需求量 L 的大小与利息率保持相反方向。

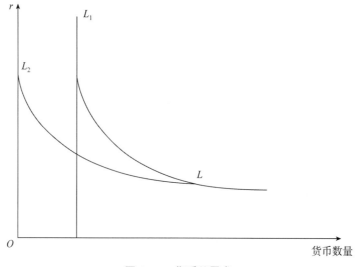

图 4-7 货币总需求

二、温特劳布的七种动机说

在凯恩斯提出货币需求的三种动机之后，有很多经济学家对其理论进行了发展，其中最著名的是英国经济学家西德尼·温特劳布（Sidney Weintraub）提出了货币需求的七动机说。即：产出流量动机；货币—工资动机；金融流量动机；预防和投机动机；还款和资本化融资动机；弥补通货膨胀损失的动机；政府需求扩张动机。温特劳布又将这归纳成三大类：

（一）商业动机

商业动机包括其前三项。商业动机与生产、流通活动相连，主要是由企业家发起，其流量是宏观经济活动、工资率和产出价值的函数。商业性货币需求的主要特点：用于满足人们的商业性需要，媒介商品交换；其主要决定因素是人们收入中的支出部分，即实际的消费支出和实际的投资支出；会引起的货币流通，其变动影响主要是商品市场的价格。

（二）投机性动机

投机性动机包括上面的第四、五、六项。其主要特点是：该类货币需求者通过各种金融活动，使现有资产得以保值和增值。其货币流通属金融性流通；投机货币需求量主要取决于人们对未来的预期，从而影响其经济决策和行为。

（三）公共权力动机

公共权力动机的货币需求，也被称为权力性货币需求。政府为了干预经济所需要的货币量，比如赤字财政政策、通货膨胀政策都需要加大货币量的需求。该类货币需求主要特点：虽然政府干预经济投放了货币，但它们不会形成独立的货币流通范围，最后会流向商业货币流通或金融性货币流通；该种货币需求量与政府的政策有直接关系，当政府采取扩张性政策时，货币量会增多，反之亦然；该种货币对经济的影响及其波动的大小，主要取决于政府对于货币不同的分配力度。

温特劳布的货币需求七动机说与凯恩斯的货币需求三动机说之间既有联系也有区别。前者是在后者的基础上，对人们对货币需求的不同动机进行了比较详细的分析，并对其相近的动机进行了分类，研究它们不同特征以及对经济的影响。二者的主要区别很明显：三动机说是基础，七动机说更接近现实，更加注重货币需求与商品市场、货币市场之间的关系；七动机说提出了政府货币需求动机，对于现代各国普遍实行的政府干预经济的货币需求变动及其影响，具有重要的现实意义。

第四节　货币供给与货币市场均衡

货币供给是与货币需求相对应的货币市场上均衡的另一个侧面。它是指一国在一定时期内银行体系通过自己的业务活动向生产和流通领域提供货币的全过程，反映的是货币流量。货币供给量是指一个国家在一定时点上为社会经济运转服务的货币存量。

一、货币发行

一国的货币发行是指在一定时间内其中央银行投放到流通领域的货币减去回流到中央银行的货币差额。货币流出量大于回流量，是中央银行的负债。

我国的货币发行权属于国家。国务院根据国民经济发展的需要，核准年度人民币最高发行限额。由中国人民银行具体办理货币发行工作。中央银行设有基金保管库保管着发行基金，其他各个银行设有业务库。中央银行依据国务院的指示从发行基金保管库中将货币调拨给商业银行业务库，被称为"出库"，即货币发行。商业银行从业务库，通过现金出纳支付给各单位和个人，人民币钞票就进入市场，称为"现金投放"。同时，商业银行每天都会从市场回收一定数量的现金，当业务库的库存货币超过规定的限额时，超出部分要送交发行库保管，称为"现金归行"，也称为"入库"，即货币回笼。

货币发行的性质分为经济发行和财政发行。前者是指为了满足商品流通需要而发行的货币。后者是为了弥补财政赤字而发行的货币。经济发行是经济增长和经济发展的客观要求，不仅能满足国民经济的需要，又能保持币值的稳定，符合货币流通规律。财政性货币发行是超过商品流通实际需要的发行，往往会导致通货膨胀。

我国的货币发行基本属于经济发行。但是，在个别年度，由于各种原因出现了财政赤字，可能需要发行货币弥补部分财政赤字，实行了财政发行，出现了一定程度的通货膨胀。

二、货币市场均衡

（一）货币市场均衡

货币市场上的均衡是由货币供给与需求均衡时所形成的均衡货币数量与均衡利率，如图 4 - 8 所示。

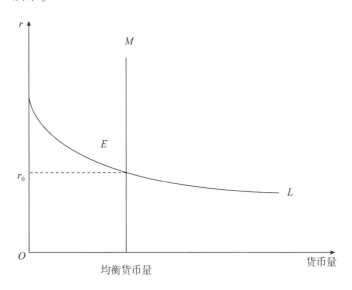

图 4 - 8 货币市场均衡

货币需求为：$L = L_1(Y) + L_2(r)$，这里的货币供给是由中央银行控制的外生变量。一般来说，政府控制的货币是名义货币，名义货币是以票面值计算的流通中货币量。而实际货币量是指的实际购买力货币量，它是将名义货币除以价格指数所得的商，即：

$$m = \frac{M}{P}$$

用 M 表示名义货币，P 表示价格指数，m 表示实际货币。货币供给是一条不随利息率变化而变化的垂直于横轴的直线。为了分析方便，我们假设价格指数 P 不发生变化，则 M 等于 m。货币需求曲线 L 与供给曲线 M 相交于均衡点 E，均衡利率为 r_0，同时也确定出均衡货币数量。

（二）均衡利率的变动

收入水平变动引起均衡利率变动。从图 4 - 9 中可以表现出，假设货币供给为 1 000 万亿元不变，MPC 为 80%。第一年的 GDP 为 3 500 万亿元，货币需求为 L' 曲线，其中，L_1 为 700 万亿元，L_2 则是 300 万亿元；第二年，GDP 增长了 200 万亿元，增长率为 5.7%，达到了 3 700 万亿元，L_1 需增加 160 万亿元（200 万亿 × 0.8），达到 860 万亿元（700 万亿 + 160 万亿）。L_2 为 140 万亿元（300 万亿 - 160 万亿）。则

图4-9中的货币总需求曲线由 L' 移动到 L'' 处，均衡点由 E' 点移动到 E'' 点，利率由 2%上升到3%。

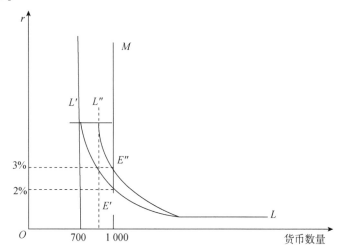

图4-9　收入变化引起均衡利率变动

货币需求变动，引起的均衡利率变动。假设货币供给不变，货币的总需求增加，如图4-10所示，货币供给1 000万亿元，货币的需求曲线由 L' 变动到 L''，它包括 L_1 和 L_2 同时同比例地增加，货币市场均衡点由 E' 点移动到 E'' 点，利率由3%上升到 6% 。反之亦然。

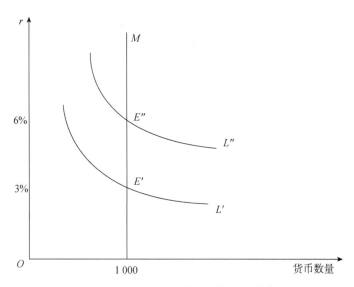

图4-10　货币总需求增加均衡利率的变动

货币供给量变动引起均衡利率变动。货币供给增加，如图4-11所示。货币供给曲线由 M 的1 000万亿元，移动到 M' 的1 100万亿元，货币的供给增加导致货币的需求增加，由 L 曲线，移动到 L' 处，货币市场均衡点由 E 点移动到 E' 点，则利率下降，由3.2%下降到3%。

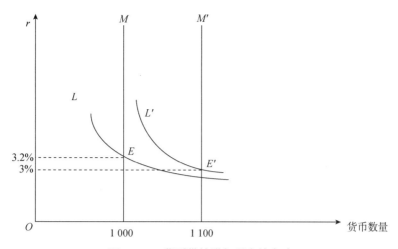

图 4 – 11 货币供给增加利率的变动

思考题：

1. 请查找出我国改革开放以来货币发行的情况，并探索其与经济发展的关系。

2. 掌握人民币国际化进展的脉搏。

3. 根据世界经济的变化分析美元、欧元、日元、英镑等发达国家货币的动态。

4. 了解主要发达国家及我国香港、澳门货币发行过程，并进行比较。

5. 了解和掌握主要发达国家利率市场变动的主要原因。

6. 了解我国利率是如何决定的。

7. 掌握货币市场与证券市场之间的关系，并关注我国货币市场与证券市场之间的联系。

8. 请通过查找资料了解外汇进入我国货币市场的途径，及其数量变化情况。

参考资料：

1. 萨缪尔森：《经济学》第 8、9 章，人民邮电出版社 2012 年 1 月。

2. 付卡佳：《当代西方经济学》第十一章，经济科学出版社 1999 年 2 月。

3. 《中华人民共和国中央银行法》第一章总则，http：//www. pbc. gov. cn。

4. 凯恩斯：《就业、利息和货币通论》第十五、十六、十七章，商务印书馆 2014 年 11 月。

5. 凯伯：《国际金融（第十三版）》第二章，中国人民大学出版社 2012 年 4 月。

6. 薛荣久：《国际贸易（第六版）》第二章，对外贸易大学出版社 2016 年 5 月。

第五章 IS—LM 模型

本章将产品市场与货币市场联系起来，同时达到均衡时国民收入和利息率的决定。IS—LM 模型是英国经济学家约翰·希克斯（John Richard Hicks）在 1937 年的著名论文《凯恩斯先生与古典学派》中提出来的。美国经济学家阿尔文·汉森（Alvin Hansen）同时也考虑到该模型。因此，该模型也被称为"希克斯—汉森综合"或"希克斯—汉森图形"。该模型是在进出口和汇率一定条件下进行分析的，属于国家的内部经济。IS—LM 模型在理论上对总需求分析的全面高度概括，在政策上可用来解释财政政策与货币政策的作用，从而被称为宏观经济学的核心。

第一节 IS 曲线

一、IS 曲线的推导

IS 曲线的推导是通过两个部门均衡公式进行的。在产品市场中有消费品和资本品，市场的均衡条件是：$C + S = C + I$，简化为 $I = S$，表示产品市场的注入与漏出相等，是资本市场的均衡公式。又知储蓄函数 $S = S(Y)$，投资函数 $I = I(r)$，产品市场的均衡条件可写为：$S(Y) = I(r)$ 方程，即是 IS 曲线的方程，它表明在资本市场中供给与需求相等时所有实际国民收入和利息率组合的轨迹。

IS 曲线的具体推导由图 5 – 1 中得出。其中的（a）图表示投资函数 $I = I(r)$，投资是利率的减函数；（c）图表示储蓄函数 $S = S(Y)$，储蓄是收入的增函数；（b）图表示产品市场的均衡条件状态，自原点所作的 45 度线，线上任意一点均表示投资与储蓄相等，符合产品市场上的均衡条件。

（d）图是表示产品市场均衡时的利率与收入之间的关系，即 IS 曲线。它是由投资函数、储蓄函数和 45 度线推导而得出。当（a）图中利率为 r_1 时，相对应的投资为 I_1，此时（b）图中与投资 I_1 对应的储蓄为 S_1，而（c）图中与储蓄 S_1 对应的收入为 Y_1。然后，从（a）图的 r_1 向（d）图作平行于两图横轴的平行线到（d）图，标出（d）图中 r_1 处；再从（c）图中 Y_1 点向（d）图作垂线，标出 Y_1 处。两条线之间就有交点 A_1。用上述同样的方法，在（a）图利率 r_2 时，（b）图中与 r_2 对应的是 S_2，此时（c）图中与 S_2 对应的收入是 Y_2，再从（a）图的 r_2 向（d）图作平行于两图横轴的平行线到（d）图，（d）图中标出 r_2 处；再从（c）图中 Y_2 点向（d）图作垂线，标出 Y_2 处。自然就会出现两线相交的 A_2。当然，以此类推，还可以得出许多这样的点，

即 A_3、A_4、A_5……将这些交点 A_1、A_2、A_3、A_4、A_5……连起来便是 IS 曲线。

在 IS 曲线上的每一点都表示投资等于储蓄（产品市场均衡）条件下收入与利率的各种组合。在该曲线每一点上利息率所决定的投资量会决定一种收入水平，这一收入水平在给定的储蓄函数下，使储蓄与投资相等。

现实经济社会中，投资与储蓄并不总是相等，产品市场有可能处于非均衡状态。在 IS 曲线以外所有的收入与利息率的组合点，都不能使投资与储蓄相等，都是非均衡点。例如，在图 5-1 中（d）图的 G 点是收入为 Y_2，利率为 r_1 时，收入与利率的组合点，位于 IS 曲线的右方，r_1 对应投资 I_1，而 G 点对应的储蓄则是 S_2，因此，$I < S$，G 是一个非均衡点；如果是图中的 H 点，在 IS 曲线的左边，该点所对应的利率是 r_2，投资是 I_2，而所对应的储蓄则是 S_1，那么，$I > S$。这样，位于 IS 曲线右方任一点都表示投资小于储蓄的产品市场非均衡状态下收入与利率的组合；位于 IS 曲线左方的任一点都表示投资大于储蓄的产品市场非均衡状态下收入与利率的组合。

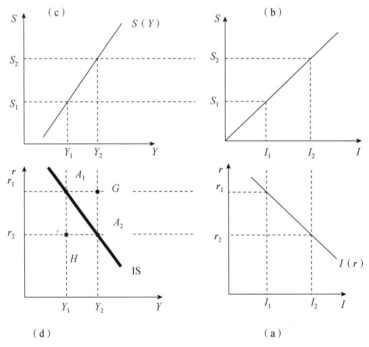

图 5-1　IS 曲线推导

当商品市场出现非均衡时，凯恩斯理论认为可调整收入，使储蓄与投资保持平衡。图 5-1，（d）中 H 点时因投资大于储蓄，收入会上升，即从 Y_1 移向 Y_2，由 H 点向 A_2 点趋近，以使储蓄与投资达到平衡。如果在 G 点，投资小于储蓄，从而收入下降，从 Y_2 移向 Y_1，G 点向 A_1 点移动，直到达到投资与储蓄均衡 IS 曲线上。通过分析可得出，决定储蓄与投资平衡的是收入的变动，不是储蓄决定投资，而是投资通过收入水平的变动决定储蓄。

如果在推导 IS 曲线投资函数和储蓄函数是曲线时，就需要选取与投资函数曲线上更多的点所对应的储蓄函数上的收入来作出 IS 曲线。为了分析方便，后面的分析设 IS 曲线为线性。

二、IS 曲线的斜率及其移动

(一) IS 曲线的斜率

从 5 – 1 图中不难看出，IS 曲线的斜率取决于投资需求对利率变动的反应程度和储蓄曲线的斜率。首先，看投资需求对利率变化的敏感程度，如果其他条件不变，投资对利率变化比较敏感，利率的较小变动就会引起投资较大的变动，则投资曲线比较平坦，进而引起的收入也有较大的变化，IS 曲线也比较平坦，斜率就小。反之亦然。其次，储蓄曲线的斜率大小对 IS 曲线的斜率的影响。储蓄曲线斜率可用 MPS 表示，如果 MPS 较小，即储蓄曲线较平缓，IS 曲线也比较平缓。反之亦然。因此，IS 曲线的斜率可以表示为：

$$IS \text{ 曲线斜率} = \frac{MPS}{\text{投资需求对利率变动的反应程度}}$$

经济学者认为，相对来说边际消费倾向 MPC 比较稳定，则边际储蓄倾向 MPS 也比较稳定。那么，IS 曲线的斜率主要取决于投资对利率的敏感程度。

(二) IS 曲线的移动

IS 曲线并不是固定不变的。由于 IS 曲线是通过投资函数与储蓄函数推导出来的，所以，当投资与储蓄发生变动时，IS 曲线也会随之发生变动。如果储蓄曲线不动，增加投资，投资曲线向右移动，IS 曲线也会向右移动。反之亦然。如图 5 – 2 所示。投资曲线由 I_0 增加到 I_1 时，IS 曲线由 IS 变到 IS′，国民收入就增加。投资减少时，投资曲线向左移动到 I_2 时，IS 曲线则变动到 IS″处，国民收入就减少。

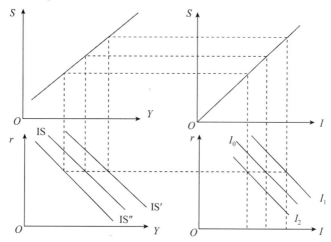

图 5 – 2 投资移动引起 IS 曲线移动

如果投资曲线不动，储蓄增加，储蓄曲线向左移动，IS 曲线也会向左移动。如图 5 – 3 所示，由 S_0 增加到 S_2 时，IS 曲线则由 IS 变动到 IS″处。反之，储蓄减少，储蓄曲线向右移动到 S_1 时，IS 曲线也向右移动到 IS′。

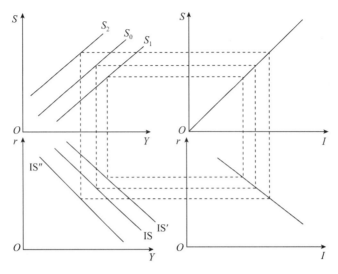

图 5 – 3　储蓄移动引起 IS 曲线移动

第二节　LM 曲线

一、LM 曲线的推导

LM 所表明的是货币市场的均衡。LM 是货币需求等于货币供给的缩写。其中货币需求函数为：

$$L = L_1(Y) + L_2(r)$$
$$= L(Y,\ r)$$

货币的供给被定为由中央银行控制的既定的常量。假定 M_1 为交易货币和谨慎货币需求所提供的货币供给，M_2 为投机货币所提供的货币供给。即：

$$M = M_1 + M_2$$

这样，货币市场的均衡公式为：

$$M_1 + M_2 = L_1(Y) + L_2(r)$$
$$M = L(Y,\ r)$$

该公式是 LM 曲线的方程式，它表明在货币市场上供给与需求相等时的所有实际收入和利率的结合点的轨迹。

LM 曲线的推导方法和 IS 曲线推导方法相类似。在图 5 – 4 中，（a）图表示货币的投机需求 $L_2(r)$，投机需求和利息率按反方向变化。图（b）表示货币的实际供给 M，假定 M 是给定的，由于 $M = M_1 + M_2$，则 M_1 与 M_2 互为余数，所以图（b）中的 M 斜线与纵轴和横轴成 45 度角线。该线上的各点表示总货币供给中划分为交易、谨慎货币数量和投机用货币数量之间的关系，当交易、谨慎所用货币供给量增加时，投机性货币供给量就减少。反之亦然。图（c）表示货币的交易和谨慎需求 $L_1(Y)$ 曲线，其数量与国民收入 Y 呈同方向变化。图（d）表示货币市场的均衡，即 LM 曲线。该曲线是根据图（a）和图（c）推导而来。先从图（a）中的 $L_2(r)$ 曲线上取点 A_1，确定利率为 r_1，投机货币为 L_2^a；向图（b）作垂线，确定出 L_2^a 的货币供给 M_2^a；通过 M 线向图（c）作平行于横轴的直线，找到交易、谨慎货币需求 L_1^a 及其供给 M_1^a；通过 $L_1(Y)$ 曲线，从 L_1^a 处向横轴作垂线，找到与 L_1^a 对应的国民收入 Y_1；再通过 Y_1 向（d）图作垂线确定 Y_1，然后从（a）图的 r_1 向（d）图作平行于两图横轴的直线确定（d）图中的 r_1，从而在（d）图中找到两条线的交点 A_1'。用同样的方法确定 A_2'、A_3'、A_4'……然后将这些点连接起来，即得到 LM 曲线。LM 曲线上任何一点都表示货币供给与货币需求相等条件下，所有的国民收入与利息率之间的组合。

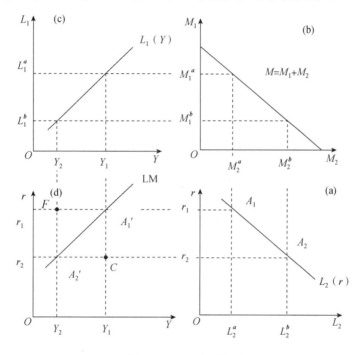

图 5 - 4　LM 曲线推导

在 LM 曲线以外的所有点都是非均衡点，如（d）图中的 C 点和 F 点。C 点是 Y_1 与 r_2 的组合点，此时投机货币需求是（a）图中的 A_2 点，及相应的 L_2^b 点至 M_2^b 点；而相对应的货币供给是与 Y_1 相对应的 L_1^a 点至 M_1^a 点，及 M_2^a 点；显然 $M_2^b > M_2^a$，说明在 C 点上货币需求大于货币供给。我们也可以从 L_1 货币需求与供给角度来进行分析，C 点的交易货币和谨慎货币需求是 L_1^a 至 M_1^a，货币的供给则是 A_2，相应地 L_2^b 至 M_2^b，再至 M_1^b 点。结果是 $M_1^a > M_1^b$，因此，在非均衡 C 点上货币需求仍然大于货币供给，利率上升，由 C 点向 A_1' 点趋近，直至达到货币需求与货币供给相等的 LM 曲线上均衡点 A_1'。

再来看 F 点，它的利率是 r_1，收入是 Y_2，所对应的投机货币需求点是 A_1 点及 L_2^a 至 M_2^a 点；F 点的货币供给由（d）图的 Y_2 至交易货币与谨慎货币的 L_1^b，再至 M_1^b 点，及 M_2^b。则 $M_2^a < M_2^b$，F 点上货币需求小于货币供给。另外，通过交易货币和谨慎货币的角度分析 F 点，也能得出同样的结论。结果是利率会自动下降，由 F 点向 A_2' 点趋

近，直至达到 LM 曲线上均衡点 A'_2。

二、LM 曲线的斜率及其移动

（一）LM 曲线的斜率

一般来说，LM 曲线的斜率是正的。斜率的大小取决于投机货币需求的 L_2 曲线斜率和交易、谨慎货币需求的 L_1 曲线的斜率。假设 L_1 曲线斜率不变，L_2 曲线越平缓，投机货币需求 L_2 对利息率 r 的敏感度越大，LM 曲线的斜率就越小。反之亦然。

假设 L_2 曲线斜率不变，交易和谨慎货币需求对收入变动的敏感度越高，L_1 曲线越陡峭，LM 曲线也越陡峭。则有：

$$\text{LM 曲线斜率} = \frac{\text{货币需求对收入变动的敏感程度}}{\text{货币需求对利率的敏感程度}}$$

如果 L_2 货币需求对利率 r 的敏感程度逐渐增强，则 LM 曲线逐渐顺时针变得平缓。反之亦然。如果 L_1 货币需求对收入 Y 的敏感程度逐渐加强，LM 曲线将会发生逆时针转动，逐渐变陡。反之亦然。

经济学者认为，一般情况，货币交易和谨慎需求函数比较稳定，LM 曲线的斜率主要取决于货币投机需求函数。当投机货币 L_2 曲线出现"流动偏好陷阱"时，LM 曲线也相应地出现水平状态。当投机货币 L_2 曲线出现垂直情况时，即"古典区间"，LM 曲线也会出现相应的垂线。如图 5-5 所示。这样 LM 曲线有三个区域，"凯恩斯区域""古典区域"、二者之间的中间区域，为正常情况。LM 曲线的斜率在古典区域为无穷大，在凯恩斯区域为零，在中间区域为正值。

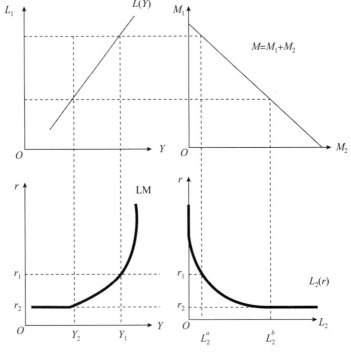

图 5-5　LM 曲线的斜率

（二）LM 曲线的移动

LM 曲线的移动显然要受到 L_1、L_2、M 量变动的影响。

（1）L_2 变动引起 LM 曲线移动。如图 5 – 6 所示，在 L_1 和 M 不变的情况下，投机货币需求增加，L_2 向右移动，即 L'_2，会使 LM 曲线向左移动，移到 LM′处。这是因为，在相同的利率水平上，货币供给不变，投机需求货币量增加，交易、谨慎货币需求必然减少，国民收入水平下降，由 Y_1 下降到 Y_2。反之亦然。

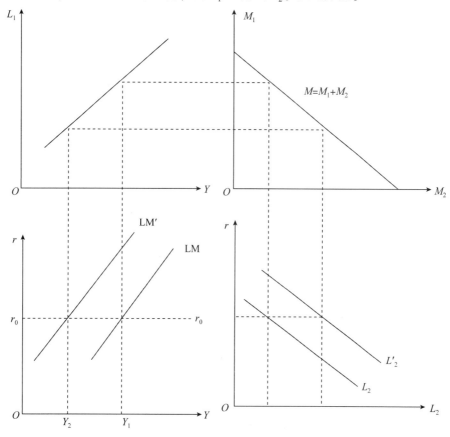

图 5 – 6 投机货币需求移动引起 LM 曲线移动

（2）L_1 变动引起 LM 曲线移动。在 L_2 和 M 不变的情况下，向右移动 L_1 至 L_1'处，LM 曲线也相应地移动到 LM′处。从而国民收入由 Y_1 增加到 Y_2。从图 5 – 7 的（c）图中能看出，尽管 L_1 向右移动了，但纵轴中 L_1 没有增加或减少，反而国民收入却增加了，即 Y_1 增加到 Y_2，其理论上的解释是由原来数量的交易谨慎货币量完成了更多的国民收入的交易，即货币周转速度加快了。反之亦然。

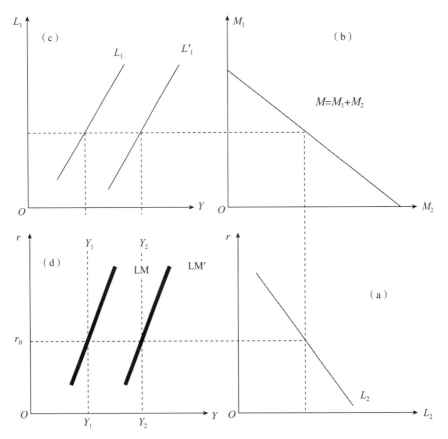

图 5 - 7　交易和谨慎货币需求移动引起 LM 曲线移动

（3）M 变动引起 LM 曲线移动。假定 L_1、L_2 货币需求不变，其曲线不移动，增加货币供给，如图 5 - 8（b）所示。M 曲线移动到 M' 处，由于流通领域货币数量增加，利息率 r 下降至 r'，投资增加，L_2 增加至 L_2'，从而国民收入增加，Y 增加至 Y'。由于利率下降和国民收入增加，那么 LM 曲线向右移动至 LM' 处。反之亦然。

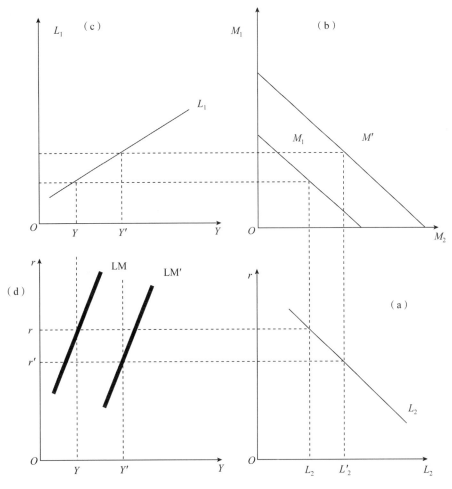

图 5 – 8 增加货币供给引起 LM 曲线移动

总之，L_1、L_2、M 中任何一个因素发生变化，都会引起 LM 曲线的移动。

第三节 IS—LM 模型

分析了商品市场均衡和货币市场均衡后，现在来分析两个市场结合在一起使二者同时达到均衡。

商品市场均衡方程为：$I(r) = S(Y)$ (1)

货币市场均衡方程为：$L(Y, r) = M$ (2)

假定货币供给与价格水平是给定的，方程（1）和（2）含有两个内生变量，即实际收入和利率。那么，就会有唯一的解，也就是只有一点能够使商品市场和货币市场同时保持均衡。因此，IS—LM 模型的方程是由方程（1）和（2）共同组成。

将 IS 曲线与 LM 曲线放在同一个图中，即图 5 – 9，IS 曲线上任意一点都表示商品市场的均衡，$I = S$。LM 曲线上任意一点都表示货币市场均衡，$L = M$。IS 曲线与 LM 曲线相交于 E 点，该点是两种市场同时均衡。此时决定的利息率 r_0 为均衡利息率，Y_0 为均衡国民收入。

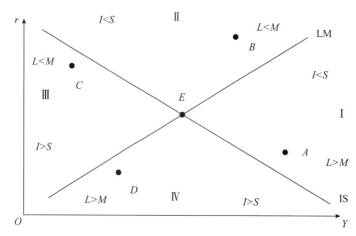

图 5 – 9　IS—LM 模型四个区域非均衡点的变动

当出现非均衡时，该模型能够通过内生变量调整使之达到均衡。将图 5 – 9 中区域分成四个区域，即 I、II、III、IV，我们知道，在 IS 曲线右方所有的点都表明商品市场上投资小于储蓄，在其左方的所有的点都表示为投资大于储蓄；在 LM 曲线的右方所有的点都表示货币需求大于货币供给，在其左方所有的点都表示货币需求小于货币供给。在不同的区域中分别确定 A、B、C、D 四个点，分别在由 IS 曲线和 LM 曲线相交后，坐标平面图上四个区域中非均衡点。在第 I 区域里的 A 点，由于 $I < S$、$L > M$，国民收入会减少，利率会上升，两种力量共同作用使 A 点向均衡点 E 点趋近；在第 II 区域里的 B 点，由于 $I < S$，$L < M$，国民收入会减少，利率会下降，两种力量的作用下，使 B 点向均衡点 E 处趋近；同理，第 III 区域里的 C 点，由于 $I > S$、$L < M$，国民收入会增加，利率会下降，两种力量共同作用，导致 C 点向 E 点趋近；D 点在第 IV 区域里，$I > S$、$L > M$，国民收入会增加，利率会上升，两种力量共同作用，使 D 点向 E 点趋近。

如果非均衡点 F 在第 II 区域的左侧，又该如何运行呢？如图 5 – 10 所示，由于第 II 区域内 $I < S$、$L < M$，国民收入会下降，利率会下降，F 点在两种力量的作用下会进入第 III 个区域，在此区域中国民收入会增加，利率会下降，F 点进入第 IV 个区域，如此运行下去，F 点将逐渐接近均衡点 E，实现产品市场与货币市场同时均衡。

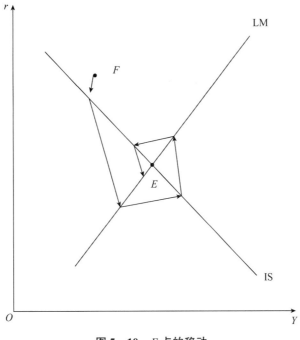

图 5 - 10 F 点的移动

思考题:

1. IS 曲线的推导,LM 曲线的推导。

2. IS 曲线的斜率及其变动,LM 曲线的斜率及其变动。

3. 掌握凯恩斯陷阱、古典区域、正常区域。

4. IS 曲线的移动原因,LM 曲线的移动原因。

5. IS - LM 模型的内涵,各个不同区域非均衡点在两个市场中自动运行的轨迹。

参考资料:

1. 付卡佳:《当代西方经济学》第十二章,经济科学出版社 1999 年 2 月。

2. 高鸿业:《西方经济学》宏观部分第十四章,中国人民大学出版社 2012 年 4 月。

第六章　宏观经济政策目标和财政政策

本章主要阐述宏观经济目标、财政政策目标，政府最为重要的经济政策：政府的支出、税收、公债和财政预算政策。

第一节　宏观经济政策及其目标

一、宏观经济政策及其目标

经济政策是指国家或政党为了实现一定的政治任务、经济任务，或为了指导和调节经济活动，所规定的在经济生活上的行为准则和措施。经济政策是在一定的经济基础和社会生产力条件下的产物，同时，又对其具有强大的反作用，促进或阻碍社会经济发展。

宏观经济政策（Macro - economic Policy）是指一国的政府有意识有计划地运用一定的政策工具，调节控制宏观经济的运行，以达到一定的政策目标。宏观经济政策是国家对整个国民经济进行宏观调控的政策，也是国家或政府运用其能够掌握和控制的各种宏观经济变量而制定的指导原则和措施。宏观经济政策主要有财政政策、货币政策、对外经济政策等。

宏观经济政策要实现的目标：充分就业、经济增长、价格稳定、国际收支平衡、经济可持续发展。这些宏观经济目标在不同的国家不同的时段侧重是不同的，通常情况下，在经济危机时期就业和经济增长问题是主要的，在经济过度繁荣时期治理和防范通货膨胀是主要的。

所有的宏观经济政策目标要想同时实现是非常困难的，因为它们之间既有一致性又存在着矛盾。第一，物价稳定与充分就业之间存在着此消彼长关系，比如，后面章节中的菲利普斯曲线就是反映物价水平与失业率之间替代关系的曲线；第二，物价稳定与经济增长从根本上是一致的，但是，如果用通货膨胀政策刺激经济，有可能暂时导致经济增长，但最终会使经济增长受到严重影响；第三，经济增长与国际收支平衡之间有可能出现矛盾。比如，经济迅速增长，就业增加，收入水平提高，加速进口贸易增长，就会导致国际收支状况恶化。如果要消除逆差，就得压缩国内需求，采取紧缩性宏观经济政策，结果有可能导致经济增长缓慢乃至衰退；第四，物价稳定与国际收支平衡之间也可能出现矛盾。为了治理通货膨胀平抑国内物价，增加国内供给，有可能增加进口，减少出口，从而导致国际收支逆差。

宏观经济政策随着时间的推移和区域的不同而变化。现实中经济形势在不断变化，尤其是在今天国际经济出现区域化、全球化的开放国家经济条件下，宏观经济形势既要取决于国内经济趋势，也要取决于国际经济趋势。因此，宏观经济政策不可能是固定的，而是变化的、短期的。

宏观经济政策对经济上的治理分为治标、治本，及标本兼治。急治标，缓治本。当经济上出现通货紧缩、外部突然冲击、经济大幅波动等，就需要运用刺激经济迅速发生变化力度比较大的财政政策、货币政策等短期政策；如果要治本就需要调整经济结构、促进技术进步、提高经济效率、开放经济积极参与全球经济治理、促进经济长期稳定发展等经济政策。

总之，在制定一定时间内的宏观经济政策时，要根据国家实际情况，有选择地确定宏观经济政策目标，制定短期、中期和长期的宏观经济政策组合。

二、财政政策目标

现代社会世界各国财政政策基本目标有：充分就业、公平分配、社会稳定、资源合理配置、经济稳定与发展、经济效益提高。前三个属于社会目标，后三个属于经济目标。这些都是国家制定和实施财政政策所要达到的预期目标，构成财政政策的核心内容。但不同国家不同时期财政政策目标的确立不同，是由一个国家社会经济发展总目标所决定的。

根据我国现阶段社会发展的需要和财政的基本特点，当前我国财政政策目标主要有：

（一）巩固和加强人民民主政权

财政必须为国家实现其政治职能提供财力保证，这是财政的本质所决定的。国家借助于政权取得财政收入，根据政权建设的需要，打击破坏人民民主政权的敌人，打击犯罪分子和外敌侵略，保护国家安全等进行一系列的财政支出。

（二）促进国民经济稳定协调发展

国民经济的稳定协调发展需要财政政策的直接调节。在宏观经济方面财政政策的调节力度远远大于其他经济政策，比如，在经济危机到来之时，政府加大支出，大幅度地减税，增加转移支付等政策，使经济危机衰退的程度有所降低；在微观经济方面，由于市场经济调节资源配置过程中会出现市场失灵和分配不公现象，需要政府通过财政政策进行调节。比如，为了鼓励某产业或某地区经济发展采取投资抵免的税收、实行财政补贴、加速折旧等，鼓励资金向其流入的一系列政策。为了减少两极分化采取提高累进税率政策等。尽可能地弥补了市场经济中失灵的欠缺。

（三）提高社会生活的质量

人们的生活水平、质量提高不仅取决于个人消费，也取决于社会公共消费。社会公共消费主要有：环境质量、生态平衡、教育、科学、文化、体育、卫生、社会保障等，这些事业的发展水平直接关系着人们的生活质量的高低。决定人们生活质量的基础是经济发展，人们的生活质量高会促进经济发展，二者相互促进，又相互依赖。因此，要求财政支出应安排好社会公共消费的水准和质量。

（四）国民收入合理分配

我国的国民收入是在中央、地方、部门、企业、集体、个人及个体经营者之间进行分配和再分配，其中主要分配渠道是通过财政政策来进行的。我国的分配原则是"效率优先，兼顾公平"，使国民收入在不同的利益群体之间进行合理的分配，调动各方面积极因素，促进经济稳定协调发展。因此，财政应该合理地确定纳税人的税收负担，对高收入人群的所得税、财产税、遗产税等都采取累进税率方式，对低收入人群采取最低生活保障和社会保障等政府转移支付方式。建立既允许有合理差别的收入，又防止两极分化，效率与公平合理的调控机制。

第二节　财政支出政策

一、财政政策含义

财政政策（Fiscal Policy）就是为了实现宏观目标对政府的支出、税收、借债水平进行选择。财政政策分为扩张性财政政策、紧缩性财政政策和中性财政政策。扩张性财政政策（积极的财政政策）是指通过财政分配活动来增加和刺激总需求，通常是财政支出大于财政收入，出现财政赤字来实现；紧缩性财政政策是指通过财政分配活动来减少和抑制总需求，通常情况是财政支出小于其收入，财政上出现盈余；中性财政政策是指财政的分配活动对社会总需求的影响保持中性。财政政策主要有：财政支出、税收、公债和预算。

二、财政支出政策

财政支出是国家为了实现其职能，满足社会公共需要，各级政府将筹集起来的财政资金进行分配使用，是满足社会财政需要的社会资源配置活动。也是政府通过采取扩大或缩小政府支出政策来调节经济的扩张或紧缩，保证经济平衡发展，减少内外部因素冲击力度的有效方法。是财政活动对经济影响作用的主要表现方式，是政府实现干预和调节经济职能的重要手段。根据分析的不同角度将财政支出进行不同的划分。

按着财政支出是否能直接得到等价补偿划分，财政支出可分为政府购买性支出和政府转移支付。政府购买是指政府对商品和劳务的购买，包括购买进行日常政务所需要的，或者进行政府投资所需要的各种物品和劳务的支出，如购买军需品、机关公用品、政府雇员报酬、公共项目工程所需的支出，等等，即由社会消费性支出和财政投资支出组成；政府转移支付是指政府按着一定方式将一部分财政资金无偿地、单方面转移给居民和其他受益者，如政府在社会福利保险、贫困救济和补助等方面的支出。主要由社会保障支出和财政补贴组成。转移支付所做的仅仅是通过政府将收入在不同社会成员之间进行转移和重新分配，因此，它不能算作国民收入的组成部分。

按着与国家职能关系将财政支出划分为：经济建设费支出，包括基本建设支出、流动资金支出、地质勘探支出、工业交通部门基金支出、商贸部门基金支出等；社会、文教费支出，包括教育、科学技术、文化体育、传媒和卫生事业费支出等；行政管理费支出，主要有公检法支出、武警部队支出等；其他支出，包括国防支出、债务支出、政策性补偿支出等。

财政支出根据政府在经济和社会活动中的不同职权，划分为中央财政支出和地方财政支出。前者包括一般公共服务，外资支出，国防支出，公共安全支出，以及中央政府调整国民经济结构、协调地区发展、实施宏观调控的支出等；后者包括一般公共服务、国防、公共安全、教育、科学技术、文化教育与传媒、社会保障就业、医疗卫生、环境保护、城乡社区事务、农林水事务、交通运输等方面的支出。

三、财政支出基本理论

现代财政学之父理查德·马斯格雷夫（Richard Abel Musgrave）和美国经济史学家罗斯托分析了经济发展阶段与财政支出增长的关系，认为不同的经济发展阶段会有不同的财政支出结构。整个财政支出可分为军用支出和民用支出。按着经济性质将民用支出划分为公共积累支出、公共消费支出和转移支付支出；与此同时，把经济发展划分为初级阶段、中级阶段和成熟阶段，在不同的发展阶段中，三类支出增长情况是不同的。

公共积累支出在经济发展的不同阶段占总支出比重有所不同。在经济发展初期阶段往往占较大的比重。交通、通信、水利设施需要大量资本投入，却收效慢，私人资本不愿投。而这些基础设施的建设，不仅影响着整个国民经济的健康发展，也对私人部门生产效率起着重要作用。此时，政府就应该加大经济基础设施的投资，创造良好的经济环境，以利于经济快速发展；在经济发展中期阶段时，各项经济基础设施已经建成，私人资本积累雄厚，财政投资只是私人投资的补充，公共积累投资支出有所下降；而在经济成熟阶段公共积累支出比重有可能回升，此时人均收入提高，从而对生活质量提出更高的要求，需要更新基础设施，财政需加大公共积累支出。

公共消费支出伴随着人均收入水平的提高而不断提高。从整个经济发展阶段看社会成员对公共物品需求的收入弹性一般来说是大于1的，因为，恩格尔法则表明，随着收入水平的提高，人们用于吃、穿等的基本生活消费品在总消费支出中的比重会逐渐下降，用于提高生活质量的物品在逐渐提高，比如，私人高级豪华汽车、游艇、私人飞机、耐用娱乐奢侈品等。这些都需要政府提供各种配套公共设施及其管理，伴随着人们的生活水平和生活质量的提高，政府有关部门将不断增加。所以，公共消费支出在经济发展的初级阶段和中期阶段表现不明显，当进入高级阶段后其支出会有增长的趋势。

转移支付支出的多少取决于经济发展各阶段政府的收入分配目标。如果政府的目标是减少分配中的不公平现象，转移支付的绝对额会上升，但是，转移支付所占GDP的比例不会有太多变化；如果政府的目标是确保人们的最低生活水平，转移支付占GDP的比例会随着GDP的增长而降低。当经济发展进入成熟阶段，公共支出目标主要是为教育、卫生和福利等方面提供基础设施；转移支付规模将会扩大，并超过其他公共支出，用于社会保障和收入分配，其所占GDP的比例会大幅度地增加。

四、我国的财政支出

我国的财政支出随着经济增长和经济发展总量增长不断增加。如表6-1所示。

表6-1　我国1950—2006年财政费用类别支出

年份	支出合计（亿元）	经济建设费占总支出比重（%）	社会文教费占总支出比重（%）	国防费占总支出比重（%）	行政管理费占总支出比重（%）	其他支出占总支出比重（%）
1950—1962		50.7	13.2	24.77	9.1	2.27
1963—1984		56.72	14.26	17.68	6.0	5.26
1985	2 004.3	56.25	20.38	9.56	8.53	5.27
1986	2 204.9	52.56	22	9.1	9.98	6.35
1987	2 262.2	50.98	22.35	9.3	10.08	7.3
1988	2 491.2	50.51	23.33	8.75	10.9	6.5
1989	2 823.8	45.73	23.67	8.91	13.68	8.02
1990	3 083.6	44.36	23.92	9.41	13.44	8.86
1991	3 386.6	42.2	25.1	9.75	12.22	10.75
1992	3 742.2	43.1	25.92	10.1	12.38	8.5
1993	4 642.3	39.52	25.38	9.17	13.66	12.26
1994	5 792.6	41.32	25.92	9.51	14.63	8.62
1995	6 823.7	41.85	25.74	9.33	14.61	8.47
1996	7 937.6	40.74	26.21	9.07	14.93	9.04
1997	9 233.6	39.5	26.74	8.8	14.72	10.24
1998	10 798.2	38.7	27.1	8.7	14.8	10.7

年份	支出合计（亿元）	经济建设费占总支出比重（%）	社会文教费占总支出比重（%）	国防费占总支出比重（%）	行政管理费占总支出比重（%）	其他支出占总支出比重（%）
1999	13 187.7	38.4	27.6	8.2	15.3	10.5
2000	15 886.5	36.2	27.6	7.6	17.4	11.2
2001	18 902.6	34.2	27.6	7.6	18.6	12.0
2002	22 053.2	30.3	26.9	7.7	18.6	16.5
2003	24 650.0	28.04	26.25	7.74	19.03	18.94
2004	28 486.9	27.85	26.29	7.72	19.38	18.76
2005	33 930.3	27.46	26.39	7.29	19.19	19.67
2006	40 422.7	26.56	26.83	7.37	18.24	20.51

注：不含国内外债务还本付息支出和用国外借款收入安排的基本建设支出，但从2000年起包括国内外债务付息支出。

资料来源：《中国财政年鉴》、国家发展改革委员会、国家统计局、国家信息中心。

如表6-1所示，改革开放初期的1985年我国财政支出只有2 004.3亿元，其后增长速度非常快，仅仅经过六年，1990年达到了3 083.6亿元，由此到4 642.3亿元用了三年时间，之后转入快速发展，1994年财政支出5 000多亿元、1995年6 000多亿元、1996年7 000多亿元、1997年就超过了9 000多亿元，1998年就突破了万亿元大关，2006年超过了4万亿元，22年的改革开放财政支出翻了近20倍，可见我国财政支出扩张的力度非常之大。

从财政支出的结构上看，五大类支出绝对量在增加，相对量在发生着变化。计划经济时期，我国注重经济职能的实现，政府几乎调动了全社会资源直接从事各种生产活动，财政支出大量用于经济建设；社会主义市场经济体制下，市场是资源配置的基础，政府逐步退出适合民间部门从事生产活动的领域，财政用于经济建设支出比例逐渐降低。在20世纪50年代至70年代，经济建设费占总支出的比重都是在50%以上，改革开放初期达到了56.25%，之后逐渐下降。1985年至1988年是50%以上，1989年至1996年降为百分之四十多，1997年至2002年为百分之三十多，1998年至2006年降到了百分之二十多，2006年的26.56%不到1985年占比的一半。

社会文教费项目占比稳步增长。20世纪50年代只有13.2%，60年代至80年代初期也仅仅占全部支出的14.26%。随着我们对"科学技术是第一生产力"的认识提高，财政不断加大对教育、科学领域投入，1985年社会文教费占比上升到20.38%，之后逐年上升，1996年至2006年期间基本上在26%至28%范围内上下变化。说明我国政府对社会文教的重视程度在提高。

国防费用占比由快速下降转为缓慢下降。20世纪50年代为24.77%，60年代至80年代初期降为17.68%，1985年快速降到9.56%。之后该费用占比缓慢下降，到

2000 年后相对稳定在 7% 左右，和平年代我国的军费支出不大。

行政管理费所占比重上升的速度很快，由 1985 年的 8.53% 上升到 2006 年的 18.24%。随着社会经济发展，经济活动日趋复杂，公共事务也日益增多，行政管理支出增加有其客观性，但同时要提倡精兵简政，反腐倡廉，该费用不可以增长过快。

其他支出占比也上升得很快，1985 年仅占总支出的 5.27%，2006 年就达到了 20.51%，2000 年后上升幅度比较大，说明债务支出包含在里面。

再看 2007 年至 2013 年我国的中央财政支出。表 6-2 可以反映出中央财政支出在这七年中增加了 135.16%；一般公共服务明显下降，由占总量的 7.3% 下降到 1.9%；外交、国防、粮油物资储备事务有所下降，由于我国财政体制改革中央对地方税收返还有所下降，而一般性转移支付基本不变。教育、科技、医疗卫生、文化体育与传媒、节能环保、城乡社区事务、农林水事务所占比重都有所增加。虽然各个年份的具体经济情况不同，支出种类和数量也有所变动，但有关国计民生的重大支出仍得到保障。

表 6-2　2007—2013 年中央财政支出结构

年份	2007	2008	2009	2010	2011	2012	2013
支出总量（亿元）	29 579.95	36 334.93	43 819.58	4 8322.52	54 360	64 120	69 560
一般公共服务（%）	7.3	6.9	2.98	2.1	2.1	1.9	1.9
外交（%）	0.7	0.7	0.6	0.6	0.6	0.5	0.5
国防（%）	11.8	11.3	10.8	10.7	10.7	10.1	10.4
公共安全（%）	2.1	2.4	2.7	3.1	2	2.8	2.9
教育（%）	1.3	4.4	4.5	5.3	5.5	5.9	5.9
科学技术（%）	3.1	3.2	3.3	3.6	3.6	3.6	3.7
文化体育与传媒（%）	0.4	0.7	0.6	0.7	0.7	0.8	0.8
社会保障和就业（%）	1.2	7.5	7.6	7.8	8.1	9	9.4
医疗卫生（%）	0.1	2.3	2.7	3.1	3.2	3.2	3.8
环境保护（%）	0.1	2.9	2.8	3			
城乡社区事务（%）	0.1	0.7	0.01	0.3	0.3	0.1	0.3
农林水事务（%）	1.1	5	7.9	8	8.4	8.6	8.7
交通运输（%）	2.6	3.5	4.3	5.4	5.3	5.6	5.7
工业商业金融等事务（%）	4.9	10.7					
地震灾后恢复重建支出（%）		1.6	2.2	1.6			
其他支出（%）	1.9	1.6	3.9	0.8	1	0.9	1

续表

年份	2007	2008	2009	2010	2011	2012	2013
对地方税收返还（%）	61.3	11.8	11.3	10.3	9.3	8.1	7.3
对地方一般性转移支付（%）		22.8	20.2	21.4	22.2	23.1	22.7
住房保障支出（%）			7.6	2.3	2.4	3.3	3.2
采掘电力信息等事务（%）			1.7				
粮油物资储备等事务（%）			4.1	1.6	2.1	1.5	1.8
金融事务（%）			0.7				
国债付息支出（%）			3.1	3.1	3.4	3.3	3.3
预备费（%）			0.91		0.9	0.8	0.7
资源勘探电力信息等事务（%）				1.7	1.4	1.4	1.3
商业服务业等事务（%）				1.7	1.3	0.1	0.7
金融监管事务（%）				1	0.8	0.1	0.4
国土气象等事务（%）				0.8	0.8	0.1	0.6
节能环保（%）					2.9	2.8	3

资料来源：中华人民共和国财政部网站。

按着《中华人民共和国预算法》规定，国家实行一级政府一级预算，设立中央、省、自治区、直辖市，设区的市、自治州，县、自治县、不设区的市、市辖区，乡、民族乡、镇五级预算。全国预算由中央预算和地方预算组成。地方预算由各省、自治区、直辖市总预算组成。

在我国，地方财政支出占全国总财政支出的比重一直处于稳步上升的趋势。如表6-3所示。从改革开放初期的52.6%上升到84.9%，表明我国的财政支出是以地方支出为主要内容。

表6-3 中央和地方财政支出比重

年份	财政支出（亿元）	中央（%）	地方（%）	年份	财政支出（亿元）	中央（%）	地方（%）
1978	1 122.09	47.4	52.6	2000	15 886.50	34.7	65.3
1980	1 228.83	54.3	45.7	2001	18 902.58	30.5	69.5
1985	2 004.25	39.7	60.3	2002	22 053.15	30.7	69.3
1990	3 083.69	32.6	67.4	2003	24 649.95	30.1	69.9
1991	3 386.62	32.2	67.8	2004	28 486.89	27.7	72.3
1992	3 742.20	31.3	68.7	2005	33 930.28	25.9	74.1
1993	4 642.30	28.3	71.7	2006	40 422.73	24.7	75.3

续表

年份	财政支出（亿元）	中央（%）	地方（%）	年份	财政支出（亿元）	中央（%）	地方（%）
1994	5 792.62	30.3	69.7	2007	49 781.35	23.0	77.0
1995	6 823.72	29.2	70.8	2008	62 692.66	21.3	78.7
1996	7 937.55	27.1	72.9	2009	76 299.93	20.0	80.0
1997	9 233.56	27.4	72.6	2010	89 874.16	17.8	82.2
1998	10 798.18	28.9	71.1	2011	109 247.79	15.1	84.9
1999	13 187.67	31.5	68.5				

资料来源：百度文库，财经管理。

表6-3也表明我国改革开放以来基本上采取扩张性财政支出政策。刚刚改革开放时，财政支出仅有约1 122亿元，1985年达到约2 004亿元、1991年达到3 000多亿元、1993年4 000多亿元、1994年5 000多亿元、1995年6 000多亿元、1996年7 000多亿元，连续多年不断上升到新的台阶，1997年越过8 000多亿元直接到9 000多亿元，1999年又超过1.3万亿元，2000年1.5万多亿元、2001年1.8万多亿元，2002年就进入到2万多亿元了，2005年3万多亿元、2006年4万多亿元，2008年一下进入6万多亿元，2009年7万多亿元，2010年8万多亿元，2011年就达到了10万多亿元。从1990年至2011年财政支出年均增长47.7%，远远地高于同期的国内生产总值增长率。

第三节　政府税收政策

一、我国的税制结构

税收是国家为了实现其职能按照法律规定的标准，强制地、无偿地取得收入的一种手段。主要有固定税收和比例税收。政府如果增加税收为紧缩性财政政策，减少税收为扩张性财政政策。

从税制结构看，发达国家基本是以所得税为主体的税制结构，发展中国家基本是以商品税为主体的税制结构。前者中个人所得税和社会保险税是普遍征收并占主导地位，企业所得税属于重要税种，而选择性的商品税、关税和财产税等属于补充性作用的税种；后者中增值税、一般营业税、销售税、货物税、消费税、关税等税种是国家主要的税收收入，其税额占税收收入总额比重大，而所得税、财产税、行为税起着补充性税种的作用。

发达国家人均收入高，具有普遍课征个人所得税的基础；经历了长期资本主义经济发展，形成了高度商品化、货币化、社会城市化，这为课征个人所得税提供了良好的社会条件；健全的司法体制和先进的税收征管系统为课征个人所得税提供了现实条件。

发展中国家人均收入水平低；多数国家处在农业国向工业国过渡时期，比较适合课征商品税；国家经济的市场化、商品化、货币化程度都比较低，如果采取所得课税会有很大的困难；教育水平比较低，使得会计核算制度以及建立纳税人自动纳税申报制度难度非常大。因此，发展中国家普遍选择商品税为主的比较低的税制征管。

我国现行的税制结构是以流转税为主，以所得税为辅，以财产税、行为税等为补充。流转税中的三大支柱消费税、增值税、营业税，占税收总收入的 70% 以上；所得税占税收总收入的 20% 左右。

二、我国的分税制财政管理体制

分税制财政管理体制是指根据国家的中央政府与地方政府的事权，将其全部税种在中央与地方政府之间进行划分，借以确定中央财政和地方财政收入范围的一种财政管理体制。这种管理体制是市场经济国家普遍推行的一种财政管理体制模式。

（一）中央与地方事权和支出的划分

根据现在中央政府与地方政府事权的划分，中央财政主要承担国家安全、外交和中央国家机关运转所需经费，调整国民经济结构、协调地区发展、实施宏观调控所必需的支出以及由中央直接管理的事业发展支出。

地方财政主要承担本地区政权机关运转所需支出以及本地区经济、事业发展所需支出。

（二）中央与地方收入的划分

根据事权与财权相结合的原则，按税种划分中央与地方的收入。将维护国家权益、实施宏观调控所必需的税种划为中央税；将同经济发展直接相关的主要税种划为中央与地方共享税；将适合地方征管的税种划为地方税，并充实地方税税种，增加地方税收入。

中央固定收入有：关税，海关代征的消费税和增值税，消费税，中央企业所得税，地方银行和外资银行及非银行金融企业所得税，铁道部门、各银行总行、各保险总公司集中缴纳的营业税、所得税、利润和城市建设维护税，中央企业上缴利润，外贸企业出口退税。

地方固定收入有：营业税（不含中央营业税收入），地方企业所得税（不含中央所得税收入），地方企业上缴利润，个人所得税，城镇土地使用税，固定资产投资方向调节税，城市维护建设税（不含中央城市建设维护税收入），房产税，车船使用税，印花税，土地增值税。

中央与地方共享收入有：增值税（中央政府分享75%，地方政府分享25%），资源税（大部分资源税归地方政府，海洋石油资源税归中央政府），印花税（证券交易印花税收入的94%归中央政府，其余6%和其他印花税收入归地方政府）。

（三）中央财政对地方税收返还部分

中央财政根据地方增值税和消费税增长情况返还部分税收。

每年中央财政通过转移支付方式向经济困难地区和民族省区、非民族省区的民族自治州提供资金帮助。

三、我国税收优惠政策

税收优惠政策是指税收主权国家为了实现一定的社会政治和经济目的，通过制定倾斜性的税收法规来豁免或减少经济行为或经济成果的税收负担。是国家利用税收经济杠杆对社会经济运行进行调控的重要手段之一。

当前，我国税收优惠政策类型主要有：

对区域性的税收优惠政策。比如对经济特区、高新技术开发区、"老、少、边、穷"地区所实行的税收优惠政策。

时间性的税收优惠政策。比如对某企业、某行业或某产品实行定期减税或免税政策等。

范围性税收优惠政策。一般是指那些只限于某种行业或企业的优惠的税收政策。比如对福利企业、残疾人企业实行的税收优惠政策。

目的性税收优惠政策。比如我国为了鼓励出口、鼓励利用"三废"、鼓励废品回收、鼓励使用清洁能源等所采取的优惠性税收政策。

值得一提的是，我国从 2006 年 1 月 1 日起不再针对农业单独征税。农业税实际上包括农业税、农业物产税和牧业税。这个在我国存在 2 600 多年的古老税种被宣告终结，这是我国改革开放三十多年来取得的又一伟大成就。它给我国农民带来了看得见的物质利益，极大地调动了农民的生产积极性，又一次解放了农村生产力。

2016 年 5 月 1 日起，我国全面实施营业税改增值税，这是自 1994 年分税制改革以来，财税体制的又一次深刻变革。为了顺利完成这次营改增的改革，2011 年，经国务院批准，财政部、国家税务总局联合下发营业税改增值税试点方案，从 2012 年 1 月 1 日起，在上海交通运输业和部分现代服务业开展营业税改征增值税试点。至此，货物劳务税收制度改革拉开序幕。2012 年 8 月 1 日起营改增试点扩大至 10 省市，2013 年 8 月 1 日营改增范围推广到全国试行。2014 年 1 月 1 日起，铁路运输和邮政服务业纳入营改增试点，至此交通运输业已全部纳入营改增范围。2014 年 6 月 1 日，电信业纳入营改增试点范围。为此，2016 年 5 月之后营业税退出历史舞台，增值税制度更加规范。营改增的好处主要有：为企业减轻税负，让更多企业受惠，截至 2015 年年底实现关税 6 412 亿元，拉动了经济发展；更有利于促进经济升级转型，这次的税制改革，突出了推动服务业特别是科技研发领域等生产性服务业的发展，有利于促进产业分工优化，带动制造业升级；从制度上避免了重复征税，通过营改增推行统一税制，贯彻服务业内部和二三产业之间抵扣链条，对于完善我国财税体制有着长远的发展意义。

总之，随着我国改革开放的进程和国民经济的发展，税制改革和税收政策进行相应调整，这对促进我国的产品出口，引进外资、引进先进技术，以及产业结构优化，增加国民收入等发挥了重要作用。

第四节　公债政策

公债是政府对公众举借的债务。即政府为了筹措财政资金，凭着其信誉按照一定程序向投资者出具的承诺，在一定时期支付利息和到期偿还本金的一种格式化的债权债务凭证。它包括中央政府的债务和地方政府的债务。前者被称为中央债，或国债；后者被称为地方债。由于我国地方政府无权以自身名义发行债务，故人们通常将公债与国债等同起来。我国国债的种类：凭证式、电子式、记账式国债。

公债分为内债和外债。内债是指在国内发行的公债，其债权人多为本国公民、法人或其他组织，还本付息均以本国货币支付。

按照我国相关规定，中国的外债是指中国境内的机关、团体、企业、事业单位、金融机构或者其他机构对中国境外的国际金融组织、外国政府、金融机构、企业或者其他机构用外国货币承担的具有契约性偿还义务的全部债务。

国债一般分为短期债、中期债、长期债。短期国债通常是指发行期限在一年以内的国债（不包含一年），中期国债是指发行期限在一年以上、十年以下的国债（含一年，不含十年），长期国债是指发行期限在十年以上的国债（含十年）。比如，我国在 2009 年 12 月和 2011 年 11 月，分别发行了 50 年期限的国债，英国在 2013 年 6 月发行期限为 55 年的国债，墨西哥在 2010 年发行 100 年期国债[1]，是世界历史上最长期限的国债。除此之外，还有一种国债是不定期国债，它是由国家发行的不规定还本付息期限的国债。此国债持有者可按期获得利息，但没有要求清偿债务的权利。又如，英国曾发行的永久性国债。再如，荷兰在历史上发行过的永久性国债，到 1997 年已经有 371 年，年息为 8%。今天这些债券仍有一些还在流通[2]。

公债的偿还是在兼顾国家财政的偿还能力和债权人利益的前提下，决定选择哪种偿还方式或搭配使用几种偿还方法来完成债务的清偿。公债的偿还方式可分为：期满偿还、期中偿还和延期偿还。国债偿还办法主要有买销法、比例偿还法、轮次偿还法（规定各种号码的偿还期限，自由认购）、抽签偿还法、一次偿还法、减债基金偿还法、课税偿还法等。

公债偿还的资金来源主要有预算直接拨款、预算盈余偿还、发行新债偿还旧债

---

① 新浪网，新浪财经，2013 年 6 月 8 日。
② 光明网（北京），2011 年 9 月 29 日。

法、建立偿债基金。

由于国债是以国家财政为债务人，以国家财政承担还本付息为前提条件，即发行主体是国家，所以它具有最高的信用度，被公认是最安全的投资工具，历来有"金边债券"之称。

政府发行国债主要是用于弥补财政赤字，被称为赤字国债。财政出现赤字也可以通过中央银行增发货币，或向中央银行透支、借款，但这往往会增加流通中的货币数量，导致通货膨胀。而用发行公债弥补财政赤字方法，只是涉及资金使用权的让渡，使分散的购买力暂时集中到国家手中，是对社会资金和国民收入进行一种临时的分配。流通中的货币量不会改变，正常情况下不会增加总需求，不会出现通货膨胀。用公债筹集资金弥补财政赤字是各国政府通常的做法。伴着我国经济发展，国债发行的规模比较大，2012 年年末国债实际数额是 77 565.7 亿元，2013 年年末国债余额是 86 750.46 亿元[①]。

政府发行国债也是筹集建设资金的重要来源，被称为建设国债。国家为了扩大建设规模，加快经济发展速度，通过发行此种国债，可以有效地集中数额巨大的建设资金。比如，我国在 1999—2000 年为了实施积极财政政策而发行的长期建设国债 3 600 亿元。截至 2003 年年底，形成了约 3.8 万亿元的国债总投资规模，每年拉动经济增长 1.5 ~ 2 个百分点，为扩大内需，推动国民经济增长发挥了积极的作用。

政府为了实施某种特殊政策在特定范围内或因特定用途而发行的国债，被称为特种国债。比如，1998 年财政部向当时的四大国有银行发行了 2 700 亿元长期特别国债，筹集资金全部用于补充四大行资本金。2007 年财政部发行 2 000 亿美元特种国债，用于组建国家外汇投资公司，对部分外汇资产进行市场化投资安排。

外债（External Debt）是指在任何特定的时间内，一国居民对非居民承担的具有契约性偿还责任的负债，不包括直接投资和企业资本[②]。外债是中国境内机关、团体、企业、事业单位、金融机构或者其他机构对中国境外的国际金融组织、外国政府、金融机构、企业或者其他机构用外国货币承担的具有契约性偿还义务的全部债务[③]。按着债务人划分，外债可分为国家债务与非国家债务，即主权债务与非主权债务。

一国之所以对外举债通常是为了筹措资金用于投资，或用于弥补财政赤字，以及弥补外汇的暂时短缺。

外债规模主要监测指标是外债总量指标、外债负担指标和外债结构指标。外债总量指标包括负债率和借债率，前者是指外债余额与国内生产总值的比率，一般不高于 10%；后者是指外债余额占当年出口商品、劳务的外汇收入额的比率，一般不超过 100%。

---

① 中华人民共和国财政部网预算司，2014 年 7 月 6 日。

② 国际金融组织和世界银行。

③ 国家外汇管理局。

外债负担指标主要是指一个国家在当年对外偿债率，即一年内外债还本付息额与出口商品、劳务的外汇收入额的比率，一般是 20%；而当年外债还本付息额与当年财政支出比率，一般不得高于 10%。

外债结构指标是指在既定的外债规模条件下，衡量外债本身内部品质的指标。主要有种类结构、利率结构、期限结构和币种结构等。调整债务结构旨在降低借款成本，分散债务风险。

对一国进行上述主要外债负担指标进行分析，可以得出其是否具备还本付息的能力。如果超过其警戒线，就表明该国发生了债务危机。比如，2008 年国际金融危机导致的以希腊为主的欧洲主权债务危机，至今仍然没有完全结束。

我国政府对外举债源于 20 世纪 50 年代初，当时的苏联对我国的实物援助。但较大规模的举借外债是在 20 世纪的 1979 年以后的改革开放时期。如 2012 年全国外债余额是 7 369.9 亿美元，其中：国家外债余额中贸易信贷 2 915 亿美元，外债余额中外国政府借款 310.4 亿美元，国家外债余额中国际商业借款 3 803.4 亿美元，国家外债余额中国际金融组织借款 341 亿美元；2013 年全国外债余额是 8 631.7 亿美元，其中：国家外债余额中贸易信贷 3 386 亿美元，外债余额中外国政府借款 265.2 亿美元，国家外债余额中国际商业借款 4 668.7 亿美元，国家外债余额中国际金融组织借款 332.8 亿美元。另外，2012 年国家外债余额中长期债务余额 1 960.6 亿美元，国家外债余额中短期债务 5 409.3 亿美元；2013 年国家外债余额中长期债务余额 1 865.4 亿美元，国家外债余额中短期债务 6 766.3 亿美元[1]。

美国国债是目前世界经济中信誉度最高的国债。由于美国经济在世界中最强大，其国债是由美国财政部代表联邦政府发行的国家公债，由美国的国家财政信誉作为担保。因此，在国际金融体系中，美国国债的信誉度非常高，它常常被用作一种比货币更安全、更方便的支付手段。世界其他国家出于对外贸易和跨国资金融通的需要，产生了巨大的对美元资产需求。这样，美国国债不仅是满足美国政府的财政融资需求，而且也是为世界提供美元资产的资金供应渠道。2012 年 6 月 2 日美国财政部在其网站上公布国债总额达到了 13 万亿美元[2]。约 30% 由外国政府持有，是世界各国外汇储备中权重最高的金融资产。

2008 年 9 月底，我国持有美国国债总额 5 850 亿美元，取代日本成为美国国债最大持有国。此后，我国一直是其最大持有国。虽然我国已经减持美国国债，但到 2015 年 1 月我国持有美债 1.244 3 万亿美元，仍是其最大债权国。不论我国增持还是减持美国国债都是正常投资操作，会根据市场上的各种变动进行动态优化和调整操作。

---

① 国家统计局，国家数据。

② 360 网站，360 百科"美国国债"，2014 年 7 月 6 日。

2016 年我国一直在运用外汇储备，出售美国国债，以支持人民币。到了年底，美国财政部公布数据显示，10 月份日本成为美国国债最多持有人，为近两年来首次超过中国；日本当月持有美国国债 1.131 万亿美元，中国持有量则下降至 1.115 万亿美元。[①]

第五节　财政预算政策

财政预算是政府财政收入与支出的年度计划，包括中央预算与地方预算。作为财政预算政策主要是指中央预算。它是按着一定的标准将财政收入和财政支出分门别类地列入特定的收支分类表格之中，表明政府活动的范围、方向、意图和目标。同时，也清楚地表明政府的财政收支状况。财政预算政策对经济的调节作用主要通过财政收支规模和差额反映出来。

从财政收支总规模上看，既定的财政收支规模可以决定政府投资规模和消费规模，可以影响经济运行中的货币流通量，也可以影响民间部门的可支配收入规模。因为，财政预算收入，主要是部门所属事业单位取得的收入、行政单位预算外资金、事业收入、事业单位经营收入、其他收入等；财政预算支出，主要是部门及所属事业单位的行政经费、各项事业经费、社会保障支出、基本建设支出、挖潜改造支出、科技三项费用及其他支出。与此同时，财政预算是具有法律效力的文件，预算编制、执行和决算过程也是在预算法的规范下进行。因此，财政预算对整个社会的总需求和总供给产生重大影响。

从财政预算差额上看，有赤字预算、盈余预算和平衡预算。当社会上出现有效需求不足时，财政赤字预算可以起到刺激总需求增长的作用；当社会上总需求出现膨胀时，财政盈余预算可以起到对总需求的抑制作用；当总供求大体平衡时，平衡预算可以基本上维持这种状态。

总之，财政预算是政府调节经济和社会发展的重要工具，对稳定物价，促进经济增长等宏观经济目标的实现发挥着重要作用。

第六节　影响财政政策作用发挥的限制因素

一、时滞因素

财政政策在实施并发挥作用时可能会出现政策滞后的现象。因为，对经济形势的判断需要时间；研究和制定对策需要时间；政策实施需要时间；政策发挥作用也需要时

[①]　中金在线网，《10 月份日本超越中国成为美国国债最多持有者》，2016 年 12 月 16 日。

间。从而有可能出现针对某一经济形势而制定的经济政策，在其能够发挥作用时，经济形势有可能已经改变，甚至相反的情况。这限制了财政政策发挥作用的效果。

二、不确定因素

在现实中，与财政政策有关的各种乘数可能会受到一些不确定因素干扰，导致财政政策失效。又如，政府支出乘数、税收乘数、政府转移支付乘数，其大小在现实中很难确定，需要一定时间的调查研究；制定政策需要预测其效果，以及达到目标所需要的时间。这期间可能有的因素出现戏剧性变化，或者受随机因素干扰，甚至可能导致决策失效。

三、挤出效应

挤出效应是指增加政府投资对私人投资产生的挤出效应。由于增加政府投资支出可能导致财政赤字，为了弥补财政赤字，政府可能向公众发放公债，社会公众的投资转向购买公债，减少了私人投资，这样，可能由于政府增加投资而产生的国民收入增量会导致私人投资减少，被全部或部分抵消。与此同时，由于政府购买支出增加，有可能导致市场利率上升，从而引起私人投资下降。

总之，一个国家的财政收入与支出任何一种政策变化，都关系到整个国家经济的好坏，关系着整个国计民生。我们需要了解我国的财政体制，也需要了解与我国经济相关的其他主要国家的财政体制，及其财政收支状况。做好我国的财政预算，促进我国经济在最好的轨道上运行。

思考题：

1. 宏观经济政策与微观经济政策的区别。

2. 宏观经济政策目标与微观经济政策目标是否存在着区别与联系？为什么？

3. 请比较美国、日本、英国与我国的财政结构。

4. 如何理解我国税制改革的原因？

5. 如何理解我国地方政府债务上升的原因？

6. 如何理解我国增加或减少美国国债的原因？

参考资料：

1. 《中华人民共和国预算法实施条例》全文，CMFLA 学习网 。

2. 付卡佳：《当代西方经济学》第十三章，经济科学出版社 1999 年 2 月。

3. 陈共：《财政学》第二、三、四、五章，中国人民大学出版社 2015 年 5 月。

第七章 功能财政和财政政策效果

本章主要阐述：经济波动的第一道防线，财政政策制定的基本理论和财政政策作用效果的衡量方法。

第一节 财政自动稳定器

自动稳定器也称为"内在稳定器"，是指经济系统本身存在的一种会减少各种干扰对国民收入冲击的可降低经济波幅的机制。财政自动稳定器是指财政制度本身存在的内在的不需要政府采取任何干预行为就可以随着经济社会发展自动调节经济运行的机制。财政政策中的自动稳定器主要有：政府的税收自动变化，政府的转移支付自动变化和农产品价格维持制度。

一、政府的税收自动变化

该理论的前提是现代的累进税制。累进税制，也称为累进税率，是指随着课税对象的数额或相对比例的大小而分级规定，并且逐级提高的一种递增等级税率。也就是说，累进税将课税对象数额大小分为若干个级距，某一级距适用于某一税率，课税对象数额越大，所适用的税率就越高。反之就越低。累进税率按其累进方式，主要分为全额累进税率和超额累进税率。

累进税率与比例税率相比更能体现公平税负、量能负担的原则。因为累进税率没有单一税率，是多层次税率结构，每一个税种的税率都是由若干个高低不同的税率所组成的，使纳税人的负担水平与纳税能力相适应。

我国对个人所得税实行超额累进税制。改革开放以来经历了多次个人所得税起征点的调整，1981 年月收入 800 元；2006 年月收入 1 600 元；2008 年月收入 2 000 元；2011 年月收入 3 500 元。2011 年 9 月 1 日起实行个人所得税 7 级超额累进税率，如表7 - 1 所示。

表 7 - 1　个人所得税 7 级超额累进税率表

全月应纳税所得额 （起征点：3 500 元/月）	税率（%）	速算扣除数（元）
全月应纳税额不超过 1 500 元	3	0

全月应纳税所得额 （起征点：3 500 元/月）	税率（%）	速算扣除数（元）
全月应纳税额超过 1 500～4 500 元	10	105
全月应纳税额超过 4 500～9 000 元	20	555
全月应纳税额超过 9 000～35 000 元	25	1 005
全月应纳税额超过 35 000～55 000 元	30	2 755
全月应纳税额超过 55 000～80 000 元	35	5 505
全月应纳税额超过 80 000 元	45	13 505

其中：

缴税 = 全月应纳税所得额 × 税率 – 速算扣除数

全月应纳税所得额 = （应发工资 – 四金） – 3 500

四金（也称三费一金）是：

养老保险（费）金、医疗保险（费）金、失业保险（费）金、住房公积金

五险一金是：

养老保险、医疗保险、失业保险、工伤保险、生育保险、住房公积金

速算扣除数是采用超额累进税率计税时，简化计算应纳税额的一个数据。它实际上是在级距和税率不变条件下，全额累进税率的应纳税额比超额累进税率的应纳税额多纳的一个常数。因此，在超额累进税率条件下，用全额累进的计税方法，只要减掉这个常数，就等于用超额累进方法计算的应纳税额，故称速算扣除数。速算扣除数的计算公式是：

本级速算扣除额 = 上一级最高所得额 × （本级税率 – 上一级税率）
+ 上一级速算扣除数

那么：

实际工资 = 工资 – ［（不征税所得、免征税所得）– 3 500］– 缴税

经济是波浪式向前发展的，在累进税制条件下，当经济出现扩张和繁荣阶段时，生产扩大，就业增加，国民收入增加，个人收入会上新的台阶，税收增长率超过国民收入增长率，政府的收入会增加，个人可支配收入相对减少。尤其是在经济出现过度繁荣时，累进税能在一定程度上扼制总需求膨胀或经济过热；当经济出现衰退、萧条，甚至危机时，企业利润减少和个人收入下降到比较低的层次，税基相对缩小，税收自动减少，因税收的减少幅度大于个人收入和企业利润，在一定程度上抑制经济衰退。

由此可见，累进税制下，税收会随着经济周期波动自动地同方向变动，起到抑制经济过热和缓解经济衰退的作用。

二、政府的转移支付自动变化

政府转移支付中主要是失业救济金和各种福利支出，这些支出的增减会引起国民收入成倍地增减，对减小经济波动的幅度有一定作用。在经济繁荣阶段，生产发展，就业率提高，失业人口减少，失业救济金和各种社会福利减少，政府转移支付减少，个人可支配收入相对减少，在一定程度上限制了经济波峰的高度。相反，在经济衰退阶段，生产规模下降，就业率下降，失业率上升，失业救济金和社会福利支出会自动增加，政府转移支付增加，个人可支配收入增加，消费增加，在一定程度上抑制了经济衰退谷底的低度。所以，政府转移支付自动变动机制能在一定程度上自动地控制经济波幅。

我国现行的失业保险制度。覆盖范围有城镇企事业单位和城镇企事业职工。城镇企事业单位包括国有企业、城镇集体企业、外商投资企业、城镇私营企业及其他城镇企业。

失业保险基金的筹集方式为用人单位、个人和国家共同负担。

其支付条件为按国家规定参加失业保险，所在单位和本人已按照规定缴费满 1 年的、非本人意愿中断就业的、已办理失业登记，并有求职要求的。

其对于城镇职工支付期限长短与缴费时间长短挂钩，最长支付期限为 24 个月。即失业人员失业前所在单位和本人按照规定累计缴费时间 1~5 年的，领取失业保险金的期限最长为 12 个月；累计缴费时间 5~10 年的，领取失业保险的期限最长为 18 个月；累计缴费时间 10 年以上的，领取失业保险金的期限最长为 24 个月。对于单位招聘的农民合同制工人，连续工作满一年，并且本单位已缴纳失业保险费，于劳动合同期满或解除合同时，视其工作时间的长短，对其支付一次性生活补助。

保险水平：按照低于当地最低工资标准、高于城市居民最低生活保障标准的水平，由省、自治区、直辖市人民政府确定。

失业保障期满后，失业人员还没有找到工作，如果失业人员符合城市居民最低生活保障条件的，按照规定享受城市居民最低生活保障待遇。

三、农产品价格维持制度

农业的收成直接或间接地影响着国民生活和经济发展，用农产品价格维持制度能抑制其影响程度。当农业大丰收时，农产品可能出现供给大于需求，农产品价格下降，谷贱伤农，为了不影响农民的生产积极性，政府根据农产品价格维持方案收购农产品，增加政府粮库储存数量，使农民可支配收入增加。当农业出现歉收时，可能出现农产品供不应求，其价格上升，农民收入可能提高，城市居民生活水平下降，以农产品为原材料的工业也受到影响，也有可能导致社会恐慌。此时，政府可以根据农产品维持方案，抛售库存的农产品，平抑其市场价格，减少农民可支配收入，稳定城市居民可支配收入。这样，农产品价格维持制度实际上是以政府财政补贴的政府转移支付方式，基本维护了农民和城市居民可支配收入水平，可能达到经济平衡、协调发展之目的。

我国目前农产品价格基本由市场供求形成，国家主要通过储备、进出口等措施进行间接调控。2004 年以来国家又对稻谷、小麦实行了最低收购价改革，并不断提高最低收购价水平。

财政自动稳定器作用越健全，经济运行越不需要政府干预。但是，在现实经济生活中，这些自动稳定器只能缓和经济衰退或抑制通货膨胀的程度，不能从根本上扭转经济衰退与通货膨胀的态势，需要政府的财政政策等方法加以解决。因此，财政制度上的"内在稳定器"只是对付经济波动的第一道防线。

第二节　功能财政

一、财政收支平衡

财政收支平衡是指在一定时期内（通常为一个财政年度）财政收入与财政支出之间的等量对比关系。

财政年度也称为预算年度，是指国家以法律规定为总结财政收支和预算执行过程的年度起讫时间。分为日历年度制和跨日历年度制。日历年度制是指财政年度起止期与年历始末相同，即公历 1 月 1 日起至 12 月 31 日止。世界上多数国家使用该财政年度制，包括我国、德国、法国、波兰、奥地利、匈牙利、朝鲜等；跨日历年度制是指财政年度起止期与年历始末不同，如自 4 月 1 日起至次年 3 月 31 日止，有英国、日本、加拿大、印度、中国香港等国家和地区；自 7 月 1 日起至次年 6 月 30 日止，有瑞典、埃及、澳大利亚、巴基斯坦、孟加拉国、苏丹等国家；10 月 1 日起至次年 9 月 30 日止，主要有美国、泰国、尼日利亚等。

财政收入与财政支出只有在编制预算时可以平衡，而预算执行后的结果如果出现二者相等的绝对平衡状态是非常少见的，通常是不相等。现实中，人们把财政略有结余或略有赤字都视为财政平衡。

财政收支平衡的指导思想是经济学之父亚当·斯密于 1776 年出版的《国富论》中的原则，即一个谨慎行事的政府应该厉行节约，简政节支，每年预算都要保持平衡。财政赤字说明政府挥霍浪费，耗费了积累资本发展经济所必需的生产资金，同时，为了弥补赤字所导致的债务是给子孙后代造成了负担，因为公债的还本付息实质是由纳税人负担的。这种思想指导了自由资本主义经济发展，资本主义经济的自由放任、自由竞争客观上需要这样量入为出的政府。

二、功能财政的内涵

功能财政论是由美国经济学家阿巴·勒纳（Abba Ptachya Lerner，1903—1982）提出的财政理论。强调财政预算不应以财政预算收支平衡观点来对待预算赤字和预算盈余，应从对经济的功能着眼，以反经济周期的需要来利用预算赤字和预算盈余，达到没有通货膨胀的充分就业。政府财政预算的首要目的是经济平衡，第二位才是预算平衡。当现实经济中的国民收入低于充分就业的国民收入水平时，存在着通货紧缩缺口，政府有义务采取扩张性财政政策，增加政府支出，减少税收，以实现充分就业条件下的国民收入。如果此时财政上有赤字，政府采取扩张性财政政策，会使财政赤字扩大，也不要紧；如果此时财政上是盈余，政府的扩张性财政政策可能会使财政盈余减少，甚至出现财政赤字，也不要紧。反之，政府应该采取紧缩性财政政策，如果当时财政上是预算盈余，也不用担心盈余扩大；如果当时财政上是赤字，政策执行后会使赤字减少。

功能财政论完全抛弃了预算平衡论的思想。财政收支平衡在自由竞争资本主义时期发挥了重要作用，而功能财政则适应于现代市场经济。自由竞争时期政府是经济社会的守夜人，现代市场经济中政府是参与者，财政政策是其调控宏观经济最重要的经济手段。

补偿性财政政策。1929—1933 年大危机后，许多国家相继采取赤字财政政策，扩大政府支出，增加就业，增加有效需求，刺激经济发展，从而缓和经济危机。赤字财政已经成为现代资本主义市场经济中财政的一个基本特征。当经济出现过度繁荣时采取紧缩性财政政策。为此，后凯恩斯主义提出了"补偿性财政政策"，它是指政府根据实际经济周期的变化，交替使用扩张性和紧缩性的财政政策，使财政收支平衡在一个经济周期内得以实现。也就是说，政府在经济处在萧条阶段时，实行赤字财政政策；在经济处于繁荣阶段，实行紧缩性财政政策，政府用经济繁荣时期的财政盈余来弥补经济萧条时期的财政赤字，从而实现财政收支的周期性平衡。放弃财政年度收支平衡，追求一个经济周期内的财政收支平衡。

政府应斟酌使用财政政策。依据凯恩斯主义理论，政府应根据经济情况和财政政策有关手段的特点，相机抉择，主动地积极变动财政的支出和税收政策以稳定经济，实现无通货膨胀的充分就业，这种机动性财政政策就是斟酌使用财政政策。

当经济衰退时，应采用增加政府支出、降低税率、减税等方式刺激总需求；当经济出现过热时，采取紧缩性财政政策抑制总需求。凯恩斯主义的这种相机抉择"需求管理"也称为"逆经济风向行事"财政政策。"二战"后，发达国家经济迅速恢复和发展中国家近几十年的迅速崛起都证实了该理论具有指导意义。

三、财政赤字率和充分就业盈余

（一）财政赤字率

财政上出现赤字往往是积极的财政政策结果，但并不是说政府为了刺激经济增长不断地采取扩张性财政政策，使赤字无限制地增加，衡量其财政赤字的指标是财政赤字率。财政赤字率是指财政赤字与国内生产总值的比率。即

$$财政赤字率 = \frac{财政赤字}{GDP} \times 100\%$$

$$= \frac{(财政支出 - 财政收入)}{GDP} \times 100\%$$

欧洲马斯特里赫特条约规定，财政赤字率为3%。但是，时至今日，国际经济界并没有达成将马约标准作为"国际安全线"或"国际警戒线"的共识。同时，无论是现代经济实践还是经济理论都不能提供一个被普遍接受的、科学的财政可持续性度量标准。而鉴于欧盟在世界经济中的重要地位，马约又是第一次从财政稳定角度提出国际间财政状况比较标准，则该标准在国际上财政可持续发展研究中有一定的影响。

根据我国的财政赤字与国内生产总值的数据所得，如表7-2所示，从2001年至2013年期间我国的赤字率一直低于3%，控制在这个"硬杠杠"之内。

表 7-2 2001—2013 年我国的财政赤字率

年份	财政赤字决算（亿元）	国内生产总值（亿元）	赤字率（%）	年份	财政赤字决算（亿元）	国内生产总值（亿元）	赤字率（%）
2001	2 596	109 655.2	2.4	2008	1 800	314 045.4	0.6
2002	3 097	120 332.7	2.6	2009	7 500	340 902.8	2.2
2003	3 198	135 822.8	2.4	2010	8 500	401 512.8	2.1
2004	3 192	159 878.3	2.0	2011	6 500	472 881.6	1.4
2005	3 000	184 937.4	1.6	2012	8 000	519 322	1.5
2006	2 749	216 314.4	1.3	2013	10 601	568 845	1.9
2007	2 000	265 810.3	0.8				

资料来源：根据2001—2013年《政府工作报告》和国家统计局资料整理。

（二）充分就业预算盈余

充分就业预算盈余由美国经济学家 C. 布朗（Brown）在1956年提出。它是指既定的政府预算在充分就业的国民收入水平上所产生的政府预算盈余。充分就业是指在一定的工资水平下所有愿意工作的人都可以得到工作的经济状况。此时社会经济处于

充分就业状态。充分就业条件下所产生的国民收入水平为潜在的国民收入水平。

经济学用充分就业预算盈余作为衡量财政政策措施优劣的指标。因为充分就业预算盈余不受经济周期的繁荣或衰退的影响，也就是说，消除了收入水平周期性波动对充分就业预算盈余的影响，同时也能更准确地反映财政政策对预算状况的影响。

充分就业预算盈余公式：

$$BS^* = tY^* - G_0 - TR_0$$

其中 BS^* 表示充分就业预算盈余，t 表示税率，Y^* 表示充分就业条件下的国民收入（潜在的国民收入），G_0、TR_0 分别为既定的政府购买支出和政府转移支付。

如果 BS 为实际预算盈余，Y 为实际国民收入。

则实际预算盈余与充分就业预算盈余之间的关系：

$$(BS^* - BS) = (tY^* - G_0 - TR_0) - (tY - G_0 - TR_0)$$
$$= t(Y^* - Y)$$

当实际国民收入水平高于充分就业国民收入水平时，充分就业预算盈余小于实际预算盈余；若实际国民收入水平低于充分就业国民收入水平时，充分就业预算盈余大于实际预算盈余；当实际收入和潜在的国民收入相等时，充分就业预算盈余与实际预算盈余相等。

充分就业预算盈余在经济中有着重要的作用。一方面，充分就业预算盈余把收入固定在这一水平上，消除经济中收入水平周期性波动对预算状况的影响，从而能更准确地反映财政政策对预算状况的影响。另一方面，充分就业预算盈余为判断财政政策是扩张性的还是紧缩性的，提供了一个较为准确的依据。如果充分就业预算盈余增加了或赤字减少了，财政政策就是紧缩性，反之，则财政政策是扩张性。这就要求财政政策制定者注重充分就业问题，以充分就业为目标来确定预算规模，确定财政政策。

第三节　用 IS—LM 模型衡量财政政策效果

一、"挤出效应"

"挤出效应"是指政府支出增加所引起市场利率上升，从而使私人消费和投资降低的作用。如图 7 - 1 所示。产品市场 IS 曲线与货币市场 LM 曲线相交于 E 点，均衡利率为 r_0，均衡收入为 Y_0。政府部门采取积极的财政政策，比如增加政府购买支出，使 IS 曲线向右移至 IS′ 处的 E' 点，目的是使国民收入 Y_0 增加到 Y_1 处。但是，LM 曲线没有动，产品市场与货币市场形成新的均衡交点 E''，此时，均衡利率上升到 r_1 处，均衡国民收入移到 Y_2。由于利率的上升，使私人投资下降，Y_1 至 Y_2 为私人投资被挤出的部分。

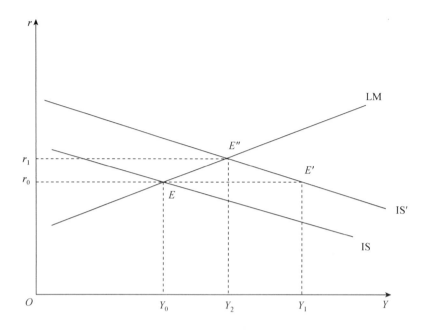

图 7-1　财政挤出效应

如果 LM 曲线处在垂直于横轴的古典区域，政府采取积极的财政政策，就会对私人投资产生完全的挤出效应。如图 7-2 所示。LM 曲线垂直于横轴，国民收入为充分就业条件下的国民收入 Y^*，产品市场曲线 IS 与货币市场曲线 LM 相交于 E_0 点，均衡利率为 r_0。现在采取积极的财政政策使 IS 曲线向右移至 IS′处。结果均衡点移到 E_1 点，均衡利率上升至 r_1，国民收入没有变，即 Y^*。说明将私人投资挤出效应是完全的。

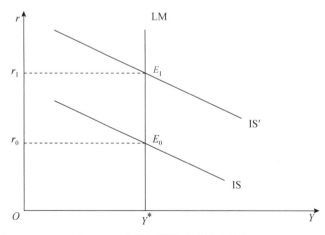

图 7-2　古典区域的财政挤出效应

二、用 IS—LM 模型看财政政策效果

财政政策效果取决于财政政策变动，产品市场 IS 曲线移动后，引起国民收入 Y

变动的影响。这种影响因 IS 曲线的斜率、LM 曲线斜率的不同而不同。

（一）LM 曲线斜率不同，IS 曲线斜率相同

LM 曲线斜率不同，IS 曲线斜率相同，且平行变动的幅度相同，所产生 Y 变动不同。如图 7-3 所示，（a）图与（b）图中 IS 曲线斜率相同，IS 曲线与 LM 曲线相交于 E 点，所采取的积极财政政策也相同，都使 IS 曲线相同幅度平行向右上方移动至 IS′曲线，达到 E'（E''）点。但 LM 曲线斜率不同，（a）图的斜率比（b）图的大些。结果（a）图的挤出效应 Y_1Y_2 比（b）图的 Y_3Y_4 大些，（a）图的财政政策效果 Y_0Y_2 小于（b）图的效果 Y_0Y_4。之所以会出现这种结果，是因为（a）图中 LM 曲线斜率大，曲线比较陡峭，货币需求的利率系数比较小，即货币需求对利率反应不敏感，那么，政府支出增加，货币需求增加会使利率上升幅度比较大，即 $r_0r_2 > r_0r_4$，就会对私人投资产生比较大的挤出效应。结果财政政策效果就小些。相反，（b）图 LM 曲线斜率比较小，曲线比较平坦，政府增加支出，不会使利率上升很多，$r_0r_4 < r_0r_2$，从而也不会对私人投资产生很大的挤出效应。这样，国民收入增加比较多，即财政政策效果比较大。

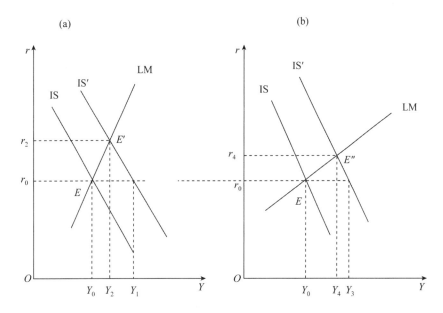

图 7-3 LM 曲线斜率不同、IS 曲线斜率相同的财政政策效果

（二）LM 曲线斜率相同，IS 曲线斜率不同

LM 曲线斜率相同，IS 曲线斜率不同，其平行变动的幅度相同，财政扩张程度相同，但对国民收入 Y 影响不同。如图 7-4 所示，图（a）和图（b）中的 LM 曲线斜率相同，但 IS 曲线斜率不同，产品市场与货币市场的均衡交点在 E 点上，（a）图中 IS 曲线比（b）图 IS 曲线平缓，两图中所采取的财政政策政府购买支出是同样的，即两图中 IS 曲线以同样的幅度，平行向右移动到 IS′曲线，想要达到 E_1 点和 E_3 点

处。结果（a）图的均衡点移到 E_2，挤出效应 Y_1Y_2 大些，政策效果小些；（b）图中的均衡点移到 E_4，政策效果大些，挤出效应 Y_3Y_4 小些。究其原因，（a）图中 IS 曲线比较平缓，投资对利率反应程度大些，利率稍有一点上升（r_0r_2），国民收入 Y 会大幅度地减少（Y_1Y_2），所以，财政政策效果小。反之，（b）图中投资对利率反应程度小，利率上升很高（r_0r_4）时，国民收入才有一点减少，挤出效应小些（Y_3Y_4），对国民收入 Y 的影响也小些。

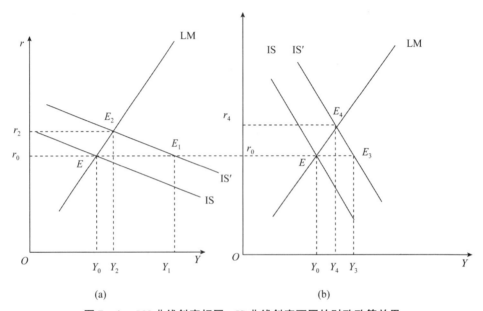

图 7-4　LM 曲线斜率相同、IS 曲线斜率不同的财政政策效果

第四节　财政政策在我国的实践

我国在改革开放三十多年的过程中，针对国民经济发展不同时期的起伏变化，采取了与之相适应的各种财政政策，在保障国民经济快速、平稳、持续发展中功不可没。与此同时，财政政策的调控手段和方式也逐渐发生了实质性的变化，即以行政手段直接调控为主，转变为以经济手段间接调控为主。然而，最大的变化是财政由原来的计划经济的生产建设财政，逐步转变为社会主义市场经济的公共财政。

一、先紧后松的宏观经济政策

1978 年中国共产党召开了十一届三中全会，提出了"对内改革，对外开放"的战略决策，是中华人民共和国成立以来第一个对外开放的基本国策，开始改变我国长期以来对外封闭和国内经济处于崩溃边缘的情况，进入经济高速发展阶段。此时的国民经济如同打开闸门蜂拥而上，1979 年出现过热现象，如财政赤字严重、投资和消费的需求膨胀、通货膨胀严重、外贸逆差增加等问题。对此，中央提出对国民经济进行"调整、改革、整顿、提高"的八字方针。

财政上采取了促进国民经济调整的财政政策。改革财政体制,实行"分灶吃饭",促进各级财政实现收支平衡;压缩基建规模,控制投资需求;压缩各项开支,控制消费需求;提高消费品供给能力,增加农业、轻工业投资;稳定市场,平抑物价;调整进出口商品结构,平衡国际收支。宏观调控的效果明显,财政收支基本平衡,物价基本稳定,信贷平衡达到预期目标。但是,由于宏观紧缩政策力度过大,导致经济增长下滑幅度过大,从1980年的7.8%降到1981年的5.2%。

1982年我国开始实行宽松的财政政策和货币政策。主要有继续深化财政体制改革,对企业实行利改税,调动企业和地方的生产积极性,放松银根,增加有效供给,缩小供给与需求之间的差距。1982年国民生产总值增长率达到9.1%,1983年达到10.9%。

二、紧缩性财政、紧缩性信贷的"双紧"政策

从1984年后期开始,经济过热迹象又逐步显现。为了满足社会固定资产投资增长的要求和解决企业流动资金短缺的问题,财政赤字不断扩大。而为了弥补其赤字,银行超量发行货币,结果导致通货膨胀率迅速上升。1988年9月十三届三中全会提出"治理经济环境、整顿经济秩序、全面深化改革"的方针。实行紧缩财政、紧缩信贷的"双紧"政策,即大力压缩固定资产投资规模、控制社会消费需求、紧缩中央财政开支、进行税利分流试点和税制改革。

"双紧"政策实施后,需求膨胀得到化解,固定资产投资的结构有所调整,产业结构不合理状态有所改变,通货膨胀得到遏制。但是,经济政策的负效应也逐渐显现出来,企业的流动资金严重短缺,生产难以正常运转,经济效益明显下降,经济增长快速回落,居民收入的增幅一定程度下降,市场出现了不同程度的疲软,财政困难也显现出来了。

三、适度从紧的财政政策

1992年,全国在邓小平南方谈话和党的十四大精神鼓舞下,排除干扰,解放思想,掀起了新一轮的经济建设高潮。可是,到了1993年的上半年,经济运行的各项指标继续攀升,投资增长过猛,物价水平迅速上升,而基础产业和基础设施的"瓶颈"却进一步加剧,经济形势十分严峻。为此,中央果断地做出了深化改革、加强和改善宏观调控的重大决策,提出加强调控十六条。

我国财政体制在此环境下进行了深化改革:从1994年起,调整中央与地方的财政分配关系,实行分税制;建立以增值税为主体的新流转税制度,取消了按所有制而设置所得税的做法,建立了统一的个人所得税。

与此同时,我国财政上采取了适度从紧的政策。即严格控制投资规模,清理在建

项目，严控新开项目，加强房地产市场管理；强化税收征管，清理越权审批减免税，限期完成国债发行任务，控制社会集团购买力过快增长，压缩会议费预算，控制出国活动和各种招商办展活动；控制各项债券年度发行规模和债种，控制地方政策债券发行。

1996 年，我国通过经济体制改革和适度从紧的财政政策，国民经济较为平稳地回落到适度增长的区间。通货膨胀得到了有效的抑制，过热经济的泡沫成分基本挤压出去，成功地实现了"软着陆"，与此同时，经济还保持了快速增长，形成了"高增长、低通胀"的良好局面。此次的适度从紧财政政策，成为我国宏观调控的成功典范。

四、积极财政政策

1997 年 7 月东南亚金融危机爆发，我国经济受到了冲击。对外贸易大幅度下降。同时，由于我国产业结构不合理，低水平产品过剩与高新技术产品不足并存，城乡结构不合理，区域经济发展不协调等问题的存在，此时出现了放大效应。

1998 年至 2002 年，我国采取了积极的财政政策。增发国债，加强基础设施投资；调整税收政策，支持出口、吸引外资和减轻企业负担；增加社会保障、科教等重点领域的支出；充分发挥调节收入分配的作用，提高城市居民个人消费能力；支持经济结构调整，促进国有企业改革；实行"债转股"。

其政策效果显著，使我国成功地抵御了亚洲金融危机的冲击和影响，从根本上改善了我国宏观经济运行，促进了经济持续快速增长。

五、稳健性政策

我国在扩大内需方面取得一定的成效，但经济在运行过程中又逐渐地出现了投资膨胀，贷款规模偏大，通货膨胀压力加大。同时，电力、煤炭和运输供不应求加重，农业、交通、能源，以及中小企业、服务业投入严重不足。这些经济结构问题依然使国民经济深层次矛盾和问题凸显。

2004 年开始实行稳健性财政政策。国债投资规模减小，投资方向转向农村、社会事业、西部开发、东北老工业基地；推后预算内建设性支出的时间；大力支持农业生产，对农民种粮实行直接补贴；加大对就业、社会保障和教科文卫等薄弱环节的支持。

2006 年全国范围内取消了农业税、牧业税、农业特产税，改革增值税、个人所得税，调整房地产税，改革企业所得税，调整资源税和消费税，积极推进出口退税机制改革，降低部分资源产品进口关税。

这次的财政政策实施，使我国经济运行出现了"增长速度较快、经济效益较好、群众受惠较多"的良好格局。

六、扩张性财政政策

2008 年由美国次级贷款危机引发的全球性金融危机的爆发，波及世界每一个角落，任何一个国家或地区都不能"独善其身"，2010 年又爆发了欧洲主权债务危机，时至今日，世界经济仍是复苏乏力。我国经济增长也明显减速，为此，一直采取着积极的财政政策。

2009 年我国积极的财政政策。针对我国对外出口严重受阻、沿海地区外贸企业纷纷倒闭、失业率上升、居民收入水平下降、消费下降、经济增长的动力受到冲击，我国财政采取了以下政策：扩大赤字，增加投资规模；增加城乡居民收入，扩大消费；强化各项支农惠农政策，确保农业增产增收；加大财政政策结构调节力度，推进结构调整和发展方式转变；深化财税改革，推进税制结构性调整。

2010 年的积极财政政策。由于欧洲出现了主权债务危机，为了减少或避免对我国经济直接或间接的影响，我国的扩张性财政政策最突出的是在年底前投资 4 万亿元人民币扩大内需，加快基建投资等十项措施。主要有：保持适度的财政赤字和国债规模；继续实施结构性减税政策，促进扩大内需和经济结构调整；优化财政支出结构，有保有压，继续向"三农"、民生、社会事业等领域倾斜，支持节能环保、自主创新和欠发达地区的建设等。

2011 年的积极财政政策。主要有：提高城乡居民收入，扩大居民消费需求；合理把握财政赤字和政府公共投资规模，着力优化投资结构；调整完善税收政策，促进结构调整和引导居民消费；进一步优化财政支出结构，保障和改善民生；大力支持经济结构调整和区域协调发展，推动经济发展方式转变；加大财政科技投入，推动自主创新，促进产业结构优化升级。

2012 年的积极财政政策。主要有：着力加强和改善财政宏观调控，保持经济平稳较快发展；着力保障和改善民生，大力促进社会事业发展；着力推进财税体制改革，完善有利于科学发展的财税体制和运行机制。

2013 年的积极财政政策。为更好地发挥积极财政政策在稳增长、调结构、促改革、惠民生中的作用，采取以下政策：适当增加财政赤字和国债规模；结合税制改革完善结构性减税政策，重点是加快推进营业税改征增值税试点工作；着力优化财政支出结构，继续向教育、医药卫生、社会保障等民生领域和薄弱环节倾斜，严格控制行政经费等一般性支出；继续加强地方政府性债务管理。

2014 年的积极财政政策。适当扩大财政赤字，保持一定的刺激力度，体现宏观政策的稳定性和连续性，促进经济持续健康发展和财政平稳运行。围绕使市场在资源配置中起决定性作用，加强和改善财政宏观调控；发挥财政政策促进结构调整的优势，把实施财政政策同全面深化改革紧密结合起来，明晰政府和市场的边界，处理好政府和市场的关系，着力提高宏观调控水平，推动经济更有效率、更加公平、更可持续发展。

思考题:

1. 如果 LM 处在凯恩斯区域,即凯恩斯陷阱,此时采取扩张性财政政策,其结果会如何?

2. 为什么说财政自动稳定器是预防经济波动的第一道防线?

3. 我国长时间采取扩张性财政政策,是否存在挤出效应?为什么?

4. 2015 年、2016 年我国为什么仍然采取扩张性财政政策,效果如何?

5. 跟踪我国经济发展过程中的财政政策以及财政赤字率的变化,并找出其原因。

参考资料:

1. 凯恩斯:《就业、利息和货币通论》第十八章,商务印书馆 2014 年 11 月。

2. 萨缪尔森:《经济学》第 3 章,人民邮电出版社 2012 年 1 月。

3. 付卡佳:《当代西方经济学原理》第十三章,经济科学出版社 1999 年 2 月。

4.《中华人民共和国预算法实施条例》第一、二章,CMFLA 学习网条例。

第八章 传统的货币政策

第一节 金融体系

一、我国的金融体系

改革开放30多年来，我国逐渐形成以中国人民银行为核心，国有控股银行为主体，其他多种机构并存，分工协作的金融机构体系。

（一）金融体系

金融体系是指一个经济体中资金流动的基本框架，是资金流动的工具（金融资产）、市场参与者（中介机构）和交易方式（市场），以及金融监管等各金融要素构成的综合体。金融体系包括：

1. 金融调控体系

金融调控体系既是国家金融宏观调控体系的组成部分，也是金融宏观调控机制。作为前者主要有：货币政策与财政政策的配合、保持币值稳定和总量平衡、健全传导机制、做好统计监测工作，提高调控水平；作为后者主要有：利率市场化、利率形成机制、汇率形成机制、资本项目可兑换、支付清算系统、金融市场（货币、资本、保险）的有机结合。

2. 金融企业体系

金融企业体系既包括现代金融企业（商业银行、证券公司、保险公司和信托投资公司），也包括中央银行、国有控股商业银行、政策性银行、金融资产管理公司、中小金融机构的重组改革、发展各种所有制金融企业、农村信用社等。

3. 金融监管体系

金融监管体系也称为金融监管体制，主要包括建立监管协调机制（银行、证券、保险，以及央行、财政部门）、健全金融风险监控、预警和处置机制，实行市场退出制度，增强监管信息透明度，接受社会监督，处理好监管与支持金融创新的关系等。

现实经济中的金融监管分为，分业经营分业监管（银监会、证监会、保监会）和混业经营统一监管。

4. 金融市场体系

金融市场也称为资本市场，包括：建立多层次资本市场体系，完善资本市场结构，丰富资本市场产品，推进风险投资和创业板市场建设，扩大直接融资，拓展债券市场、发展机构投资者，完善交易、登记和结算体系，发展期货市场，以及网络金融平台。

5. 金融环境体系

金融环境体系主要包括完善公司法人治理结构、建设全国统一市场、建立健全社会信用体系、转变政府经济管理职能、深化投资体制改革等。

（二）金融体系基本类型

在现实的世界经济中，各国的金融体系都是根据本国自身特点建立和形成的，各自有着不同的特点，很难用一个统一的模式加以概括。

从直观上看，发达国家内在金融市场与金融中介的重要性上存在着两种极端，即德国的以几家大银行起支配作用，而金融市场很不重要的金融体系；美国的金融市场作用很大，而银行的集中程度很小的金融体系。在这两者之间，有日本、法国传统上是银行为主的体制，但近年来金融市场发展很快，并且作用越来越大；加拿大与英国的金融市场比德国发达，但是银行部门的集中程度又高于美国。

（三）金融体系的基本功能

依据罗伯特·默顿（Robert K. Merton）（美）的划分，金融体系应具备六大基本功能：

1. 清算和支付功能

金融体系提供了便利的商品、劳务和资产交易的清算和支付手段。在现代经济日益货币化的今天，一个有效的、适应性强的、可靠的交易和支付金融系统是基本的需要。如果缺乏这一系统，高昂的交易成本必然伴随着经济的低效率。

交易系统越发达，社会交易成本越低，越能促进社会专业化发展，越能提高生产效率和技术进步。因此可以说，现代清算和支付系统总是与现代经济增长相伴。

2. 融通资金和股权细化功能

金融体系通过提供各种机制汇聚资金，将其导向大规模的无法分割的投资项目。金融市场和银行中介可以有效地动员分散的全社会储蓄资源或改进金融资源的配置，更有效地进行投资，发挥资源的规模效应，使初始投入的有效技术得以迅速地转化为生产力。与此同时，金融中介向社会储蓄者提供相对高的回报。

金融系统提供的流动性服务，为长期项目投资和企业股权融资提供了可能，同时为技术进步和风险投资创造出资金供给的渠道。

在现代市场经济中，出现了公司股权高度分散化和公司经营职业化。通过股权细化功能，金融体系也实现了对经理的监视和对公司的控制。

3. 资源配置功能

金融体系提供了促使经济资源跨时间、地域和产业转移的方法和机制。

就投资本身来说存在着一定的困难，如生产率风险，项目回报的信息不完全，对经营者实际能力的不可知等。金融系统的优势在于为投资者提供中介服务，分散风险、流动性风险管理和进行项目评估。使社会资本的投资配置更有效率。

4. 风险管理功能

金融体系风险管理是为中长期资本投资的不确定性进行交易和定价，形成风险共担机制的功能。信息不对称和交易成本的问题，往往给投资者带来巨大损失，经济运行会受到阻碍，因此，金融系统和金融机构就会对风险进行交易、分散和转移，使社会经济顺利进行。

5. 信息提供功能

金融系统通过各种媒介渠道提供金融信息，使金融市场上所有参与者都及时准确地获得信息。如，投资者可以获取各种投资品种的价格以及影响这些价格的因素的信息，筹资者获取不同的融资方式的成本信息，管理部门获取金融交易是否在正常进行、各种规则是否得到遵守的信息，等等。帮助这些参与者做出各自的决策。

6. 激励功能

在现实经济运行中各个相互交往的经济个体的目标或利益不一致，而且对其实现还相互影响，这就需要激励功能。例如，现代企业制度中将所有权与控制权分离，就产生了企业的激励作用。

金融体系中的股票或者股票期权是其激励方法。企业让员工持有股票或者股票期权，企业经营的好坏与他们的利益息息相关，不论是经营管理者，还是普通员工都会努力工作，提高企业的经济效益。他们的行为与所有者的利益一致，解决了委托代理矛盾的问题。

（四）我国的金融机构体系框架

金融机构是专门从事货币信用活动的中介组织。泛指从事金融业务、协调金融关系、维护金融体系正常运行的机构。在现代市场经济中它包括：货币金融政策、制度的制定及执行机构；金融业务的经营机构；金融活动的监督管理机构。金融机构体系是一种以中央银行为核心，以商业银行为主体，以各种专业银行和非银行金融机构为补充的多种金融中介机构并存的格局。

我国的金融机构体系包括：银行金融机构和非银行金融机构。

银行金融机构包括：中央银行、政策性银行、国有控股银行、全国性商业银行、其他内资商业银行和多家外资银行。

中央银行是中国人民银行。

政策性银行是国家开发银行、中国农业发展银行和中国进出口银行。

国有控股商业银行有中国工商银行、中国农业银行、中国银行、中国建设银行。我国在银行股份改革之前有四家国有银行，股份制改革后，国家控股银行除了这四家外，又增加了交通银行。国有控股银行是我国银行体系的主体，在资产规模和市场占有率，以及机构网点数量方面都处于垄断的地位，对我国经济金融的发展起着举足轻重的作用。

全国性商业银行有：中信实业银行、光大银行、华夏银行、中国投资银行和民生银行。

其他内资商业银行：广东发展银行、深圳发展银行、浦东发展银行、招商银行、福建兴业银行、烟台住房储蓄银行、蚌埠住房储蓄银行、城市商业银行。

多家外资银行：汇丰银行、渣打银行、东亚银行、花旗银行、恒生银行、日本瑞穗实业银行、日本三菱东京日联银行、新加坡星展银行、荷兰银行、永亨银行、新加坡华侨银行、美国摩根大通银行。

非银行金融机构：保险公司、证券公司、信托投资公司、财务公司、基金管理公司、四家资产管理公司（信达、东方、长城、华融）、融资租赁公司、农村信用合作社、邮政储蓄机构、多家外资金融公司或财务公司。

二、中国人民银行职责

中国人民银行应履行的职责有：发布与履行有关的命令和规章；依法制定和执行货币政策；发行人民币，管理人民币流通；监督管理银行间同业拆借市场和银行间债券市场，以及黄金市场；持有、管理、经营国家外汇储备、黄金储备；经理国库；维护支付、清算系统的正常运行；指导、部署金融业反洗钱的工作，负责反洗钱的资金监测；负责金融业的统计、调查、分析和预测；作为国家的中央银行，从事有关的国际金融活动；国务院规定的其他职责。

中国人民银行为执行货币政策，可以运用货币政策工具：要求银行业金融机构按照规定的比例交存款准备金；确定中央银行基准利率；为在中国人民银行开立账户的银行业金融机构办理再贴现；向商业银行提供贷款；在公开市场上买卖国债、其他政府债券和金融债券及外汇；国务院确定的其他货币政策工具。为执行货币政策，中国人民银行可以规定具体的条件和程序。

三、商业银行基本职能

（一）信用中介

商业银行通过其负债业务把社会上闲散货币集中到银行，再用资产业务将其投向经济部门。商业银行就是这样作为货币资本的借入者和贷出者的中介来实现资本融通。信用中介是商业银行最基本的职能。商业银行从发放贷款利息收入与吸收资金的成本的差额中获取收入，即银行利润。此业务中没有改变货币资本的所有权，改变的只是货币资本的使用权。

（二）支付中介

工商企业、团体和个人是银行的存款客户，商业银行通过其存款在账户上的转移，代理客户支付、为客户兑付现款等，成为支付代理人、出纳者和货币保管者。商业银行执行着货币经营的职能，形成了以其为中心的经济过程中无始无终的支付链条和债权债务关系。

（三）信用创造

信用创造职能是商业银行在信用中介职能和支付中介职能的基础上产生的。商业银行通过吸收活期存款，发放贷款，从事投资业务而衍生出更多存款，扩大了货币供应量。

这种账面上的流通工具和支付手段的存款货币发挥作用的程度取决于：原始存款规模；法定存款准备率和现金漏损率；贷款需求；公众的流动性偏好；市场利率预期，等等。

（四）金融服务

随着经济的发展和计算机、网络等先进手段的运用，银行为客户提供了许多金融服务。在激烈的业务竞争下，各商业银行也不断开拓服务领域。通过金融服务的发展，促进了资产负债业务的扩大。现代生活中，金融服务已成为商业银行的重要职能。

四、政策性银行的主要业务

政策性银行一般是由政府设立，以贯彻国家产业政策、区域发展政策为宗旨，不以盈利为目标的金融机构，所从事的业务是商业银行不愿融资或无利经营的领域。

政策性银行的主要特点：资本金多由政府财政拨付；融资主要途径是财政拨款、发行政策性金融债券，不能吸收公众存款；经营时主要考虑国家的整体利益、社会效益，不以盈利为目标，一旦出现亏损，一般由财政弥补，但不能将其当作财政资金使用。政策性银行应坚持银行管理的基本原则，力争保本微利；特定的服务领域，不与商业银行竞争。

国家开发银行的主要任务是：建立长期稳定的资金来源，确保重点建设资金需要，办理政策性重点建设贷款和贴息贷款业务；对固定资产投资总量和结构进行调节；逐步建立投资约束和风险责任机制，按照市场经济的运行原则，提高投资效益。

中国进出口银行的主要业务：为机电产品和成套设备等资本性货物出口提供出口信贷；办理与机电产品出口有关的各种贷款、混合贷款和转贷款，以及出口信用保险和担保业务。

中国农业发展银行的主要业务：办理粮食、棉花、油料、猪肉、食糖等主要农副产品的国家专项储备和收购贷款；办理扶贫贷款和农业综合开发贷款；国家确定的小型农、林、牧、水基本建设和技术改造贷款。

第二节 货币乘数

一、货币乘数

商业银行吸收大量活期存款，活期存款的用户不用事先通知银行就可以随时提取。现实中，除极特殊情况，银行不能出现所有储户在同一时间内提取全部存款的现象。因此，银行可以仅保留一部分存款准备金应付平时提款需要，这一部分资金被称为存款准备金。准备金占存款的比率称为准备金率。由于商业银行的利润主要来自贷款利息，商业银行会尽可能地降低准备金率，将其余部分存款贷放出去。这样，有的商业银行为了追求利润可能将准备金压得非常低，不能保证储户的需求，甚至可能导致金融波动。为此，中央银行以法律的形式规定商业银行准备率，被称为法定准备率。按法定准备率提留的准备金为法定准备金。

商业银行将存款准备金以外的存款作为超额准备金贷放出去，或用于短期债券投资，赚取尽可能多的利润。

假设，某国某一时期法定准备率为20%，现在客户甲有100万元钱，存入他账户的 A 银行里，A 银行就增加了100万元存款，如表8-1所示。

表8-1　货币乘数形成过程

存款人	银行	银行存款（万元）	银行贷款（万元）	存款准备金（万元）
甲	A	100	80	20
乙	B	80	64	16
丙	C	64	51.2	12.8
丁	D	51.2	40.96	10.24
…	…	…	…	…
合计		500	400	100

按法定准备率的要求，A 银行将其中的20万元人民币存入中央银行作为准备金。其余的80万元人民币全部贷放出；假如贷给一家公司，该公司用这笔款购买汽车，汽车制造厂乙将得到的这笔款也存入自己来往账户的银行 B，B 银行按法定准备率的要求将16万元作为准备金存入中央银行，剩下的64万元贷放出去。由此不断地存贷下去，则银行的存款总额是：

$$100 + 80 + 64 + 51.2 + 40.96 + \cdots$$

$$= 100(1 + 0.8 + 0.8^2 + 0.8^3 + 0.8^4 + \cdots + 0.8^{n-1})$$

$$= 100 \times \frac{1}{1 - 0.8}$$

$$= 500$$

由此可以看出最初的 100 万元存款，经过多次的存贷，最后产生 500 万元的存款。如果用 D 表示存款总额，用 R 表示最初的存款，用 r_d 表示法定存款准备率，用 K_d 表示货币的乘数。则：

$$D = \frac{R}{r_d} = \frac{100}{20\%} = 500$$

$$K_d = \frac{500}{100} = \frac{1}{20\%}$$

$$\therefore K_d = \frac{1}{r_d}$$

货币乘数是法定准备率的倒数。法定准备率越大，乘数就越小，这说明商业银行吸收的每一轮存款可用于贷款的份额越少，由于贷款转化为存款越少，下一轮存款就越少。

贷款总和：

$$80 + 64 + 51.2 + 40.96 + \cdots$$
$$= 100(0.8 + 0.8^2 + 0.8^3 + 0.8^4 + \cdots + 0.8^n)$$
$$= 400$$

法定准备金总额：

$$100 \times 0.2 + 80 \times 0.2 + 64 \times 0.2 + 51.2 \times 0.2 + 40.96 \times 0.2 + \cdots$$
$$= 0.2 \times 100(1 + 0.8 + 0.8^2 + 0.8^3 + 0.8^4 + \cdots + 0.8^{n-1})$$
$$= 0.2 \times 100\left(\frac{1}{1-0.8}\right)$$
$$= 100$$

从例子中可以得出增加一笔原始货币存款 100 万元，就会使存款的总和扩大到 500 万元。由此可见，中央银行对市场投放的货币量，不能只看它最初投放量，必须看到它派生货币量，即货币乘数作用增加的货币供给量。

货币乘数（货币扩张系数、货币扩张乘数）是指在原始货币供给的基础上，在商业银行的创造存款货币功能派生存款的作用下，产生的信用扩张倍数，也是货币供给扩张的倍数。

上面的货币乘数 $K_d = \frac{1}{r_d}$ 是有条件的，即商业银行没有超额储备，商业银行得到的存款扣除法定准备金后会全部贷放出去；银行客户也不会提取一部分现金，将一切货币收入存入银行，支付完全以支票形式进行。现实中很难有这样的情况。

现在将银行存在超额储备加入货币乘数里。现实中银行如果找不到可靠的贷款对象，或厂商由于预期利润率太低而不去借款，或厂商认为银行贷款利率太高等诸如此类原因，会使银行的实际贷款低于其本身的贷款能力。那么，这部分没有贷放出去的款额形成了超额准备金。假设用 R_e 表示超额准备金，超额准备金 R_e 与存款的比率是超额准备率，用 r_e 表示。则：

$$实际准备金 = 法定准备金 + 超额准备金$$

$$= R_d + R_e$$

$$实际准备率 = 法定准备率 + 超额准备率$$

$$= r_d + r_e$$

现在再将客户借到钱后，从中抽出一定数量的现金因素考虑到乘数里。假设客户借到钱后，从中抽出一定比例的现金，用 R_c 来表示。用 r_c 表示其现金与存款的比率，因为抽出来的现金 R_c 如同法定准备金 R_d 和超额准备金 R_e 属于漏出没有进入银行向外贷款的金额里，r_c 也如同法定准备率 r_d 和超额准备率 r_e 一样是其漏出的比例。那么，货币乘数就成为：

$$K_d = \frac{1}{r_d + r_e + r_c}$$

显然，现在的货币乘数比前面没有超额准备金，没有一定比例抽出现金的货币乘数 $K_d = \frac{1}{r_d}$ 要小些，也更接近现实。

二、货币供给

从上面分析我们可以得出基础货币（Base Currency）也称货币基数（Monetary Base）、强力货币、始初货币，因其具有使货币供应总量成倍放大或收缩的能力，又被称为高能量货币（High - powered Money）。假设用 H 表示基础货币，它是由现金、准备金、超额准备金三者之和所构成。则：

$$H = R_c + R_d + R_e$$

货币供给，在此设为 M_1，即现金与活期存款所组成：

$$M_1 = R_c + D$$

此时的货币乘数为：

$$\frac{M_1}{H} = \frac{R_c + D}{R_c + R_d + R_e}$$

$$= \frac{\dfrac{R_c}{D} + 1}{\dfrac{R_c}{D} + \dfrac{R_d}{D} + \dfrac{R_e}{D}}$$

$$= \frac{r_c + 1}{r_c + r_d + r_e}$$

$$= K_d$$

根据其等式，货币供给为：

$$M_1 = \frac{r_c + 1}{r_c + r_d + r_e} \cdot H$$

$$= K_d \cdot H$$

三、货币乘数决定因素

通过上面分析得知，货币乘数的大小决定了货币供给扩张能力的大小。而货币乘数大小的决定因素有：

法定准备金率。法定准备金率越高，货币乘数越小，货币供给量少；法定准备金率越低，货币乘数越大，货币供给量多。

超额准备金率。超额准备金的存在或增加，相应地减少了银行创造派生存款的能力，超额准备金率与货币乘数之间也是呈反方向变动关系，超额准备金率越高，货币乘数越小；反之亦然。

现金比率。现金比率与货币需求同方向变动。凡是影响货币需求的因素，都会影响现金比率，比如，银行存款利息率降低，会导致存款减少，现金增多，现金率上升。

现金比率与货币乘数呈相反方向变动。现金比率越高退出存款货币越多，直接减少了银行可贷资金量，货币乘数就越小。反之亦然。

定期存款与活期存款之间的比率。一般来说，中央银行规定的法定准备金不仅有活期存款，也有定期存款。而且对不同种类的存款规定不同的法定准备金率，通常定期存款法定准备金率低于活期存款法定准备金率。那么，定期存款比例大于活期存款比率时，平均法定准备金率就低些，货币乘数就大些。反之亦然。当然，这里的货币乘数包含着定期存款的乘数，所导致的货币供给是 M_2 了。

第三节　主要货币政策

一、法定存款准备金政策

（一）货币政策概念

货币政策有狭义的与广义的之分。狭义货币政策是指中央银行通过控制货币供应量，调节利率，进而影响社会投资和整个经济，以实现一定经济最终目标的行为；广义货币政策是指政府、中央银行和其他有关部门所有与货币方面有关的规定和影响金融变量的一切措施。

扩张性的货币政策就是通过增加货币供给量，使利率降低，投资增加，国民收入增加。紧缩性货币政策是通过减少货币供给量，利息率随之提高，投资者取得信贷较为困难，投资下降，国民收入减少。当总需求小于生产能力和通货紧缩时，采取扩张性货币政策，增加总需求。相反，在通货膨胀较严重时，采取紧缩性货币政策，减少总需求。

货币政策与财政政策的最终目标是一致的。但二者之间存在着差别，主要不同之处在于财政政策直接影响总需求的规模，而货币政策则要通过利率这个中间变量对总需求发生作用。

（二）法定存款准备金政策

法定存款准备金制度是在中央银行体制下的货币政策。存款准备金制度建立之初是为了保证存款的支付和清算。随着金融市场的发展逐渐演变成为货币政策工具，如果中央银行要采取扩张性货币政策，就降低法定存款准备金率，使所有存款机构对每一笔客户存款只留出较少的准备金，此种情况下货币乘数效应导致存款银行所派生的存款增加，贷款资金迅速增加，从而利率下降，厂商取得贷款比以前容易了，投资增加，国民收入增加，即刺激总需求上升。反之，如果央行要采取紧缩性货币政策，就提高存款准备金率，货币乘数的作用导致存款银行存款总量下降，利率上升，投资下降，总需求减少。

目前，西方发达国家已经逐渐减弱了用法定存款准备金率调控的手段，有的国家准备金水平已基本降为 0。20 世纪 90 年代之前它一直是主要的调控手段，之后逐渐演变成其他货币政策手段的辅助手段，以及存款机构的支付和清算保证。出现这种状况的主要原因：法定准备金作用剧烈、时滞大、微调性差、可逆性差；存款银行通过现代金融手段变动超额准备金从某种程度上抵消了存款准备金政策的作用。与此同时，法定准备率的风险管理功能已被资本监督日益取代。

我国仍然使用法定准备金率的货币政策。比如 2011 年法定存款准备金率就调整了 7 次，如表 8-2 所示，这一年调整频率比较高，6 次上调（紧缩政策），1 次下调（放宽政策）。我国之所以仍然大量使用法定存款准备金政策，是因为我国的金融市场还处在不成熟阶段，经济正处于起飞阶段，流通领域中的流动性需要准备金率进行调节；我国是外汇储备大国，也需要法定准备金率调节手段来调节经济；是中央银行收入的重要来源，等等。所以，法定存款准备金率是我国主要货币政策工具。

表 8-2　2011 年调整法定准备金率　　　　　　　单位:%

生效时间	大型金融机构			中小型金融机构		
	调整前	调整后	调整幅度	调整前	调整后	调整幅度
2011-12-5	21.5	21.0	-0.5	18.0	17.5	-0.5
2011-06-20	21.0	21.5	0.5	17.5	18.0	0.5
2011-05-18	20.5	21.0	0.5	17.0	17.5	0.5

生效时间	大型金融机构			中小型金融机构		
	调整前	调整后	调整幅度	调整前	调整后	调整幅度
2011 - 04 - 21	20.0	20.5	0.5	16.5	17.0	0.5
2011 - 03 - 25	19.5	20.0	0.5	16.0	16.5	0.5
2011 - 02 - 24	19.0	19.5	0.5	15.5	16.0	0.5
2011 - 01 - 20	18.5	19.0	0.5	15.0	15.5	0.5

资料来源：银行信息网 2014 年 9 月 2 日。

二、再贴现政策

（一）再贴现概念

再贴现指商业银行或其他金融机构将未到期商业票据向中央银行转让，以提前获得资金融通，中央银行对其收取一定的利息的过程。它是一种票据买断关系。这种买断的利息率称为再贴现率。

变动再贴现率政策就是中央银行把再贴现率作为国家一种基准利率，通过对其制定或调整来干预和影响市场利率及货币市场的供求，从而调节信贷规模和市场货币供应量的一种金融政策。

随着金融的发展，再贴现政策已经成为中央银行对商业银行或其他金融机构，规定其请求贴现、再贴现或请求给予转贷款的票据、有价证券等的标准、条件，以及应付的借款成本率的一种金融政策。

（二）再贴现政策

再贴现政策是指中央银行通过制定或调整再贴现率来干预和影响市场利率及货币市场的供应和需求，从而调节市场货币供应量的金融政策之一。中央银行对商业银行拿来经审查合格的再贴现票据办理再贴现，或者中央银行同意接受的其他抵押品申请贷款，进行着扩张或收缩的货币政策。例如，中央银行公开挂牌规定某些行业的商业票据可以优先办理再贴现，这表明中央银行要扶植行业的资金意向。

中央银行规定再贴现业务的对象。各国中央银行根据本国的具体情况规定其能办理此业务者，比如，美国联邦储备系统的再贴现业务只限在会员银行之间进行；英格兰银行的贴现对象只是英国十一家贴现商行持有的一级证券或银行汇票。

中央银行变动再贴现率。中央银行采取较长时间的降低再贴现率，使之低于市场利息率政策。降低了再贴现成本，放松银根，增加市场货币供应量，刺激了资金需求的"扶持政策"。反之，为"抑制政策"。中央银行也可以采取短期变动再贴现率政策，根据市场资金供求状况，随时地制定高于或低于市场利率的再贴现率，从而影响商业银行借入资金的成本和超额准备金，影响着市场利率，调节市场的资金供求。比如，我国中央银行 2010 年 12 月 26 日上调再贴现率，由 1.8% 上调至 2.25%[①]，来对抗通货膨胀。

（三）再贴现政策的局限性

再贴现政策在实际执行中有一定的局限性。主要表现为：中央银行用其控制货币供应量时，受到一定程度的限制。中央银行的再贴现政策处于被动地位。因为，商业银行是否能到中央银行办理再贴现业务完全是由其自己决定；现实经济是有周期性的，而再贴现率的高低是有一定限度的，商业银行不论在经济繁荣阶段，还是在萧条阶段，只要对自己有利都会到中央银行进行再贴现或贷款。因此，中央银行不可能有效地控制流通领域货币供应量。

再贴现率对利率的影响只有在一定条件限制内才成立。也就是说，只有再贴现率低于市场利率，并且其利差足够弥补承担风险和放款管理成本时，商业银行才会向中央银行借款，然后再贷放出去。此时，再贴现率才对利率有影响。

再贴现政策缺乏弹性。现实经济形势经常发生变动，如果再贴现率随时发生变动，通常会引起市场利率波动，导致商业银行无所适从；如果再贴现率不随时进行调整，又不宜于中央银行灵活地调节市场货币供应量。因此，其弹性小。

（四）再贷款

由于我国没有经历过资本主义，又由社会主义计划经济直接转变为社会主义市场经济，商业票据市场不发达。所以，再贴现业务不能构成中央银行调节流通领域基础货币的主要渠道，而只能发挥辅助性作用。

在经济体制改革过程中，中国人民银行转变为中央银行之后的很长时间内，具有中国特色的政策工具"再贷款"成为我国最为重要的货币政策工具。

再贷款也称为中央银行贷款，是指中央银行对金融机构的贷款。中央银行通过适时调整再贷款总量和利率，吞吐着基础货币，从而实现货币信贷总量调控目标，合理引导资金流向和信贷投向。再贷款一直是我国中央银行的重要货币政策工具。

再贷款是以信用为保证发放的贷款。它是一种带有较强计划性的数量型货币政策工具，具有行政性和被动性。当前，我国的中央银行贷款利率可以通过表 8-3 了解到。再贷款利率的调整也是中央银行向商业银行和社会宣传货币政策变动的一种有效方法，它能产生预告效果，从而在某种程度上影响人们的预期，承担着维护经济金融稳定的重任。

---

① 搜狐网，搜狐财经，2010 年 12 月 29 日 14：51。

表 8-3 中国人民银行贷款利率

种类	项目	2011 年利率（%）	2013 年利率（%）
短期贷款	六个月以内（含六个月）	6.10	5.60
	六个月至一年（含一年）	6.56	6.00
中长期贷款	一至三年（含三年）	6.65	6.15
	三至五年（含五年）	6.90	6.40
长期贷款	五年以上	7.05	6.55

资料来源：2011 年数据来源于南方财经网 2012 年 3 月 1 日 18：57；2013 年数据来源于易贷网 2013 年 11 月 4 日 15：27。

三、公开市场业务

（一）公开市场业务概念

公开市场业务是指中央银行为实现货币政策目标，在金融市场上公开买卖政府证券，以控制货币供给和利率的政策行为。当经济出现萧条时，中央银行公开在市场上买进政府证券，货币流通量增加，商业银行和其他存款机构的准备金将会增加，放松银根，利率下降，投资增长，社会总需求扩大。反之，当经济出现过热现象时，中央银行卖出债券，货币流通量减少，商业银行和其他存款机构的准备金将会下降，收紧银根，利率上升，投资减少，社会总需求被压缩。

准备金变动会引起货币供给按着乘数发生增加或减少的变动，当然也会使银行客户取得信贷变得更容易或更困难。

与此同时，利率的变动会影响汇率的变动，而汇率的变动会直接影响对外贸易和国际直接投资、间接投资。

（二）公开市场业务特点

公开市场业务有着自己的特点。

主动性。中央银行决定着公开市场的操作规模和操作方向，是三大货币政策工具中唯一能够直接使银行储备发生变化的主动性工具。

灵活性。公开市场业务的操作者中央银行可以根据经济形势的变化随时随刻进行，既可以正向操作，也可以反向操作，将政策目标寓于日常买卖之中，不必有任何告之，对基础货币收放和对金融领域流动性调节灵活自如。

时效性。当中央银行有购买或出售的意向时，就可以立即进行交易，参加交易的金融机构中超额储备金就会相应发生变化。

准确性。中央银行公开市场业务和操作可以是小规模小步骤，也可以连续性进行，具有较强的伸缩性，以准确地达到宏观经济目标。当然，如果操作力度不足或者过度，偏离了政策目标时，中央银行可以迅速进行相反操作进行纠正，不会对整个金融市场产生大的波动。所以，公开市场业务具有较大的弹性和准确性。

（三）我国的公开市场业务

从上面分析得知，公开市场业务发挥作用的前提条件，是证券市场必须高度发达，并具有相当大程度的深度、广度和弹性等，以及中央银行必须拥有相当大数量的证券库存。

目前，世界上大多数发达国家把公开市场业务作为中央银行控制货币供给量的重要和常用的工具。比如，美国联邦储备委员会，90%的货币吞吐都是通过公开市场业务进行；德国、法国大量采用公开市场业务调节货币供应量；日本20世纪70年代后积极利用公开业务来调节经济；在英国，当贴现市场发生困难时，英格兰银行则参与公开市场国库券的买卖。而在大多数发展中国家，由于证券市场不发达，有的还处于萌芽阶段，无法开展公开市场业务。

我国的公开市场操作包括人民币操作和外汇操作。中央银行从1998年开始建立公开市场业务一级交易商制度，选择了一批能够承担大额债券交易的商业银行作为公开市场业务的交易对象，2012年公布的公开市场业务一级交易商达到49家。交易商可以运用国债、政策性金融债券等作为交易工具与中央银行开展公开市场业务。

债券交易主要有：回购交易、现券交易和发行中央银行票据。

回购交易。回购交易分为正回购和逆回购两种，前者为央行向一级交易商卖出有价证券，并约定在未来特定日期买回有价证券的交易行为，正回购为央行从市场收回流动性的操作，正回购到期则为央行向市场投放流动性的操作；逆回购为央行向一级交易商购买有价证券，并约定在未来特定日期将有价证券卖给一级交易商的交易行为，逆回购为央行向市场上投放流动性的操作，逆回购到期则为央行从市场收回流动性的操作。

现券交易。现券交易分为现券买断和现券卖断两种，前者为央行直接从二级市场买入债券，一次性地投放基础货币；后者为央行直接卖出持有债券，一次性地回笼基础货币。

中央银行票据。中央银行票据是中央银行发行的短期债券。央行通过发行央行票据可以回笼基础货币，央行票据到期则体现为投放基础货币。

目前，公开市场操作已成为中国人民银行货币政策平时操作的重要工具，对于调控货币供应量、调节商业银行流动性高低、引导货币市场利率走势发挥了积极的作用。

第四节　其他的货币政策

一、道义劝告

道义劝告（Moral Suasion）是指中央银行运用自己在金融体系中的特殊地位和威望，为达到某些宏观经济目标向商业银行和其他金融机构发出的通告、指示或者与金融机构负责人面谈，劝告其放款数量和投资方向的一种做法。比如，在经济出现下滑时，鼓励银行扩大贷款；当经济出现通货膨胀现象时，劝告银行不要任意扩大信用。促使金融机构能自动地执行中央银行的货币政策。

道义上的劝告虽然不具有法律约束力，但在一定的条件下能发挥其作用。执行该政策的一般条件是，中央银行具有较高威望和地位；中央银行充分的信息和经济分析的能力；金融机构具有较高的道德水准和自律意识。

原美联储主席格林斯潘是运用道义劝告最好的中央银行行长。艾伦·格林斯潘（Alan Greenspan，1926 年 3 月 6 日—），美国第十三任联邦储备委员会主席，并连任五次，1987—2006 年，任期跨越 6 届美国总统，是美国历史上前无仅有的。许多人认为他是美国国家经济政策的权威和决定性人物。在他人生的巅峰时刻，他被称为全球的"经济沙皇""美元总统"，他的公文包里藏着美国乃至全球"经济引擎"的秘密，许多人将其与美国总统的核按钮相提并论。格林斯潘将道义劝告与公开市场业务结合起来，使道义劝告发挥到极致。比如，在美国进入 20 世纪 90 年代中期的高科技产业带动下持续增长期时，为保持经济增长同时抑制通货膨胀，格林斯潘在公开市场委员会议的前后一段时间内，针对商业银行信贷水平乃至整个金融系统的运行状况发表公开讲话，解释近期美联储的政策目标，对市场内的行为和状态发出警告或呼吁，敦促银行系统信贷政策向美联储指定目标靠拢；在网络泡沫泛起的 1999 年，格林斯潘现身公共媒体达 30 多次，表达对网络泡沫的担忧。对当年股票市场处于高位发出"非理性繁荣"的著名警告，在国际金融市场上引起巨大反响；又如，在 2000 年美国经济衰退时期，格林斯潘利用各种时机和场合，发表公开言论，引导经济走上正轨。以至于银行业内人士将道义劝告称为与"公开市场"相提并论的另一项业务——"张嘴说话"（Open Mouth）。

由于美国是世界经济的领头羊和格林斯潘个人威望，因此格林斯潘每次国会听证会上的讲话和媒体对美国经济、世界经济的分析，都得到了全世界经济领域人们的关注。

我国的道义劝告业务也在发挥着重要作用。1987 年开始央行与商行建立了比较稳定的行长、部主任碰头会制度。商行报告即期的信贷业务进展情况，央行说明对经济金融形势的看法，通报货币政策意向，提出商行改进信贷管理建议。促进我国宏观经济平稳地发展。

二、利率政策

利率政策是我国货币政策的重要组成部分，也是货币政策实施的主要手段之一。中央银行利率处于主导地位，中国人民银行根据货币政策实施的需要，适时、灵活运用利率工具对利率水平和利率结构进行调整，进而影响社会资金供求状况。当利率上调时，有助于吸收存款，抑制流动性，抑制投资热度，控制通货膨胀，稳定物价水平；当利率下调时，有助于刺激贷款需求，刺激投资，拉动经济增长。最终实现货币政策目标。

目前，中国人民银行采用的利率工具主要有：调整基准利率，即再贷款利率、再贴现利率、存款准备金利率、超额准备金利率；调整金融机构法定存贷款利率；制定金融机构存贷款利率浮动范围；对各种利率结构和档次制定相关的调整政策。不同的利率水平，体现着不同的政策要求，当政策目标的重点变化时，利率政策也就随之变化。

利率这个经济杠杆使用起来应讲究艺术。例如，日本曾经长时间使用零利率政策，使其从十年的经济衰退中走了出来。20世纪90年代初，泡沫经济崩溃后，大量借款不能偿还，给银行机构造成大量不良资产，中小银行金融机构倒闭，中小企业因资金周转不开大量破产，日本经济陷入长期萧条。为了刺激经济复苏，日本政府扩大公共事业投资的扩张性财政政策，年年增发国债，导致中央政府和地方政府负债累累，财政濒临崩溃。为了防止情况进一步恶化，刺激经济需求，日本银行于1999年2月开始实施零利率政策。2000年8月，日本经济出现了短暂的复苏，日本银行一度解除了零利率政策。2001年，日本经济又重新跌入低谷。2001年3月，日本银行开始将金融调节的主要目标从调节短期利率转向"融资量目标"，同时再次恢复实际上的零利率政策。2006年7月14日，日本央行解除实施了5年零4个月的零利率政策，将短期利率从零调高至0.25%。零利率的解除，也标志着日本经济开始明显复苏。这也意味着零利率政策刺激经济的余地很小。

伴随着我国利率市场化改革，利率政策逐步从对利率直接调控向间接调控转化。利率作为重要的经济杠杆，在国家宏观经济调控体系中发挥着越来越重要的作用。

三、常备借贷便利

常备借贷便利是中央银行供给流动性的渠道之一。其主要特点是：常备借贷便利是金融机构可根据自身流动性需求主动发起申请；常备借贷便利是中央银行与金融机构"一对一"交易，针对性强；常备借贷便利的交易对手覆盖面广，通常覆盖存款金融机构。

世界大多数国家都在使用着常备借贷便利工具。只是名称各异，如美联储的贴现窗口、欧央行的边际贷款便利、英格兰银行的操作性常备便利、日本银行的补充贷款便利、加拿大央行常备流动性便利、新加坡金管局的常备借贷款便利、俄罗斯央行的担保贷款、印度储备银行的边际常备便利、韩国央行的流动性调整贷款、马来西亚央行的抵押贷款等。

我国在 2013 年创设了中国人民银行的常备借贷便利。主要是为了满足金融机构期限较长的大额流动性需求。所使用的对象主要为政策性银行和全国性商业银行。利率水平根据货币政策调控、引导市场利率的需要等综合确定，期限为 1～3 个月。并且，以抵押方式发放，其合格抵押品包括高信用评级的债券类资产和优质信贷资产等。

思考题：

1. 试比较美国、日本、英国、韩国与我国的金融体系的异同。

2. 查找资料，了解欧盟的金融体系。

3. 现阶段，美联储主要的货币工具是什么？为什么？

4. 现阶段，我国人民银行的主要货币政策有哪些？与其他主要发达国家有什么不同？为什么？

5. 欧盟的货币政策是怎样的？

参考资料：

1. ［美］尼夫：《金融体系：原理和组织》第 2、3 章，中国人民大学出版社 2005 年 3 月。

2. 《中华人民共和国中国人民银行法》第二、四章，360 百科。

3. 萨缪尔森：《经济学》第 9、10 章，人民邮电出版社 2012 年 1 月。

4. 付卡佳：《当代西方经济学》第十三章，经济科学出版社 1999 年 2 月。

第九章 经济政策创新和两种政策搭配使用

现实经济中，每次经济波动，各个阶段的各种经济因素都有自己的特点，不会完全相同。为此不会重复使用原来的、相同的政策搭配组合。都要针对现实经济状况，采取不同的各种经济政策搭配组合，以及对经济政策进行创新。

第一节 量化宽松货币政策

一、量化宽松货币政策的内涵

量化宽松货币政策（Quantitative Easing、Credit Easing）亦称为量化宽松、数量宽松、量化放松、数量放松等。日本央行在2001年至2006年所实行的量化宽松货币政策重点为资产负债表的大幅扩张以及资产负债方余额的大幅增长。2008年美国引起的国际金融危机后实施的量化宽松货币政策不仅包括资产负债表规模的扩大，也包括资产负债表结构的改变。

对日本和美国实施的量化宽松货币政策进行比较，发现存在着相同点：首先，遭遇经济危机，市场萎靡不振。利率调节已无法满足市场流动性需求；其次，为了从通货紧缩的困境中走出，中央银行长期维持低利率政策，甚至使利率水平接近零；再次，向市场投放大量基础货币，此时的中央银行有着"印钞机"的称号；最后，为了增加流动性，提高货币供给中央银行大量购买企业债券、商业票据等非常规资产，从而扩大资产负债表规模①。

量化宽松货币政策的基本概念可以确定为：在利率水平接近零、常规货币政策失效的前提下，货币当局通过购买长期资产等特殊手段调整资产负债表规模，改变其结构来增加货币供给，提高市场流动性，增加通货膨胀预期，从而稳定金融市场，恢复经济发展的非常规货币政策。

量化宽松货币政策是在现代的金融危机条件下推出的旨在恢复经济的一种创新方式的货币政策，与传统的货币政策存在着一定的区别：首先，传导机制不同。传统货币政策是在市场经济条件下，各国中央银行通过调节市场利率来调控投资和消费行为，通过利率来传导；而量化宽松货币政策则是通过购买中长期债券的方式来增加货

---

① 戴金平、张华宁：《全球量化宽松：何时退出？》，厦门大学出版社2012年版，第9－14页。

币供给量，恢复信贷，刺激经济增长。这是量化宽松货币政策与传统的货币政策之间最重要的区别。其次，政策工具不同。传统货币政策主要采用价格型政策工具，而量化宽松货币政策对货币政策工具进行大量创新，如美联储采用的货币政策工具有商业票据融资工具（CPFF）、货币市场投资者融资工具（MMIFF）、购买资产抵押债券（MBS）等。再次，政策运行期限不同。量化宽松作为经济危机时期摆脱困境、恢复经济发展的特殊货币政策，具有临时性的特征，例如：定期拍卖融资工具（TAF）、一级交易商融资工具（PDCF）、商业票据融资工具（CPFF）、货币市场投资者融资工具（MMIFF）等工具随着第一轮量化宽松货币政策的结束均已到期。而传统货币政策是中央银行进行长期宏观经济调控所采用的操作，具有持久性。最后，最终目标不同。传统货币政策实施的最终目标是实现"经济增长、物价稳定、充分就业、国际收支平衡"。而日本在2001年至2006年实施的量化宽松货币政策是为了"阻止经济复苏中的价格下行"，摆脱通货紧缩，实现物价稳定。当时的美联储主席伯南克（2009）说：2008年美联储的量化宽松货币政策是针对资产负债表收缩、信贷市场功能破坏实施的，其目的是修复和改进市场信贷，维护金融稳定[①]。

量化宽松货币政策与传统宽松货币政策之间的联系。二者都是由本国中央银行为了提高市场流动性，刺激消费和投资，促进经济增长所采取的货币政策；量化宽松货币政策是由传统货币政策演化而来，是相对于传统货币政策而言的一种创新性；量化宽松货币政策和传统货币政策都有其传导机制、操作工具、中介目标和最终目的。

二、量化宽松货币政策对内传导机制

承诺效应机制。为了促使经济从低谷走出来，中央银行向公众提供较为明确的利率政策路径图，承诺在将来相当长的时期内保持零利率或者通货膨胀目标，承诺未来利率将在中央银行的有效控制范围内，就是经济复苏后一段时间内保持低利率，一个永久性的而不是临时性的货币供给增加。目的是让公众产生通胀抬头的预期，增加当前支出，使经济跳脱流动性陷阱。如果公众认为中央银行的承诺可信且能够兑现，那么就会相信未来相当长的时期内都将是低利率的宽松环境，利率不会很快上升，并将调整经济和金融活动的预期，从而刺激投资和消费，进而实现经济的复苏和增长[②]。这种承诺效应机制是量化宽松货币政策中最重要的传导渠道。

资产负债表扩张效应机制。央行在执行量化宽松货币政策时，购买各种资产来扩张资产负债表，增加基础货币供给。大量地购买资产会抬高资产价格，进而托宾 Q 值增加，拉低了收益率曲线，私人部门财富总量增加，借贷成本下降。经济中流通货

---

① 周闪亮：《美国量化宽松货币政策的有效性及对中国经济的影响研究》，东北财经大学硕士学位论文，2013年，第12-14页。

② 李蕊：《货币政策的以邻为壑效应与国际协调研究——以量化宽松政策为例》，上海人民出版社2015年版，第55页。

币增加刺激了银行等金融机构的信贷业务。这样就会使投资和消费支出增加，通货膨胀率提高，恢复经济增长。

改变资产组合效应机制。中央银行在实施量化宽松货币政策时，不仅扩大了资产负债表规模，也改变了资产负债表结构。如大量长期国债的购买使得资产负债表中长期国债的比例增加，结构发生变动，增强了市场流动性，降低了流动性溢价，提高了资产价格。这样公众就会认为，如果此时中央银行放弃短期内低利率政策将会导致已购买的大量资产受到损失。因此，量化宽松货币政策的实施不仅强化了公众对央行持续实施量化宽松货币政策的预期，修复市场信贷，而且对相关资产价格提供支撑，缓解了金融危机带来的资产负债表收缩带来的困境。

财政扩张效应机制。中央银行大规模购买政府债券的量化宽松操作背后需要国债的不断发行作为支撑。从国债的发行上看，大量国债的发行放松了财政部门的预算约束；从国债的购买上看政府购买有效压低了债券的收益率，通胀预期的提升也缓解了政府的未来债务负担。这两方面都促使私人部门预期到政府的利率支出将大量减少，进而预期到政府将减少私人部门的税赋。这一预期反映到公众消费投资的决策中，将促进消费和投资支出增加，推动总需求的增长，刺激经济复苏。

奥尔巴克（美）和奥博斯特弗尔德（美）检验了在"流动性陷阱"下，中央银行在公开市场进行资产购买的财政扩张效应，结果发现央行在公开市场上的大规模购买行为降低了政府利息负担和未来公众税收负担，提高了整体福利，因而在"流动性陷阱"下中央银行的货币政策仍然有效。这种情况之所以能成立，其要求财政扩张效应机制建立在市场预期量化宽松政策持续时间较长的基础上，即公众相信央行长期宽松的承诺。

三、美国量化宽松货币政策的实施背景

2008 年美国次级贷款危机使金融市场出现大幅动荡，最终导致经济危机的产生。为了走出困境美联储采取了量化宽松货币政策来干预市场，从表 9 – 1 中可以看到美国 2007 年至 2010 年 GDP 增长率在 2008 年和 2009 年降到了零以下，美联储开启了第一轮量化宽松货币政策，2010 年 GDP 增长率恢复到危机前的水平，但是 2011 年又出现了下滑，于是，美联储继续推出第二轮量化宽松货币政策；失业率一直居高不下，2010 年前后达到 10% 的水平；居民消费价格指数（CPI）在 2010 年前后水平较低，甚至有通货紧缩的迹象；由于持续向市场注入流动性，实际利率在五年期间降低了 4 个百分点。从表 9 – 2 中可以看到，由于采取了量化宽松货币政策，政府债务占 GDP 百分比由 2007 年的 46.8% 大幅度地上升到 2010 年的 77%。又由于美国贸易保护主义抬头，使其出口额上升，进口额缩减。

表 9 - 1　2007—2011 年美国主要经济指标

年份 \ 指标	GDP 增长率（%）	失业率（%）	CPI（%）	实际利率（%）
2007	1.9	4.6	2.9	5
2008	- 0.4	5.8	2.8	2.8
2009	- 3.5	9.3	- 0.4	1.9
2010	3	9.6	1.6	2.5
2011	1.7	8.9	3.2	1

资料来源：世界银行网站数据整理。

表 9 - 2　2007—2010 年美国主要经济指标占 GDP 百分比变动情况

年份	2007	2008	2009	2010
政府债务占 GDP 比重（%）	46.8	55.5	67.7	77.0
出口总额占 GDP 比重（%）	11.9	13.0	11.4	12.8
进口总额占 GDP 比重（%）	17.0	18	14.2	16.3

资料来源：世界银行网站。

危机爆发后，美国政府在救市过程中使用了扩张性的财政政策，但政策效力微弱。从表 9 - 3 的财政支出和税收看，财政支出占 GDP 百分比从 2007 年至 2010 年逐年增加，2011 年略有下降，但比重仍然很高，而政府财政收入占 GDP 比重趋势是下降的。政府财政入不敷出的情况导致了财政赤字占 GDP 比重年年攀升，美国财政赤字占 GDP 的百分比 2007—2011 年分别为 - 2.2%、- 5.3%、- 10.4%、- 10.1%、- 8.8%①，而国际上公认的警戒线是 - 3%。2012 年 2 月 7 日，美联储主席伯南克于美国国会听证会上首次提出"财政悬崖"，意指美国即将面临的增税与减支的双重困境：一方面，政府前期推出的最高所得税、资本利得税、对股息征收的个人所得税以及工资税四项税收的减税政策至 2013 年 1 月 1 日同时到期，即从 2013 年起，政府将会增加以上四项税收收入；另一方面，2011 年，美国民主、共和两党根据预算控制法为削减预算赤字曾达成一致，将于 2013 年实施"自动削减赤字机制"——美国将在十年内削减国防等安全开支和国内其他项目开支，共约 1.2 万亿美元。由此可见，"财政悬崖"的到来使得美国经济的复苏进程雪上加霜。

---

① 资料来源：世界银行数据库。

表 9 - 3 2007—2011 年美国联邦政府支出与收入占 GDP 百分比

年份	2007	2008	2009	2010	2011
政府支出占 GDP 比重（%）	21. 5	23. 2	26. 7	27. 1	25. 9
政府收入占 GDP 比重（%）	19. 3	17. 9	16. 3	17. 0	17. 1

资料来源：根据世界银行网站数据库数据整理。

在货币政策方面美联储采取了多次降低利率扩张性政策措施。2007 年 9 月 18 日将联邦基金利率下调了 50 个基点，改变了 2003 年至 2006 年一路加息的政策方向，此后又连续 9 次降低基金利率，比如联邦基金利率 2007 年是 5%、2008 年为 1.9%、2009 年降到了 0.2%，并将其维持在 0～0.25% 的低利率区间[①]；美联储利用再贴现窗口工具（DWF）为存款金融机构提供贷款。自 2003 年起再贴现利率设置为高于市场利率的水平，因此，通常情况下，存款机构通过再贴现窗口融资的量并不大。但是，当出现危机等极端情况时，传统金融市场的功能受损，市场利率逼近再贴现利率时，再贴现窗口就成为美联储为存款机构提供余额或流动性的首要渠道。在应对次级贷款危机的过程中，美联储充分使用了再贴现窗口工具实施宽松政策，在价格上，美联储于 2007 年 8 月 16 日将再贴现率由 6.25% 降至 5.75%，此后一路下降，至 2008 年 12 月 16 日降至 0.5% 的历史最低点。在期限上将再贴现期限从隔夜扩展至最长 30 天，以应对金融体系流动性紧缩的局面。在对象上，扩大交易对手方的范围，向存款机构、经纪商、投资银行大开贴现窗口，为更多融资困难的机构提供流动性支持。然而，零利率和宽松再贴现政策无法刺激商业银行的放贷意愿，企业难以获得融资，实体经济复苏希望渺茫。美国经济已陷入"流动性陷阱"之中，显然传统货币政策失效。

美联储实施量化宽松货币政策也受到很多外部因素的影响。这次国际金融危机使股票、基金、信贷、外汇、房地产等领域和消费、投资、就业等方面的实体经济都受到了很大冲击，世界经济大幅度下滑，据世界银行统计，2007 年至 2012 年世界经济增长率分别为 3.9%、1.3%、- 2.2%、4.3%、2.7%、2.5%，2009 年世界经济陷入衰退的困境之中，呈现 2.2% 的负增长率，世界经济需求萎缩。

受国际金融危机打击最大的是美国重要的经济合作伙伴——欧盟，2007 年至 2012 年欧元区的经济增长分别为 3%、0.3、- 4.3%、1.9%、1.5%、0.4%[②]，2009 年陷入低谷，虽然在 2010 年出现回升，但之后仍然是回落。2009 年年底爆发了欧洲主权债务危机，直至 2015 年 6 月希腊主权债务危机不但没有结束，还在进一步加深。

---

① 资料来源：国际货币基金组织美国数据网站。
② 资料来源：OECD 官方网站实际国内生产总值数据。

美元的国际货币霸权地位为量化宽松货币政策的实施提供了外部条件。2007 年至 2011 年美元占世界外汇储备的比重分别为 64.1%、64.1%、62%、61.8% 和 62.1%[①]，一直维持在 60% 以上。而排在第二位的欧元，分别为 26.3%、26.4%、27.7%、26%、24.9%[②]，排在第三位的英镑分别为 4.7%、4%、4.2%、3.9%、3.8%[③]，第四位日元分别为 2.9%、3.1%、2.9%、3.7%、3.6%[④]，第五位瑞郎分别为 0.16%、0.14%、0.12%、0.13%、0.3%[⑤]。显然，距离美元所占的比重相差得非常大。美元的霸权地位为美联储量化宽松货币政策在全球范围内产生影响提供了有利的外部条件。量化宽松货币政策在实施过程中，通过增发货币、发行国债等方式向市场注入了大量流动性，但却将风险转移到其他国家，埋下了美元泛滥和资产泡沫的隐患。

四、美联储实施的量化宽松货币政策

面对这次严重的金融危机，美国虽然采取了扩张性财政政策和扩张性货币政策两种政策搭配使用的治理经济危机使用方式，但经济仍然无法彻底走出低谷，进入复苏阶段。为此，美联储不得不通过多种创新工具，运用贷款、购买证券等方式扩张资产负债表，扩充中央银行"最后贷款人"功能。

一般来说，这些创新工具分为三种类型：第一类是针对更大范围的金融机构发挥中央银行传统的"最后贷款人"的作用，提供短期流动性的货币政策工具，包括定期拍卖工具（TAF）、一级交易商信贷工具（PDCF）、定期证券借贷工具（TSLF）；第二类为主要信贷市场中的参与者直接提供短期流动性，缓解信贷收缩的货币政策工具，主要包括商业票据融资工具（CPFF）、资产支持商业票据货币市场共同基金流动性工具（AMLF）、货币市场投资者融资工具（MMIFF）、定期资产支持信贷工具（TALF）；第三类是扩展中长期信用的货币政策工具。量化宽松政策操作通过购买长期证券来降低长期利率，改善金融市场条件，属于第三类创新工具。

美联储自 2008 年年底至 2013 年年底连续进行了四轮的量化宽松货币政策。如表 9-4 所示。在第一轮量化宽松货币政策期间，2008 年 12 月至 2009 年 10 月，美联储购买了 1 750 亿美元由房利美、房地美和联邦住房贷款银行直接发放的机构债，2009 年 1 月至 2010 年 8 月期间，美联储购买了 1.25 万亿美元的由房利美、房地美和吉利美担保的抵押支持证券（MSB）。2009 年 3 月至 2009 年 10 月，为改善私人借贷市场，美联储又购买了 3 000 亿美元的长期国债。至此，美联储通过第一轮量化宽松货币政

---

① 资料来源：国际货币基金组织数据库。
② 同上。
③ 同上。
④ 同上。
⑤ 同上。

策购买了总计约 1.725 万亿美元的国债和机构债，使其资产负债表迅速膨胀，从危机前的约 8 800 亿美元迅速升至 2.3 万亿美元[①]。然而，与此相伴的却是狭义货币量（M_1）货币乘数的持续收缩，这意味着第一轮量化宽松政策对实体经济复苏的刺激作用有限。

第一轮量化宽松货币政策结束后，美国 GDP 增长率有短暂回升，但在 2010 年第二季度又下跌至 1.7%，而失业率在第三季度达到 9.6%，核心通胀率持续在 1% 的水平，宏观经济数据仍然不容乐观，美国经济复苏仍然困难重重。2010 年 11 月 3 日，美联储宣布启动第二轮量化宽松货币政策，QE_2 计划在 2011 年 6 月底前增加 6 000 亿美元的美国长期国债，平均每月购买 750 亿美元，加上 QE_1 购买的机构债和抵押贷款支持证券（MBS）所获收益再投资于长期国债，增加了 2 500 亿到 3 000 亿美元购买量，美联储在第二轮量化宽松货币政策中总计购买长期国债 8 500 亿 ~ 9 000 亿美元。

表 9 – 4　美联储实施量化宽松货币政策演变过程[②]

阶段	时间	具体措施
QE_1	2008.11—2009.10	购买了 1 750 亿美元机构债、1.25 万亿美元 MBS 和 3 000 亿美元长期国债
QE_2	2010.11—2011.06	增加 6 000 亿美元长期国债，平均每月购买 750 亿美元，此轮 QE 共购买 8 500 亿 ~ 9 000 亿美元国债
OT_1、OT_2 扭转操作	2011.09—2012.07	将 6 670 亿美元国债置换为长期国债，平均久期上升为 120 个月
QE_3	2012.09—2012.11	每月购买 400 亿美元机构 MBS，承诺延续购买 MBS 和其他资产直至经济好转
QE_4	2012.12—2013.12	每月买入 450 亿美元的长期国债，承诺联邦基金利率维持在 0 ~ 0.25%
QE 退出	2014.01—	美联储宣布停止资产购买计划，并于 2015 年第一季度加息

继第二轮量化宽松货币政策后，美国经济仍然没有达到预期恢复目标，美联储不得不继续实施宽松货币政策。2011 年 9 月，美联储决定延长所持证券的平均期限，将三年期和更短期国债卖出后转投资 6 年至 30 年期的长期国债，置换规模达到 4 000 亿美元。此后，市场上长期国债的减少将会导致长期利率的降低，而这会有助于降低长期贷款利率和金融资产利率，以此来提高企业投资和消费者支出。

然而，2012 年 6 月扭转操作到期时，美国就业市场及家庭消费仍然处于低迷状

---

① 美联储官网：http://www.federalreserve.gov，访问时间：2015 年 3 月 12 日。
② 穆芳芳通过大量的分析资料整理。

态。6月20日，美联储宣布将扭转操作延长至2012年12月。第二轮扭转操作规模为2 670亿美元。新一轮扭转操作所购买长债种类的比例将参考上一轮扭转操作进行。

通过两次扭转操作，美联储将6 670亿美元国债置换为长期国债，第二轮量化宽松货币政策结束后，国债的平均久期为75个月，第一轮扭转操作结束后，平均久期为100个月，第二轮扭转操作后，国债的平均久期上升为120个月。

分析看出，扭转操作和QE₂非常相似，都是通过降低长期国债收益率来刺激需求回升的方式提振经济。两者的区别在于QE₂是通过增发了货币购买长期国债，而OT是通过卖出短期国债，将资金转置，购入长期国债，较QE₂的方式更为温和，资产负债表规模维持不变。扭转操作卖出短期国债在理论上将导致短期利率上升，但是2012年年初美联储在货币政策会议上宣布将维持0~0.25%超低利率延长至2014年年底，通过对目标利率维持在低位的承诺，消除公众预期，将实际短期利率锚定在低水平。

2011年9月开始的扭转操作效果较为显著。但是进入2012年下半年，由于长期利率已经降至历史低位，下行空间有限，扭转操作继续压低长期融资利率的作用并不明显。因此，扭转操作的边际作用已经弱化。在此背景下，2012年9月12日，美联储推出了第三轮量化宽松货币政策。与前两轮量化宽松货币政策相比，QE₃最大的差异性特征在于开放性，体现在其并未明确资产购买的规模上限，而是承诺将延续购买MBS和其他资产或运用其他宽松政策手段，直至就业情况改善。具体操作包括：每月购买400亿美元的机构MBS，直到经济出现明显的改善。宣布除非有充分证据证明经济已经完全复苏，否则QE不会停止。

2012年12月12日，美联储在扭转操作即将到期时，推出了第四轮量化宽松政策措施，实现QE₃、QE₄叠加的双量化宽松的操作。其内容是每月买入450亿美元的长期国债，替代即将到期的扭转操作。这样一来，加上之前每月400亿美元的资产购买计划，美联储每月的购买规模就上升到850亿美元。除此之外，美联储将基准利率的调整与失业率挂钩，声称在失业率高于6.5%、未来1至2年预期通胀率不超过2.5%的情况下，会继续将联邦基金利率维持在0~0.25%的超低区间。

美联储实施量化宽松货币政策促使美国经济走出低谷，实现了复苏。由于该政策向市场注入了大量流动性，美联储资产负债表在结构和规模上都发生了很大变化，从2007年的8 600亿美元增加到2015年4月的4.4万亿美元，第一轮量化宽松货币政策实施后联邦基金利率迅速下降，由5.02跌至0.16的低位后，一直在"零利率"水平徘徊；降低长期利率刺激了私人部门的投资水平的提高，以30年期国债收益率为例，2007年4月为4.85，货币政策实施过程中，收益率逐年降低，至2015年为2.49。短期国债收益率以一个月期国债为例，由2007年4月的5.15降为2009年4月的0.16[①]，并一直处在低位，下降趋势非常明显；降低了失业率，量化宽松货币政策

---

① 美国财政部：http://www.treasury.gov，访问时间：2015年3月14日。

能够提高长期利率预期和市场流动性，恢复信贷，刺激私人部门消费和投资，促进实体经济复苏，从而提高就业机会，降低失业率。金融危机时期，美国失业率曾一度上升，在量化宽松货币政策实施初始的 2009 年、2010 年达到峰值 10% 的水平，但在之后的 5 年时间内随着政策的实施不断下降，至 2015 年 1 月达到 5.5% 的水平，由此分析，量化宽松货币政策的实施使得失业率逐年下降，经济走出困境。宏观经济指标得到很大改善，生产、消费和投资水平上升，金融系统风险降低，经济状况明显好转。股票价格的持续上升，导致对高收益债券、高杠杆贷款的追逐浪潮以及风险资金可获得性门槛的降低，宏观经济恢复态势良好。

美国各项重要经济指标均已恢复到危机前水平。美联储采用了温和的、渐进性的方式，根据经济和金融条件的改善，分阶段、分步骤地实施退出量化宽松货币政策。2014 年 9 月 18 日，美联储公开表示，将恢复常规货币政策的计划和原则，美联储公开市场委员会指出，美联储将根据就业率和通货膨胀率恢复情况来确定提高联邦基金利率和停止资产购买的时机。2014 年 10 月 29 日，美联储宣布停止资产购买计划，这标志着美联储正式结束了量化宽松货币政策[①]。美联储已宣布在 2015 年启动加息策略，通过渐进的方式将联邦基金利率恢复到正常水平。

美联储还采取了发放定期存款工具（TDF）的方式使超额储备长期化、定期化。美联储通过改变负债结构，同样可以有效控制超额准备金被大规模用于放贷，限制银行的放贷能力，吸收市场上多余的流动性，稳定市场对于恶性通胀的担忧。在 2010 年 6 月，美联储就曾拍卖规模 10 亿美元的 14 天期定期存款工具，意在通过此举从金融体系中回笼过剩的准备金。在量化宽松货币政策退出的过程中，TDF 同样被测试，2014 年前三季度，美联储进行了 13 次 TDF 拍卖，从中不难看出，其利率和规模都在稳步提升，在管理短期利率方面，TDF 可以帮助美联储有效收回市场体系内的过剩流动性。量化宽松货币政策的退出过程正在结合当前国内国际经济发展形势平稳推进。

五、美联储量化宽松货币政策对我国的影响及其对策

美联储量化宽松货币政策对人民币汇率的影响。美国作为世界第一经济大国，其宏观经济政策的实施对世界宏观经济有着非常重要的影响，美联储实施的量化宽松货币政策通过国际贸易平衡渠道和世界利率渠道两种方式进行传导。一方面，量化宽松货币政策的实施提高了美国货币供给量，降低长期利率，从而形成了美元长期贬值的预期，而在这次金融危机期间，与美国相比中国受到的冲击相对较弱，经济仍在快速发展当中，这加剧了国内通货膨胀的上升。为了有效控制通胀快速上升趋势，我国实施了加息政策，导致了中美两国利差逐渐拉大。在资本逐利本性驱使下，大量国际游

① 戴金平：《美国量化宽松货币政策的退出与当前国际金融形势》，《中国高校社会科学》2014 年第 6 期，第 133－141 页。

资涌入中国市场，资本市场热度上升，直接推高资产价格，导致资本泡沫的产生。另一方面，人民币升值预期持续增强，推高了我国进口需求，抑制了我国的出口贸易发展，降低了我国的出口产出水平。2010 年至 2013 年人民币兑美元汇率总体趋势一直处于上升的状态，进入 2014 年，美联储量化宽松货币政策的退出，导致美元升值预期提高，人民币美元汇率出现波动，但整体仍在高位震荡[①]。

美联储量化宽松货币政策加剧了我国的通货膨胀。美联储四轮量化宽松货币政策的实施增加了美元供给，由于美元是最强的国际货币，甚至执行世界货币职能，那么，美元供给量的增加会导致其他经济体的通货膨胀。具体而言，输入型通货膨胀有三条路径[②]：第一种是由于成本上升导致通货膨胀率提高。在 MFD 模型中，扩张性的货币政策会导致本国利率下降，投资增加，资本流出会导致本国货币贬值。因此有美元"印钞机"之称的量化宽松货币政策直接影响的是美元贬值，由于国际贸易常常采用美元作为标价货币，美元贬值会使国际大宗商品价格提高，为了满足进口需求，原油、农产品等大宗商品价格的上升直接提高了我国的进口成本，2010 年 1 月至 2011 年 9 月我国通货膨胀率有大幅上升，PPI 对 CPI 的压力较高，形成了成本推动型通货膨胀；第二种是国际游资的进入导致通货膨胀率上升。美联储量化宽松货币政策调低了本国利率水平，为了寻求获利机会，大量资本流向我国资本市场，增加了我国人民币需求，人民币升值压力不断提高，由于我国在这次国际金融危机期间采取了盯住美元的汇率方式，中国人民银行为了维持汇率稳定，需要买入美元，从而形成了输入型通货膨胀；第三种是通胀预期的增长加速了通胀率的提高。有"美元印钞机"之称的量化宽松货币政策除了增加美元供给之外，也影响了市场对通货膨胀的预期，提高了市场信贷预期，使市场更加活跃，从而提高了通货膨胀率。

美联储量化宽松货币政策对我国外汇储备的影响。美元是世界最主要的储备货币，也是我国最主要的外汇储备，同时我国又是美国最大的债权国。因此，美元的走势势必会对我国外汇资产价值的升跌产生重大影响。自 2008 年量化宽松货币政策实施以来，美元的贬值降低美国的债务负担，使我国的外汇资产价值缩水，造成巨大损失；同时，美国国债长期收益率的下降，也导致了利率方面的损失。而我国 2008 年至 2013 年外汇储备和美国国债持有总额在不断上升，美联储量化宽松货币政策给我国带来的负面影响在不断扩大。以 2013 年为例，我国外汇储备总额为 3.8 万亿美元，持有美国国债 1.27 万亿美元，约占外汇储备总额的 33.4%，从数额和比重上可以表明美元贬值为我国经济发展带来的负溢出效应。

美联储量化宽松货币政策对我国出口贸易的影响。按照开放经济宏观经济学模型中扩张性货币政策的传导机制，美国的量化宽松货币政策的实施在全球范围内提高了

---

① 夏虹：《美国量化宽松货币政策溢出效应分析》，吉林大学硕士学位论文，2013 年，第 29 - 34 页。

② 冯琴：《美国量化宽松货币政策对中国通货膨胀的溢出效应研究》，湖南大学硕士学位论文，2012 年，第 15 - 23 页。

通货膨胀预期，对世界市场上的消费和投资起到了刺激作用，增加了对美商品的需求。又由于美元的贬值，美国商品出口更具价格优势，从而促使美国出口贸易迅速增长。这样对于我国来说，使我国出口商品竞争力降低，削减了我国在世界市场上的贸易份额。同时，人民币的不断升值，对受价格因素影响较大的我国出口的低附加值的初级产品来说，负面效应更为明显。因此，美国的量化宽松货币政策的实施对我国出口贸易起到了抑制作用。

在美联储采取量化宽松货币政策期间，我国采取了积极应对措施，尽可能降低其所带来的负面效应。

在 QE_1 期间我国采取了适度宽松的货币政策。2008 年 11 月美联储推出第一轮量化宽松货币政策，这一轮量化宽松货币政策对美国国内经济复苏的刺激作用有限，对我国溢出效应也并不明显。在全球经济衰退的大背景下，我国经济面临下行压力，人民银行采取了一系列的适度宽松货币政策[①]：为了保证市场有足够的流动性，人民银行先后四次降低了人民币存款准备金率，大型存款类金融机构和中小型金融机构存款准备金率分别降低了 2 个和 4 个百分点，2008 年年底经测算，共释放流动性资金大约 8 000 亿元；2008 年 9 月开始，人民银行经过 5 次下调存贷款基准利率，将一年期存款基准利率从 4.14% 降低到 2.25%，将一年期的贷款基准利率从 7.47% 降低到 5.31%。与此同时，人民银行下调了对金融机构的存贷款利率，金融机构存款准备金利率从 1.89% 降低到 1.62%、超额准备金存款利率从 0.99% 降低到 0.72%、一年期流动性再贷款利率从 4.68% 降低到 3.33%、再贴现率从 4.32% 降低到 1.80%；人民银行逐步调减中央银行票据发行规模和频率，三年期和一年期票据暂停发行，为了与存贷款利率、准备金政策等货币政策工具相协调，降低了公开市场操作利率，三个月的期票正回购利率下降 2.40 个百分点，28 天利率下降 2.30 个百分点；人民银行适度增加了再贴现额度，对于票据业务量较大的 16 个省（区、市）增加了 346 亿元资金，来支持"三农"信贷投放和中小企业融资，再贴现利率也降低了 2.52 个百分点。除此之外，中国人民银行下发了《关于完善再贴现业务管理，支持扩大"三农"和中小企业融资的通知》来扩大贴现窗口，增加再贴现的对象和范围；2008 年人民银行将一年期再贷款利率降低了 0.54 个百分点，2009 年年初，将再贷款对象扩大到农村合作社、村镇银行等农村金融机构。

在 QE_2 期间我国采取了货币总量控制政策。2010 年，以美国为首的发达国家深陷经济衰退的困境中，推出第二轮量化宽松货币政策来给疲弱的经济输血。我国经济虽然在危机后受到冲击，外贸出口下滑，但 2009 年大量信贷的释放和扩张性财政政策的实施，使得通货膨胀高企和热钱套利活动并存。央行行长周小川曾在 2010 年提

---

① 中国人民银行货币政策分析小组：《中国货币政策执行报告（2008 年第 4 季度、2009 年第 4 季度)》，中国人民银行官网，http://www.pbc.gov.cn，2015 年 3 月 10 日访问。

出"池子"理论:"很重要的一项措施,在总量上实行对冲。如果短期的投资性资金要进来的话,我们希望把它放在一个池子里,并通过对冲不让它泛滥到中国的实体经济中去。等到它要撤退的时候,我们再把它从池子里放出去让它走。这将很大程度上对冲掉资本异常流动对中国宏观经济的冲击。"周小川的讲话中,所谓的"池子"是对货币总量控制的一种形象说法。虽然我国的资本和金融项目没有完全开放,但逐利的热钱总会从金融体系的各种缝隙进入股市、楼市等进行投机获利,无法完全堵住。所能做的就是利用外汇储备、公开市场操作等方式将这些热钱进行对冲,保持总量的适度性,防止对我国经济的冲击。为此,中国人民银行实施了一系列货币政策来进行调控[①]:中国人民银行从 2010 年 1 月 12 日开启上调窗口,连续 12 次上调存款准备金率,每次上调 0.5 个百分点,大约冻结资金 3 500 亿元,累计冻结资金 4 万亿元左右。而大型金融机构存款准备金率也达到了 21.5% 的极限,降低了市场流动性;人民银行在 2010 年 10 月 20 日起上调金融机构人民币存贷款基准利率,经过连续五次上调利率操作,一年期人民币存款基准利率由 2.25% 上升到 3.50%,一年期的贷款利率由 5.31% 上升到 6.56%,均上升了 1.25 个百分点;2010 年和 2011 年分别开展正回购操作 2.1 万亿元和 2.5 万亿元,发行中央银行票据 4.2 万亿元和 1.4 万亿元。自 2010 年 4 月起中国人民银行重启三年期中央银行票据,灵活搭配一年期以内央行票据发行和短期正回购操作,深化流动性冻结程度。2010 年下半年,开始提高多种期限的公开市场业务利率,至 2011 年年底,三个月期和一年期央行票据的发行利率分别为 3.161 8% 和 3.487 5%,上涨了 179.32 个和 172.70 个基点。可见,中央银行加强了公开市场操作,加大了流动性收回力度。

2012 年,我国经济发展态势呈现稳中有进的良好局面,针对美国量化宽松货币政策溢出效应增加和欧洲主权债务危机,以及 QE 退出预期的国际大环境,人民银行运用多种货币政策组合灵活地实施宏观调控政策[②]:人民银行根据流动性供需变化调整存款准备金,于 2012 年 2 月和 5 月,分别降低存款准备金率各 0.5 个百分点。人民银行分别于 2012 年 6 月、7 月两次降低金融机构存贷款基准利率,其中,一年期存款基准利率从 3.5% 降到 3%,一年期的贷款基准利率从 6.56% 降到 6%。与此同时,调整存贷款利率浮动范围,将存款利率浮动上限设定为基准利率的 1.1 倍,将贷款利率浮动下限设定为基准利率的 0.7 倍,并于 2013 年 7 月取消贷款利率下限,把利率调整与利率市场化改革有机地结合起来;中国人民银行通过对国内外金融市场环境监测和银行体系流动性供需分析,合理调整正回购、逆回购操作的品种、规模和频率。2012 年上半年,公开市场操作采取双向调节方式,以正回购操作为主、逆回购

[①] 中国人民银行货币政策分析小组:《中国货币政策执行报告(2010 年第 4 季度、2011 年第 4 季度)》,中国人民银行官网,http://www.pbc.gov.cn,2015 年 3 月 12 日访问。

[②] 中国人民银行货币政策分析小组:《中国货币政策执行报告(2012 年第 4 季度、2013 年第 4 季度)》,中国人民银行官网,http://www.pbc.gov.cn,2015 年 3 月 13 日访问。

操作为辅；下半年主要采取逆回购方式提供流动性，有效降低多种因素引起的流动性波动。并于 2013 年开启了短期流动性调节工具（SLO）和常备借贷便利（SLF）以应对流动性波动；在此期间，中国人民银行还根据各个时期利率变化趋势，适度提高了公开市场操作利率弹性，提高了市场预期，又引导市场利率平稳降低。至 2012 年年底，7 天期逆回购操作利率为 3.35%，14 天期为 3.45%，28 天期为 3.60%。中国人民银行根据物价变化和市场利率走势，在 2013 年前三季度保持利率稳定，第四季度略微上调公开市场利率。至 2013 年年底，7 天期逆回购操作利率为 4.1%，14 天期为 4.3%。

2014 年，美联储开启了量化宽松货币政策的退出程序，我国外汇流入减少，对我国银行体系流动性的冲击趋于中性[①]。此外，由于美元在决定全球流动性方面的核心作用，美元升值带来一定货币冲击，并通过"进口—购进价格—PPI—CPI"的渠道影响价格总水平，加剧通缩压力。2015 年，央行深入分析了流动性供求变化的特点，为营造中性适度的货币环境，货币政策由"稳健"转向实际"宽松"：

为了尽可能地阻止物价整体下跌，2014 年 11 月 22 日，中国人民银行下调了金融机构存贷款基准利率，一年期存款基准利率和贷款基准利率分别降低 0.25 个和 0.4 个百分点。之后的 2015 年 3 月 1 日，再次下调金融机构人民币贷款和存款基准利率[②]。金融机构一年期的贷款基准利率下调 0.25 个百分点至 5.35%；一年期存款基准利率下调 0.25 个百分点至 2.5%。2015 年 5 月 11 日，金融机构一年期的贷款基准利率下调 0.25 个百分点至 5.1%；一年期存款基准利率下调 0.25 个百分点至 2.25%，其他各档次贷款及存款基准利率、个人住房公积金存贷款利率相应调整存贷款利率降低，有利于发挥基准利率引导市场利率和社会融资成本下行的作用，促进实际利率向合理水平回归。

利率市场化改革也逐渐加深。首先，有序放开了金融机构利率管制。2014 年 3 月 1 日，上海自贸区小额外币存款利率开放；央行在降低金融机构存贷款基准利率的同时，将人民币存款利率浮动上限由存款基准利率的 1.1 倍上升为 1.2 倍，并在 2015 年 3 月和 5 月两次调整后上升为 1.5 倍，扩大了金融机构自主定价范围；其次，建立健全市场利率定价自律机制。增加了 93 家金融机构作为自律机制成员，成员范围的扩大提高了自律机制的约束作用；最后，促进同业存单发行交易。同业存单发行交易的扩大不仅提高了银行自主负债管理和定价能力，也积累了针对企业和个人的大额存单的发行经验。2014 年，银行间市场有 89 家金融机构发行同业存单 998 只，总量为 8 986 亿元。

定向降低存款准备金率。自 2014 年 4 月开始，央行定向对各类金融机构降低了

---

① 中国人民银行货币政策分析小组：《中国货币政策执行报告（2014 年第 4 季度）》，中国人民银行官网，http：//www.pbc.gov.cn，2015 年 3 月 15 日访问。

②

存款准备金率：对县域农村商业银行存款准备金率降低了 2 个百分点，对农村合作银行存款准备金率下调了 0.5 个百分点，并对达到审慎经营要求的、达到一定比例的、向小微企业提供贷款的商业银行下调存款准备金率 0.5 个百分点，对汽车金融公司、金融租赁公司和财务公司存款准备金率降低 0.5 个百分点；此外，2015 年 2 月 5 日，央行调低了金融机构存款准备金率 0.5 个百分点，并于 2015 年 4 月份再次降低 1 个百分点的金融机构存款准备金率；同时，定向降低部分金融机构存款准备金率：将农业发展银行存款准备金率从 13.5% 下调至 10.5%，农村合作银行、农信社、村镇银行、财务公司、金融租赁公司和汽车金融公司存款准备金率额外下调 1 个至 1.5 个百分点，统一执行 11.5% 的存款准备金率。

灵活开展公开市场操作。2014 年上半年，中国人民银行采用正回购操作为主、逆回购操作为辅，并结合短期流动性调节工具（SLO）来灵活开展公开市场操作，保持市场合理流动性；而下半年，由于流动性较为充足，逐步下调公开市场正回购操作的力度和频率，最终停止正回购操作。同时，采用预调微调的方式来降低流动性短期波动，促进流动性平稳提高。2014 年共开展正回购操作投放流动性 30 210 亿元，逆回购操作 5 250 亿元，SLO 操作累计 10 210 亿元，流动性回笼资金 1 000 亿元。

增强再贷款、再贴现力度，优化信贷投放。我国央行调整了再贷款分类，2014 年年初，增设信贷政策支持再贷款类别，如：支小再贷款、支农再贷款、抵押补充贷款（PSL），以调整信贷结构，扩大金融机构对小微企业、"三农"等领域的信贷投放。央行多次提高支小再贷款、支农再贷款和再贴现额度，来完善信贷政策支持政策。至 2014 年年底，支小再贷款、支农再贷款和再贴现余额分别为 524 亿元、2 154 亿元和 1 372 亿元，比上年同期分别增加 524 亿元、470 亿元和 235 亿元。

第二节　货币政策效果

货币政策效果也可以用 IS—LM 模型进行分析。

一、LM 曲线斜率不变、IS 曲线斜率不同

假设 LM 曲线斜率不变，IS 曲线斜率不同，看货币政策效果。如图 9 - 1 所示，一项扩张性货币政策使 LM 曲线同一程度地平移至 LM′曲线，而 IS_1 曲线斜率则不同，最初 IS_1 曲线与 LM 曲线相交于 E_0 均衡点，r_0 为均衡利率，Y_0 为均衡国民收入。IS_1 曲线斜率较小、较平，LM 曲线移动对国民收入变动影响就较大，均衡点由原来的 E_0 点移到 E_1 点，利率由 r_0 下降到 r_1，国民收入由 Y_0 增加到 Y_1；而 IS_2 曲线斜率较大、较陡峭，LM 曲线向右移动对国民收入变动影响越小，均衡点由原来的 E_0，移动到 E_2，利率由 r_0 下降到 r_2，国民收入为 Y_2。从图 9 - 1 可以看出，虽然采用同一扩张性货币政策，但由于 IS 曲线斜率不同，国民收入增加量也不同，比较平缓的 IS_1 曲线增

加的多些；而比较陡的 IS₂ 增加的比较少。

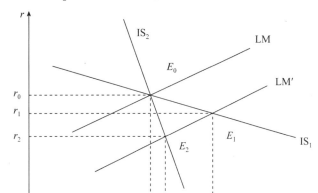

图 9 - 1　LM 曲线斜率不变，IS 曲线斜率不同

从理论上来说，IS₁ 曲线比较平坦，说明投资对利率反应敏感程度高，当采取扩张性货币政策后，利率稍有一点下降，国民收入会大幅度增加。反之亦然；而 IS₂ 曲线比较陡峭，说明投资对利率反应不太敏感，只有使利率下降比较大的幅度后，国民收入才会稍微增加点。反之亦然。

二、IS 曲线斜率不变，但 LM 曲线斜率不同

假设 IS 曲线斜率不变，但 LM 斜率不同，看货币政策效果。如图 9 - 2 所示。IS₁ 曲线和 IS₂ 曲线斜率相同，但它们与 LM 曲线不同的位置相交，IS₁ 曲线与 LM 曲线比较平坦的位置相交，IS₂ 曲线与 LM 曲线比较陡的位置相交。此时，中央银行采取扩张性的货币政策，使 LM 曲线移到 LM′曲线。结果比较平坦处的 LM′曲线与 IS₁ 曲线所形成的效果小些，利率 r_1 稍有一点点下降至 r_3，国民收入也仅仅增加 Y_1Y_3 那么一点点；而比较陡处 LM′曲线与 IS₂ 曲线所形成的效果大些。利率由 r_2 下降比较大幅度到 r_4，国民收入增加的幅度也比较大，即 Y_2Y_4。

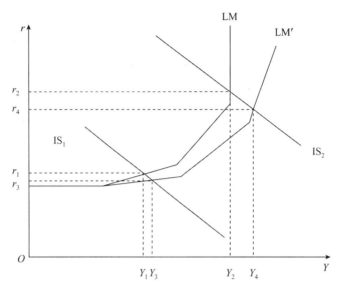

图 9 - 2   IS 曲线斜率不变，LM 曲线斜率不同

从理论上来说，LM 曲线比较平坦，说明比较接近凯恩斯陷阱，比较接近经济萧条，即使利率下降也不会刺激比较多的投资，不会对国民收入有较多的增加。反之亦然；LM 曲线比较陡说明利率下降投资会比较大幅度增加，国民收入也会大幅度增加。反之亦然。

三、货币政策的中介目标

货币政策最终目标：稳定物价、充分就业、经济增长、国际收支平衡。

中央银行为了把货币供应控制在预定目标以内，而选择采用能够达到预定目标的中介性政策变量指标。货币政策中介目标处于最终目标和操作目标之间，是政策工具操作后，经由操作目标变化，引起整个金融体系指标变化的指标。某一种变量是否作为货币政策的中介目标，需要满足四个基本条件：

（1）相关性。对货币政策目标有明显的经济相关和统计相关性质。

（2）可控性。对货币政策工具反应灵敏。

（3）可得性。能够迅速获得可供操作和分析的资料，货币政策中介指标的实现，依赖于中央银行所能有效运用的政策工具。

（4）可测性。作用于货币政策的效果可以计量和测算，而且对政策的效果能够做出显著的区分。

中介目标可分为数量指标和价格指标两大类。数量指标是可以影响货币政策目标的各种可以直接控制的数量作为中介指标，如信贷规模、支付准备金、基础货币、货币供应量（M_1、M_2）等；价格指标是可以影响货币政策的变量作为中介目标，如长短期利率、公司债利率、汇率等。1975 年，国际货币基金组织（IMF）建议各成员国（主要是发展中国家）以货币供应量为货币政策的中介目标，并提出，该项指标应由货币当局每年预先公布。而发达国家目前更多地向价格指标过渡。

第三节　两种政策搭配使用

一、凯恩斯主义极端和古典主义极端

（一）凯恩斯主义极端

在 IS—LM 模型中，LM 曲线越平坦，或 IS 曲线越陡峭，财政政策效果越强，货币政策效果越弱。当 LM 为水平线时，货币政策完全无效，财政政策十分有效，这种情况被称为凯恩斯主义的极端。利率已经降到很低水平，货币需求的利率弹性已成为无限大，即灵活偏好陷阱，这时候，人们持有货币而不买债券的损失极小，如果去买债券，则资本损失风险极大（由于利率极低时债券价格极高，人们会认为这样高的债券价格只会下跌不会再涨，从而买债券的资本损失风险极大），人们不管有多少货币都只想保持在手中。此时，如果中央银行采取扩张性货币政策，想用增加货币供给降低利率以刺激投资，是不可能有效果的，因为所有新增加的货币都会进入凯恩斯陷阱里。如图 9-3 所示。LM 曲线平行于横轴，如果采取扩张性财政政策，使 IS 曲线移动到 IS′曲线，利率 r_0 不变，国民收入增加 $Y_1 Y_2$。但如果此处不采取扩张性财政政策，而是采取扩张性货币政策，所增加的货币都进入平行于横轴 LM 曲线的凯恩斯陷阱里，利率 r_0 无法再下降，投资也不会增加，国民收入 Y_1 更不会增加。

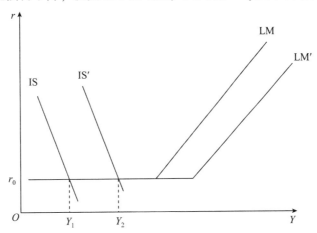

图 9-3　凯恩斯主义陷阱条件下的财政政策

再看图 9-4，IS 曲线为垂直线，说明投资需求的利率系数为零，即不管利率如何变动，投资都不会变动，在投资需求呆滞时期，利率即使发生了变化，也不能对投资产生明显的影响，IS 曲线垂直于横轴，LM 曲线与其相交，形成利率 r_0，国民收入 Y_0，如果采取扩张性的货币政策，LM 曲线移动到 LM′曲线处，利率降至 r_1，但投资没有增加，IS 曲线不动，则国民收入仍然是 Y_0。这种情况在经济比较萧条的 20 世纪

30 年代早期英国商业行情的研究中得到证明，信贷成本对投资决策没有作用。垂直的投资需求曲线产生垂直的 IS 曲线，不管怎样用货币政策改变利率，对收入仍没有作用。只有财政政策才有效。水平的 LM 和垂直的 IS 模型只是两个极端。

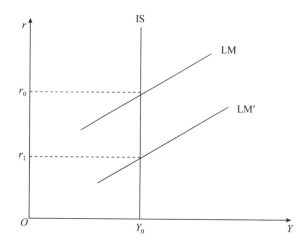

图 9 - 4   IS 曲线垂直于横轴时的货币政策

（二）古典主义极端

如果水平的 IS 曲线与垂直的 LM 曲线相交就是古典主义极端。如图 9 - 5 所示。当出现古典主义极端情况时，财政政策完全无效，而货币政策则十分有效，LM 曲线平行于横轴，IS 曲线斜率为负，LM 曲线与 IS 曲线相交于 E 点，国民收入为 Y_1。此时，如果采取扩张性财政政策，使 IS 曲线移动到 IS'曲线处，形成新的交点 E' 点，则出现利率上升，国民收入不变，财政政策无效；如果不变动财政政策，只采取扩张性的货币政策，就会使 LM 曲线向右移动，则新的交点为 E'' 点，利率下降，国民收入增加 $Y_1 Y_2$，反映货币政策十分有效。从理论上来说，LM 曲线垂直于横轴，说明投机货币需求 L_2 利率系数等于零，也就是说，利率高到如此地步，一方面，使人们提高了持有货币的成本，持有货币损失极大；另一方面，又使人们看到债券价格低到了只会涨，不会再跌的程度。因此，人们再不愿意为投机而持有货币。这时候，政府如推选一项增加支出的扩张性财政政策而要向私人部门借线，由于私人部门已经没有闲置货币，只有在私人部门认为把钱供给政府比投资减少的数目合算时，才会把钱借给政府。这样，公债的收益率（政府借款利率）一定要上涨到足以使政府公债产生的收益大于私人投资的预期收益。那么，政府支出的任何增加都将伴随有私人投资的等量减少，说明政府支出对私人投资的"挤出"是完全的，扩张性财政政策并没有使收入水平有任何改变。反之，如果只采取扩张性的货币政策，货币数量增加，利率下降，私人增加投资，国民收入增加，货币政策十分有效。

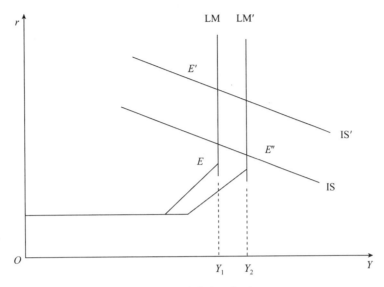

图9-5　古典主义极端

另一种情况，IS 曲线平行于横轴，说明投资需求的利率系数无限大，即投资对利率反应非常大，利率稍有点变动，就会导致投资大幅度变动。如果政府因支出增加或税收减少需要向私人部门借钱时，利率只要稍有上升，就会使私人投资大大减少，"挤出效应"达到完全地步。如果采取扩张性货币政策，利率稍有一点下降，投资会大幅度增加，国民收入也会增加。如图9-6 所示。IS 曲线呈水平状态，说明投资对利率反应非常敏感，利率稍有点上升，投资为零，反之，稍有一点下降，投资在大幅度增加，国民收入也相应地增加。IS 曲线与 LM 曲线相交于 E 点，国民收入为 Y_0，利率为 r_0，此时，采取扩张性货币政策，LM 曲线移动到 LM′处，国民收入增加 Y_0Y_1。

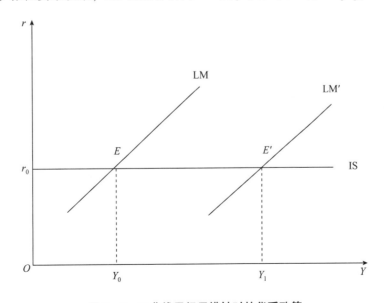

图9-6　IS 曲线平行于横轴时的货币政策

在古典主义极端的情况下，财政政策完全无效，而实行增加货币供给的政策，则效果很大。假设中央银行准备购买公债办法来增加货币供给，这种购买的数量一般都比较大，导致债券价格上升，公债价格必须上升到足够高度，人们才肯卖出公债以换回货币。由于人们对货币没有投机需求，利率下降，人们将用这些货币购买其他新的资本投资（新证券），新的资本投资将提高生产或者说收入水平，直到新投资（购买生息资本）把收入水平提高到正好把所增加的货币额全部吸收到交易需求中。

古典学派认为货币需求只同产品水平有关系，同利率没有多大关系。货币需求对利率极不敏感，货币需求的利率系数几乎接近于零，那么，货币供应量的任何变动都对产出有极大影响，货币政策是唯一有效的政策。

凯恩斯主义极端和古典主义极端并不常见，但其理论价值很高，为分析财政政策和货币政策效果提供了工具。

二、用 IS—LM 模型分析两种政策搭配效果

现实经济中，真正常见的 IS—LM 模型是 LM 曲线斜率为正，IS 曲线斜率为负。是介于凯恩斯主义极端与古典主义极端之间的中间区域。经济总是波动的，有时处于萧条，有时处于过度繁荣，有时处于严重的通货紧缩，有时处于严重的通货膨胀，还经常受到国外经济影响等情况。这就要求政府采取与各种经济情况相适应的经济政策，减少经济波幅过大对经济生活的影响。当经济处于严重的衰退时，则应采取扩张性的财政政策，及与此相适应的扩张性的货币政策。经济衰退表现为：失业率比较高、大部分企业形式不足、设备闲置、大量的资源有待开发、市场疲软、没有通货膨胀现象、国际收支盈余过多。如图 9−7 所示。假如经济起初处于 E 点，经济处于萧条时期，收入为 Y，利率为 r_0。但充分就业的国民收入为 Y''。为了克服萧条，实现充分就业的国民收入，政府采取扩张性的财政政策，使 IS 曲线向右移动到 IS′处，想把 E 点移动到 E'' 点处。但是，由于政府支出加大使利率上升到 r_1，从而对私人投资产生挤出效应，国民收入不能到达 Y'' 处，而是 Y' 处，均衡点为 E' 处。为了使利率不上升对私人投资产生挤出效应，中央银行采取相应的扩张性货币政策，增加货币投放量，使 LM 曲线向右移动到 LM′处，使 IS′曲线与 LM′曲线相交于 E'' 点，没有挤出效应，利率仍然保持在 r_0，实现了充分就业条件下的国民收入 Y''。此种政策组合的结果是国民收入增加，但利率不确定，因为利率可能不变（两种政策扩张力度是一样的，如图 9−7 所示）、可能提高（财政政策扩张力度大于货币政策扩张力度），也有可能降低（财政政策扩张力度小于货币政策扩张力度）。

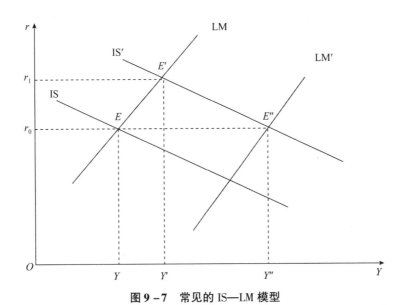

图 9 – 7　常见的 IS—LM 模型

当经济出现过度繁荣，出现比较大的泡沫，高通货膨胀，不存在高失业率，国际收支出现巨额赤字，政府采取紧缩性的财政政策。如图 9 – 7 所示，假设经济过度膨胀处是 E''，虚假的国民收入是 Y'' 处。此时，政府采取紧缩性财政政策，使 IS′ 曲线向左移动到 IS 曲线处，同时，央行也采取紧缩性货币政策，使 LM′ 曲线移动到 LM 曲线处，形成新的交点 E，经济上的虚假繁荣得到抑制。此种政策组合的结果是，国民收入下降，但利率不定，因为利率可能不变（两种紧缩性政策力度一样），可能上升（货币紧缩政策力度大于财政紧缩政策力度），也可能下降（财政政策紧缩力度大于货币紧缩力度）。

当经济出现萧条，但又不太严重时，表现为经济停滞不前，甚至衰退，社会总需求不足，物价稳定没有通货膨胀迹象，失业率高，国际收支赤字。政府和中央银行可以采取扩张性的财政政策与紧缩性的货币政策组合，扩张性的财政政策刺激总需求，政府支出增加，税收减少，紧缩性货币政策减少货币供给，进而抑制由于扩张财政政策引起的控制通货膨胀压力。这种政策组合，会导致利率上升，而国民收入不确定。因为扩张性财政政策会使国民收入增加，而紧缩性货币政策会使国民收入减少，最后结果就看哪种经济政策力度的大小来决定。

当经济出现不太严重的通货膨胀时，政府和中央银行可以采取紧缩性财政政策与扩张性货币政策组合。此时经济表现为：经济过热、物价上涨、通货膨胀、社会失业率低、国际收支出现过多的顺差。紧缩性财政政策来降低总需求，抑制通货膨胀。扩张性货币政策增加货币供给，降低利率，保持经济适度增长，以防止财政过度紧缩而引起衰退。这种组合会导致利率下降，但国民收入不确定。因为，紧缩性的财政政策会使国民收入减少，扩张性货币政策会使国民收入增加，最后结果取决于它们各自政策的力度大小。

三、两种政策搭配使用在我国的实践

(一) "适度从紧" 的两种政策搭配使用 (1994—1997 年)

1993 年我国经济出现过热现象。表现在固定资产投资调整增长，1992 年和 1993 年分别增长了 42.6% 和 58.6%，投资带动的消费需求旺盛。当时我国正处在由计划经济向市场经济转轨过程中，双需求（投资和消费需求）膨胀与供给短缺，出现了严重的通货膨胀，全国商品零售价格指数在 1993 年和 1994 年分别上升了 13.2% 和 21.7%。

中央采取了 "适度从紧" 的 "双紧" 政策。结合当时的分税制改革强化了增值税、消费税的调控，合理压缩财政支出、发行国债引导社会资金流向；严格控制信贷规模，大幅度提高存贷利率等。1996 年成功地实现经济 "软着陆"，经济增长幅度回落到 9.6%，通货膨胀率降至 6.1%，1997 年实现了 "高增长、低通胀"。

(二) 扩张性财政政策与稳健性货币政策的搭配 (1998—2003 年)

1997 年爆发了东南亚金融危机，当时我国 GDP 靠对外贸易拉动占很大的比重，因此，我国的出口受到了很大的影响。同时，国内又遭遇百年不遇的特大洪水。为此，我国把宏观经济政策定位在扩大内需上，为了保增长，我国实行了近 6 年的积极财政政策，即大力发行国债、大规模地增加基础设施建设、扩大政府采购规模和投资力度、大幅度提高职工的工资、实施财政赤字政策等。而稳健的货币政策着力防范金融风险，采取了取消贷款限额控制、降低存款准备金率，连续 5 次下设存贷利率、逐步扩大公开市场业务等，这其实是比较宽松的货币政策。由于每年发行长期建设国债，投资了大量的项目，银行争着给贷款，形成了 "政府投资、银行跟进" 的局面，投资规模相当惊人，由于特定的体制，这时的财政政策几乎没有 "挤出效应"。

(三) 财政政策与货币政策 "双稳健" 搭配 (2004—2008 年)

稳健的财政政策与货币政策是结构导向的宏观经济政策，坚持有保有压和有紧有松的原则。在方式上采取灵活 "微调" 的方式，在手段上更加注重运用法律和市场手段。2005 年之后，煤、电、油、运的供给紧张局面大大缓解，但一些城市房地产价格急剧上涨，国家对此连续出台限制的经济政策。2007 年居民消费价格指数加速上涨，央行在一年之内 10 次上调存款准备金率，5 次调高存贷利率。2008 年年初实行适度从紧的货币政策。

(四) 积极的财政政策与适度宽松货币政策搭配 (2009—2010 年)

国际金融危机，使我国出口和外国直接投资急剧下降。我国立刻决定采取扩张性财政政策，如 2008 年 11 月中央经济工作会议决定大手笔推出 4 万亿元投资（2010 年年底之前）计划；2010 年扩大内需、保持经济增长、促进结构调整和发展方式转变、改善和保障民生等。中央银行采取适度宽松的货币政策，2008 年 9 月 16 日减息周期开始，2010 年货币政策由侧重 "宽松" 转向 "适度"。

（五）积极的财政政策与稳健的货币政策搭配（2011 年至现在）

增强宏观调控的针对性、灵活性、有效性。货币政策将由"适度宽松"转为"稳健"。因为，2011 年经济复苏还有一定不稳定性需要积极财政政策。物价水平上升，为了抑制通胀而紧缩流通中的货币量，进而导致投资减少，来控制总需求。2012 年总体是双松，但货币政策放松是步伐缓慢，可以在放与收的结合中达到适当放松。2013 年发挥积极的财政政策在稳增长、调结构、促改革、惠民生中的作用，发挥货币政策逆周期调节作用；促进金融资源优化配置。守住不发生系统性和区域性金融风险底线。2014 年继续实施这两种政策搭配方式，预计人民币资本可兑换、工作目标 GDP 增长 7.5% 左右、CPI 增长 3.5% 左右。

思考题：

1. 如何理解美国量化宽松货币政策的创新之处及其效果？

2. 若 IS 曲线斜率不同，LM 曲线斜率相同，采取一项财政政策，其效果会如何？

3. 若 LM 曲线斜率不同，IS 曲线斜率相同，采取一项货币政策，其效果会如何？

4. 在各种不同的情况下如何搭配使用财政政策和货币政策？为什么？

5. 欧盟采取哪些经济政策搭配组合方式走出这次经济危机？

6. 日本采取哪些经济政策搭配组合方式走出这次经济危机？

7. 发达国家经济政策的变化对发展中国家经济，以及我国经济的影响有多大？如何应对比较合理？

参考资料：

1. 萨缪尔森：《经济学》第 2、7、10 章，人民邮电出版社 2012 年 1 月。

2. 付卡佳：《当代西方经济学》第十三章，经济科学出版社 1999 年 2 月。

3. 高鸿业：《西方经济学》宏观部分，中国人民大学出版社 2014 年 11 月。

4. 量化宽松货币政策，360 百科。

5. 桑晓霓：《日本量化宽松货币政策的实质》，搜狐网，2014 年 12 月 5 日，08：43：34。

6. 《欧洲央行出台量化宽松货币政策 市场反响积极》，人民网，2015 年 1 月 24 日，08：28。

第十章 总需求—总供给（AD—AS）模型

前面所讨论的宏观经济学为了较深入进行，一直将物价因素先舍去，即假定物价水平是既定的。本章分析 AD—AS 模型，即总需求与总供给模型显然离不开物价水平。从总需求角度看，在一定时期内，在每一物价水平上都会有相应的总需求，即国民收入，与之相对应；总供给是在一定时期内，某一物价水平上，社会上所有的厂商愿意，而且能够提供产品和劳务的总和。当总需求与总供给相等时就会形成均衡的物价水平和均衡国民收入。

第一节 总需求曲线

一、用 IS—LM 模型推导出总需求曲线

（一）从 IS—LM 方程推导出总需求曲线

总需求是指经济社会在一定时期内对产品和劳务需求的总量，通常用收入水平来表示。总需求由消费需求、投资需求、政府需求、国外需求（包括对外出口和对外投资）所构成。如果不考虑国外的需求，总需求是指在价格水平、收入和其他既定的条件下，社会上的所有家庭、所有企业以及政府支出的总和，即社会中各种行为主体支出的总和。影响总需求的因素主要有：价格水平、收入、预期、税收、货币供给以及与之相关的经济政策等。总需求被定义为总产量（总收入）与价格水平之间呈相反变动关系，表示在某一价格水平下，经济社会需要多少总产量（总收入）。

总产品或总收入与价格水平之间的关系必然与产品市场、货币市场有关，也就是说，总需求曲线与 IS—LM 模型有关。经济学的总需求曲线就是通过 IS—LM 模型推导出来的。在此仍然以两个部门为例，IS—LM 方程：

$$\begin{cases} S(Y) = I(r) \cdots\cdots\cdots\cdots ① \\ \dfrac{M}{P} = L_1(Y) + L_2(r) \cdots\cdots ② \end{cases}$$

如果把方程中 Y 和 r 作为未知数，把其他变量当成参数，将两个方程联立求解，求出 Y 的解式。P 是变量，表明不同价格水平 P 与不同总需求 Y 之间的函数关系。假设：

$$\begin{cases} S(Y) = -200 + 2Y \\ I(r) = 100 - 20r \\ \dfrac{2\,000}{P} = 3Y - 20r \end{cases}$$

则：

$$\begin{cases} 2Y + 20r = 300 \cdots\cdots\cdots③ \\ 3Y - 20r = \dfrac{2\,000}{p} \cdots\cdots\cdots④ \end{cases}$$

将式③和式④联立，求产品市场与货币市场均衡的国民收入 Y，得：

$$Y = 60 + \frac{400}{P} \cdots\cdots\cdots⑤$$

式⑤为总需求函数，反映了国民收入 Y 与物价水平 P 呈反方向变动的关系，表明总需求曲线斜率为负值。

从凯恩斯效应角度来看，当物价水平下降时，实际货币供给量增加，人们手中实际现金的余额增加，对债券的需求增加，债券的需求大于供给，债券的价格上升，利率下降，投资增加，国民收入 Y 增加，即总需求增加。反之亦然。物价水平与总需求之间呈反方向变动。

（二）从 IS—LM 模型图推导出总需求曲线

从 IS—LM 模型图形中推导出总需求曲线。如图 10–1（a）所示。假设名义货币供给 M 为 4 000 亿元，价格水平 P 为 1，IS 曲线与 LM_0 曲线相交于 E 点，利率 r_0，国民收入 Y_0；当价格水平 P 下降到 0.5 时，实际货币供给是 $\dfrac{M}{P} = \dfrac{4\,000}{0.5} = 8\,000$，实际货币量增加一倍，人们手中货币增加，购买债券，债券价格上涨，利率下降，即下降到 r_1，投资增加，国民收入增加，即 Y_1，LM_1 曲线与 IS 曲线相交于点 E_1；反之，如果价格水平上涨到 2，实际货币供给为：$\dfrac{M}{P} = \dfrac{4\,000}{2} = 2\,000$，实际货币量减少一半，人们减少或者不去购买债券，债券价格下降，利率上升至 r_2，投资下降，国民收入下降至 Y_2，LM_2 曲线与 IS 曲线相交于点 E_2。

根据图（a）画出图（b），将（a）图中的 E_2、E、E_1 三点里的价格作为图（b）中的纵轴，将图（a）中的横轴国民收入 Y 作为图（b）的横轴。通过图（a）中的 E_2、E、E_1 三点可以在（b）图中找到相应的 $E_2{}'$、E'、$E_1{}'$ 三个点，将三点连接起来，即为总需求 AD 曲线，同时，也能确定图（b）的价格 P_2、P_0、P_1，国民收入 Y_2、Y_0、Y_1。

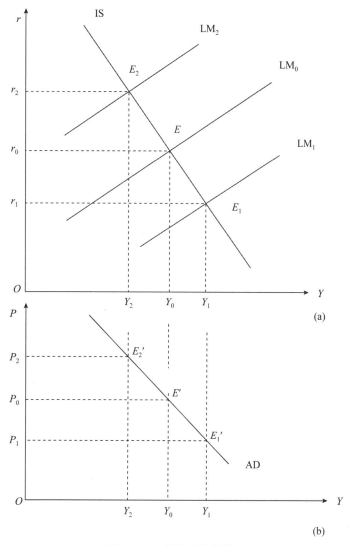

图 10 – 1　总需求曲线推导

　　显然，这里所推导的总需求 AD 曲线中的价格水平 P 与国民收入 Y 反方向变化，与微观经济中单个商品需求曲线 D 中价格与需求量相反方向变动的形式是一样的，但二者之间的经济含义是不同的。单个商品需求曲线斜率为负是由商品的边际效用递减规律决定的。

　　总需求 AD 曲线的经济内涵是 IS 曲线与 LM 曲线相交点的产品市场与货币市场同时达到均衡时，价格水平变动对两个市场同时作用，使利率和投资需求发生变动，从而对总需求产生影响的一条均衡轨迹的曲线。用货币计量的名义总需求所决定的实际总需求（实际国民收入）与物价指数之间的对应关系。因此，总需求曲线表示在一系列价格水平下经济社会的均衡总支出水平。

二、总需求曲线 AD 的斜率

总需求曲线 AD 的斜率反映一定价格水平变动所引起的总需求变动的程度。不同斜率的总需求曲线 AD 反映着既定价格水平的变动引起总需求不同的变动情况。如图 10 - 2 所示。两条总需求曲线 AD 和 AD′斜率显然不同，AD 曲线斜率比 AD′曲线斜率小。当价格在 P 时两条曲线的总需求是相同的，即 Y 点；当价格水平下降 PP′时，AD 总需求变化 YY′，而 AD′总需求变化 YY″，后者比前者大些。

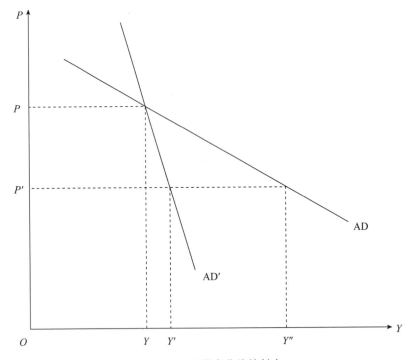

图 10 - 2　总需求曲线的斜率

影响总需求 AD 曲线的因素有：

货币需求的利率弹性。货币需求的利率弹性越小，价格变动所引起的实际货币供给量的变动对利率和总需求的影响就越大，则总需求曲线的斜率也就越大，即越陡峭。反之亦然。

投资需求的利率弹性。投资需求的利率弹性越大，既定的利率变动所引起的投资与总需求的变动越大，则总需求曲线的斜率也就越小，即越平坦。反之亦然。

货币需求的收入弹性。货币需求的收入弹性越小，既定的实际货币供给量变动所引起的总需求的变动越大，则总需求曲线的斜率就越小，即越陡峭。反之亦然。

乘数。乘数越大，既定实际货币供给量变动所引起的国民收入的变动越大，则总需求曲线斜率就越小，即越平坦。反之亦然。

所以，总需求曲线的斜率与货币需求的利率弹性和货币需求的收入弹性同方向变动，与投资需求的利率弹性同方向变动和乘数反方向变动。

据此，总需求曲线在古典区域和凯恩斯陷阱的条件下也显示出极端情况。

在古典区域里，货币需求的利率弹性为零，LM 曲线垂直于横轴，实际货币供给量的变动对总需求有最大的影响，从而总需求曲线斜率为零，是一条水平线。

在凯恩斯陷阱里，货币需求的利率弹性无限大，LM 曲线平行于横轴，在既定的利率水平下，人们可以持有任何数量的货币量。则价格变动引起的实际货币供给量变动对总需求没有什么影响，总需求曲线就是一条垂线，斜率为无限大，即总需求对价格变动不会做出反应。

三、总需求曲线 AD 的移动

从前面推导可以看出 LM 曲线移动、IS 曲线移动、二者共同移动，以及其他一些有关的因素变动，都会引起总需求 AD 曲线移动。

（一）货币政策的变动对总需求 AD 曲线的影响

假设 IS 曲线给定不变、物价水平不变，货币供给量 M 由原来的 4 000 亿元增加到 8 000 亿元，即扩张性货币政策。如图 10 – 3（a）所示。由于价格水平不变，仍然是 P 等于 1，那么 LM 曲线移动到 LM′曲线，IS 曲线与 LM 曲线的交点由原来的 E 点，移到 F 点，利率 r 下降到 r'，国民收入由 Y 增加到 Y' 处。看（b）图，由于价格水平不变，国民收入增加，根据（a）图的 E 点相应地找到下面（b）图的 E' 点，同样，根据（a）图的 F 点相应地找到（b）图中的 F' 点，然后过两个点画出两条总需求 AD 和 AD′曲线。反之，如果采取紧缩性货币政策会使总需求曲线向左移动。

这里需要注意的是 F' 点与 E_1 点的区别。前者是由于价格水平不变增加货币供给，而引起的总需求增加，AD 曲线右移；后者是货币供给不变，价格水平下降，引起的国民收入增加，总需求曲线不变。

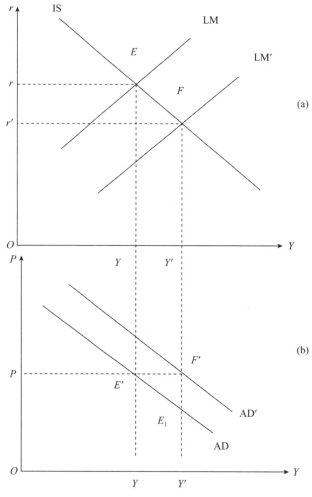

图 10 – 3　LM 曲线移动引起 AD 曲线移动

（二）财政政策变动对总需求 AD 曲线的影响

假设货币政策不变，采取扩张性财政政策对总需求 AD 曲线的影响。结合图 10 – 4 说明。（a）图中 IS 曲线与 LM 曲线对应的价格是 P_0，均衡交点为 E，（b）图中的 AD 曲线与之对应点是 E' 点。现在增加政府支出使 IS 曲线向右移动到 IS′，在原有的价格水平下，均衡点移到 G 点，利率提高，国民收入增加到 Y' 处。在（b）图中也相应地找到 G' 点，G' 点是新的总需求曲线 AD′ 上的一点，AD′ 曲线反映了增加政府支出对经济的影响。由此可见，在价格水平既定条件下，政府增加支出也就意味着总需求增加。反之，如果减少政府支出，则总需求会减少，在价格既定条件下，采取扩张性财政政策和扩张性货币政策，IS 曲线向右移动，LM 曲线也向右移动，则总需求曲线 AD 必定向右移动。反之亦然。如果是一松一紧搭配的经济政策，效果只能是看哪种政策力度更大些，从而决定总需求曲线移动的位置。

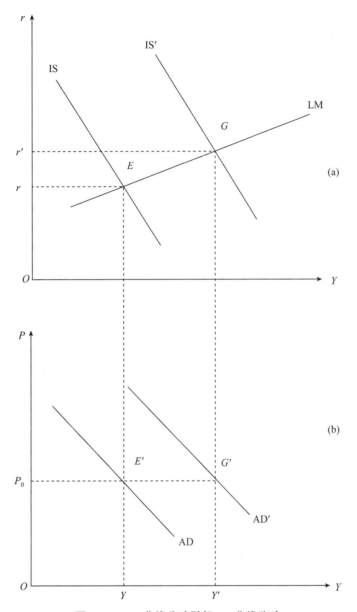

图 10 - 4 IS 曲线移动引起 AD 曲线移动

另外，在物价水平既定的前提下，除了财政政策和货币政策对总需求有影响外，仍有其他因素影响总需求增加，如：利率下降、预期通货膨胀率上升、汇率下降、预期未来利润增加、总财产增加、国外收入增加、人口增加，等等，都会使总需求曲线 AD 向右移动。当然，这些因素如果反方向变动，会使总需求减少。

第二节　长期总供给曲线

一、宏观生产函数和劳动市场

（一）宏观生产函数

宏观经济中总供给是由宏观生产领域中生产决定的。为此得先厘清几个基本概念。

总供给函数。总供给函数反映的是总产量与一般价格水平之间的关系。

总产量是指经济社会的基本资源用于生产时可能产生的产量。这些基本资源有劳动、生产性资本以及技术水平。

宏观经济中描述总产出与劳动、资本和技术之间关系的是宏观生产函数。

宏观生产函数（总量生产函数或整个国民经济生产函数）表示着总量投入与总量产出之间的关系。假设，在一个社会中技术水平既定的前提下，总投入为总劳动量和总资本量，则宏观生产函数为：

$$Y = f(N, K)$$

式中的 Y 为总产出、N 为社会就业量、K 为社会的资本量。该等式表明社会的总产出取决于整个社会的就业量和资本量。

在宏观生产函数中资本 K 是一个存量概念，即资本的规模是由经济社会以前各年投资累积起来的，通常数额非常大。而新投资流量与资本对总生产的影响是非常有限的，因此，宏观经济波动分析中一般把资本存量作为外生变量[①]来处理。为了强调这一点用 $\overline{K}$ 表示经济社会现有的资本存量，那么，宏观生产函数为：

$$Y = f(N, \overline{K})$$

该函数表示，在一定的技术水平和资本存量条件下，经济社会生产的总产出 Y 取决于就业量 N。也就是说，总产量是经济社会中就业量的函数，随着就业量的变化而变化。

这种生产函数表达方式属于古典经济生产函数。那么，宏观生产函数就有两条重要性质，即：总产出随着总就业量的增加而增加和随着总就业量的增加总产出按递减的比率增加，边际收益递减规律成立。如图 10 – 5 所示。横轴为劳动就业总量，纵轴为总产量，曲线 $Y = f(N, \overline{K})$ 为总产量，它是总就业量的函数。总就业为 N_0 时对应的总产量为 Y_0，图中曲线随着就业量的增加越来越平缓，说明边际收益递减规律成立。

---

① 外生变量又称政策性变量：在经济机制中受外部因素影响，而非由经济体内部因素所决定的变量。

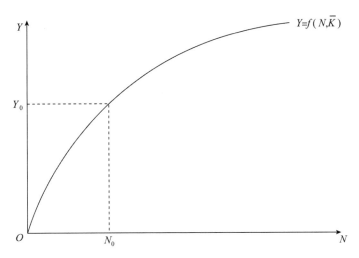

图 10 – 5　宏观生产函数

（二）潜在产量

潜在产量是以潜在就业量来定义的。潜在就业量（充分就业量）是指一个经济社会在现有激励条件下，所有愿意工作的人都参加生产时所达到的就业量。在经济学中充分就业不等于失业率为零，就是在经济高涨时期也不会出现失业率为零，总是有由于经济结构变化、迁徙、转换职业等原因而暂时失业，这是客观经济规律所决定的，这种现象被称为自然失业率。当充分就业实现时也就是失业率缩小到了自然失业率。一般来说，当就业量低于潜在就业量时，失业率高于自然失业率。反之亦然。

在宏观经济学中，潜在就业不取决于产量、消费、投资和价格水平等宏观经济变量，通常将其作为一个外生变量。而且，在现实中潜在就业量不是固定的，在不同的时间，不同的地点其量是不同的。

由此可见，潜在产量（充分就业的产量）是指在现有资本和技术水平条件下，经济社会的潜在就业量所能生产的产量。其生产函数表示为：

$$Y^* = f(N^*, \ \overline{K})$$

式中的 N^* 为潜在就业量（充分就业量），Y^* 为潜在产量。因为 N^* 不受价格水平等因素影响，那么，潜在产量也不受价格水平等因素影响，也被视为外生变量。当一个社会的生产达到了潜在产量水平时，意味着这个社会充分利用了现有的经济资源了。

宏观生产函数是在技术水平和资本存量既定的条件下分析总产量水平与总就业量水平之间的关系的。那么，衡量某一社会的就业水平需要进入其劳动市场。

（三）劳动市场

为了分析方便，假设劳动市场是完全竞争的劳动要素市场。从微观经济学看，在该种要素市场中供求双方人数都很多、要素不存在质的区别、要素供求双方都具有完全信息和要素可以自由流动。在这个市场中企业是劳动要素的需求者，而且它只能接受既定的市场上的劳动工资和其产品市场上的价格。

企业将选择一个劳动需求量，即厂商对劳动的需求原则是 MRP = MFC，边际收益产量与边际要素成本相等，此时，企业利润才能最大化。这里的边际要素成本是就业者的实际工资，如果劳动的边际收益产量大于就业者的实际工资，说明企业还有利润空间，企业就会增加就业人数，直至二者相等。反之，就业者的实际工资大于劳动边际收益产量，企业就会出现亏损，企业必须减少就业者的数量，以实现二者相等为止。

由于边际收益递减规律，劳动的边际收益产量也会随着劳动投入量的增多而降低，那么，劳动需求曲线斜率是负值。

宏观经济学认为微观经济学中的劳动需求与实际工资之间的关系，对于总量的劳动市场也是成立的。劳动市场上的劳动需求函数是：

$$N_d = N_d \left(\frac{W}{P} \right)$$

式中 N_d 表示劳动需求量，W 为名义工资，P 为价格水平，$\frac{W}{P}$ 为实际工资。

实际工资与劳动需求量呈反方向变动，实际工资上升时，企业对劳动的需求减少；实际工资下降时，企业对劳动需求增加。如图 10 - 6 所示。当实际工资为 $\left(\frac{W}{P} \right)_1$ 时，企业对劳动的需求为 N_1，当实际工资为 $\left(\frac{W}{P} \right)_2$ 时，企业对劳动的需求为 N_2。

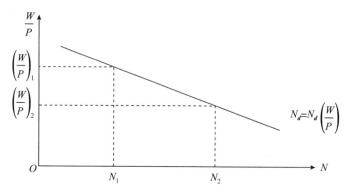

图 10 - 6　劳动需求曲线

劳动供给也被看成是实际工资的函数，劳动供给函数：

$$N_s = N_s \left(\frac{W}{P} \right)$$

式中 N_s 为劳动供给总量，劳动供给是实际工资的增函数。实际工资降低时，劳动供给下降；实际工资上升时，劳动供给增加。如图 10 - 7 所示。横轴为劳动供给量，纵轴为实际工资，斜率为正的线为劳动供给函数 $N_s = N_s \left(\frac{W}{P} \right)$，当实际工资为

$\left(\dfrac{W}{P}\right)_1$ 时，劳动供给为 N_1，当实际工资为 $\left(\dfrac{W}{P}\right)_2$ 时，劳动供给下降到 N_2。

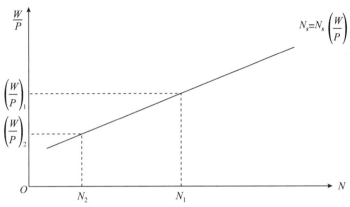

图 10 - 7 劳动供给曲线

劳动市场是由劳动供给与劳动需求两方面构成，当两条曲线相交时就形成了劳动的均衡价格和均衡数量。如图 10 - 8 所示。均衡点是 E 点，均衡的实际工资是 $\left(\dfrac{W}{P}\right)_0$，均衡劳动量 N_0。当实际工资变动到 $\left(\dfrac{W}{P}\right)_1$ 时，劳动供给在 B 点处，供给量为 N_2，劳动需求在 A 点处，即企业对劳动需求减少到 N_1。劳动供给 ON_2 大于企业对劳动的需求 ON_1，则出现 AB 即 N_1N_2 的失业劳动者。失业者与在业者展开竞争，使得企业降低实际工资，增加就业者，劳动者也会由于工资下降逐渐减少劳动供给，实际工资直至降到均衡工资 $\left(\dfrac{W}{P}\right)_0$ 水平，劳动量逐渐变到均衡就业量 N_0，市场就会相对稳定；当劳动市场上实际工资低于均衡工资，即 $\left(\dfrac{W}{P}\right)_2$ 时，由于工资低企业会增加对劳动需求到 D 点，即劳动需求为 N_4，同样也是由于工资低，劳动供给减少到 C 点，即供给量为 N_3。劳动需求 ON_4 大于劳动供给 ON_3，相差 CD，即 N_3N_4。于是，企业之间展开竞争，竞争中逐渐提高实际工资，实际工资上升就业量也上升，直至 E 点，实际工资为均衡工资 $\left(\dfrac{W}{P}\right)_0$，均衡就业量为 N_0。

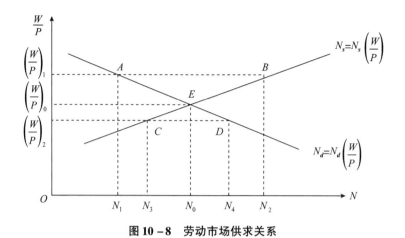

图 10 - 8　劳动市场供求关系

二、长期总供给曲线

按着价格在不同时期变动的情况，宏观经济学将总产出与价格之间的关系分为两种情况，长期总供给曲线和短期总供给曲线。长期总供给是由古典经济家提出，它的存在条件是完全竞争市场，价格和工资具有完全伸缩性，那么，经济社会的产量会达到潜在的产量状态上。同样道理，就业水平也会处在充分就业状态上，在不同的价格水平下，产品的供求关系会自动调节，使其产量自动达到潜在的产量程度。在劳动市场上也同样如此，当劳动供给超过劳动需求时，货币工资会下降。反之会提高，最后使实际工资调整到劳动市场均衡水平处。换句话说，在长期经济社会中，就业水平不随着价格水平的变动而变动，而始终处在充分就业的状态上。由此可见，在长期中，经济社会中产量水平将位于潜在产量或者充分就业的水平上，它不受价格变动影响。从而长期供给曲线是一条垂直于潜在产量上的直线。

该理论可以通过几何图形推导出来。如图 10 - 9 所示。其中的（a）图纵轴为价格水平，横轴为实际工资水平，图内三条 W 正双曲线是名义工资。当价格在 P_0 时，名义工资在 W_0 处，相应的实际工资为 $\left(\dfrac{W}{P}\right)_0$，当价格水平上升到 P_2 时，名义工资也随之上升，达到 W_2，由于二者都上升（假设上升的幅度是一样的），则实际工资仍然是 $\left(\dfrac{W}{P}\right)_0$；当价格水平下降到 P_1 时，名义工资也随之下降到 W_1，假设二者变动的幅度一样，实际工资仍然没有变动，即 $\left(\dfrac{W}{P}\right)_0$。而这实际工资水平是由何种原因决定的呢？应该由劳动市场来决定。（b）图为劳动市场，纵轴为劳动数量，横轴为其价格，即实际工资。劳动的供给与需求相交点为 E 点，因为是完全竞争的劳动市场，从长期看 E 点对应的劳动量 N_0 为充分就业，实际工资 $\left(\dfrac{W}{P}\right)_0$ 也是其相应的均衡工资。古典学派认为，即使货币和价格水平不迅速或立即调整，货币和价格水平被认为具有充分时间来进行调整，使得实际工资处于充分就业应有的水平；（c）图是生产函数 $Y = f(N, \bar{K})$，纵轴为劳动投入量，横轴为产量，即国民收入 Y。用（b）图的充分就业引入到（c）图所得到的产量为充分就业的产量，即潜在产量，用 Y^* 表示；再看（d）图，它的横轴为国民收入 Y，它的纵轴为价格水平，也就形成了价格水平与总产量之间的函数关系，在这里潜在的产出，即充分就业的国民收入为 Y^*，长期供给曲线为 AS^*，也就是说，当价格水平为 P_0 时，在总供给曲线 AS^* 上为 H 点；价格水平上升到 P_2 时，在 AS^* 曲线上相应的点是 I 点；同样，价格水平下降到 P_1 时，在 AS^* 上为 K 点。这样就反映出不论价格水平如何变动，充分就业的国民收入 Y^* 不变。从而长期供给曲线 AS^* 并不发生变化，始终垂直于横轴充分就业的产量水平处。也就是，在长期中，经济产出主要由充分就业的劳动数量所决定，从而独立于价格水平。

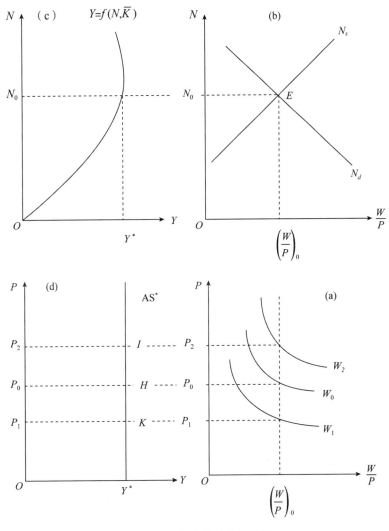

图 10-9　长期供给曲线推导

所以，长期总供给曲线是指当经济处于充分就业状态时的总供给曲线，也就是资源得到充分利用时的总供给曲线。

第三节　短期总供给曲线

短期供给曲线在宏观经济学中，学者的看法是最不统一的。这里选取几个最主要的理论观点。

一、凯恩斯的短期总供给曲线

凯恩斯的总供给曲线是一种短期总供给曲线。它是依据凯恩斯的货币工资下降具有"刚性"的条件推导出来的。其条件包含两个含义，一是，工资只能上升，不能下降。因为，工人们会对货币工资下降进行抵抗，却对工资上升而高兴；二是，"工资幻觉"，工人只看到货币的票面值而不注意货币的实际购买力，他们会抵抗价格水平在不变的情况下的货币工资的下降，但却不会抵抗货币工资不变下的价格水平的提高，两种情况是一样的，都会造成实际工资下降。正是由于工人们具有这样的"工资幻觉"，对两种情况采取不同的态度，从而增加劳动供给量，形成总供给曲线。

下面通过图形加以说明。如图 10 – 10 所示。图（a）纵轴为价格水平，横轴为实际工资，W 为名义工资，根据凯恩斯的理论名义工资不变，变动价格水平，使实际工资发生变化，当价格上升时，名义工资不变，实际工资下降，工人具有"工资幻觉"愿意提供更多的劳动。如当价格为 P_1 时，实际工资是 $\left(\dfrac{W}{P}\right)_1$，当价格上升到 P_2 时，实际工资下降到 $\left(\dfrac{W}{P}\right)_2$，当价格上升到 P_3 时，实际工资继续下降到 $\left(\dfrac{W}{P}\right)_3$。图（b）是劳动市场劳动供给曲线 N_s，劳动需求曲线 N_d。值得注意的是劳动的供给与需求没有达到充分就业水平，因凯恩斯分析的是 1929—1933 年大危机时期，是短期分析。当实际工资在 $\left(\dfrac{W}{P}\right)_1$ 时，因实际工资比较高，企业对劳动需求就比较少，即在 N_1 处；当实际工资在 $\left(\dfrac{W}{P}\right)_2$ 时，实际工资有所下降，其劳动需求比较多，即在 N_2 处；当实际工资在 $\left(\dfrac{W}{P}\right)_3$ 时，实际工资继续下降，企业对劳动需求也继续增加，到 N_3 处。接着看图（c），纵轴为劳动数量，横轴为国民收入，该图是宏观经济生产函数，当劳动量为 N_1 时，产量是 Y_1；当劳动量是 N_2 时，产量是 Y_2，随着就业量的增加，产量也在增加；如果就业量继续增加到 N_3，产量也增加到 Y_3。图（d）为总供给曲线图，纵轴为价格 P，与（a）图价格一样，横轴为产量 Y，与（c）图中的 Y 一样。当价格为 P_1 时，产量是 Y_1，即 F 点；当价格为 P_2 时，产量是 Y_2，即 G 点；当价格为 P_3

时，产量增加到 Y_3，即 H 点，将 F、G、H 三点连接起来就是向右上方倾斜的短期总供给曲线。

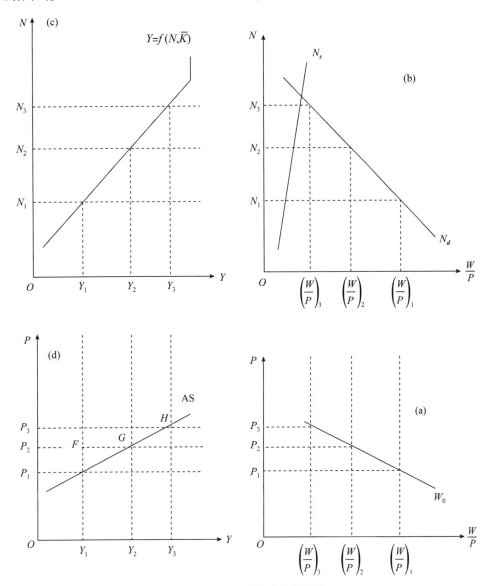

图 10 - 10　短期供给曲线推导

由于凯恩斯的《通论》是研究 1929—1933 年大危机时期，经济社会存在着大量的失业劳动者和闲置的设备。同时，凯恩斯认为工资下降具有"刚性"。因此，当生产开始进行产量增加时，价格和工资都不会变动，当时的事实也证明了这一点。于是，西方学者对该曲线进一步简化，将凯恩斯的短期供给曲线作为一条水平线。如图 10 - 11 所示。Y^* 为充分就业条件下的产量（国民收入），P_0E_0 为凯恩斯短期总供给水平线，当产量低于 Y^* 时，价格和工资都不会变动，那么，在既有的价格水平 P_0 时，经济社会可以提供任何低于 Y^* 的产量。当产量达到 Y^* 后，社会已经没有多余的生产能力了，如果政府要刺激经济、增加总需求，结果只能导致价格水平上升可能是 P_1，产量也不会增加，仍然为充分就业的产量 Y^*。经济学把图中由水平线和垂直线组成的曲线称为反 L 形的总供给曲线，也称为凯恩斯萧条模型的总供给曲线。经济学界把水平线的短期总供给曲线看成是另一个极端情况。

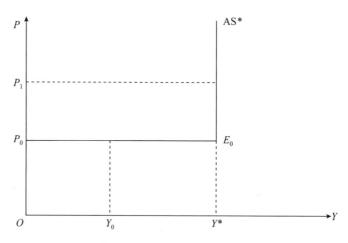

图 10 – 11　凯恩斯供给曲线

二、工资黏性理论

工资黏性理论是对短期供给曲线向右上方倾斜的第二种解释。20 世纪 70 年代后半期和 80 年代的新凯恩斯主义提出的理论。工资黏性是指短期中名义工资的调整慢于劳动供求关系的变化。短期总供给曲线向右上方倾斜是因为名义工资调整缓慢，或者说在短期中是"黏性的"。

企业根据预期的物价水平事先同意向其劳动者支付某种名义工资。如果现实中物价水平高（低）于预期的水平，而名义工资仍然固定在原有的水平，那么，实际工资就会下降（上升）到企业计划支付的水平之下（上），意味着企业实际生产成本减少（增加）了。企业对这些较低（高）成本的反应是多（少）招募工人，并生产较多（少）的物品与劳务量。换句话说，由于工资不能根据物价水平迅速调整，较高（低）的物价水平对就业和生产有利（不利），引起企业增加（减少）物品与劳务的供给量。所以，短期供给曲线斜率为正。工资黏性主要原因：

（一）信息不完全

工资缓慢调整是因为工人对其信息不完全，从而对价格变动反应迟缓。工资应该依据劳动市场供求关系变动而具有完全灵活的伸缩性，但是，工人的信息不完全短期预期可能是错误的。比如，当名义工资因为价格上涨而提高时，工人错误地相信他们的实际工资已经提高而愿意工作更多的时间。直到工人认识这种高工资的实质之前，名义工资的增加将伴随着更高的产量和更少的失业。

（二）效率工资

效率工资理论认为，企业的劳动生产率依赖于企业支付给工人的工资高低。工资越高工人的生产效率越高，企业获得的利润越多，因为高工资可以吸引能力较强、技术熟练的工人，也可使工人感到受到公正待遇，刺激工人的生产积极性。企业为了提高劳动生产率情愿向工人支付高于市场均衡水平工资，不愿降低工资，从而工资具有黏性。

（三）协调问题

厂商之间在面对需求变动时，调整其价格过程中不能进行协商而导致工资变动缓慢。比如，当经济中总需求下降时，工人的工资不能立即下降，因为厂商不可能聚在一起协调其价格变动事宜，同时，任何一个企业削减工资在没有其他企业仿效的情况下都会导致本企业工人的不满。每家厂商只能通过现行价格水平商品需求的变动，缓慢地降低工资。也有可能是那些利润情况最好的厂商率先削减雇员的名义工资，然后各个厂商随之行动，这样工资才能缓慢地降下来。

（四）工资交错价格调整

经济社会中所有的劳动合同不可能是在同一时间签订的，也不可能同时达到终止期，所以，各种长期合同都是交错签订，工资的调整也是交错进行，从而工资的调整不可能非常及时，工资具有黏性。

（五）合同的长期性和菜单成本

任何合同都具有一定期限，劳动合同也是如此，通常期限都比较长。

比如美国占有决定性的重要行业中，劳动合同的期限往往为三年，其间货币工资不能改变。在一些有工会组织的大型企业中，工会是垄断组织，工资通常是由工会与企业通过谈判订立的合同而固定下来的，时间比较长，工会的会员工资一般都比较高，在合同期限内，工资是不能调整的。

工资、合同之所以具有较长期限，因为改变工资代价昂贵。短期合同会增加劳资双方谈判成本和调整成本。企业调整工资需要花费像印刷新的菜单一样的成本支出，厂商和工人都需要调查分析，甚至有时谈判可能还不能成功，造成工人罢工，这一切都会造成成本大量支出。所以，不论是厂商，还是工人都倾向签长期劳动合同。从而使工资调整缓慢，具有黏性。

（六）内部人—外部人模型

内部人—外部人模型预言工资对失业不会做出足够大的反应。工资行为和失业之间的联系源于以下简单事实，厂商能够富有成效地与在职工人协商，而失业者却不然，是不坐在谈判桌上的。这就意味着，对于厂商来说，如果要解雇劳动者是要耗费成本的，即解雇成本、雇用成本和培训成本，因此，内部人相对外部人拥有一种优势。

如果厂商用失业威胁工人不会很有效。因为，内部工人可能会让步，但生产积极性可能会下降；如果厂商确实解雇了高薪工人，用低薪招来失业者，失业者现在变成了内部人，将会像他们前任内部人一样对削减工资表现出完全相同的抵制。因此，厂商还是愿意支付高工资使用内部人，即使有大量的急于想在更低的报酬下就业的外部失业工人，情况也要好得多。在技术不断进步、劳动专业化程度不断提高的社会里，内部人凭借自己的就业优势，提出高于市场出清的工资要求是有可能的。

三、价格黏性理论

价格黏性是指短期中价格调整慢于物品市场供求关系的变化。价格黏性理论是经济学家提出的第三种关于短期供给曲线理论。它所强调的是一些物品与劳务的价格对经济状况变动的调整是缓慢的。价格黏性分为名义价格黏性和实际价格黏性。

（一）名义价格黏性

名义价格黏性是指名义价格不能按照名义需求的变动而相应地变化。名义价格黏性理论，包括：菜单成本论和交错调整价格论。

1. 菜单成本论

菜单成本论（成本价格调整理论），是通过调整价格的实际成本或风险成本来说明价格黏性。其代表理论为菜单成本、经济周期论、实际刚性和货币非中性论等。

菜单成本这个词来自餐馆印刷新菜单的成本。餐厅的菜单得花钱印刷，印好了就不会因就餐人数每天的波动，点菜的价位丰俭而天天换。因为，每天更换菜单成本太高，不仅需要重新印刷产品价格表，还得向客户通报改变价格的信息和理由。现实中，企业产品的价格往往在几周、几个月甚至几年内不变，多数企业大约一年改变一次自己产品的价格。医院的医药费是不常变化的，如公共汽车和地铁的票价、商店中耐用品的标价非常稳定，几个月甚至一两年都没有变化。但是，当出现高通货膨胀率时，尤其在超速通货膨胀期间企业成本迅速增加，企业必须经常变动价格，与经济中所有其他物价保持一致。

2. 交错调整价格论

交错调整价格论认为在不完全竞争市场中，厂商为了实现利润最大化，通常采用交错而不是同步方式调整价格。各厂商都想看到其他厂商的价格决策后，再改变自己的价格，但没有一个厂商能够坚持做到这一点，这样市场上厂商调整价格的时间有先后，形成了一个交错（异步）调整价格的时间序列。经济中如果盛行交错调整价格的方式，价格水平不能对总需求的变动做出迅速反应，就会导致物价总水平有黏性。

（二）实际价格黏性

实际价格黏性是指各类产品之间的相对价格比有黏性。它包括厂商信誉论、需求非对称论、投入产出表理论、寡头市场和价格黏性论。

1. 厂商信誉论

在不完全竞争的市场上，厂商愿意采取优质高价的定价策略。因为，它使价格具有选择效应的同时，也对厂商为维护自己信誉而产生激励效应。那么，优质高价的定价策略是能够成立的，从而导致实际价格有黏性。当经济出现衰退情况时，厂商也不会降价，而是减少产量。从而成本上升，实际成本也上升，则实际价格黏性出现。

2. **需求非对称论**

需求非对称是指市场价格变动时，消费者对降价和提价的反应不同，价格提高时，需求减少的幅度大于价格下降时需求增加的幅度。导致需求非对称性与搜索成本密不可分。价格能够提高到弯折点的原因就是搜索成本。当搜索成本高于消费者购买较低价格商品所节省的费用时，他们就会继续在原来他们乐于去的商店以较高的价格购买商品。

由此可以推断，消费者和厂商对价格变动的反应也是非对称的。厂商面对的是弯折的需求曲线，如果厂商提高产品价格肯定会减少一部分需求，而厂商降低产品价格却不一定能扩大销路。出于利润最大化的考虑，会把价格提高到弯折点处。对于消费者来说，当价格处于弯折点上时，他们会觉得搜索低价商品的代价过大，而不愿意离开原厂商。因此，只要经济环境不变，弯折点不变，产品价格比也相对稳定，实际价格就有了黏性。而经济环境改变后，弯折点会移动，厂商价格也会移动，但产品相对价格之比大体不变。价格具有实际黏性。

3. **投入产出表理论**

在现实中，由于厂商投入产出关系的复杂性，厂商难以承担巨大的工作量去计算和预测供求变化，从而独立制定适当的价格。这时，厂商最佳的行事方式就是，依据直接供给要素的厂商所提供的信息来调整价格。而需求变化对单个产品价格的影响通过错综复杂的投入产出联系传递是十分缓慢的，当上游厂商不能迅速调整价格时，下游厂商的成本变化也会很慢，那些依据成本加成原则定价的厂商不愿意经常变动价格。成本与总需求表现出相对的独立性。这样，各厂商之间的相对价格比较稳定，价格具有实际的黏性。

4. **寡头市场和价格黏性论**

在寡头市场中限制性价格是行业的壁垒。通常寡头会将价格定在适当的水平上，以阻止新厂商的进入，如果新厂商想进入会感到成本太高，商品价格不足以弥补其边际成本，从而放弃进入该市场的打算。在这种条件下，如果寡头厂商还有过剩的生产能力，厂商就可以凭借对市场的控制力量，制定高于其边际成本的价格。在经济周期出现衰退时期，寡头厂商不愿降价；在经济出现景气时期，又不愿提价。价格就表现为黏性。

第四节　总需求—总供给（AD—AS）模型

一、总需求—总供给（AD—AS）模型

现在将总需求与总供给结合在一起，形成总需求—总供给（AD—AS）模型。从模型的方程看，总需求与短期总供给方程为：

$$\because AD = f(P)$$
$$SAS = f(P)$$
$$\therefore AD = SAS$$

总需求与长期总供给方程：

$$\because AD = f(P)$$
$$LAS = Y^*$$
$$\therefore AD = LAS = Y^*$$

用图 10 - 12 表示总需求与总供给模型。总需求 AD 曲线斜率为负，总供给 AS 曲线在经济危机时期平行于横轴，即凯恩斯曲线；正常情况下总供给 AS 曲线斜率为正；当总产量达到充分就业水平 Y^* 时，总供给 AS 曲线垂直于横轴。总需求曲线 AD 与总供给曲线 AS 相交点 E 为均衡点，从而决定了均衡价格 P' 和均衡国民收入 Y'。

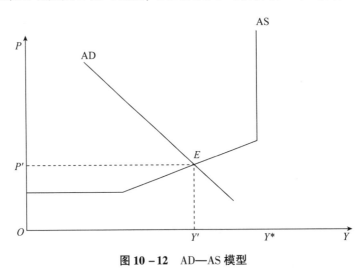

图 10 - 12　AD—AS 模型

二、经济萧条与繁荣的表示

经济学家根据长期总供给曲线、短期总供给曲线以及其与总需求曲线的相互关系，对经济波动做出一定的解释。首先从短期总供给曲线不变，总需求曲线变动来看，总需求水平的高低决定了一国经济的萧条和繁荣状态下的均衡水平。如图 10 - 13

所示。LAS 为长期总供给曲线，垂直于横轴，Y^* 为充分就业条件下的国民收入；SAS 为短期总供给曲线，与 AD 总需求曲线相交于 E 点，相应的价格水平 P 比较低，国民收入 Y 比较少，表示着经济处于萧条状态；如果持续采取扩张性财政政策和扩张性货币政策，使总需求曲线 AD 不断地向右移动，如果移动到了总需求曲线 AD′处，它与短期供给曲线 SAS 相交于 E′点，在长期供给曲线的右边，价格水平 P′很高，国民收入 Y′超过了 Y^*，就是经济繁荣状态。

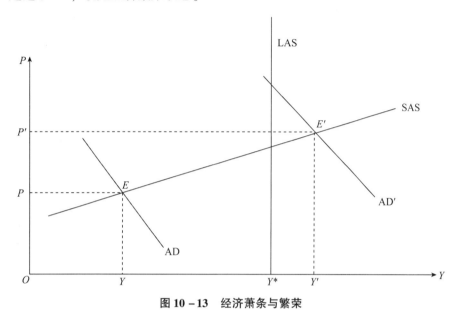

图 10 – 13　经济萧条与繁荣

三、经济滞胀的表示

现在考察总需求 AD 曲线不变，总供给 SAS 曲线移动的条件下，市场价格 P 和国民收入 Y 变动的情况。如图 10 – 14 所示。总需求 AD 曲线不变，短期供给曲线 SAS 与之相交于 E 点，价格为 P，收入为 Y。当出现了生产成本上升，比如，20 世纪 70 年代的石油危机，石油价格上升使西方国家以石油为原材料产品的生产成本上升，企业生产减少，即总供给下降，导致总供给曲线 SAS 向左移动，假如移动到 SAS′处，形成新的交点 E′，新的价格 P′，产量 Y′，与总供给曲线移动前相比，价格上升，产量减少，经济上出现了停滞和通货膨胀并存，即滞胀。

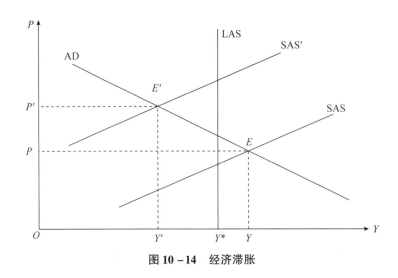

图 10 – 14　经济滞胀

四、长期均衡的表示

经济学家认为在长期内，市场上一切价格都是自由地涨落，经济具有达到充分就业的趋势，因而总供给曲线垂直于横轴。如图 10 – 15 所示。总供给曲线 LAS 垂直于横轴，所确定的国民收入为 Y^*，充分就业条件下的国民收入。当总需求曲线 AD 与 LAS 曲线相交时，交点为 E，价格为 P，国民收入为 Y。当总需求增加时，假如使 AD 曲线移动到 AD′处，形成总需求曲线 AD′与总供给曲线 LAS 相交，交点为 E'，价格提高到 P'处，国民收入为 Y'。由此可见，在此条件下，长期供给曲线 LAS，总需求曲线 AD 的变动只能使价格变动，而国民收入不会变动，即 $Y = Y' = Y^*$。

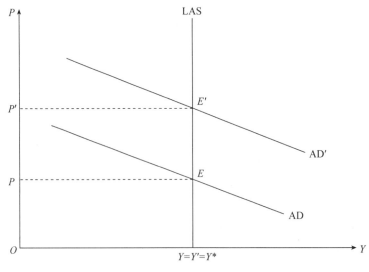

图 10 – 15　长期均衡

五、宏观经济的调整

（一）凯恩斯的区域内调整

凯恩斯的区域中总供给曲线 AS 平行于横轴，1929 年至 1933 年大危机时期正是这种状况。政府只能采取扩大总需求的经济政策。如图 10 – 16 所示。总需求曲线 AD 与总供给曲线 AS 相交于 E 点，国民收入为 Y，如果采取扩张性财政政策和货币政策使总需求曲线 AD 移动到 AD′曲线，价格 P 不变，国民收入增加到 Y'。

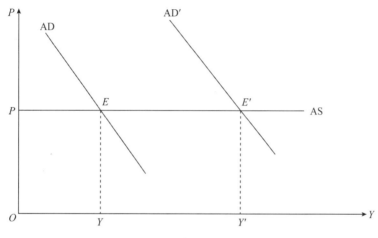

图 10 – 16　凯恩斯区域调整

（二）古典区域的调整

古典区域的情况下，如图 10 – 17 所示，长期总供给曲线 LAS 垂直于横轴，与总需求曲线 AD 相交于 E 点，如果采取扩张性财政政策和货币政策使总需求曲线 AD 移动到 AD′处，想要使国民收入达到 Y' 处。但实际上只能是价格上升，由 P 移动到 P''，完全的挤出效应，AD′曲线与 LAS 曲线相交于 E''，国民收入不变，为 Y^*。

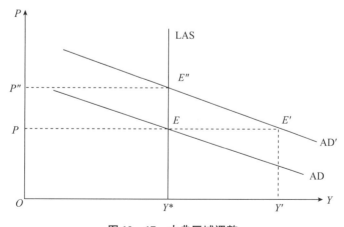

图 10 – 17　古典区域调整

（三）常规总供给曲线下总需求曲线的调整

常规的总供给曲线是斜率为正的曲线，但其斜率的大小不同情况下，增加总需求的效果是不同的。如图 10-18 所示，总供给曲线 AS 比较平，斜率比较小，增加总需求，使需求曲线 AD 移动到 AD′处，两条曲线的相交点由 E 点移到 E′处，从而价格上升，由 P 点移动到 P′点处，则国民收入增加的幅度比较大，由 Y 增加到 Y′处。

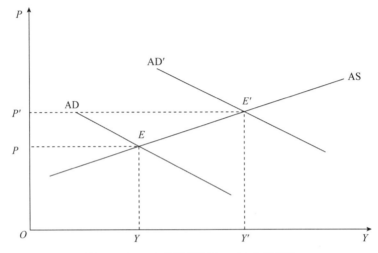

图 10-18   AS 曲线斜率小，AD 曲线移动

再看图 10-19，总供给曲线 AS 斜率比较大，增加总需求，使总需求曲线由 AD 移动到 AD′处，价格上升的幅度比较大，由 P 点上升到 P′点，而国民收入增加的幅度不大，由 Y 点移动到 Y′点处。

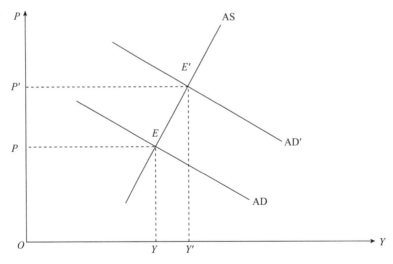

图 10-19   AS 曲线斜率大，AD 曲线移动

（四）总供给曲线的调整

总供给曲线的调整是总供给曲线的移动。假如总供给曲线向右移动，即总供给增

加，其原因可以是企业的设备投资增加使生产能力增大。但是在总供给曲线不同之处，增加总供给的效果是不同的。如图 10－20 所示，总供给 AS 曲线几乎无弹性进行调整，总供给增加，AS 曲线移动到 AS′处，国民收入 Y 移动到 Y′处，增加的幅度比较大，价格下降。反之，总供给 AS 曲线几乎平坦的情况下，增加总供给，如图 10－21 所示，总供给曲线 AS 几乎没有移动，国民收入 Y 几乎没有增加，价格 P 也几乎没有变化，所以，在此情况下增加总供给几乎是没有效果的。

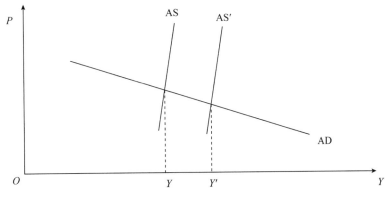

图 10－20 AS 曲线几乎无弹性的调整

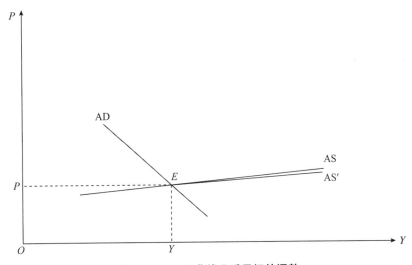

图 10－21 AS 曲线几乎平坦的调整

（五）宏观经济调整的最佳状态

宏观经济调整总需求曲线 AD 和调整总供给曲线 AS 要达到的最佳状态是实现充分就业条件下的国民收入，即长期总供给与短期总供给和总需求相交在一起的国民收入。如图 10－22 所示，LAS 曲线与 SAS 曲线和 AD 曲线相交于 E 点，国民收入 Y^* 为充分就业条件下的国民收入。

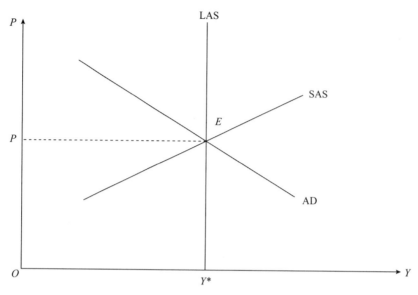

图 10 – 22 宏观经济调整的最佳状态

思考题：

1. 在 2008 年国际金融危机之时，我国是如何采取扩大内需政策的？效果如何？

2. 我国近年来采取了哪些经济政策增加总供给？

3. 美国是如何应对始于 2008 年的金融危机调整总需求和总供给的？效果如何？

4. 希腊政府面对主权债务危机采取了何种办法调整总需求和总供给？效果如何？

5. 日本应对 2008 年以来的经济衰退采取了哪些扩大总需求的政策？效果如何？

参考资料：

1. 凯恩斯：《就业、利息和货币通论》第二十一章，商务印书馆 2014 年 11 月。

2. 萨缪尔森：《宏观经济学》（19 版）第 7 章，人民邮电出版社 2012 年 1 月。

3. 高鸿业：《西方经济学》宏观部分 第十五章，中国人民大学出版社 2014 年 11 月。

4. 《后凯恩斯经济学》，360 百科。

第十一章　通货膨胀与失业理论

通货膨胀和失业是现代国家经济必须面对的两大难题，当然也是宏观经济政策的两个最终目标。无论通货膨胀还是失业人数增多都对人们的生活和社会安定影响非常大，任何国家政府和社会的方方面面都会采取各种政策措施治理这两大危害。本章围绕着通货膨胀和失业的两个基本理论展开分析，需要掌握：通货膨胀产生的原因以及国际传导、通货膨胀对经济的影响和治理，失业的类型，奥肯定律，通货膨胀率与失业率之间的关系等。

第一节　通货膨胀的含义与分类

一、通货膨胀的含义

通货膨胀是指在信用货币制度下，物价水平在一段时期内普遍地，而且持续地上升。此时，流通中的货币供给会超过经济的实际需要，过多的货币追逐过少的商品，货币的币值贬值，购买力下降，造成社会总需求大于社会总供给，物价水平全面而持续地上涨。反之，为通货紧缩。

在宏观经济中，衡量通货膨胀的经济指标是物价指数。物价指数是表示商品价格从一个时期到下一个时期变动程度的指数。需要指出的是，此处的物价指数不是简单的算术平均数，而是加权平均数，即根据某种商品在总支出中所占的比重来确定其价格的加权数的大小，计算公式为：

$$物价指数 = \frac{\sum P_t Q_t}{\sum P_0 Q_t}$$

也可以表示为：

$$物价指数 = \frac{\sum P_t Q_0}{\sum P_0 Q_0}$$

其中，P_0 为基期价格水平，P_t 为当期价格水平，Q_t 为当期商品数量。根据计算物价指数时包含的产品和劳务的种类不同，当今世界各国所采取价格指数主要有：消费者价格指数、生产者价格指数、零售价格指数和 GDP 平减指数。

消费者价格指数（Consumer Price Index，CPI）是根据与居民生活有关的商品及劳务价格统计出来的物价变动指标，反映一定时期内居民所消费的一篮子商品及服务的价格水平的变动趋势和变动程度。其权数是根据城市居民住户调查资料整理得出的，必要时辅以调查的典型数据或者专家评估作为补充。通常情况下，它是观察通货膨胀水平的重要指标。由于统计数据的滞后性，CPI 不能预测通货膨胀，然而作为观察通货膨胀水平的重要指标，CPI 在国民经济核算、宏观经济分析与实施价格调控方面有着重要的作用和影响。一般来说，当 CPI 超过 3% 时，我们就认为是通货膨胀，而超过 5% 就是比较严重的通货膨胀①。

生产者价格指数（Producer Price Index，PPI，又称批发价格指数）是衡量工业企业商品出厂价格变动趋势和变动程度的指数，它不仅可以反映某一时期生产领域价格的变动情况，还是国民经济核算和制定有关经济政策的重要依据。PPI 与 CPI 不同，它的主要目的是衡量企业购买的一篮子商品和劳务的总费用，是对给定的一组商品的成本的度量。由于企业最终要把它们的成本以更高的价格形式转移给消费者，所以通常认为 PPI 的变动对预测通货膨胀是有用的。

零售物价指数（Retail Price Index，RPI）是以现金或信用卡形式支付的零售商品的价格指数。但不包括各种服务业消费。美国商务部每个月对全国范围的零售商品抽样调查，包括家具、电器、超级市场售卖品、医药等。该指标持续地上升，将可能带来通货膨胀上升的压力。所以，经济领域十分重视零售物价指数的变化。

GDP 平减指数是衡量一国经济不同时期内所产生的最终商品和劳务的价格总水平变化程度的经济指标。它的计算基础比 CPI 更广泛，涉及全部商品和服务，以及投资和进出口等，因此，这一指数能够更加准确地反映一般物价水平走向，是对价格水平最宏观的测量。关于 GDP 折算指数的计算，本书第二章已经做了详细说明，这里不再重复。

根据物价指数这一概念，我们可以精确地计算出一定时期内价格水平的变动，也就是通常所说的通货膨胀率，即从一个时期到另一个时期内价格水平变动的百分比，计算公式为：

$$\pi_t = \frac{P_t - P_{t-1}}{P_{t-1}}$$

其中，π_t 为 t 时期的通货膨胀率，P_t 为 t 时期的价格水平，P_{t-1} 为（$t-1$）时期的价格水平。

二、通货膨胀的分类

根据视角和标准的不同，通货膨胀的分类也不同。下面将从两个角度对通货膨胀进行划分。

（一）按照价格上升的速度分类

（1）温和的通货膨胀，或称爬行的通货膨胀，其特点是价格上涨的速率缓慢并

---

① 由于各期的商品篮子是固定的，当有些商品的价格大幅上涨时，消费者会转而去购买那些价格上涨幅度不大的替代商品，而 CPI 却忽略了这一点，所以 CPI 往往会高估通货膨胀。

且可以预测，年通货膨胀率在10%以内。一些经济学家认为这种温和的通货膨胀不会对经济造成恶性影响。甚至认为在经济发展过程中，温和的通货膨胀可以刺激经济的发展，因为物价的提高可以增加企业的利润，从而刺激企业投资的积极性。

（2）加速的通货膨胀，或称奔腾的通货膨胀，其特点是一种不稳定的、迅速恶化的、加速的通货膨胀，年通货膨胀率在10%以上和100%以下。在这种通货膨胀发生时，货币流通速度的提高会使货币购买力下降，人们对货币的信心产生动摇，并且预期价格还会进一步上涨，故会采取各种手段来保护自己的财产免受损失。加速的通货膨胀会造成经济社会动荡，因此这是一种较危险的通货膨胀。

（3）超级的通货膨胀，或称恶性的通货膨胀，其特点是年通货膨胀率在100%以上。这种通货膨胀一旦发生，会导致整个社会的物价持续飞速上涨，货币大幅度贬值，人们对货币彻底失去信心，最终货币体系崩溃。此时的整个社会，金融体系处于一片混乱之中，正常的社会经济关系遭到破坏，在严重情况下，还会导致政府垮台，社会动乱。

（4）隐蔽的通货膨胀，或称受抑制的通货膨胀。这种通货膨胀是指社会经济中存在着通货膨胀的压力，然而由于政府实施了严格的价格管制政策，通货膨胀并没有真正地发生。一旦政府解除或放松价格管制措施，经济社会就会发生较为严重的通货膨胀，所以这种通货膨胀并不是不存在，而是一种隐蔽的通货膨胀。

（二）按照人们的预期程度分类

（1）未预期的通货膨胀，即人们没有预期到价格会上升，或者价格上升的速度超过了人们的预期。未被预期的通货膨胀可能会导致货币工资的上升滞后于物价的上涨，从而企业的利润增加，进而产出增加，暂时产生一种扩大就业的经济效应。

（2）预期的通货膨胀，即人们从已经发生的经济情况中预期到价格会上升的通货膨胀。此时经济社会中的各个主体会按照预期来调整其经济行为。例如，人们预期通货膨胀率为10%，工会将在物价上涨前要求企业增加工资，从而使工资与物价水平都以10%的速率上升，此时，通货膨胀的短期扩张效应不会产生，还会使通货膨胀以10%的速率维持下去。

第二节　通货膨胀的成因

关于通货膨胀的成因，现代经济学提出了种种解释，可以总结归纳为以下几种理论：

一、货币数量论

货币数量论认为通货膨胀与货币数量之间存在着紧密的联系，在其他条件不变的情况下，物价水平的高低和货币价值的大小是由一个国家的货币数量决定的。货币数量增加，物价水平随之正比上涨，而货币价值反比下降。反之则相反。

货币数量论的交易方程为：

$$MV = PY①$$

其中，M 表示货币的供应量、V 表示货币的流通速度、P 表示商品的价格水平、Y 表示实际的国民收入，方程的左边 MV 是经济中的总支出，而方程的右边 PY 是名义收入，因而方程的两边相等，该方程同时也是著名的费雪方程。

货币数量论认为，在短期内，货币流通速度 V 和实际国民收入 Y 都是常数，因此，物价水平 P 由货币供应量 M 决定。当货币供应量 M 增加，物价水平 P 就上升，从而形成通货膨胀。政府为了筹措财政资金，通过增加货币供给量而获得的收入称为通货膨胀税或铸币税②。

由其方程可以得到以下关系式：

$$\hat{m} + \hat{v} = \hat{\pi} + \hat{y}$$

其中，$\hat{m}$ 为货币增长率，$\hat{v}$ 为货币流通速度变化率，$\hat{\pi}$ 为通货膨胀率，$\hat{y}$ 为实际产出增长率。由于货币流通速度不变，$\hat{v} = 0$，整理上述方程，得到货币数量论的关键结果：

$$\hat{\pi} = \hat{m} - \hat{y}$$

通货膨胀率等于货币增长率减去实际产出增长率。在长期内，实际产出增长率是固定不变的，货币数量论意味着，在长期内货币增长率的变动导致通货膨胀率的变化。

二、需求拉动的通货膨胀

需求拉动的通货膨胀，又称为超额需求通货膨胀，是指总需求超过总供给所引起的一般物价水平普遍而持续的上涨，即"太多的货币追逐太少的商品"而引起的通货膨胀。如图 11 – 1 所示。横轴 Y 表示国民收入，纵轴 P 表示一般价格水平，AD 为总需求曲线，AS 为总供给曲线。最初，总供给曲线 AS 为水平状，表示在国民收入较低时，总需求的增加不会引起价格水平的上涨。随着总需求曲线从 AD_0 增加到 AD_1，国民收入相应地从 Y_0 的水平上升到 Y_1，但价格水平始终保持着 P_1 水平。当总需求继续增加，从 AD_1 增加到 AD_2 时，国民收入从 Y_1 增加到 Y_2，价格水平也从 P_1 上升到

---

① 对方程 $MV = PY$ 中的变量动态化，并取自然对数，可得：

$\ln M + \ln V = \ln P + \ln Y$

然后对等式关于时间 t 求微分，并整理，有：$\dfrac{\dot{M}}{M} + \dfrac{\dot{V}}{V} = \dfrac{\dot{P}}{P} + \dfrac{\dot{Y}}{Y}$

$\hat{m} = \dfrac{\dot{M}}{M}$，$\hat{v} = \dfrac{\dot{V}}{V}$，$\hat{\pi} = \dfrac{\dot{P}}{P}$，$\hat{y} = \dfrac{\dot{Y}}{Y}$

有：$\hat{m} + \hat{v} = \hat{\pi} + \hat{y}$

② 物价上涨的通货膨胀税不是经济社会中每个人都支付，而是由持有货币的人支付。

P_2。也就是说，在这个阶段，总需求的增加不仅会提高国民收入，还会导致一般价格水平的上升。当国民收入增加到潜在的国民收入 Y^* 时，整个社会已处于充分就业状态，如果此时总需求继续增加，只会导致价格水平的上升，而不增加国民收入。图中总需求从 AD_3 增加到 AD_4，价格水平从 P_3 上升到 P_4，但是国民收入将仍保持在 Y^*，即充分就业条件下的国民收入。

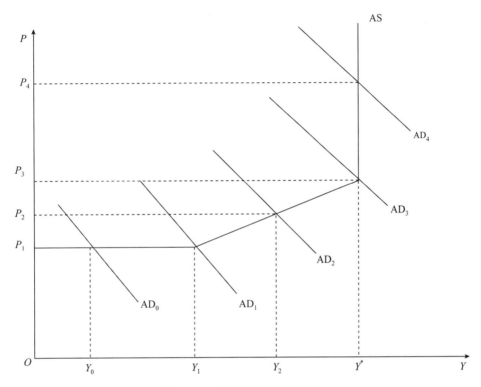

图 11-1　需求拉动的通货膨胀

需求拉动的通货膨胀是从需求的角度分析通货膨胀的原因。当经济体系中有大量的闲置资源时，总需求的增加不会导致价格水平的上升，只会增加国民收入；当经济体系中的资源接近充分利用时，总需求的增加在提高国民收入的同时也拉动了一般价格水平；当经济体系中的资源利用达到充分就业的状态时，生产部门此时已无法继续扩大生产，总供给不再增加，此时总需求的增加不会使国民收入增加，只会导致一般价格水平的上升。

三、成本推动的通货膨胀

成本推动的通货膨胀，是指在没有超额需求的情况下，由于供给方面成本的提高所引起的通货膨胀。成本推动的通货膨胀是从供给的角度分析通货膨胀，认为引起通货膨胀的原因在于成本的增加。如图 11-2 所示。总需求曲线是既定的，最初的总供给曲线 AS_1 与总需求曲线 AD 决定了国民收入为 Y_1，价格水平为 P_1。当成本增加，

总供给曲线从 AS_1 向左上方移动到 AS_2，从而决定新的国民收入水平为 Y_2，价格水平从 P_1 上升到 P_2，这就是通常所说的成本推动的通货膨胀。

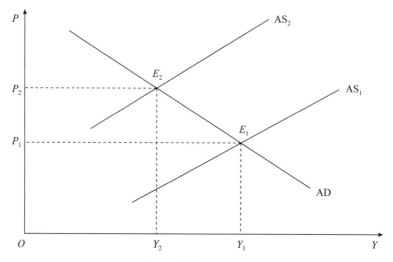

图 11-2 成本推进的通货膨胀

在成本推动的通货膨胀过程中，引起成本增加的原因有很多，大体可以分为以下三种：

（1）工资成本推动的通货膨胀。这是指由于工资的上涨所造成的成本增加而推动的通货膨胀。该理论认为，工会组织对增加工资的要求是引起成本增加的根本原因。由于在现实经济中，劳动力市场往往是不完全的，因此工资增长率并非由劳动的供求均衡决定，强大的工会组织可以使工资过度增加，如果工资的增长率超过了生产率的增长率，工资的提高就会导致成本增加，引起一般价格水平的普遍上涨，这就是工资成本推动的通货膨胀。进而引起"工资—价格螺旋"，即工资的提高引起价格的上涨，而价格的上涨又引起工资的提高，工资物价相互推动，最终形成严重的通货膨胀。

（2）利润推动的通货膨胀。这是指具有垄断地位的企业为了实现更多的利润而提高价格所引起的通货膨胀。在完全竞争的市场经济下，市场价格完全由供求决定，任何企业都不能通过控制产量来改变市场价格。然而，在不完全竞争市场的条件下，具有市场支配地位的垄断企业为了追求垄断利润，可以通过控制产量，操纵商品的价格，从而使得价格的上涨速度超过成本的增长速度，造成利润推动的通货膨胀。一般而言，工资推动和利润推动所造成的通货膨胀，其根源都在于经济中的垄断。即工会的垄断形成工资推动，企业的垄断形成利润推动。

（3）进口成本推动的通货膨胀。这是指在开放经济条件下，由于进口原材料的价格提高而引起的通货膨胀。当一个国家生产所需的原材料主要依赖于进口时，如果进口商品价格提高，那么本国的生产成本就会上升，从而推动本国物价上涨，引发通货膨胀。例如20世纪70年代的石油危机，石油价格的急剧上升，使得所有需要进口石油的国家的生产成本也大幅上升，从而造成通货膨胀。

四、混合推动的通货膨胀

一些经济学家认为，在实际经济中，造成通货膨胀的原因并不是单一的，单纯用需求拉动或成本推动都不足以说明一般价格水平持续的上升，应该同时从需求和供给两个方面以及二者的相互作用与影响来说明通货膨胀，即供求混合推动的通货膨胀。

一方面，如果通货膨胀是由需求拉动开始的，即过度的需求增加导致价格水平的普遍上涨，这种价格水平的普遍上涨又会成为工资上涨的理由，工资上涨又会引起成本推动的通货膨胀，在供求相互作用下，形成混合推动的通货膨胀。另一方面，如果通货膨胀是由成本推动开始的，即成本增加导致物价上升，此时，如果总需求没有相应增加，工资上升最终将减少生产，增加失业，使得成本推动的通货膨胀停止。只有在成本推动的同时，又产生总需求的增加，这种通货膨胀才能持续下去，形成混合推动的通货膨胀。

可以用图 11-3 来说明供求混合推动的通货膨胀。总需求曲线 AD_1 移动到 AD_2，会使物价水平从 P_0 上升到 P_1，均衡点从 a 点变动到 b 点，这是需求拉动的通货膨胀。物价的上涨引起工资上涨，工资的上涨又引起企业的成本上涨，在成本推动的通货膨胀作用下，总供给曲线从 AS_1 移动到 AS_2，此时，产量恢复到 Y_0，而价格上升到 P_2，均衡点从 b 点移动到 c 点。在供求混合推动的通货膨胀过程中，价格水平上升的轨迹是 a—b—c 点。

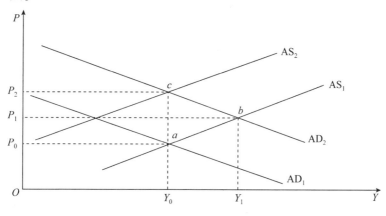

图 11-3　混合通货膨胀

五、结构性通货膨胀

结构性通货膨胀是从产业结构的变动和调整角度进行分析。一般认为，即使整个经济中的总需求和总供给处于均衡状态，但是由于经济结构本身所具有的特点，不同部门之间的工资必将不同，而工人要求"公平"的工资是导致结构性通货膨胀的一般原因。

经济学家通常用生产率提高速度快慢不同的两个部门说明结构性通货膨胀。一般来讲，生产率提高速度快的部门，工资水平提高快，而生产率提高速度慢的部门，工资水平提高慢，然而，处于生产率提高速度慢的部门的工人要求"公平"的工资，在强大工会的帮助下，他们要求高工资的诉求往往会实现，使得全社会工资的增长速度超过生产率的增长速度，从而最终形成通货膨胀。

社会经济部门划分为扩展部门和非扩展部门。扩展部门在经济繁荣时期可能出现劳动者不足而提高工资，当经济衰退时也不能降低工资。非扩展部门为了求得公平也会要求提高工资。从而使整个经济的工资水平普遍提高。经济衰退时工资上升的程度与繁荣时工资上升的程度相等或接近相等，通货膨胀就会出现。

六、预期与惯性的通货膨胀

这两种通货膨胀理论的重点并不是分析通货膨胀产生的原因，而是通货膨胀持续下去的原因。

预期通货膨胀理论认为，无论是什么原因引起的通货膨胀，即使最初引起的通货膨胀的原因消除了，它也会由于人们的预期而持续下去，甚至加剧。通常预期对人们的经济行为有着非常重要的影响，而预期往往又是来源于过去的经验。在发生了通货膨胀的情况下，人们一般会根据过去的通货膨胀率来预期未来的通货膨胀率，并把这种预期作为指导未来经济行为的依据。

惯性通货膨胀理论也是解释通货膨胀持续的原因，但它所强调的不是预期，而是通货膨胀本身所具有的惯性。根据这种理论，无论是什么原因造成了通货膨胀，即使最初的原因消失了，通货膨胀也会由于其本身的惯性而持续下去。这是因为，工人与企业所关心的是相对工资与相对价格水平。在他们决定自己的工资和价格时，他们要参照其他企业的工资与价格水平。此时，通货膨胀就会由于这种惯性而持续下去，因为谁也不会首先降低自己的工资与物价水平。只有在经济严重衰退时，才会由于工资与物价的被迫下降而使通货膨胀中止。

预期通货膨胀理论与惯性通货膨胀理论很相近，但存在着区别。前者由货币主义者提出，强调现在对未来的影响；后者由凯恩斯主义者提出，强调了过去对现在的影响。这两种理论从不同角度解释了通货膨胀持续的原因。

第三节　开放经济条件下通货膨胀的国际间传导

在当今经济全球化的背景下，一国的经济从封闭走向开放，本国的价格水平不再单纯由国内因素决定，来自国外的通货膨胀冲击也可能对本国的物价造成影响，因此，通货膨胀已经成为一个全球性的经济问题。一个国家的通货膨胀可以通过国际商品市场和货币市场影响到世界市场的价格水平，并迅速传播到其他国家。随着经济全球化的发展，各国的国内经济通过国际贸易、国际金融、国际投资被紧密联系到一起，由于通货膨胀会使财富在全社会进行分配，增加经济运行的不确定性，因此，越来越多的国家更加关注通货膨胀的治理，通货膨胀的国际间传导也就成为当今开放条件下宏观经济研究的重要议题。

一、通货膨胀国际间传导的含义

通货膨胀的国际间传导是在研究通货膨胀的基础上加入了国际因素的影响，其原因不是源于国内经济失衡，而是由于国外传导所致，因此，所谓通货膨胀的国际间传导，就是指通货膨胀在国际间蔓延并造成一国的通货膨胀影响到他国的经济运行的现象。在开放经济条件下，它主要表现在一国的价格水平持续上升影响到其他国家的价格水平。一般来讲，对外开放程度越高的国家，其国内物价水平越容易受到外部经济的影响。在世界经济发展的过程中，曾发生过多次大规模的世界性通货问题。例如20 世纪 70 年代的石油危机引发的"滞涨"现象，1997 年东南亚金融危机引发的全球性通货紧缩以及 2008 年美国"次级贷款金融危机"引发的全球性通货膨胀。

二、通货膨胀国际间传导的两种理论

20 世纪 60 年代末，世界经济学术界开始对通货膨胀的国际间传导进行研究，并形成了国际通货膨胀理论。该理论不仅是现代宏观经济理论向开放经济理论的延伸，同时也是经济全球化的产物，其核心内容就是通货膨胀的国际传导机制。按照不同的学派，通货膨胀国际间传导的理论大体上分为两类，即结构主义和货币主义。

（一）通货膨胀国际间传导的结构主义理论

通货膨胀国际间传导的结构主义强调从实体经济出发，研究在开放经济条件下，一国的通货膨胀怎样通过国际贸易途径对他国的产量、需求、供给和就业等实际因素产生影响，具有鲜明的凯恩斯主义色彩，这种传导过程可以从如下的模型中加以解释。

假设世界经济是由两个开放的国家 A 和 B 构成，并通过国际贸易相联系。对于每个国家而言，总需求包括国内需求和出口，总供给包括国内供给和进口，在经济均衡状态下，总需求等于总供给：

$$AD_A + X_A = AS_A + M_A$$

$$AD_B + X_B = AS_B + M_B$$

其中，AD_A、AS_A、AD_B、AS_B 分别为 A 国与 B 国的国内需求和供给，X_A、M_A、X_B、M_B 分别为 A 国与 B 国的出口与进口，由于假设世界上只有两个国家，因此 $X_A = M_B$、$M_A = X_B$。

现在假设 A 国由于需求过剩而发生了通货膨胀。在 A 国的商品市场上 AD_A 增加，造成 A 国的总需求大于总供给。为了弥补国内的供需缺口，A 国采取的措施有两个：

一是减少向 B 国的出口并将相应的商品转移到国内市场；二是增加从 B 国的进口。而这两种措施会使得 B 国的进口减少，出口增加，引起总需求超过总供给，从而 B 国也发生了通货膨胀。通过国际贸易途径，通货膨胀就这样从 A 国传导到 B 国。

需要注意的是，倘若通货膨胀导入国的国内经济存在结构性问题，那么还会加重传播的效果。国内通货膨胀如何受世界通货膨胀的影响？最有影响的理论是斯堪的纳维亚模型①，该理论分析对象是小型开放经济，这种国家无法主动影响国际市场的价格，而只能被动接受。该模型把这种国家的经济部门划分为两大类：开放经济部门和封闭经济部门。开放部门生产的国际贸易商品，其价格由国际市场决定，劳动生产率增长较快；封闭经济部门生产的非对外贸易商品，其产品价格由国内的生产成本决定，劳动生产率增长较慢。

在固定汇率和世界性通货膨胀的条件下，该国开放部门产品的价格随着世界市场价格上涨而上涨。

假定开放部门的劳动生产率是外生给定的和收入分配不变的，开放部门的价格上涨率与劳动生产率的增长率共同决定其货币工资增长率。由于存在全国统一的劳工市场，市场力量和工会的工资政策（共同一致的工资谈判原则）导致封闭部门的货币工资按与开放部门的货币工资相同的增长比率增长，两个部门实际的货币工资比率结构不变。

封闭部门的货币工资增长后，使企业家的生产成本上升，为了保持固定的利润比率不变，他们就会结合本部门的劳动生产率增长情况，决定其产品（或劳务）的价格上涨率。因此，封闭部门的通货膨胀率主要取决于本部门货币工资增长率与劳动生产率增长率之差。那么，封闭部门在国民经济中所占的比重越大，其劳动生产率增长率与开放部门相比差距越大，封闭部门的通货膨胀率对本国通货膨胀的影响也就越大。这样，该国的通货膨胀率就应该等于其开放部门和封闭部门通货膨胀率的加权平均数。

总之，经济开放型小国的通货膨胀率是由外生变量（世界市场通货膨胀率、本国的两大部门劳动生产率增长率）和部门结构（本国的两大部门在经济中所占比重）共同决定的。封闭部门在经济体中所占的比重越大，国内通货膨胀与世界通货膨胀的离差就越大。所以，尽管世界市场通货膨胀率是统一的，但由于各国开放部门和封闭部门所占的比重不同，各部门劳动生产率增长率不同，导致各国的通货膨胀率存在着差异。

（二）通货膨胀国际间传导的货币主义理论

通货膨胀国际间传导的货币主义理论，以开放经济条件下的货币均衡为重点，认

---

① 斯堪的纳维亚模型又称北欧模型，或小国开放经济模型，是由挪威经济学家沃德·奥克普斯特（Aukrust）于 1970 年提出的，1973 年为瑞典经济学家格斯塔·埃德格伦、卡尔·沃尔夫·法克森和克拉斯·艾里克·奥德纳三人所发展，故通常称之为"Aukrust‑EFO"模型。

为货币供给在通货膨胀的国际传导中起关键性的作用，通过货币数量、汇率、利率的变化和国际收支差额，以及国际储备的变化来解释通货膨胀的国际传导，属于货币主义的观点。其理论前提有两个：固定汇率和资本的自由流动。在固定汇率制度下，一国发生通货膨胀会使得本国出口商品价格上升，实际利率下降，货币贬值，从而影响该国商品的出口，同时在资本的自由流动的条件下，资本为了追求更高利率，会不断流出本国。结果，外国进口价格上升，货币存量增加，在这两个因素的共同作用下，外国也会发生通货膨胀。

这一过程可以通过以下模型来说明。在开放经济条件下，一国的货币供应量 MS 不仅仅来源于国内，还来源于国外，基本公式可以表示为：

$$MS = h\ (D + R)$$

其中，D 表示来源于国内的货币供应量，即国内信贷，R 表示来源于国外的货币供应量，即外汇储备。h 为该国的货币乘数。

根据剑桥方程，人们对货币的需求为：

$$MD = k\ PY$$

其中 MD 为货币需求，P 为价格水平，Y 为国民收入，k 为常数。当国内经济处于均衡条件时，货币供给等于货币需求：

$$h\ (D + R)\ = k\ PY$$

根据开放经济条件下的"一价定律"，有：

$$P = EP^*$$

其中，E 为汇率，P^* 为外国价格水平，因此：

$$h\ (D + R)\ = kEP^*Y$$

对此式两边取对数并微分，得到各变动率之间的关系：

$$d + r = e + p^* + y$$

从上式可以知道，在固定汇率条件下，汇率变动率 $e = 0$。假定该国不实施冲销操作，即当外汇储备变动率 r 增加时，该国政府并不减小国内信贷变动率 d，那么，在资本自由流动和 y 不变的情况下，外国价格水平 P^* 的上升会导致外汇储备 r 的上升，从而增加本国的货币供给，导致通货膨胀。

货币主义认为通货膨胀的国际间传导从本质上说是一种货币现象，所有的国际收支不平衡，从本质上说都是货币的。倘若国内信贷水平保持不变，国际收支差额会使该国的国际储备增加，如果此时的中央银行没有进行冲销操作，这样本国的基础货币将会增加，该国也就输入了通货膨胀。

三、通货膨胀国际间传导的途径

综合而言，开放经济条件下，通货膨胀会通过下列途径向他国进行扩散。

（一）国际商品贸易传导

国际商品贸易对通货膨胀的传导效应主要是通过国际商品价格、贸易流量和贸易差额的变化，使通货膨胀在国际间进行传导，本质上是由于国际商品价格的变化引起的。国际商品价格的变化反映了价格传导机制的作用，是国际商品贸易传导途径的第一层效应。首先，在开放经济条件下，当该国的贸易伙伴发生通货膨胀使得出口商品的价格上升时，该国的价格水平也会由于进口商品价格的影响而必然上升。其次，价格水平的变化还会影响到贸易流量，而贸易流量的变化会进一步影响价格水平。最后，商品价格的变化、贸易流量的变化最终表现在贸易差额的变化。而这一变化引起该国国际储备的变化，进而使得基础货币发生变化，最终加剧通货膨胀的国际间传导。

（二）国际资本流动传导

国际资本流动是指资本在不同国家间的转移流动。随着经济全球化的发展，国际资本流动通过资本利率、资本供求等引起的国际收支变化，已经成为通货膨胀国际间传导的重要渠道。其影响程度主要受一国在国际金融市场的地位和该国金融市场的开放程度等因素的影响。在一国通货膨胀初期，通货膨胀的程度比较轻，资本的收益率并没有发生很大的变化。随着通货膨胀的日益严重，国内货币供应量的不断增加，本国的实际利率下降，从而导致资本向国外流动。这样，资本流入的国家会由于外汇储备增加导致货币存量增加，从而使得通货膨胀从一个国家传导到另一个国家。

第四节 通货膨胀对经济的影响

通货膨胀作为宏观调控的主要目标之一，是社会各界最为关注的宏观经济问题。与失业不同，通货膨胀会影响到经济社会中的每一个人，同时也会对经济社会的正常运行产生重大深远的影响。一般而言，可以将通货膨胀对经济的影响概括为两个方面，即通货膨胀对再分配的影响和对经济发展的影响。

一、通货膨胀对再分配的影响

在现实经济中，通货膨胀意味着人们手中持有的货币的购买力下降，人们的实际收入水平以及财产存量发生变化，从某种程度上讲，通货膨胀导致人们过去劳动成果的缩水。对于不同的经济主体，通货膨胀再分配效应有着不同的影响。

（一）在债务人与债权人之间，通货膨胀将有利于债务人而不利于债权人

在通常情况下，通货膨胀会牺牲债权人的利益而使债务人受益。例如，A 与 B 签订债务契约，约定 A 向 B 借款 1 万元并一年以后归还，如果这一年中发生了通货膨胀，物价上涨了 1 倍，那么一年后 A 归还给 B 的 1 万元只能买到原来的商品和劳务

的一半，也就是说通货膨胀使 B 损失了一半的实际收入。此外，借贷的债务契约一般都是根据签约时的通货膨胀率来确定名义利率，当发生了未预期的通货膨胀之后，债务契约此时已无法更改，由于实际利率等于名义利率减去通货膨胀率，通货膨胀的发生使得实际利率下降，债务人受益，而债权人受损。

（二）在雇主与工人之间，通货膨胀将有利于雇主而不利于工人

当名义工资不变时，实际工资与价格指数成反比[①]。因此发生不可预期的通货膨胀时，工资增长率不能迅速地根据通货膨胀率来调整，此时物价指数的上升使工人获得的实际工资下降，另外也说明雇主支付的实际工资成本下降，因此通货膨胀有利于雇主，不利于工人。

（三）在政府与公众之间，通货膨胀将有利于政府而不利于公众

在不可预期的通货膨胀之下，人们的名义工资尽管并不一定能保持原有的实际工资水平，但是总会有所增加。同时，在累进税率的情况下，名义工资的提高，一方面使得达到纳税起征点的人数增加了，另一方面也使许多人进入了更高的纳税等级，从而政府的税收增加，公众的实际收入减少。

如果政府发行债券，那么在通货膨胀的情况下，作为债务人的政府将受益，而作为债权人的公众将受损。

（四）通货膨胀不利于靠固定的工资收入维持生活的人

在现实生活中，对于靠固定的工资维持生活的人来说，其收入是固定的货币数额，在一定时期内保持不变，当通货膨胀发生时，其实际收入由于落后于上升的物价水平而减少，也就是说他们获得的货币收入的实际购买力下降。例如工薪阶层、公务员、退休人员，以及其他靠福利和转移支付维持生活的人，如果他们的收入不能随着通货膨胀而相应变动的话，他们的生活水平必然下降。

（五）通货膨胀对储蓄者不利

随着价格的上涨，存款的实际价值或购买力就会降低，那些持有闲置货币和存款在银行的人将遭受损失。例如，假设银行的存款利率为 5%，而通货膨胀率为 10%，则此时存款的实际收益率为 –5%（5% – 10%）。同样，对于那些用于防患未然和养老的资产，如保险金、养老金以及其他固定价值的证券财产等，在通货膨胀中，其实际价值也会下降。

二、通货膨胀对经济发展的影响

根据人们分析的角度不同，以及通货膨胀严重程度的不同，通货膨胀对经济发展的影响也不同。大体可以分为以下三种情况：

---

① 实际工资 ＝名义工资/物价指数

（一）通货膨胀有利论

通货膨胀有利论认为，温和的通货膨胀对经济发展是有利的。首先，通货膨胀会使得商品的价格上升，而短期内，工人的工资是固定不变的，因此商品价格的上升会使企业的利润增加，并促使企业扩大生产。其次，作为货币现象的通货膨胀，在货币需求量不变时，货币供给量的增加会使得利率下降，进而促进企业的投资。再次，政府可以从通货膨胀中获得通货膨胀税，政府的税收增加，并进一步导致政府支出增加，国民收入增长。最后，需求拉动的通货膨胀会导致市场对商品的需求增加，有利于促进社会生产的增加，减少失业。

（二）通货膨胀不利论

通货膨胀不利论认为，通货膨胀不利于经济的发展。首先，通货膨胀会造成市场的价格信号失真。价格机制是市场经济中最重要的机制，当市场价格失真时，市场将不能有效地配置资源，造成资源的浪费，不利于经济的发展。其次，通货膨胀会使得投资的风险增大，由于资产的实际回报率等于资产的名义回报率与通货膨胀率之差，资产的实际回报率会因为未预期到的通货膨胀而降低，并可能为负，最终抑制投资。最后，成本推动的通货膨胀会导致企业的生产成本上升，从而社会生产减少，失业增加。

（三）超级通货膨胀导致经济崩溃

当出现超级通货膨胀时，经济体系极有可能陷入崩溃。首先，当物价持续上升时，消费者和企业都会产生通货膨胀的预期，即预期物价会继续上升。在这种情况下，人们会在价格上升前将货币花掉以免让自己的储蓄和收入贬值，而这将产生过度消费，较少地考虑这些商品是否有必要，甚至出现抢购行为，使货币流通速度加快，商品供应更加短缺。同时，储蓄和投资减少。其次，随着通货膨胀而来的是生活费用的上升，工人会要求增加工资，企业成本上升，不利于促进生产者努力生产，导致企业生产规模缩小，产出和就业下降。再次，企业会在通货膨胀率上升时增加存货，以便在以后按更高的价格出售，增加利润，而这将使得市场供给减少，物价进一步上升。最后，恶性通货膨胀使得生产和经营无法进行，企业破产，工人失业，经济最终陷入崩溃。

第五节　政府对通货膨胀的主要对策

对通货膨胀的对策，政府主要采取用衰退来降低通货膨胀和收入价格的政策。对于前者用渐进方式和激进方式来进行，即采取各种经济政策缓慢地降低通货膨胀和快速降低通货膨胀。其政策主要有财政政策和货币政策等。

一、货币政策

根据经济运行的实际适当地采取紧缩性货币政策。控制货币供应量，努力提高货币的购买力，减轻货币膨胀的压力。影响总需求，使总需求接近于维持充分就业和物价比较稳定所需求的水平上。

二、财政政策

根据经济运行的实际情况采取适度从紧的财政政策。运用各种财政政策，有紧有松搭配好各种财政政策和货币政策，总体上适度从紧的财政政策，抑制总需求的上升，尽可能控制或减少经济上出现衰退现象来治理通货膨胀。

经济理论中对反通货膨胀带来的损失称为反通货膨胀的牺牲率。它是指 GDP 损失的累积百分比与实际获得通货膨胀率降低之间的比率。

三、供给政策

采取增加总供给政策，试图消除国家的总供给与总需求之间的缺口，进而降低物价水平。主要是通过各种方式刺激生产、运用国家储备或扩大进口增加市场供给。该政策最大的优点是在降低物价水平的同时，还不能引发失业的增加和降低经济增长。

四、收入政策和价格政策

收入政策是指控制本国的各种收入增长，主要是通过控制工资增长率来控制产品成本的增长，从而控制物价上涨的水平。这主要是针对工会垄断组织对工资增长率的控制。价格政策是控制价格上涨的政策，这主要是针对厂商所采取的政策。对这两种政策所采取的控制办法主要是行政手段、法律手段，以及道义劝告方法。

但是，多数经济学家反对限价方法。因为人为地限制产品和劳务价格不利于资源有效配置；这种做法没有触及通货膨胀的深层原因，这种控制也是难以实施；通常会导致不同程度的低效率。

五、改变预期

政府可以通过传媒宣传等方式进行宣传，证明通货膨胀是能控制的，让人们相信通货膨胀即将结束。这有助于制止通货膨胀。

六、货币改革

当发生了恶性通货膨胀，经济陷入极其混乱的情况时，就必须采取发行新货币取代旧货币的货币改革，以尽可能地快速摆脱这种混乱状况。

七、全盘指数化等政策

全盘指数化将主要经济与物价指数挂钩，物价指数上涨，各经济量也相应增加。收入、利率等与价格指数相联系，可以消除通货膨胀对经济发展、收入分配和资源配置等方面的影响。

对于受世界通货膨胀影响的小国，对待通货膨胀的办法之一就是与世界通货膨胀相适应。

另外，对外部影响的通货膨胀的对策。当国际市场上出现短缺时应控制盲目出口，以保证国内市场供求平衡；根据国际收支和国际市场情况，通过汇率、利率，以及资本项目等方式控制国际热钱流入。

第六节　失业理论

一、失业的概念

失业是劳动力没有就业，但积极地寻找工作或等待返回岗位的一种社会现象。处于此状况的劳动力被称为失业者。

我国所规定的失业人员是在规定的劳动年龄内，具有劳动能力，在调查期内无业并以某种方式寻找工作的人员。其中：劳动的年龄为 16 周岁[①]直至按国家规定的退休年龄。劳动年龄内是否具有"劳动能力"的人员，如果有争议，就以劳动保障部门指定的医疗机构鉴定为准；调查期为每季度末最后一日之前的两个完整周；"无业"为没有从事任何社会经济活动，也没获得劳动收入和经营收入[②]；有求职愿望，并且采取各种有实际行动方式的求职者。

由此可见，在校学生、退休人员、家务劳动者、无劳动能力者、自愿失业者、未领取失业救济的未登记注册的无工作者，及其他不符合失业定义的人员，都不包括在失业人员中。

对于失业统计，国际上存在着登记失业率和调查失业率两种，根据国际劳动组织统计数据显示，目前在统计的 116 个国家中，采用调查统计的国家主要有：美国、法国、日本、韩国、希腊等 76 个国家，占 65.5%；采用登记统计的主要有：中国、蒙古、布隆迪、卢森堡等 8 个国家，占 6.9%；两种方法都采用的有：德国、英国、荷兰、俄罗斯、瑞士等 32 个国家，占 27.6%。

我国的方法是统计城镇登记的失业，显然统计范围比较窄。如我国发布的失业率

---

① 16 岁以上各类学校毕业或肄业的学生中初次寻找工作但尚未找到工作人员。

② 企业宣告破产后尚未找到工作人员；被企业终止、解除劳动合同或辞退后尚未找到工作人员；辞去原单位工作后尚未找到工作人员；符合失业人员定义的其他人员。

为"城镇登记失业率"即：

$$城镇登记失业率 = \frac{城镇登记失业人数}{城镇登记失业人数 + 城镇单位就业人员} \times 100\%$$

美国的调查统计方法，其失业率公式为：

$$失业率 = \frac{失业人数}{失业人数 + 就业人数} \times 100\%$$

美国调查统计失业率的样本达到 6 万户人家，约有 11 万劳动人口。美国人口调查局先将整个美国划分为 2 025 个地理区域，再从中选出 824 个，代表美国各州各区，以及华盛顿哥伦比亚特区。该抽样调查涵盖了乡村和城市地区，各种工业和农业区。

二、失业的影响和奥肯定律

（一）失业的影响

失业本质上是一种经济资源的浪费，因为劳动者不能与其他生产要素相结合创造社会财富。经济衰退期间失业率上升，本可由失业工人生产出来的产品和劳务都损失了，失业者的损失等于生产的损失。

失业的社会影响虽然难以估量，却最能为人们所感受到。失业威胁着作为社会单位的家庭稳定。没有收入家族的要求和需要得不到满足，户主就不能起到应有的作用，家庭关系可能因此受到损害。家庭之外的人际关系也受到严重影响，失业者在就业者面前失去了自尊和影响力，甚至失去自信。最终失业者可能情感上受到严重打击。西方有关心理学专家研究表明，失业造成的伤害不亚于亲友去世或学业失败。

西方经济学家还从另一个角度研究认为，一个社会有一个合理的失业率及失业大军的存在，是促进社会发展所必需的条件之一。因为，他们可以随时随刻地向厂商提供所需的劳动，满足生产上的需要；另外，失业大军的存在也是对在业人的压力，促使其努力工作。

（二）奥肯定律

奥肯定律是以美国经济学家阿瑟·奥肯的名字命名的。奥肯研究了美国经济实际 GDP 与失业波动之间的关系，发现了经济周期波动中经济增长率与失业率之间存在着一种相当稳定的经济关系。其内容是失业率每高出自然失业率一个百分点，实际 GDP 将低于潜在 GDP 两个百分点。也可以说，相对于潜在 GDP，实际 GDP 每下降两个百分点，实际失业率就会比自然失业率上升一个百分点。奥肯定律的计算公式：

$$失业率的变动 = -\frac{1}{2}(实际 GDP 增长率 - 潜在 GDP 增长率)$$

从而得出结论：实际 GDP 必须保持与潜在 GDP 同样快的增长，以防止失业率的上升；如果政府让失业率下降，那么，该经济社会的实际 GDP 的增长必须快于潜在

GDP 的增长。

但是，奥肯定律的提出是依据美国经济特定的一段历史时期数据，对经济增长与失业率之间的具体数量关系所做的描述，当经济学家观测其他国家的数据时，发现奥肯定律中的数值略有不同。而今日的美国经济未必仍然依照原有轨迹继续运行，其他国家也不应该照抄照搬这种具体数值进行比较。

因此，奥肯定律的意义在于揭示了经济增长与就业增长之间的关系，而不在于其所提供的具体数值。

三、失业的类型和自然失业率

（一）失业的类型

（1）周期性失业。周期性失业是指由于经济周期波动，在经济衰退或萧条时，所出现的整个经济体系的普遍失业。当经济处于一个周期中的衰退期时，社会总需求不足，厂商生产规模缩小，从而导致整个经济体的普遍失业。

周期性失业对于不同行业影响是不同的。一般来说，需求收入弹性越大的行业，周期性失业影响越严重。

（2）摩擦性失业。它是指由于人们在不同的地区、职业或生命周期的不同阶段，变动工作岗位期间难免出现摩擦而引起的失业。这种失业属于短期的、过渡性的、局部的失业，通常是由劳动供给方引起的。

（3）结构性失业。经济中出现，有的劳动岗位供给与需求不匹配所造成的失业。特点是既有失业，又有空缺职位，即失业与劳动岗位空缺并存。

造成这种劳动供给与需求不匹配的主要原因：第一，技术发展。原有劳动者不能适应新技术的要求，或者是技术进步使得劳动力需求下降。比如，有的技术工人、大学毕业生、高级技术人才可能出现了专业不对口现象，也有的劳动者，因受教育不多，缺乏技能，无法满足当前复杂的经济活动的需要而失业者；第二，市场需求的永久性变化。消费者偏好发生了变化，即对产品和劳务的偏好的改变，使得某些行业缩小或者消失，而另一些行业扩大，导致处于缩小或消失行业的劳动者失去工作岗位；第三，劳动者的不能流动性。劳动成本的存在，约束着劳动者在不同地区，甚至不同行业间流动。

这种结构性失业通常起源于劳动的需求方，在性质上是长期存在的。

（二）自然失业率与充分就业

自然失业率（Natural Rate of Unemployment）是指一国经济在价格和工资上下波动的力量处于平衡时，实现了它的潜在的 GDP 水平时的失业率。也就是说，没有货币因素干扰的情况下，失业率的高低与通货膨胀的高低之间不存在替代关系，让劳动市场和商品市场自发供求力量发挥作用时，应有的、处于均衡状态的失业率。也称为均衡失业率。这种失业率中包含着摩擦性失业和结构性失业。

自然失业率是由 M. 弗里德曼为代表的现代货币主义者提出的。他认为在自由竞争的劳动市场，工资具有伸缩性，劳动市场的供求状况信息能较普遍、较容易地被获得。这样，那些有技能而且愿意工作的人迟早都会有就业机会，而缺乏就业技能又不被雇主需要的人是不会得到就业机会的。因此不存在非自愿性失业，失业都是摩擦性的。可见，现代货币主义提出的自然失业率的理论，其落脚点是为了反对除货币政策以外的一切政府干预措施，并以此为核心阐述与凯恩斯学派不同的政策主张。

充分就业（Full Employment）是指在一般物价水平稳定，既不上涨，也不下跌的情况下，除摩擦性失业者和结构性失业者（包括：自愿失业）外，所有愿意工作的人都在从事某种工作的这一就业状态。充分就业并不等于全部就业，而是仍然存在一定的失业，这种失业是经济运行中客观存在的。所以，充分就业是所有愿意就业的人都找到合适的职务，没有浪费现象。

充分就业是由凯恩斯提出的。他的《就业、利息和货币通论》核心就是针对1929 年至 1933 年在危机时期各国存在着大量失业者的问题而展开的。要解决失业问题需要政府干预经济，采取扩张性的财政政策。

人力资源在任何社会都是第一资源。人力资源配置效率高低决定着一个社会的发展状况，人力资源配置效率的高低又取决于该社会的就业率水平，即就业与人力资源配置效率正相关，失业与人力资源配置效率负相关，所以，充分就业被认为是人力资源配置效率最优状态。

当人力资源充分就业时，其他资源也同时得到最有效率的利用，整个国民经济的实际产出接近或等于潜在产出，经济就处在繁荣阶段。因此，充分就业的实现就成为社会发展的重大关键问题，也是任何国家政府宏观调控的首要目标。

第七节　菲利普斯曲线

用菲利普斯曲线来表示通货膨胀与失业之间存在着交替关系。

一、原始的菲利普斯曲线

菲利普斯曲线是由新西兰经济学家 W. 菲利普斯在 1958 年发表的论文《1861—1957 年英国失业和货币工资变动率之间的关系》中提出来的。用一条曲线表示失业与货币工资变动率之间的交替关系。如图 11 - 4 所示。图中的横轴 U 表示的是失业率，纵轴 $\left(\dfrac{\Delta W}{W}\right)$ 表示的是工资率，图中的曲线 PC 为菲利普斯曲线。菲利普斯曲线 PC 斜率为负，工资率在 $\left(\dfrac{\Delta W}{W}\right)_2$ 时，对应 PC 曲线上的 A 点，A 点所对应的横轴是 U_2 的失业率；工资下降到 $\left(\dfrac{\Delta W}{W}\right)_1$ 时，对应 PC 曲线上的 B 点，B 点所对应的横轴是 U_1 的失业率。该曲线表明当失业率较低时，货币工资增长率较高；当失业率较高时，货币工资增长率较低。失业率与货币工资变化率呈反方向的对应变动关系，即负相关关系。在一轮短期的经济周期波动中，当经济波动上升时，失业率下降，货币工资变化率上升；在经济回落波动时，失业率上升，货币工资变化率下降。

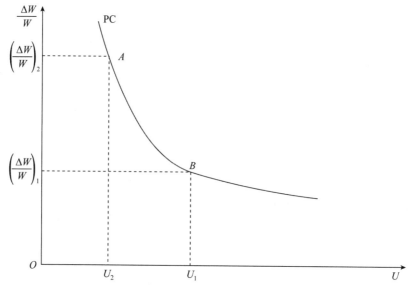

图 11-4 失业与工资变动率

二、新菲利普斯曲线

（一）新菲利普斯曲线

新菲利普斯曲线是指失业率与物价上涨率之间反方向变动的关系。它是由萨缪尔森和索洛在 1960 年提出的。他们以物价上涨率代替原菲利普斯曲线中的工资变化率。这种替代是通过产品价格形成遵循"平均劳动成本固定加值法"一个现实假定得出来的，它是指每单位产品的价格是由平均劳动成本加上一个固定比例的其他成本和利润形成的。物价变动与货币工资变动有关，而且二者同方向变动。

这种菲利普斯曲线表现形式与原始的菲利普斯曲线相同，只不过其纵轴为物价上涨率。如图 11-5 所示，纵轴的左边为物价上涨率 $\dfrac{\Delta P}{P}$，右边纵轴是工资增长率 $\dfrac{\Delta W}{W}$，横轴仍然是失业率，PC 曲线斜率为负。当失业率下降时，物价上涨率提高，工资增长率也提高；当失业率上升时，物价上涨率下降，工资增长率也下降，说明通货膨胀率与失业率之间呈反方向变动。在短期的、典型的经济周期波动中，当经济波动处在上升期时，失业率下降，物价上涨率上升；在经济波动处在回落期时，失业率上升，物价上涨率下降。

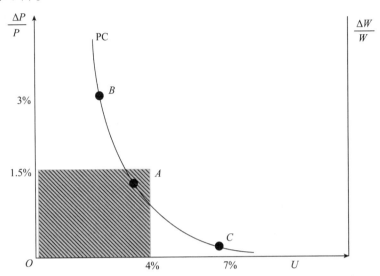

图 11 - 5　失业率与物价上涨率的菲利普斯曲线

在图 11 - 5 中，左边纵轴与横轴处有个矩形阴影，表明在现实经济中社会能接受的失业率是 4%，西方学者认为这是自然失业率，如果实际失业率超过这个阴影部分（假设是 C 点）是社会所不能接受的。纵轴上的通货膨胀率 1.5% 是社会所能接受的，如果现实中超过这个界限（假设为 B 点）是社会所不能接受的。所以现实社会中，应该尽可能地将通货膨胀率和失业率控制在阴影里，如 A 点是社会所能接受的通货膨胀率和失业率。

图 11 - 5 也能反映出两边纵轴之间的关系。工资增长率等于通货膨胀率与劳动生产率之和，即：

$$工资增长率 = 通货膨胀率 + 劳动生产率$$
$$通货膨胀率 = 工资增长率 - 劳动生产率$$
$$劳动生产率 = 工资增长率 - 通货膨胀率$$

它们之间的关系也能从 PC 曲线上的高低位置反映出来。当通货膨胀率处在 B 点时，工资增长率也比较高，劳动生产率能计算出来，同时失业率也低，经济处在比较繁荣时期；当失业率处在 C 点时，工资增长率低，通货膨胀率也低，同时测算出劳动生产率，经济处在比较衰退时期。

（二）滞胀的菲利普斯曲线

滞胀的菲利普斯曲线是针对 20 世纪 70 年代所发生的经济停滞与通货膨胀并存的经济现象所描述的。如图 11 - 6 所示。横轴为失业率 U，纵轴为物价上涨率 $\frac{\Delta P}{P}$，菲利普斯曲线随着滞胀的发展而平行地向右上方移动。从而所能接受的失业率和通货膨胀率也在不断地上升。

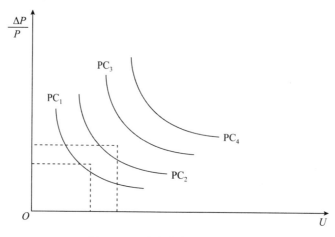

图 11-6 滞胀的菲利普斯曲线

（三）长期菲利普斯曲线

长期菲利普斯曲线通常是指随着现实的菲利普斯曲线的移动，人们发现失业率始终在自然失业率处波动，从而形成了长期垂直于横轴的菲利普斯曲线。如图 11-7 所示。其中的 LPC 就是长期菲利普斯曲线，它垂直于横轴，U^* 为自然失业率。

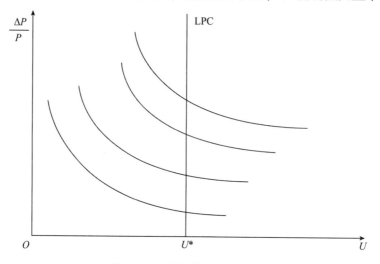

图 11-7 长期菲利普斯曲线

三、现代的菲利普斯曲线

现代的菲利普斯曲线，也称为产出与物价的菲利普斯曲线，是指的经济增长与物价上涨率之间关系的曲线。现代的菲利普斯曲线，嵌入了奥肯定律，在奥肯定律中描述了失业率与 GDP 之间的交替关系。

失业率与经济增长率是负相关，失业率与通货膨胀率是负相关，那么经济增长率与通货膨胀率为正相关。如图 11 - 8 所示。纵轴为通货膨胀率，横轴为经济增长率，PC 曲线斜率为正，说明随着经济增长率的提高，通货膨胀率也在上升。图中的 Y^* 为充分就业条件下的国民收入，$\left(\dfrac{\Delta P}{P}\right)^*$ 为社会所能接受的通货膨胀率。

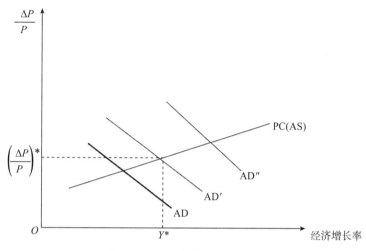

图 11 - 8　现代菲利普斯曲线

这条菲利普斯曲线是由左下方向右上方倾斜的斜率为正的曲线，走向与第一、第二种正好相反。在这里是现代经济增长率对潜在经济增长率的"偏离"，是一定时期内社会总需求的缺口和物价上涨的压力。表明现实经济增长率对潜在经济增长的偏离与物价上涨率二者是同方向的对应变动关系。

思考题：

1. 我国改革开放以来发生过几次大的通货膨胀？主要原因是什么？

2. 我国对几次大的通货膨胀治理的方式及其效果。

3. 高通货膨胀对人们的生产和生活有何影响？

4. 我国近几年的通货膨胀情况如何？它与我国经济增长的关系如何？

5. 请举例说明国际间通货膨胀的传导。

6. 如何理解自然失业率、充分就业？

7. 能否通过实际数据解读奥肯定律？

8. 你是如何理解菲利普斯曲线的？为什么？

参考资料：

1. 萨缪尔森：《宏观经济学》（19 版）第 15、16 章，人民邮电出版社 2012 年 1 月。

2. 凯恩斯：《就业、利息和货币通论》第十八、二十、二十一章，商务印书馆 2014 年 11 月。

3. 付卡佳：《现代西方经济学原理》第十五章，经济科学出版社 1999 年 2 月。

第十二章　经济增长理论

经济增长理论是现代宏观经济学重要基本理论之一。该理论是在 20 世纪 50 年代之后逐渐发展起来的，其主要特点是模型化，通过建立模型来阐明国民收入增长与有关诸因素之间的因果关系。代表性的模型是，英国经济学家哈罗德（R. F. Harrod）和美国经济学家多马（E. D. Domar）的哈罗德—多马模型、以美国经济学家索洛（R. M. Solow）为代表的新古典模型和以英国经济学家卡尔多（N. Kaldor）为代表的新剑桥学派模型。

第一节　经济增长及其决定因素

一、经济增长概念

经济增长（Economic Growth）是指一个国家或地区的经济规模和生产能力增长，或者实际产量（包括物质产品和服务）的继续增加。它是以实际国内生产总值、国民生产总值、人均国内生产总值、人均国民生产总值及其相应的增长率为衡量指标。如果用 G 表示国民收入，用 g 表示人均国民收入，t 为 t 时期，$t-1$ 为 t 的上一个时期。经济增长等式是：

$$G_t = \frac{Y_t - Y_{t-1}}{Y_{t-1}}$$

$$g_t = \frac{y_t - y_{t-1}}{y_{t-1}}$$

经济增长能增加国家或地区的财富的就业机会。经济正增长一般被认为是整体经济景气的表现。反之，如果经济增长出现负数，即当年国内生产总值比往年减少被认为是经济衰退。通常情况下，国内生产总值连续两个季度持续减少，就被称为经济衰退。

决定经济增长的主要因素有：人力资源、自然资源、资本积累数量与质量、技术水平的高低，以及体制约束和经济结构变化等。

二、经济增长基本类型

经济增长达到最高时产量最大，被称为充分就业条件下的国民收入，它取决于现有的生产要素的数量及其生产率（Productivity）。用 Q^* 表示最大产量，用 F 表示生产要素数量，用 P_r 表示生产要素生产率，则生产力函数是：

$$Q^* = f(F, P_r)$$

从等式中可以看出，经济增长可以因投入的生产要素数量增加引起，也可以通过生产率的提高引起，当然也可以两个方面同时增长引起。因此，经济增长类型可分为外延式的经济增长和内涵式的经济增长。

（一）外延式经济增长

外延式经济增长是由可获得生产要素增加而引起的，更多的生产要素意味着更大的产量。比如增加自然资源投入量、增加人力资源投入量、增加资本、扩大生产场地等，从而产量增加。尽管如此，产量与生产要素之比不变，即：$\frac{\overline{Q}}{F}$ 不变。

但是，个别要素单位投入，单位产量却可增长。假如生产要素投入只有资本 K 和劳动力 N 的投入，当资本存量的增长率 $K\%$ 快于劳动力的增长率 $N\%$，就会出现单位劳动产出量 $\frac{\overline{Q}}{N}$ 增加，每单位资本投入的产出量 $\frac{\overline{Q}}{K}$ 减少，而 $\frac{\overline{Q}}{F}$ 不变。反之，如果劳动力的增长率 $N\%$ 快于资本的增长率 $K\%$，则每单位劳动投入的产出量 $\frac{\overline{Q}}{N}$ 下降，而每单位资本投入的产出量 $\frac{\overline{Q}}{K}$ 会上升，$\frac{\overline{Q}}{F}$ 不变。

从上述关系看，如果人口迅速增长，会引起劳动迅速增长，会引起外延式的经济增长。而当劳动力增长率 $N\%$ 快于资本存量的增长率 $K\%$，单位劳动产出量 $\frac{\overline{Q}}{N}$ 就会减少，意味着人们的生活水平在下降；同时，由于人口的增加速度太快，有可能引起人均产量水平下降，人们的生活水平会普遍下降。相反，如果资本存量增长 $K\%$ 快于劳动增长率 $N\%$，单位劳动平均产量 $\frac{\overline{Q}}{N}$ 提高，通常会引起人们的生活水平提高。因此，许多国家主张抑制人口增长速度，使其低于资本积累增长速度。

（二）内涵式经济增长

内涵式经济增长是由生产要素的生产效率（用劳动生产率近似地代表）提高而引起的经济增长。它包括总生产要素生产效率提高，以及各单个生产要素生产效率提高，即每单位劳动的产量 $\frac{\overline{Q}}{N}$ 提高、每单位资本的产量 $\frac{\overline{Q}}{K}$ 提高，以及每单位原材料的产量 $\frac{\overline{Q}}{RM}$（假设用 RM 表示原材料量）提高，等所引起的经济增长。

内涵式经济增长实现途径有很多。比如：采用先进技术、增加劳动者技术培训、生产要素质量的提高、通信系统进步、生产组织的改进等，都可以促进内涵式的经济增长。

外延型经济增长与内涵型经济增长常常结合在一起。比如企业新买一台具有世界先进水平的机器设备，因为技术先进属于内涵式经济增长，同时，购买新设备需要投入资本金等，又是外延式经济增长。

三、粗放式与集约式经济增长方式

（一）粗放式与集约式经济增长方式的概念

粗放增长是指以高投入、高消耗、高污染、低产出、低效益为特征的经济增长方式。它往往注重经济增长的数量和速度，忽视经济增长的质量和结构，突破资源和环境的承载能力等，使经济增长无法持久。

集约式增长是指以高技术为依托，以低投入、低消耗、低污染、高产出、高效益、高附加值和经济结构不断趋向优化为特征的经济增长方式。以技术进步为基础和源泉，以制度（政治和法律制度、经济体制、经济结构等）和思想意识的不断调整为必要条件。

根据上面分析可以得出，外延式经济增长方式与粗放经济增长方式不同，前者只注重生产要素投入数量与产出数量关系，后者虽然也注重数量投入与产出，但同时也是高消耗、高污染、低产出。而内涵式经济增长与集约式经济增长二者相比，后者比前者涉及的面更广，程度更深。

（二）我国的转变经济增长方式

我国正在进行的转变经济增长方式主要是指经济增长由粗放型向集约型。

我国在改革开放30多年以来，基本上走的是一条粗放经营的经济增长路子，它对我国经济增长起过积极作用。但同时也带来了负面效应，粗放增长方式在我国主要表现在以下几点。

1. 能源消耗速度超过经济增长速度

2001—2004年，我国国内生产总值年均增长8.7%，而能源消费年均增长10.9%，能源消费弹性系数（能源消费增长速度与国内生产总值增长速度之比）达到1.3∶1，2004年这一比例为1.6∶1。与其他国家相比，欧盟能源利用效率远远高于中国，1993—2004年中国能源消费强度的均值为2.41万吨当量煤/亿元，同期欧盟的能源消费强度均值为0.31万吨当量煤/亿元，二者相比中国是欧盟的7.77倍，这就是说获得同样单位的GDP，中国的能耗是欧盟的7.77倍。

2. 能源资源利用率低

我国能源利用效率仅为33%，比发达国家低约10个百分点。2004年工业内部七个行业（电力、钢铁等）的 16 种产品的能耗指标平均比国际先进水平高 40%。钢、水泥、纸板的单位产品综合能耗比国际先进水平分别高 21%、45%、12%。粗铜综合能耗平均为 1 吨标准煤左右，比国外先进水平高 40%。氧化铝综合能耗平均为 1 154 公斤标准煤，比国外先进水平高 50% 左右。

因此，努力降低重点耗能产品能耗对提高整个制造业的能源利用效率有很大的影响作用。

3. 盲目投资、重复建设

2007 年我国许多行业出现供给大于需求。如：电解铝行业产能已经高达 1 030 万吨，闲置能力就有 260 万吨；铁合金行业生产能力 2 213 万吨，企业开工率仅有 40% 左右；焦炭行业产能超出需求 1 亿吨，还有在建和拟建能力各 3 000 万吨；电石行业生产能力 1 600 万吨，有一半能力放空；铜冶炼行业建设总能力 205 万吨，是 2004 年年底的 1.3 倍，2007 年年底将形成近 370 万吨的能力，远远超过当年国内铜精矿预计保障能力；汽车行业产能已经过剩 200 万辆，在建能力 220 万辆，正在酝酿和筹划的新上能力达 800 万辆。

4. 环境污染严重[①]

2013 年我国全国环境质量"总体一般"。

城市环境空气质量形势严峻。新标准下达标城市比例仅 4.1%，即只有海口、舟山和拉萨；超标城市比例为 95.9%。中国气象局基于能见度的观测结果表明，2013 年全国平均霾日数为 35.9 天，比上年增加 18.3 天，为 1961 年以来最多。中东部地区雾和霾天气多发，华北中南部至江南北部的大部分地区雾和霾日数范围为 50~100 天，部分地区超过 100 天。

水环境质量不容乐观。长江、黄河、珠江、松花江、淮河、海河、辽河、浙闽片河流、西南诸河和西北诸河等十大水系的国控断面中，Ⅰ—Ⅲ类、Ⅳ—Ⅴ类和劣Ⅴ类水质的断面比例分别为 71.7%、19.3% 和 9.0%。

在监测营养状态的 61 个湖泊（水库）中，富营养状态的湖泊（水库）占 27.8%，轻度富营养和中度富营养的湖泊（水库）比例分别为 26.2% 和 1.6%。在 4 778 个地下水监测点位中，较差和极差水质的监测点比例为 59.6%。

近岸海域水质总体一般。一、二类海水点位比例为 66.4%，三、四类海水点位比例为 15.0%，劣四类海水点位比例为 18.6%。

土地环境形势依然严峻。耕地土壤环境质量堪忧，区域性退化问题较为严重。全国年内净减少耕地面积 8.02 万公顷。全国现有土壤侵蚀总面积 2.95 亿公顷，占国土面积的 30.7%。

我国所要转变的经济增长方式是指经济增长的方式由不可持续性向可持续性转

---

① 新民网，该部分数据来源《2013 年中国环境状况公报》，2014 年 6 月 5 日，10：28。

变；由粗放型向集约型转变；由出口拉动向出口、消费、投资协调发展转变；由结构失衡型向结构均衡型转变；由高碳经济型向低碳经济型转变；由投资拉动型向技术进步型转变；由技术引进型向自主创新型转变；由第二产业带动向三大产业协调发展转变；由忽略环境型向环境友好型转变；由"少数人"先富型，向"共同富裕"转变。

简单地说，由数量型增长方式向质量型增长方式的转变。质量型增长方式的基本特点是，经济增长效率高、国际竞争力强、通货膨胀率低、环境污染程度低。

四、经济增长的决定因素

对于影响经济增长的因素，不同的经济学家有不同的看法，但概括起来可以大致分为五大类，生产要素数量、人力资本、技术进步、经济组织和经济制度。

经济学中的生产要素有劳动、土地、资本和企业家才能，这些要素的数量增加，并运用于生产之中，毫无疑问必然导致经济增长。

人力资本（Human Capital）是指掌握知识和技能的劳动者。由于知识与技能可以为其所有者带来收益，因而形成了一种特定的资本。在经济增长中，人力资本的作用大于物质资本。因为作为"活资本"的人力资本，具有创新性、创造性，具有有效配置资源、调整企业发展战略等市场应变能力。人力资本的核心是提高人口质量，其形成途径主要是教育、培训和经验的积累。

技术进步主要是指生产工艺、中间投入品以及制造技能等方面的革新和改进。包括对旧设备的改造和采用新设备改进旧工艺，采用新工艺，使用新的原材料和能源，对原有产品进行改进，研究开发新产品，提高工人的劳动技能等。在开放经济中，技术进步的途径主要有技术创新、技术扩散、技术转移与引进。技术进步是内涵式经济增长最主要的因素，在我国转变经济增长方式方面技术进步是极其重要的。

经济组织是指如家庭、企业、公司等按一定方式组织生产要素进行生产、经营活动的单位，是一定的社会集团为了保证经济循环系统的正常运行，通过权责分配和相应层次结构所构成的一个完整的有机整体。比如，企业的组织形式，独资、合伙、公司（主要有有限责任公司和股份有限公司）。

同时，经济组织也是指经济体系组织经济活动的体制，是社会经济活动在其上运行的经济结构基础。

在国际经济方面的经济组织主要有：世界贸易组织、国际货币基金组织、世界银行、石油输出国组织、联合国粮食与农业组织、亚太经合组织、东盟自由贸易区，等等。

不论是微观的、宏观的以及国际的经济组织，在经济发展中都发生着变化，这些变化会提高总的投入—产出率，导致生产力的提高。

制度因素。制度一般指要求大家共同遵守的办事规程或行动准则，也指在一定历史条件下形成的法令、礼俗等规范或一定的规格。制度因素包括经济制度、政治制度、社会文化传统等。制度对经济增长与技术进步不同，技术进步与经济增长是同方向变化的，而制度与经济增长可以是同方向变化，也可以是反方向变化。

现实中有一些国家在资源、人力资本、经济组织方面差别不很大，但是，在经济增长方面差别很大，原因就在于制度上的差别。其落后的国家由于制度的障碍，使得这些国家的其他四个因素无法发挥作用。因此，制度是经济增长深层次推动力。

从我国改革开放 36 年来取得的伟大成就，可以充分地证明经济制度（经济体制）的改革是推动我国经济调整增长的根本性原因。

决定经济增长的这五大因素是缺一不可的，并且相互联系、相互作用，促进着现实的经济增长。

第二节　哈罗德—多马经济增长模型

哈罗德—多马经济增长模型以凯恩斯的有效需求不足理论为基础，考察一个国家在长时期内的国民收入和就业的稳定均衡增长所需条件的理论。英国经济学家罗伊·F·哈罗德是在 1939 年发表的论文《动态理论》和 1948 年出版的《动态经济学导论：经济理论最近若干发展及其在政策中的应用》书中系统地提出他的经济增长模型。美国经济学家埃夫塞·多马分别在 1946 年和 1947 年发表了《扩张与就业》《资本扩张、增长率和就业》两篇论文，后来的《资本积累问题》论文中独立地提出了多马模型。两个模型虽然在表达方式上有些不同，但结论相似，殊途同归。经济学家把它们结合在一起称为"哈罗德—多马增长模型"。在此仅介绍哈罗德模型。

哈罗德模型的假定条件是，全社会所生产的产品只有一种（可为消费品，或者为资本品）；只有劳动和资本这两种生产要素；产品的规模收益不变；不存在技术进步。

哈罗德在他的增长模型中提出三种经济增长率来说明他的稳定增长观点。即：实际增长率、合意增长率、自然增长率。

一、三种增长率的概念界定

（一）实际增长率

实际增长率就是实际发生的经济增长率，用 G 表示。哈罗德认为实际增长率是由实际发生的储蓄率和资本与实际产量比率所决定的。基于 $S = I$，所以，储蓄率等于投资率。实际储蓄率是指实际储蓄与实际产量之比，用 S 代表实际储蓄，用 Y 代表实际产量（实际国民收入），用 s 代表储蓄率，则：

$$s = \frac{S}{Y}$$

资本与实际产量之比表示的是要达到实际产量需要具备的资本存量，或者从增量上看，要达到实际产量增加量需要有资本的增加量，即投资量。如果用 v 表示它们之间的关系，则：

$$v = \frac{K}{Y} = \frac{\Delta K}{\Delta Y}$$

那么，实际增长率为：

$$G = \frac{s}{v} = s \cdot \frac{1}{v}$$

该公式说明，实际增长率与实际储蓄率或实际投资率是正相关，与资本和实际产量之比是负相关。因为：

$$\frac{1}{v} = \frac{Y}{K}$$

而 $\frac{Y}{K}$ 表示的是资本的平均生产力，资本的生产力越大，实际增长率也就越高。

（二）合意增长率

合意增长率（有保证的增长率）是指厂商感到合意的或厂商所期望的增长率。合意的增长率是由合意的储蓄率和合意的资本与产量之比决定，厂商为了达到这一目的就要有行动的保证。用 G_w 表示合意增长率，用 s_d 表示合意的储蓄率，用 v_d 表示合意的资本和产量比率，则合意增长率为：

$$G_w = s_d \cdot \frac{1}{v_d}$$

这种增长率成为有保证的增长率时，经济就可以稳定地增长了。

（三）自然增长率

自然增长率是指自然资源、人口增长和技术进步所允许达到的最大增长率。劳动的增长和生产力的增长率是决定经济增长率最重要的因素，而这一最大的增长率是要由适宜的储蓄率和预期资本和产量比率来决定的。用 G_n 表示自然增长率，用 L_n 表示劳动增长率，用 PR_n 表示生产力的增长率，用 s_r 表示适宜的储蓄率，用 v_r 表示预期的资本和产量比率，则自然增长率为：

$$G_n = L_n + PR_n = s_r \cdot \frac{1}{v_r}$$

二、三种增长率之间的关系

哈罗德认为要实现经济长期稳定均衡增长的条件是：

$$G = G_w = G_n$$

如果 $G > G_w$，意味着实际储蓄率或投资大于合意的储蓄率或投资，即 $s > s_d$，就会出现累积性的经济扩张。因为，此时 $v < v_d$，说明企业固定资产和存货少于厂商所需要的数量，就会促使厂商增加订货，增加投资，使实际产量水平进一步提高。结果

实际增长率与有保证的增长率之间出现更大的缺口。同时，实际增长率会在市场上的企业中产生相应的反应，使实际增长率进一步大于合意的增长率。

相反，如果 $G < G_w$，意味着实际储蓄率或实际投资小于合意的储蓄率或投资，即 $s < s_d$，形成累积性的投资缩减，导致经济收缩。因为，此时 $v > v_d$，则使得厂商减少订货，减少投资，使实际产量水平进一步降低，实际增长率与有保证的增长率之间出现更大的缺口。现有的实际统治者就会在市场上的厂商中产生相应的反应，使得实际增长率进一步小于有保证的增长率。

如果 $G_w > G_n$，意味着合意的储蓄和投资的增长率超过了劳动（人口）与生产率（技术进步）增长所允许的程度，从而导致经济出现停滞趋势。

反之，如果 $G_w < G_n$，意味着储蓄和投资的增长率还没有达到劳动（人口）和生产率（技术进步）所允许的程度，则生产可以扩大，出现繁荣趋势。

如果 $G_w = G_n$，意味着全部劳动者和生产设备在现实的技术水平下得到了充分利用。如果此时 $G = G_w$，则整个经济实现了充分就业的长期稳定均衡增长。所以，哈罗德认为 $G = G_w = G_n$ 是经济增长模型中最为理想的境地。但是，现实中是很难实现的，因为不论是储蓄、实际资本，还是实际资本与产量之比，以及劳动增长率都是由各自不同的若干个独立因素决定，让这三个增长率相等是非常偶然的，也就是说要实现充分就业均衡增长的可能性非常小，也说明经济很难按照均衡增长途径增长。因此，一些经济学家把这种实现经济长期稳定的条件称为如同在"刀锋"（Knife Edge）上行走。

第三节　新古典经济增长模型（索洛增长模型）

索洛经济增长模型是在新古典经济学框架内的经济增长模型。1987 年美国麻省理工学院教授罗伯特·索洛获得诺贝尔经济学奖，经济学家们认为当年出现的纽约股票市场的大动荡，证实了索洛的理论，使他的经济增长理论成为当今世界热门研究课题之一。

一、资本积累

（一）基本假设

索洛增长模型汲取了哈罗德—多马模型的优点，又摒弃了其令人疑惑的条件。索洛模型中从供给与需求角度说明如何决定资本积累开始。

1. 索洛模型的生产和供给，即生产函数的基本假设

①劳动力和技术保持不变（后面会通过引进劳动力的变化和技术进步，逐步放开其假设）；

②用新古典经济的生产函数：$Y = F(K, N)$，N 与 K 可以平滑替代；

③各要素的边际产出 > 0，且递减。说明资本（或劳动）趋向于 0 时，资本（或劳动）的边际产出趋向于无穷大，资本（或劳动）趋向于无穷大时，资本（或劳动）的边际产出趋向于 0；

④规模报酬不变，即：$\lambda Y = F(\lambda K, \lambda N)$；

⑤人均产出：$y = F(k, 1) = f(k)$，该函数是由 $Y = F(K, N)$，$\dfrac{Y}{N} = F\left(\dfrac{K}{N}, \dfrac{N}{N}\right)$ 而得出的。人均生产函数可以通过图 12 – 1 表示。

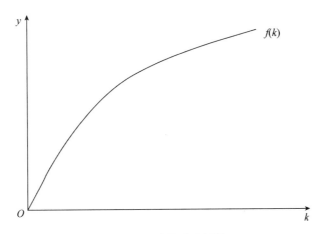

图 12 – 1 人均生产函数

横轴是人均资本，纵轴是人均产量，$y = f(k)$ 是生产函数曲线。

2. 索洛模型需求方面的假定

需求被分为消费和投资两个方面。则人均产出 y 由人均消费 c 和人均投资 i 两部分构成，即：

$$y = c + i$$

该方程与两个部门国民收入恒等式一致，并用人均数量形式表示。索洛模型假设消费由下式决定。

$$c = (1 - s)y$$

其中 $0 \leqslant s \leqslant 1$ 是该经济的储蓄率。那么，国民收入恒等式为：

$$y = (1 - s)y + i$$

因此：

$$i = sy$$

投资等于储蓄，正是产品市场实现均衡时的要求。表明投资是与产出成比例的，储蓄率 s 也是产出用于投资的比例。

（二）资本积累和稳态

在长期中，一国经济资本存量的变化对经济增长起着重要的作用。资本存量的变化主要是由投资和折旧两方面的力量引起的。

1. 投资的决定

投资是按劳动人数平均的投资量，是每个劳动力产出的一个比例，即：

$$i = sy$$

把生产函数代入上述方程，投资就成了人均资本量的函数，即：

$$i = sf(k)$$

因为新古典生产函数是增函数，所以，人均资本 k 越高，产出 $f(k)$ 和投资 i 就越大。由于投资是流量，资本是存量，因此在储蓄率一定的条件下，资本存量和投资之间事实上就有一种动态循环的影响和决定关系。

投资又取决于储蓄率。资本存量和产出水平一定的条件下，储蓄率越高，投资水平越高。

投资与消费之间存在着替代关系，在产出一定的条件下，投资越多则消费越少。图 12 – 2 反映了投资和消费通过生产函数与（人均）资本存量之间的关系。

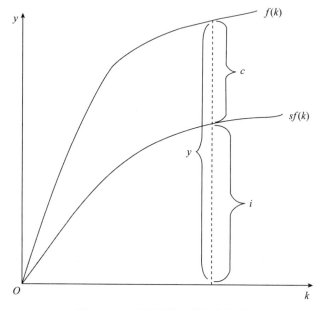

图 12 – 2　人均消费、投资和产量

2. 折旧的决定

折旧是资本存量随着使用和时间的变化而受到损耗的部分。为了简单起见，假设一个经济中所有的资本都以一个固定的比例 δ 折损减少，δ 为平均折旧率。假如资本平均持续使用 25 年，那么，每年的平均折旧率为 4%，即：$\delta = 0.04$。当折旧率为 δ 时，每年折旧掉的资本数量为 δk，也是人均资本的函数。如图 12 – 3 所示，图中的 δk 直线反映资本折旧与资本存量之间的关系。

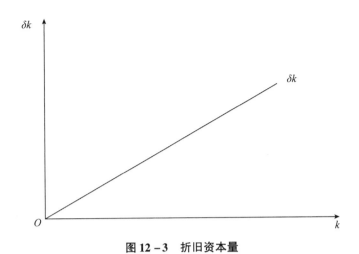

图 12 - 3　折旧资本量

3. 稳定状态

现在将影响资本存量的投资和折旧放一起，用下列方程反映出其关系。即：

$$\Delta k = i - \delta k$$
$$= sf(k) - \delta k$$

方程中的 Δk 是这一年到下一年中间的资本存量变化。该方程表明资本存量的变化等于投资 $sf(k)$ 减去现有资本的折旧 δk。在储蓄率 s 和折旧率 δ 一定的情况下，资本存量的变化只取决于资本存量本身和生产函数的形式。从图 12 - 4 中可以算出对应不同资本水平的投资和折旧，图 12 - 4 中可以看出，资本数量越多投资越大，同时折旧也越大。资本存量的净变量 Δk 可能有三种情况：$\Delta k > 0$；$\Delta k < 0$；$\Delta k = 0$，这取决于当时资本存量水平上投资和折旧的相对大小。更重要的是，图 12 - 4 中显示了在储蓄率一定，折旧率也是固定的，在生产函数具有边际产出递减的性质时，一定存在唯一的满足新增投资正好与折旧相同的点，即 $\Delta k = 0$，资本存量会保持稳定不变的水平。我们称这个资本存量水平为资本存量的"稳定状态"（Steady State），简称"稳态"，记为 k^*。因为在 k_1 时，投资大于折旧，$\Delta k > 0$，可能是由于某种外来冲击使得资本存量从稳定状态水平偏离到这个水平。在这个资本水平上，投资大于折旧，新增投资规模大于资本的损耗数量，因此，企业会增加投资，增加生产，使之向 k^* 稳定态趋近；而在 k_2 时，投资小于折旧，$\Delta k < 0$，资本损耗的速度快于被置换的速度，资本存量就会不断下降，减少生产，使之趋近稳定态 k^*。

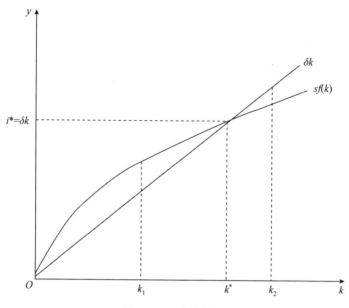

图 12 - 4　稳定状态

　　一旦资本存量达到稳态水平 $\Delta k = 0$，那么投资正好等于折旧，人均资本存量，既不增加，也不下降，这个经济的产出、储蓄、消费、投资等就都处于稳定状态。

　　一个经济的稳定状态的水平对这个经济长期中的产出等是至关重要的。如果一个国家的稳定状态资本水平较高，则稳定状态的产出水平也较高，反之，一个国家的稳定状态的资本、产出水平也较低。

（三）储蓄率对稳态的影响

　　既然稳定状态对一个经济的长期均衡有着决定性的作用，那么人们或者国家就会想办法调整稳定状态，使之达到一个最高的稳定状态。其方法就是通过政策等手段，调控其储蓄率水平。储蓄率的变化，对经济的稳定状态产生的影响可以通过图 12 - 5 表示出来。假设一国经济中原本储蓄率为 s_1，与之相对应的经济稳定状态中资本存量是 k_1^*。如果政府采取一定的经济政策促使社会储蓄提高到 s_2，从而引起 $s_1 f(k)$ 曲线向上移动到 $s_2 f(k)$，此时的资本存量也会增加到新的储蓄函数与折旧线相交的点所对应的资本存量水平 k_2^*，形成新的稳定状态。k_2^* 比 k_1^* 有较高的资本存量水平和较高的产出。反之亦然。因此，索洛模型表明储蓄率是稳定状态资本存量的一个关键决定因素。如果储蓄率比较高，那么在长期中经济会有较高的资本存量水平和较高水平的产出。如果储蓄率较低，则经济会有较小的资本存量和较低水平的产出。

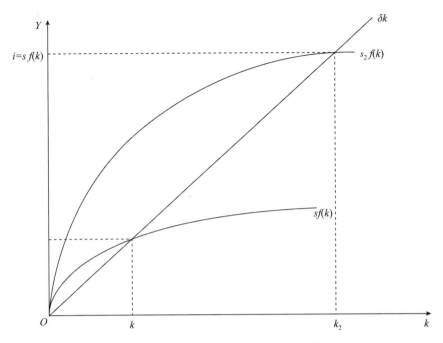

图 12 – 5　不同储蓄率决定不同资本量

虽然储蓄率提高能够促使经济增长，但是，较高的储蓄率导致较快的增长仅仅是暂时的。因为在长期中只要经济达到它的稳态，那么它就不会再继续增长。如果一个经济保持较高的储蓄率，它会保持较大的资本存量和较高的产出水平，但它无法保持较高的增长率，甚至无法保持增长。人均意义上的经济增长是不可能长期持续的。

二、资本积累的黄金律

我们已经知道了储蓄率和稳态资本存量及收入之间的关系，现在进一步分析资本积累水平达到何种状态是最优的问题。

（一）黄金律

我们知道，资本数量和产出不是人们追求的根本目标，人们进行经济活动要实现的根本目标是长期中的消费福利，即在长期中人们能够消费的产品和服务的数量。从上面分析可以得出，高产出很可能是以高储蓄、高投资为代价实现的，这种高储蓄会减少当前消费的数量，那么，高产出有可能会降低当前的消费，当前的消费福利与产出并不完全一致。

作为一个以人们的福利为根本目标的政策制定者，应该选择长期消费水平最高的稳定状态来制定经济政策。长期消费总水平最高的稳定状态被称为资本积累的"黄金律水平"（Golden Rule Level），记为 kg^*。

资本积累的"黄金律水平" kg^* 如何确定？得先找到一个经济稳定状态的人均消费水平是如何决定的，然后才能找到怎样的稳定状态能使消费最大化。

我们知道国民收入恒等式是 $y = c + i$，也可以写成：

$$c = y - i$$

消费就是产出与投资之差。要确定稳定状态的消费水平，只要把稳定状态的产出和投资代入上述方程即可。由于稳定状态的人均稳态产出为 $f(k^*)$，其中 k^* 是人均资本存量，而因为在稳定状态投资等于折旧 k^*，这样稳定状态的人均消费为：

$$c^* = f(k^*) - k^*$$

即稳定状态的消费是稳态产出和稳态折旧之差。这表明稳定状态资本水平的提高，对稳定状态的人均消费有两种对立的影响，它通过使产出增加提高消费，但同时又因为需要有更多的产出去替代折旧掉的资本而使消费减少，那么，最终稳定状态的消费究竟在何种情况下达到最大？需要看两者力度的相对大小。图 12-6 反映了稳定状态消费水平与稳定状态产出和稳定状态折旧之间的关系。图中表明存在着一个资本积累水平，能够使得 $f(k^*)$ 和 k^* 之间的距离达到最大，也就是稳定状态消费水平最大。这个稳定状态资本存量水平就是黄金律的水平 kg^*。

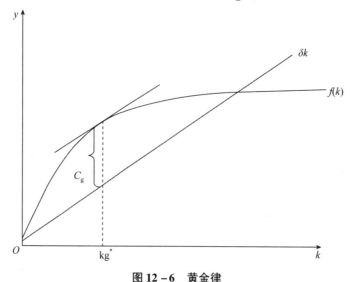

图 12-6　黄金律

（二）黄金律稳态

在资本的黄金律水平，生产函数和 k^* 线的斜率相同，消费达到最大值。

如果资本存量低于黄金律水平，即黄金率水平的左边，资本存量增加所增加的产出比增加的折旧大，从而消费将会增加。在这种情况下，生产函数比 k^* 线更陡，从而当资本存量增加时，等于消费的两条线之间的距离倾向于上升。相反，如果资本存量在黄金律的水平之上，即黄金率水平的右边，那么，资本存量的增加则将会反过来减少稳定状态的人均消费，因为产出增加小于折旧增加。在这种情况下，应该降低资本存量水平，向资本黄金律趋近，直至达到黄金率稳态，使生产函数和 k^* 线的斜率相同，消费达到最大值，这是应该维持的最佳水平的稳定状态。因此，黄金律的基本条件是：

$$MP_k = \delta$$

$$或：MP_k - \delta = 0$$

即在资本的黄金律稳态水平，资本的边际产出等于折旧率。换句话说，在黄金律水平，资本的边际产出减去折旧等于零。

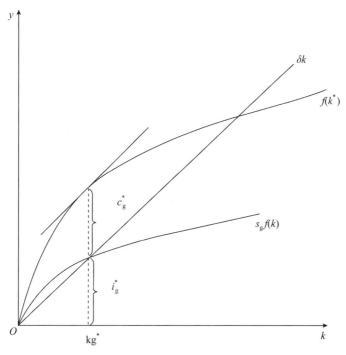

图 12 - 7　黄金律稳定状态

需要注意的是，虽然一个经济会自动收敛于一个稳定状态，但并不会自动收敛到一个黄金律的稳定状态。事实上，要让一个经济达到黄金律的稳定状态，需要通过对储蓄率进行选择，使稳定状态的资本存量水平正好是黄金律水平。如图 12 - 7 所示，只要选择储蓄率 s_g 从而使储蓄曲线 $s_g f(k^*)$ 与 δk^* 线相交于黄金律稳态资本存量上，则该经济的稳定状态一定是黄金律稳定状态，实现了长期消费最大化。如果储蓄率高于这个水平，则稳态资本存量就会太高。相反，储蓄率低于此水平，则稳态资本存量又会偏低，两种情况都不能实现长期消费的最大化。

三、黄金率稳态过程

我们知道黄金率稳态是最好状态，但现实中在未达到这个目标之前可能经济已经处在非黄金稳态情况，既有可能经济初始资本存量稳态高于黄金稳态，也有可能是低于黄金律稳态。这就需要有一种稳定状态的"变换"，这种变换可能会对消费、投资等发生冲击和影响。这种冲击和影响可能导致政策制定者对"变换"采取不同的态度。

在经济的初始稳态资本存量高于黄金律稳态时，要实现黄金律稳态的手段是降低储蓄率。当储蓄率降低时，立即会引起消费的增加和投资水平的降低。储蓄率的下降使经济不再处于稳态，从而投资将低于折旧，当资本存量逐步下降的时候，产出和投资都会逐步下降，直到新的稳态，也就是黄金律稳态。在此，消费水平肯定高于储蓄率变化之前的水平，因为黄金稳态的定义就是消费水平最高的稳态。而此时的产出和投资都比以前要低一些。

需要提示的是，这种调整不仅在最后完成时，消费水平得到了提高，而且在整个调整过程中也都高于原来水平。因此当资本存量超过黄金律的水平时，采取减少储蓄的措施很明显是大众比较愿意接受的政策，政策的制定者和实施者也比较容易达到目标。

当稳态低于黄金律稳态时，要想达到黄金率稳态，就得采取增加储蓄，提高储蓄率，提高投资的措施。在长期中，较高的投资会使资本存量提高，产出和消费等都将相应逐步增加，最终达到黄金律的新稳态水平。

但是，政策制定者却遇到了非常棘手的问题。因为，要通过提高储蓄率使稳定状态从当前低水平调整到黄金律的水平的开始阶段，消费会马上下降。政策制定者必须考虑是否以减少当前消费为代价追求未来的高消费，对当前的消费利益和将来的消费利益必须进行评估和取舍。

一般来说，人们对当前和将来的消费有不同的评价，对当前的消费要更加重视一些。甚至这种选择有可能会涉及不同代人的利益，意味着是否以牺牲当代人的消费利益为代价，提高后代的消费利益。然而，如果政策制定者对当前利益更关心，就不会采取实现黄金律稳态的政策；从经济学角度，则看重长远利益和对各代人的利益一视同仁，选择实现黄金律稳态这条路。

在现实中，政策制定者往往从政治上考虑，以及对当前利益的偏爱，通常不会选择与实现黄金律稳定状态一致的政策。所以，实际所采取的经济政策可能会与实现黄金律稳态的要求有所偏离。

四、人口增长与技术进步

基本的索洛模型表明，稳态低于黄金律时，通过高储蓄和高投资率能提高一个经济的稳定状态资本和产出水平，并在达到新的稳定状态之前的阶段中，是促进经济增长的。但当储蓄率及其他条件不变时，投资和产出最终都会逼近一个稳定状态，就不再发生变化。因此，要解释持续的经济增长就必须对索洛模型加以扩展。扩展索洛模型中没有考虑的两个因素，即人口增长（也意味着劳动力增加）和技术进步引进模型。

（一）人口增长对经济增长的影响

我们知道，投资会提高资本存量，而折旧则会减少它。现在将人口或劳动力数量的增长加入进来，会导致人均资本的下降。

我们仍然用 $y = \dfrac{Y}{N}$ 代表人均产出，$k = \dfrac{K}{N}$ 表示人均资本，但现在劳动力数量 N 不再是固定不变的，而是不断增长的。为了分析方便我们假设人口或劳动力以固定速率 n 增长。因此，现在人均资本的变化为：

$$\Delta k = i - (\delta + n)k$$

该方程表明新投资、折旧和人口增长是如何影响人均资本存量的。新投资会提高资本存量，同时，折旧和人口增长则在降低资本存量，我们将 $n + \delta$ 称为平衡投资。

在这里 nk 表示的是 n 位新劳动力，每人 k 单位资本。表明人口增长在降低人均资本积累方面的影响是与资本折旧相似的，只是折旧是通过资本的折损降低资本存量，而人口增长或新劳动力的增长则是通过资本存量在一个更大的人口中进行摊薄而降低资本存量。

用 $sf(k)$ 代替人均资本变化方程中的投资 i，方程可以是：

$$\Delta k = sf(k) - (\delta + n)k$$

如图 12-8 所示，储蓄曲线是 $sf(k)$，折旧和人口增长因素的平衡投资曲线是 $(\delta + n)k$，两条线相交得到了考虑人口增长因素的模型 $\Delta k = 0$ 的稳定状态，图 12-8 中的 k^* 就是这个稳定状态的人均资本水平。如果资本存量 k 小于 k^*，新增投资大于平衡投资，则资本存量会上升；反之，如果 k 大于 k^*，投资小于平衡投资，资本存量就会下降；当 k 正好等于稳态水平时，新增投资对人均资本存量的正效应，正好与折旧和人口增长的负效应相平衡，k 将保持不变，即：

$$i^* = \delta k^* + nk^*$$

$$\Delta k = 0$$

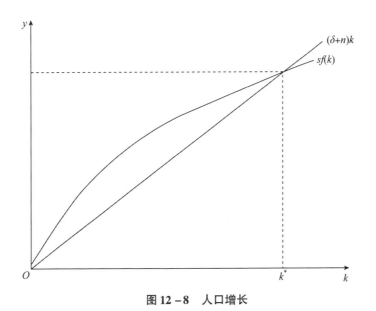

图 12-8　人口增长

当经济处于稳态时，投资只有两个目的，一部分是 δk^* 置换折旧掉的资本，另一部分是 nk^* 给新劳动力提供稳态水平的人均资本。

人口增长引进基本索洛模型后使之发生了三个方面的改变。第一，总产出增长，但人均资本、人均产出不变。在有人口增长的稳态里，由于劳动力的数量以速率 n 增长，同时，总资本和总产出也会以速率 n 增长，则人均资本和产出不变。在这里人口增长虽然不能解释生活水平意义上的持续增长，但至少能解释在总产出意义上的持续增长。

第二，为我们提供了关于为什么有些国家富裕而另一些国家则很贫穷的一种解释。如图 12 - 9 所示。假设两个国家在经济各方面的条件基本相同，但两国的人口增长率分别为 n_1 和 n_2，且 $n_1 < n_2$。两个国家的稳定状态人均资本将分别是 k_1^* 和 k_2^*，很明显有较高人口增长率的国家的稳定状态人均资本 k_2^* 较低。由于产量 $y^* = f(k^*)$ 是 k^* 的增函数，因此人口增长率较高国家的稳定状态人均产出 y^* 较低。也就是说，在其他条件都相同的情况下，长期中人口增长率较高的国家的人均国民收入水平较低，生活水平也会较低。所以，人口增长率的不同很可能是不同国家富裕程度差别的重要原因。

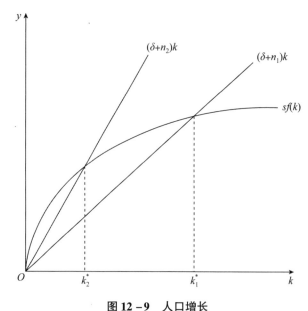

图 12 - 9　人口增长

第三，改变决定资本积累黄金律稳态的公式。我们知道人均消费是 $c = y - i$，把人口增长因素的稳态产出 $f(k^*)$ 和稳态投资 $(\delta + n)k^*$ 代入消费等式中，得到有人口增长的稳态消费为：

$$c^* = f(k^*) - (\delta + n)k^*$$

那么，能够使稳定状态消费最大化的稳定状态资本水平 k^*，必须是：

$$MP_k = \delta + n$$

即，在黄金律稳定状态，资本的边际产出应该等于折旧率加上人口增长率。

也可以用下面等式表示黄金率稳定状态，即：

$$MP_k - \delta = n$$

$$f'(k^*) = n$$

黄金率稳态：若使稳态人均消费达到最大，稳态人均资本量的选择应使资本的边际产品等于劳动力增长率，即资本边际净产出等于人口增长率。

（二）技术进步的稳定状态

把技术进步因素结合进索洛模型。原来的生产函数等式 $Y = F(K, N)$，与现实情况之间显然有差距，它排斥技术进步，也无法解释人均意义上的持续经济增长，尤其是现代进入第三次工业革命，技术创新以异常的速度发展。为了让技术进步在生产函数中反映出来，将生产函数改写成：

$$Y = (K, N \cdot E)$$

式中 E 表示"劳动效率"（Efficiency of Labor），它能够反映或涵盖技术进步的变量。它反映经济随着生产技术的改进，以及健康、教育或劳动力技能的改善，劳动效率的提高。等式中的 $N \cdot E$ 项可以看作是用"效率单位"（Efficiency Units）衡量的劳动数量，它说明劳动力的数量 N 和每个劳动力的效率 E 的关系。新的生产函数反映了总产出 Y 取决于资本单位数 K 和劳动效率单位数 $N \cdot E$ 两个因素。

技术进步可以用劳动效率变量 E 的增长来反映，最简单的是假设技术进步使 E 以一个固定速率 e 增长。假设 $e = 0.10$，即每个单位劳动力的效率都提高 10%。这种形式的技术进步被称为"劳动增大型"（Labor Augmenting），e 则称为"劳动增大技术进步速率"。由于劳动力 N 以速率 n 增长，而每单位劳动力的效率以速率 e 提高，因此劳动力效率单位数 $N \cdot E$ 以速率 $(n+e)$ 增长。

为了把技术进步因素考虑进来，得对人均资本和人均产量进行调整。将原来的人均资本调整为每一劳动力效率单位资本，即：

$$k = \frac{K}{(N \cdot E)}$$

将原来的人均产出，调整为每劳动力效率单位的产出，即：

$$y = \frac{Y}{(N \cdot E)}$$

当 k 和 y 的意义重新定义过以后，有技术进步的生产函数就仍然可以写成：

$$y = f(k)$$

不过应当确定此时的 k 和 y 是指每劳动力效率单位的数量，而不再是以前的人均数量。

那么，每劳动力效率单位资本 k 的变化规律为：

$$\Delta k = sf(k) - (\delta + n + e)k$$

等式中值得注意的是技术进步速率 e 与资本存量 k 乘积一项,是为了补偿技术进步引起的劳动力效率单位的增加,没有这一项,当其他因素不变时,每劳动力效率平均单位拥有的资本数量会随着技术进步而下降。正如图 12 – 10 所反映的,当我们对 k 和 y 重新定义过以后,引进技术进步因素,在形式上对一个经济的稳定状态等并不会产生影响,图 12 – 10 与没有技术进步的图 12 – 9 之间的形式差别,只是投资的线中多了一个因素 ek。

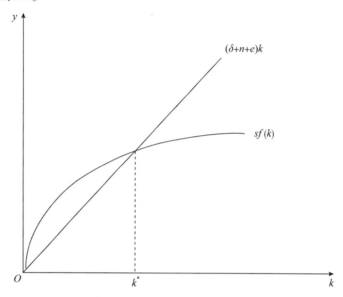

图 12 – 10　引进技术进步后每劳动力效率平均单位拥有的资本量

在有技术进步的索洛模型中,虽然在稳定状态每效率单位的资本 $k = \dfrac{K}{(N \cdot E)}$ 和产出 $y = \dfrac{Y}{(N \cdot E)}$ 都不变,但人均产出 $\dfrac{Y}{N} = y \cdot E$ 和总产出 $Y = y \cdot E \cdot N$ 却分别以 e 和 $n + e$ 的速率增长。因此在加进技术进步以后,索洛模型终于能够解释我们所观察到的生活水平意义上的持续增长了,即技术进步能够导致人均产出的持续增长。

技术进步因素加入后,也会改变黄金律稳定状态公式。资本积累的黄金律水平应该是最大化每劳动力效率单位消费的水平,其公式为:

$$c^* = f(k^*) - (\delta + n + e)k^*$$

因此,黄金律稳定状态是:

$$MP_k = \delta + n + e$$

或:

$$MP_k - \delta = n + e$$

也就是说,资本积累黄金律稳态应该是,资本的边际净产出 $MP_k - \delta$ 等于总产出的增长率 $(n + e)$。这里既包含了人口增长,也有技术进步,因此,该公式成为判断各个国家的资本存量高于还是低于黄金律稳态水平的更加现实的标准。

第四节　新经济增长理论

20 世纪 80 年代中期，出现了以罗默（Paul Romer）和卢卡斯（Robert Lucas）为代表的一批经济学家，在对新古典增长理论重新思考的基础上提出了新经济增长理论。该理论以"内生技术变化"为核心，探讨长期增长的可能前景。认为经济增长不再是外部力量（外生技术变化，技术不再是人类无法控制的东西），而是经济体系的内部力量（内生技术变化，人类出于自身利益而进行投资）的产物。内生技术变化因素有知识、人力资本等，根据这些因素在经济增长中的作用，新增长理论提出了要素收入递增的假定。

一、知识外溢和边干边学的内生增长

知识和人力资本是"增长的发动机"。因为知识和人力资源本身就是生产投入要素：一方面，它是投资的副产品，即每一个厂商的资本增加会导致其知识存量的相应提高；另一方面，知识和人力资本具有"外溢效应"，即一个厂商的新资本积累对其他厂商的资本生产率有贡献。这意味着，每一个厂商的知识水平是参与整个经济之中，并边干边学，进而与全行业积累的总投资成比例。通过这种知识外溢的作用，资本的边际产出率会持久地高于利息率，使生产出现递增收益。也就是说，任一给定厂商的生产力是全行业积累的总投资的递增函数，随着投资和生产的进行，新知识将被发现，并由此形成递增收益。因此，通过产生正的外在效应的投入（知识和人力资本）的不断积累，增长就可以持续。

二、发展研究所取得的知识是经济增长源泉

不同于新古典增长理论把知识或技术看成是外生的、随机的、偶然的东西，内生增长理论认为，知识或技术如同资本和劳动一样是一种生产要素，是内生的，是由谋求利润极大化厂商的知识积累推动的。大量的创新和发明正是厂商为追求利润极大化而有意识投资的产物。由于这一研究与开发产生的知识必定具有某种程度的排他性，因此开发者拥有一定程度的垄断性，并占有一定的市场范围，取得相应垄断利润。但是，这种垄断地位具有暂时的性质。当更新的开发出现时，它就会被取代，并丧失其垄断地位及垄断利润。正是这种对垄断利润的追求，以及垄断利润的暂时性质，使得创新不断继续，从而经济进入持续的长期增长之中。

三、规模收益递增

我们知道在生产函数中产出是资本存量的函数。在这儿的资本是广义的资本，即：物质资本和人力资本两者的复合。它们在生产中没有被完全替代，因而虽然每一

种投入具有收益递减性，但是，两种资本在一起就具有规模收益不变、递增的性质。从而随着资本存量的增加，经济形成长期增长的可能性。这里关键是知识和专业化的人力资本，不仅自身具有递增收益，而且也使物质资本、劳动等其他要素也具有递增收益，从而会导致无约束的长期经济增长。卢卡斯（1988）认为，人力资本的外部效应，即社会劳动力的平均人力资本水平，具有核心作用。这些效应会从一个人扩散到另一个人，会对所有生产要素的生产率都有贡献，从而使生产呈现出规模收益递增，正因为如此，使人力资本成为"增长的发动机"。

该理论还进一步延伸，提出政府服务与私人投入一样的生产性支出，是"增长的催化剂"，政府的活动被完全内生化。同时，政府政策的增长效应还具有水平效应，这取决于各种政策的配套情况。

四、开放经济中的内生增长

国际贸易和知识的国际流动是一国经济实现持续增长的重要途径。该理论把内生创新的模式扩张到国际的商品、资本、知识和人力资本流动，认为对外开放和参与国际贸易可以产生外溢效应，即国与国之间开展对外贸易不仅可以增加世界贸易总量，还可以加速先进技术、知识和人力资本在全球范围内的传递，使知识和专业化人力资本能够在贸易伙伴国内迅速积累，从而提高贸易国的总产出水平和经济增长率。现代的国际贸易不再是一方受益一方受损的"零和游戏"，而是双方获益的"正和游戏"。

国内市场规模对经济增长率的影响并不能完全等同于国际贸易对经济增长率的影响。即使国内市场规模巨大，如果能够融入国际市场（尤其是人力资本比较丰富的国际市场），则可以提高经济增长率。同时，由于知识传播与人力资本的外部效应、国与国之间开展贸易可以节约一部分研发费用，间接地增加了本国国内的资本积累，从而使各国经济更快地发展。

该理论还认为，政府贸易政策对世界经济的增长具有影响。如政府政策对技术投资结构产生的作用，将会使世界经济的增长状况呈现相应的变化。

由于知识外溢和边干边学的作用，国际贸易对发达国家和发展中国家的经济增长都有促进作用。就发展中国家而言，通过参与国际贸易可以学习和吸收发达国家的先进技术，加快自身知识、技术和人力资本的积累，提高经济增长率。如果出现主要技术突破性变化的现象，可能会引起后进国家的"蛙跳"式增长，实现经济赶超。

五、专业化和劳动分工的内生增长

经济增长的微观基础在于分工的演进。分工不只是如亚当·斯密所强调的那样，受市场范围的限制，主要受协调成本以及可获得一般知识的数量限制，分工的扩展与知识的积累相互作用。边干边学的存在使个人的生产经验不断积累，导致经济的专业化水平不断加深，分工深化使经济产生递增收益，同时又使经济的协调成本上升。但经济的知识存量会不断地内生增长，知识积累一方面直接促进产量的增加和提高分工水平进而间接导致产量增加，另一方面又降低了经济的协调成本，从而导致分工的不断演进和经济的持续增长。

如果参与分工的人数在协调分工的成本函数的弹性与其在生产函数中的产出弹性之间的相对差异小于人力资本的产出弹性，那么，均衡的增长率将大于零，即增长可以无限地持续下去。

六、开放经济理论对我国经济建设有较强的参考价值

新增长理论所揭示的经济增长机制及其政策含义为开放型经济的发展赋予了新的内容和形式，其贸易发展观对我国经济建设的实践有较强的借鉴意义。

重视国际贸易的规模经济效应。通常认为，在那些与技术进步、资本密集密切相关的行业才会呈现出规模经济的特征。我国企业应通过积极地开拓国际市场，改进技术，提高工艺，在享受规模经济的专业化分工中处于有利位置。与此同时，还可以形成一批具有国际先进技术的产业，这些产业面向日新月异的国际市场，技术层次、管理水平一流，可以有效地带动国内其他产业的成长。

对外开放和参与国际贸易争取形成"蛙跳"效应。在传统经济增长理论中，对国际贸易仅从"比较成本优势"或"资源禀赋优势"原则进行解释，无法将贸易纳入经济增长的模型中。新增长理论在这方面取得了突破。新增长理论家们认为，对外开放和参与国际贸易可以产生一种"外溢效应"，我国是人口大国，只有坚持开放，参与国际贸易，收益不在于市场的扩大，而在于分享世界上有限的、分配极不均匀的技术人力资源从事技术创新的成果，加速进入知识经济的步伐，学习和吸收发达国家的先进技术，争取形成"蛙跳"效应，向发达国家的经济逼近。

新增长理论较强调政府对经济的管理。同发达国家相比，我国的技术密集型、知识密集型产业尚有较大差距，需要通过发展对外贸易，通过"干中学"，利用技术、知识的"外溢效应"来提高我国的生产技术水平。但是，这种宏观的需要往往同微观贸易厂商的短期利益相冲突，难以通过微观厂商的逐利行为自动形成技术升级。需要政府能采取相应措施，制定一些促进技术、知识积累的税收政策和贸易政策，以促进国际贸易商品结构升级，推动经济增长。

正确应对经济一体化。在新增长理论中用构建模型方法论证了在经济一体化内部如果仅有货物贸易和流通，而没有技术、知识思想的传播和扩散，是不能促进其成员国的长期经济增长的。如果允许一体化内部成员国之间的技术、知识思想的自由传播和扩散，那么每个国家的研究部门都可以在一体化实体知识总存量的基础上进行新的研究与开发活动，因而能够提高研究部门的人力资本产出率，这无疑会推动长期经济增长。像我国这样发展中的人口大国，参与国际贸易和经济一体化的主要获益是从外部世界吸收新理念，分享世界上有限的、分配极不均匀的技术人力资源从事技术创新

的成果。

思考题：

1. 依据经济理论，联系我国 30 多年改革开放过程中的实际增长方式，你有何感想？

2. 根据我国现实经济状况，如何转变我国的增长方式是正确的？

3. 如何理解哈罗德—多马经济增长模型？

4. 资本存量的稳态存在的意义是什么？

5. 黄金律稳态的内涵。

6. 我国是人口大国，要实现长期经济增长较高的速度，应注意哪些问题？

7. 索洛模型中如果包含技术进步因素会发生哪些变化？

8. 比较新经济增长理论与索洛模型的异同。

9. 如何理解德国的工业 4.0？

参考资料：

1. MBA 智库百科《内生长理论》。

2. 360 百科《内生长理论》。

3. 百度百科《内生长理论》《新增长理论》。

4. MBA 智库文档《新增长理论》。

5. 付卡佳：《现代西方经济学原理》第十四章，经济科学出版社 1999 年 2 月。

6. 萨缪尔森：《经济学》第 11、12 章，人民邮电出版社 2012 年 1 月。

第十三章 开放经济条件下的国内外均衡

本章从开放经济角度来阐述一国在对外贸易、国际资本流动环境下的经济，与国内经济形成一个有机的整体；在其经济运行过程中如何搭配使用各种宏观经济政策，以促使国内外经济均衡发展。

第一节 国际账户

在现代开放经济条件下，国与国之间的经济交往不仅仅要通过流量数据从货物服务贸易角度衡量一国的开放程度，通过国际收支顺差或逆差来判断涉外风险。而且要从该国的国际资本存量角度衡量和控制其金融开放度和国际金融交易中的外部风险。也就是说，需要通过国际收支平衡表的流量记录和国际投资头寸表的存量记录衡量一国的外部风险，从而制定和控制这些风险的政策和措施。国际收支平衡表与国际投资头寸表共同构成一个国家或地区完整的国际账户体系。

一、国际收支平衡表的记录原则

国际收支是指一国在一定时期内从国外收进的全部货币资金和向国外支付的全部货币资金的对比关系。一国国际收支的状况反映在该国的国际收支平衡表上。下面先考察国际收支平衡表。

国际收支平衡表（Balance of Payment Presentation）又称国际收支账户，它是指在一定时期内对一国与他国之间所进行的一切经济交易加以系统记录的报表。报表是根据一国在一定时间内的国际交易内容和范围设置项目和账户，按照复式记账法进行系统记录，对各笔交易进行分类、汇总而编制出的分析性报表。

一国的国际收支平衡表对国家经济发展的决策者和国际经济专业及世界经济专业极为重要。比如，分析国际收支差额，找出原因，以便采取相应对策，扭转不平衡状况；分析国际收支结构变化，发现问题，找出原因，为指导对外经济活动提供依据。

国际收支平衡表的记录原则之一是复式簿记法。根据会计上"有借必有贷，借贷必相等"的记账规则，每一笔交易都要以相同金额同时记入借方和贷方，对于不能自动配对的单向交易，需使用"无偿转移"和"对应项目"等特别项目。由于国际收支平衡表上的每一笔交易都会产生金额相同的一个借方记录和一个贷方记录，因此，从总体上来看，国际收支平衡表中的借方总额与贷方总额总是相等的。

对于每一笔经济交易记入国际收支平衡表中的原则是：凡是引起外汇流出的项目记入该项目的借方，凡是引起外汇流入的项目记入该项目的贷方。本国的商品和劳务进口、对外资产的增加和对外负债的减少记入借方；本国的商品和劳务出口、对外资产的减少和对外负债的增加记入贷方。也就是说，对于一项资产，不论是实际资产还是金融资产，作为贷方项目是表示其持有额的减少，作为借方项目则表示其持有额的增加；而对于负债，作为贷方项目是表示其持有额的增加，作为借方项目则表示其持有额的减少。对于赠予或其他非交易性原因的价值，平衡表设立转移项目加以记录。当转移对应的平衡项目记录在借方时，转移项目记录在贷方，当转移对应的平衡项目在贷方时，转移项目记录在借方。值得强调的是，影响记入借方还是贷方的只是货币流动的方向。凡是引起货币流入本国的交易项目或者使本国货币流出减少的交易项目都记入贷方；凡是引起货币流出本国的交易项目或者使本国货币流入减少的交易项目都记入借方。只有弄清其记账规则，才能正确理解和编制国际收支平衡表。

国际收支平衡表的记录原则之二是经济领土、居民和经济利益中心。国际收支统计与国民账户体系使用同样的经济领土、居民和经济利益中心的概念。其中经济领土是由政府所管辖的地理领土组成。在其内人员、货物和资本自由流动。居民是指在该国经济领土内的一处，从事或计划继续（长期地或在一定时期内）从事相当规模的经济活动和交易的机构或个人。居民以该经济领土为其经济利益中心。一般，以一年或更长时间来衡量居民与其经济利益中心。

国际收支平衡表之三是计价和记录时间。原则上，国际收支平衡表使用成交的实际市场价格作为计价基础。这有助于各国国际收支账户实现统一计价。交易记录的时间采用所有权转移原则。一旦经济价值产生、改变、交换、转移和消失，就需要进行有关记录。

下面举例说明复式簿记原则：

（1）假如，中国出口一批价值为100万元人民币的货物给美国。由于这笔交易使中国有货币收入，因此，100万元人民币的商品出口记入贷方。同时这笔交易在相应项目的借方也要记上一笔。具体来说，借记短期资本100万元人民币。（若这笔出口以人民币表示，则表示中国对外负债的减少，记入借方；若这笔交易以美元表示，则反映中国对外资产的增加，也记入借方。）

（2）假如，中国向印度尼西亚提供一笔为期3年的100亿元贷款，该贷款存入中国的银行中的印度尼西亚账户上，这笔贷款代表长期资本的外流，故应记入借方；将贷款以存款形式存入中国某银行，代表外国有本国资产的增加或本国对外负债的增加，可以看成是短期资本的内流，所以记入贷方。

（3）假如，一个美国游客到中国旅行，花掉了他在一家中国的银行存款1万美元。在这笔交易中，美国产生了旅游支出，是货币的外流，故记入借方（具体记入劳务项目）；美国在外国银行存款的减少意味着美国对外资产的减少，可视作资本由国外流入国内，故记入短期资产的贷方。

（4）假如，中国向巴基斯坦赠送价值 1 000 万元人民币的谷物。谷物出口记为商品项目的贷方；由于谷物是赠送的，没有货币收入的流入，所以在单方面转移项目中记入借方，以冲抵。

编制国际收支平衡表的基本规则是按照复式记账，一个国家的任何交易活动，如果挣了钱，就在国际收支平衡表上记入"信贷"入口，并给一个正号（通常忽略不用写出来）。反之，如果任何交易是支出钱，则记入国际收支平衡表的"借欠"入口，给一个负号。

二、国际收支平衡表的构成

国际收支平衡表基本上由三大部分组成：经常项目（经常账户）、资本和金融项目（资本和金融账户）及官方储备。

经常项目主要反映一国与他国之间实际资源的转移，是国际收支中最重要的项目。经常项目包括货物（贸易）、服务（无形贸易）、收益和单方面转移（经常转移）四个项目。如表 13-1《中国国际收支平衡表（以人民币计价）2013 年)》和表 13-2《中国国际收支平衡表（以美元计价）2013 年》[①] 中的经常项目，A. 货物和服务中的 a. 货物，该项目里记录了 2013 年全年的货物进出口贸易，出口大于进口顺差22 262 亿元人民币或 3 599 亿美元；b. 服务，该项中共有 13 个分类，运输、旅游、金融服务、咨询、专利、广告、影像等，有的是顺差，有的是逆差，总的是逆差-7 710 亿元人民币或 -1 245 亿美元。经常项目 B 收益包括职工收益和投资收益，前者顺差，后者逆差，这逆差说明外国人在我国赚的钱大于我国人在外国赚回的钱，而且余额很多，出现 B 项逆差 -2 682 亿元人民币或 -438 亿美元。投资收益，由国际利息、股息和本国在国外经营的企业返回的利润所构成。之所以把对外投资收入归入经常项目，是因为这部分收入是对外投资提供的服务所获的补偿。

经常项目 C 项目经常转移属于赠予或其他非交易原因的转移支付，包括汇款、捐赠、援助、国家间的单边转移支付，即所谓国际馈赠。

总体来看，如果经常项目顺差表示该国为净贷款人，而如果经常项目逆差表示该国为净借款人。我国 2013 年经常项目顺差 11 330 亿元人民币或 1 828 亿美元。

资本和金融项目是国际收支平衡表的第二大项目，记录国际间的资本流动。资本账户凡是外国对本国居民的贷款，外国购买本国的实物资产和金融资产的交易都是资本流入，或称资本输入。凡本国居民对国外的贷款，以及他们购买外国的实物资产或

---

① 国家外国专家局网站，发布时间：2014 年 4 月 4 日。

金融资产的交易都是资本流出，或称资本输出。资本账户记录着一国资本的输入输出情况。如果我国在外国资产增加为负数，则外国在我国资产增加就为正数。资本流动又分为长期和短期两种，前者指一年以上到期的国际资本的流动；后者指一年或不足一年到期的国际资产和负债的变化。

资本和金融项目中的资本项目主要包括资本或固定资本所有权国际间的转移，以及非金融资产如专利、版权、商标权、经营权的收买和放弃等。资本转移主要有投资捐赠和债务注销。投资捐赠可以以现金形式进行（定期或不定期向非居民转移资产价值征收税款，如遗产税），也可以以实物形式（固定资产）来进行。资本转移与经常转移的区别在于后者是经常发生，规模比较小，直接影响捐助者与受助者的可支配收入和消费；而前者不经常发生，规模也比较大，不直接影响双方当事人的可支配收入和消费。

资本和金融项目中大量的内容是记录在金融项目里，资本和金融项目差额主要体现在金融项目上，金融账户的变化决定着资本和金融账户的变化。金融项目包括直接投资、证券投资以及其他投资。如表 13–1 和表 13–2 所示。从直接投资看我国对外直接投资（资本输出）小于外商对我国的直接投资，顺差 11 434 亿元人民币或 1 850 亿美元。直接投资通常是指在国外建立企业或销售网络，收购或兼并他国企业，投资者可以控制或分享控制公司的生产、销售和研发。如果达到控制对方企业，理论上应该是控股 25%。

证券投资项目和其他投资，分别顺差 3 744 亿元人民币和 4 815 亿元人民币或 605 亿美元和 776 亿美元。因此，资本和金融项目为顺差 20 182 亿元人民币或 3 262 亿美元。

官方储备又可称为官方的黄金和外汇储备，由一个国家官方的货币机构所持有。主要包括黄金储备、可兑换的外汇通储备、特别提款权配额及国际货币基金组织的储备头寸。特别提款权（SDR）是以国际货币基金组织为中心，利用国际金融合作的形式而创设的新的国际储备资产，是国际货币基金组织（IMF）按各会员国缴纳的份额，分配给会员国的一种记账单位，1970 年正式由 IMF 发行，各会员国分配到的SDR 可作为储备资产，用于弥补国际收支逆差，也可用于偿还 IMF 的贷款。又被称为"纸黄金"。

表 13–1 和表 13–2 显示了我国官方储备交易的规模和方向。我国外汇储备增加26 749 亿元人民币或 4 314 亿美元。负号意味着我国在外国持有的资产增加，可以用我国赚来的钱去购买美国国债。

错误与遗漏项目。主要考虑统计上的错误，因为一笔业务的借方和贷方资料，可能是通过不同的渠道得到的。假如，从德国进口汽车，借方资料可能是从中国海关验关报告中得到的，而对应的资本项目贷方资料则可能是从存入付款支票的中国银行获得的。因为不同来源的资料可能在范围、精确度、计时等方面存在不同，所以，实际操作中，国际收支账户很少能达到理论上的平衡状态。通过引入统计误差，账户记录人员使账户人为地达到平衡。该项在表 13 - 1 和表 13 - 2 中是 - 4 764 亿元人民币或 - 776 亿美元。

表 13 - 1　中国国际收支平衡表（以人民币计价）2013 年

单位：亿元人民币

项目	行次	差额	贷方	借方
一、经常项目	1	11 330	164 961	153 631
A. 货物和服务	2	14 552	150 163	135 611
a. 货物	3	22 262	137 408	115 146
b. 服务	4	- 7 710	12 755	20 465
1. 运输	5	- 3 509	2 332	5 842
2. 旅游	6	- 4 765	3 198	7 963
3. 通信服务	7	2	103	101
4. 建筑服务	8	419	660	241
5. 保险服务	9	- 1 121	247	1 368
6. 金融服务	10	- 31	197	228
7. 计算机和信息服务	11	585	955	370
8. 专有权利使用费和特许费	12	- 1 246	55	1 301
9. 咨询	13	1 049	2 509	1 460
10. 广告、宣传	14	110	304	194
11. 电影、音像	15	- 39	9	48
12. 其他商业服务	16	835	2 109	1 274
13. 别处未提及的政府服务	17	2	76	74
B. 收益	18	- 2 682	11 506	14 188
1. 职工报酬	19	996	1 102	106
2. 投资收益	20	- 3 678	10 404	14 082
C. 经常转移	21	- 540	3 292	3 832
1. 各级政府	22	- 193	70	262
2. 其他部门	23	- 347	3 223	3 570
二、资本和金融项目	24	20 182	106 909	86 727
A. 资本项目	25	190	276	86
B. 金融项目	26	19 992	106 632	86 640

续表

项目	行次	差额	贷方	借方
1. 直接投资	27	11 434	21 512	10 079
1.1 我国在外直接投资	28	− 4 539	2 250	6 790
1.2 外国在华直接投资	29	15 973	19 262	3 289
2. 证券投资	30	3 744	6 442	2 698
2.1 资产	31	− 335	1 592	1 928
2.1.1 股本证券	32	− 158	839	997
2.1.2 债务证券	33	− 177	754	931
2.1.2.1（中）长期债券	34	− 177	754	931
2.1.2.2 货币市场工具	35	0	0	0
2.2 负债	36	4 079	4 849	770
2.2.1 股本证券	37	2 015	2 516	501
2.2.2 债务证券	38	2 064	2 334	270
2.2.2.1（中）长期债券	39	991	1 261	270
2.2.2.2 货币市场工具	40	1 073	1 073	0
3. 其他投资	41	4 815	78 678	73 864
3.1 资产	42	− 8 442	8 974	17 416
3.1.1 贸易信贷	43	− 3 707	407	4 114
长期	44	− 74	8	82
短期	45	− 3 633	399	4 032
3.1.2 贷款	46	− 1 982	2 317	4 299
长期	47	− 2 595	628	3 223
短期	48	613	1 690	1 077
3.1.3 货币和存款	49	− 98	5 561	5 659
3.1.4 其他资产	50	− 2 656	689	3 345
长期	51	628	628	0
短期	52	− 3 284	61	3 345
3.2 负债	53	13 257	69 704	56 447
3.2.1 贸易信贷	54	2 784	2 784	0
长期	55	49	49	0
短期	56	2 735	2 735	0

续表

项目	行次	差额	贷方	借方
3.2.2 贷款	57	5 789	58 696	52 906
长期	58	1 203	3 525	2 322
短期	59	4 586	55 171	50 584
3.2.3 货币和存款	60	4 686	7 492	2 806
3.2.4 其他负债	61	− 2	733	735
长期	62	49	132	83
短期	63	− 50	601	652
三、储备资产	64	− 26 749	82	26 830
3.1 货币黄金	65	0	0	0
3.2 特别提款权	66	13	13	0
3.3 在基金组织的储备头寸	67	69	69	0
3.4 外汇	68	− 26 830	0	26 830
3.5 其他债权	69	0	0	0
四、净误差与遗漏	70	− 4 764	0	4 764

注：

1. 本表计数采用四舍五入原则。

2. 本表由 2013 年四个季度平衡表人民币值累加而成。

表 13 − 2　中国国际收支平衡表（以美元计价）2013 年　单位：亿美元

项目	行次	差额	贷方	借方
一、经常项目	1	1 828	26 637	24 809
A. 货物和服务	2	2 354	24 250	21 896
a. 货物	3	3 599	22 190	18 591
b. 服务	4	− 1 245	2 060	3 305
1. 运输	5	− 567	376	943
2. 旅游	6	− 769	517	1 286
3. 通信服务	7	0	17	16
4. 建筑服务	8	68	107	39
5. 保险服务	9	− 181	40	221
6. 金融服务	10	− 5	32	37
7. 计算机和信息服务	11	94	154	60
8. 专有权利使用费和特许费	12	− 201	9	210
9. 咨询	13	169	405	236

项目	行次	差额	贷方	借方
10. 广告、宣传	14	18	49	31
11. 电影、音像	15	−6	1	8
12. 其他商业服务	16	135	341	206
13. 别处未提及的政府服务	17	0	12	12
B. 收益	18	−438	1 855	2 293
1. 职工报酬	19	161	178	17
2. 投资收益	20	−599	1 677	2 276
C. 经常转移	21	−87	532	619
1. 各级政府	22	−31	11	42
2. 其他部门	23	−56	520	577
二、资本和金融项目	24	3 262	17 271	14 009
A. 资本项目	25	31	45	14
B. 金融项目	26	3 232	17 226	13 995
1. 直接投资	27	1 850	3 478	1 629
1.1 我国在外直接投资	28	−732	364	1 096
1.2 外国在华直接投资	29	2 582	3 114	532
2. 证券投资	30	605	1 041	436
2.1 资产	31	−54	258	311
2.1.1 股本证券	32	−25	136	161
2.1.2 债务证券	33	−28	122	150
2.1.2.1（中）长期债券	34	−28	122	150
2.1.2.2 货币市场工具	35	0	0	0
2.2 负债	36	659	784	125
2.2.1 股本证券	37	326	407	81
2.2.2 债务证券	38	333	377	44
2.2.2.1（中）长期债券	39	160	204	44
2.2.2.2 货币市场工具	40	173	173	0
3. 其他投资	41	776	12 707	11 930
3.1 资产	42	−1 365	1 439	2 804
3.1.1 贸易信贷	43	−603	65	667

项目	行次	差额	贷方	借方
长期	44	-12	1	13
短期	45	-591	64	654
3.1.2 贷款	46	-319	374	693
长期	47	-422	100	522
短期	48	102	274	172
3.1.3 货币和存款	49	-20	890	910
3.1.4 其他资产	50	-423	110	533
长期	51	100	100	0
短期	52	-523	10	533
3.2 负债	53	2 142	11 268	9 126
3.2.1 贸易信贷	54	449	449	0
长期	55	8	8	0
短期	56	442	442	0
3.2.2 贷款	57	934	9 493	8 558
长期	58	194	569	375
短期	59	740	8 923	8 183
3.2.3 货币和存款	60	758	1 208	450
3.2.4 其他负债	61	0	118	118
长期	62	8	21	13
短期	63	-8	97	104
三、储备资产	64	-4 314	13	4 327
3.1 货币黄金	65	0	0	0
3.2 特别提款权	66	2	2	0
3.3 在基金组织的储备头寸	67	11	11	0
3.4 外汇	68	-4 327	0	4 327
3.5 其他债权	69	0	0	0
四、净误差与遗漏	70	-776	0	776

资料来源：国家外汇管理局网站。

从表 13-1 和表 13-2 中得知，我国在 2013 年两个最重要的项目（经常项目和资本和金融项目）是双顺差（计算方法是贷方数字减去借方数字）。国际收支总差额为 26 748 亿元人民币或 4 314 亿美元（计算方法是：国际收支总差额 = 经常账户差额 + 资本与金融账户差额 + 净差错与遗漏）。总表贷方与借方平衡（计算方法：国际收支总差额 + 储备资产变化）。

三、国际投资头寸表

国际投资头寸[①]表（International Investment Position，IIP）是指一个国家或地区对世界其他国家或地区在某一特定时点上金融资产和负债存量的统计报表。中国国际投资头寸表是反映特定时点上我国（不含香港、澳门和台湾）对世界其他国家或地区金融资产和负债存量的统计报表。国际投资头寸的变动是由特定时期内交易、价格变化、汇率变化和其他调整引起的。

我国的国际投资头寸表和国际收支平衡表一起构成我国完整的国际账户体系。国际收支平衡表反映的是在特定时期内一个国家或地区与世界其他国家或地区发生的一切经济交易。国际投资头寸表反映的是特定时点上一个国家或地区对世界其他国家或地区的金融资产和负债存量状况。也就是说，国际收支平衡表计量的是流量，国际投资头寸表计量的是存量。

我国是经济开放性国家，我国的国际投资头寸表能为我国衡量自身的涉外经济风险状况提供基础信息，对我国宏观经济分析和政策决策具有重要意义。首先，国际投资头寸表直接标明我国涉外经济存量及其结构，更加系统全面地反映我国涉外经济发展和风险状况；其次，通过国际投资头寸表所反映出的涉外经济状况，是我国的产业政策、贸易政策、经济发展协调性等各种经济因素共同作用的结果，从而为我国制定涉外经济发展政策和调整对外资产负债结构提供了基础性信息；再次，随着我国经济在世界经济地位日益提高，通过国际投资头寸表对于分析全球金融资本状况也越来越重要；最后，宏观经济有四大统计：国民收入统计、财政统计、货币金融统计、国际收支平衡表。虽然国际投资头寸表是我国对外经济部门的统计，但对宏观经济统计的进一步完善有很大作用。

国际投资头寸表在计价、记账单位和折算等核算原则上均与国际收支平衡表保持一致。

国际投资头寸表如表 13 - 3 所示，它的主要项目是资产项目和负债项目。资产项目包含我国对外直接投资、证券投资、其他投资和储备资产四部分；负债项目包含外国来华直接投资、证券投资、其他投资三部分。净头寸是指对外资产减去对外负债。

---

① 头寸（position）也称为"头衬"，就是款项的意思，是金融界及商业界的流行用语。如果银行在当日的全部收付款中收入大于支出款项，就称为"多头寸"，反之，称为"缺头寸"。对预计这一类头寸的多与少的行为称为"轧头寸"。到处想方设法调进款项的行为称为"调头寸"。如果暂时未用的款项大于需用量时称为"头寸松"，反之，称为"头寸紧"。

（一）直接投资

直接投资是投资者以获取在本国以外企业的有效控制权为目的的投资。分为对外直接投资和外国来华直接投资。前者包括我国境内非金融部门对外直接投资存量和境内银行在境外设立分支机构所拨付的资本金和营运资金存量，以及从境内外母子公司间的贷款和其他应收及应付款的存量。如表 13 – 3 中资产项目中的直接投资存量，2011 年年末、2012 年年末、2013 年年末分别是 16 884 亿美元、18 665 亿美元和19 716 亿美元；后者包括我国非金融部门吸收来华直接投资存量和金融部门吸收境外直接投资存量（包括外资金融部门设立分支机构、中国资金融资部门吸收外资入股和合资金融部门中外方投资存量），以及境内外母子公司间的贷款和其他应收及应付款的存量。如表 13 – 3 所示，负债项目中我国吸引外资直接投资存量，2011 年年末、2012 年年末、2013 年年末分别是 30 461 亿美元、33 467 亿美元和 39 652 亿美元。

（二）证券投资

证券投资包括股票、中长期债券和货币市场工具等形式的投资。证券投资资产是指我国居民持有的非居民发行的股票、债券、货币市场工具、衍生金融工具等有价证券。2011 年年末、2012 年年末、2013 年年末分别是 2 044 亿美元、2 406 亿美元、2 585 亿美元；证券投资负债为非居民持有我国居民发行的股票和债券。2011 年年末、2012 年年末、2013 年年末分别是 2 485 亿美元、3 361 亿美元和 3 868 亿美元。

表中的股本证券是指以股票形式为主的证券。2011 年年末、2012 年年末和 2013 年年末，资产的股本证券分别是 864 亿美元、1 298 亿美元、1 530 亿美元；负债的股本证券分别是 2 114 亿美元、2 619 亿美元和 2 980 亿美元。

债务证券包括中长期债券和短期债券；货币市场工具或可转让的债务工具，如短期国库券、商业票据、短期可转让大额存单等。2011 年年末、2012 年年末、2013 年年末债务证券中资产项目分别是 1 180 亿美元、1 108 亿美元和 1 055 亿美元；该项目的负债项目分别是 371 亿美元、742 亿美元和 889 亿美元。

（三）其他投资

其他投资是指除直接投资、证券投资和储备资产之外的所有金融资产/负债，包括贸易信贷、贷款、货币和存款及其他资产/负债四类形式。

贸易信贷：指我国与世界其他国家或地区间，伴随货物进出口产生的直接商业信用。资产表示我国出口商的出口应收款以及我国进口商支付的进口预付款。2011 年年末、2012 年年末、2013 年年末分别是 2 769 亿美元、3 387 亿美元、3 990 亿美元；负债表示我国进口商的进口应付款以及我国出口商预收的货款。其这三年末分别是2 492亿美元、2 915 亿美元、3 365 亿美元。

贷款项目中资产表示我国境内机构通过向境外提供贷款和拆放等形式而持有的对

外资产。2011 年年末、2012 年年末、2013 年年末是 2 232 亿美元、2 778 亿美元和 3 089 亿美元；其负债项目表示我国机构借入的各类贷款，如外国政府贷款、国际组织贷款、国外银行贷款和卖方信贷。该项目这三年情况是 3 724 亿美元、3 680 亿美元和 5 642 亿美元。

货币和存款项目中，资产表示我国金融机构存放境外资金和库存外汇现金。2011 年年末、2012 年年末、2013 年年末分别是 2 942 亿美元、3 906 亿美元和 3 772 亿美元；其负债表示我国金融机构吸收的海外私人存款、国外银行短期资金及向国外出口商和私人的借款等短期资金。这三年年末分别是 2 477 亿美元、2 446 亿美元和 3 051 亿美元。

其他资产/负债：指除贸易信贷、贷款、货币和存款以外的其他投资，如非货币型国际组织认缴的股本金，其他应收和应付款等。其资产项目 2011 年年末、2012 年年末、2013 年年末分别是 552 亿美元、457 亿美元和 1 038 亿美元。

（四）储备资产

指我国中央银行可随时动用和有效控制的对外资产，包括货币黄金、特别提款权、在基金组织的储备头寸和外汇。

货币黄金是指我国中央银行作为储备持有的黄金。2011 年年末、2012 年年末、2013 年年末分别是 530 亿美元、567 亿美元和 408 亿美元。

特别提款权是指国际货币基金组织根据会员国认缴的份额分配的，可用于偿还国际货币基金组织债务、弥补会员国政府之间国际收支逆差的一种账面资产。2011 年年末、2012 年年末、2013 年年末分别是 119 亿美元、114 亿美元和 112 亿美元。

在基金组织的储备头寸是指我国在国际货币基金组织普通账户中可自由动用的资产。2011 年年末、2012 年年末、2013 年年末分别是 98 亿美元、82 亿美元和 71 亿美元。

外汇指的是我国中央银行持有的可用作国际清偿的流动性资产和债权。2011 年年末、2012 年年末、2013 年年末分别是 31 811 亿美元、33 116 亿美元和 38 213 亿美元。

表 13 - 3　　中国国际投资头寸表　　　　　单位：亿美元

项目	2011 年 3 月末	2011 年年末	2012 年年末	2013 年年末
净资产	17 595	16 884	18 665	19 716
A. 资产	43 440	47 345	52 132	59 368
1. 我国对外直接投资	3 234	4 248	5 319	6 091
2. 证券投资	2 269	2 044	2 406	2 585
2.1 股本证券	960	864	1 298	1 530
2.2 债务证券	1 309	1 180	1 108	1 055
3. 其他投资	6 781	8 495	10 527	11 888
3.1 贸易信贷	2 135	2 769	3 387	3 990

续表

项目	2011 年 3 月末	2011 年年末	2012 年年末	2013 年年末
3.2 贷款	1 508	2 232	2 778	3 089
3.3 货币和存款	2 122	2 942	3 906	3 772
3.4 其他资产	1 015	552	457	1 038
4. 储备资产	31 156	32 558	33 879	38 804
4.1 货币黄金	485	530	567	408
4.2 特别提款权	126	119	114	112
4.3 在基金组织中的储备准确头寸	99	98	82	71
4.4 外汇	30 447	31 811	33 116	38 213
B. 负债	25 845	30 461	33 467	39 652
1. 外国来华直接投资	16 439	19 069	20 680	23 475
2. 证券投资	2 289	2 485	3 361	3 868
2.1 股本证券	2 063	2 114	2 619	2 980
2.2 债务证券	226	371	742	889
3. 其他投资	7 117	8 907	9 426	12 309
3.1 贸易信贷	2 191	2 492	2 915	3 365
3.2 贷款	2 647	3 724	3 680	5 642
3.3 货币和存款	2 039	2 477	2 446	3 051
3.4 其他负债	240	214	384	252

资料来源：国家外汇管理局网站。

基本指标之间的关系是：

年末头寸 = 年初头寸 + 交易 + 价格变化 + 汇率变化 + 其他调整

即：本年年末国际投资头寸 = 上一年年末国际投资头寸 + 本年的资本流动

资产 = 在国外的直接投资 + 证券投资 + 其他投资 + 储备资产

负债 = 来华直接投资 + 证券投资 + 其他投资

净头寸 = 资产 – 负债

第二节 汇率与对外贸易

汇率与进出口贸易关系研究理论比较多，其中较为突出的是马歇尔—勒纳的弹性理论和 J 曲线理论。

一、汇率与对外贸易一般关系

出口正向受汇率影响，进口反向取决于汇率。从出口来看，如果汇率上升，则本国货币实际贬值，意味着国外商品相对于国内商品变得更加昂贵，这使本国商品的出口变得相对容易，出口增加；从进口来看，如果汇率上升，本币贬值，那么国外商品相对于国内商品变得更加昂贵，故使进口变得相对困难。

假定，美国生产并出口牛肉，每公斤售价为 5 美元。中国生产并出口鸡肉，每公斤售价 20 元人民币。如果美元与人民币的汇率为 \$1 = ¥6.3 （¥1 = 1/6.3 = \$0.158 7），牛肉出口到中国，按人民币计价应为：5×6.3 = 31.5 （元人民币）；中国出口鸡肉到美国，按美元计价应为：20×0.1587 = 3.174 （美元）。

现在如果美元汇率贬值 10%，即美元与人民币的汇率为：\$0.174 57 = ¥1，即 \$1 = ¥5.728 361 12。那么，一公斤牛肉出口到中国时，按着人民币计价为：5×5.728 361 12 = 28.642 （元人民币）。比美元贬值前每公斤牛肉的价格下降了 2.858 元人民币，这可能引起中国对美国牛肉的需求上升，即美国出口牛肉增加；中国出口美国的鸡肉按着美元计价应为：20×0.174 57 = 3.491 （美元）。比美元贬值前每公斤鸡肉价格上涨了 0.317 美元，可能会导致美国对鸡肉需求下降，美国进口鸡肉下降。

二、马歇尔—勒纳条件

马歇尔—勒纳条件（Marshall - Lerner Condition）是贸易收支平衡弹性分析方法的核心。其认为如果一国处于贸易逆差中，即净出口小于 1，会引起本币贬值。本币贬值会改善贸易逆差，但需要一定的条件：进出口需求弹性之和必须大于 1。该理论是由英国经济学家 A. 马歇尔（1923）提出，美国经济学家 A. P. 勒纳（1944）加以发展，从而构成马歇尔—勒纳条件。它揭示了关于一国货币的贬值与该国贸易收支改善程度的关系。

马歇尔—勒纳条件有一系列基本假设：其他条件不变，只考虑汇率变动对进出口商品价格和数量的影响；不考虑国际资本流动，国际收支等于贸易收支；贸易商品的供给具有完全弹性；国际贸易初始时是平衡的。

一国货币相对于他国货币贬值，能否改善该国的贸易收支状况，主要取决于贸易商品的需求和供给弹性，这里要考虑 4 个弹性：①他国对该国出口商品的需求弹性；②出口商品的供给弹性；③进口商品的需求弹性；④进口商品的供给弹性（指他国对贬值国出口的商品的供给弹性）。由于假设条件中供给商品是完全具有弹性，所以，货币贬值效果便取决于需求弹性。需求弹性是指价格变动所引起的进出口需求数量的变动程度。只有当贬值国进口需求弹性大于零（进口减少）与出口需求弹性之和大于 1 （出口增加）时，贬值才能改善贸易收支。

如果用 D_X 表示他国对贬值国的出口商品的需求弹性，D_M 表示进口需求弹性，则

当 $D_X + D_M > 1$ 时，即出口需求弹性与进口需求弹性的总和大于 1 时贬值可以改善贸易收支。此即马歇尔—勒纳条件。继续延用上面的例子来加以说明，美元货币贬值 10%，导致美国出口到中国的牛肉价格下降了 9%，假设由于价格下降，中国对其牛肉需求上升 10%，则牛肉需求弹性 D_X 是 1.11；再看美国进口中国的鸡肉，由于其价格上涨了 9.99%，美国市场对其鸡肉需求下降到 3%，则美国进口鸡肉的需求弹性 D_M 是 0.3。这样 $D_X + D_M = 1.11 + 0.3 > 1$，贸易收支状况能得到改善。如果其他条件不变，仅变动 D_X，中国对美国出口的牛肉因价格下降 9%，而增加需求 5%，则需求弹性 D_X 为 0.556，此时，$D_X + D_M = 0.556 + 0.3 < 1$，则美元贬值不能改善其贸易收支状况，反而使其贸易收支状况下降。同样道理，此时如果中国对美国出口牛肉 D_X 为 0.7，则 $D_X + D_M = 0.7 + 0.3 = 1$，贸易差额保持不变，即该国的贸易收支状况得不到改善。

三、J 曲线效应

一国货币贬值或升值时，该国贸易收支状况可能改善或恶化。但是，由于货币贬值效应的时滞性，汇率变动引导金融资产价格的变动可在瞬间完成，而其引导的贸易和国民收入的变动相对迟缓，即货币贬值可能导致贸易收支项在短期内恶化，而后再逐步改善贸易收支状况。由于这种经常账户收支变动的轨迹呈现英文字母 J 的形状，故被称为 J 曲线效应。如图 13 - 1 所示。横轴表示时间，纵轴是经常项目收支状况。在本币贬值后经常项目收支状况恶化，J 曲线先下降，然后状况逐渐好转，J 曲线向上，B 点是 J 曲线与横轴相交处，由负号逐渐转变成正号，过 B 点后继续上升。

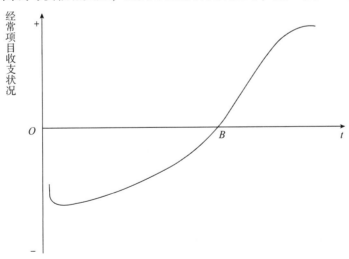

图 13 - 1 J 曲线效应

汇率变化对贸易状况的影响存在时滞效应的原因是消费和生产行为的"黏性作用"结果。具体来说：第一，在本国货币贬值之前，进出口合同一般早已签订。本国货币贬值，外币升值后，在新的进出口合同还未签约之前，进出口数量仍按照旧合同执行。本币贬值后，凡以外币定价的进口商品，折成本币后的支付将增加；凡以本币定价的出口商品，折成外币的收入将减少。也就是说，本币贬值前已签订但贬值后仍执行的贸易协议，出口数量不能增加，以冲抵出口外币价格下降，进口数量不能减少，以冲抵进口价格的上升。贸易收支恶化。本国货币贬值，即外币升值后，一国出口的余额反而会减少。例如，假定 1 美元从兑换 6 元人民币变为兑换 6.5 元人民币时，如果按照旧合同出口一定数量商品原来可以得 4 万美元的话，现在只能得 3.692 3 万美元。因此，在本币贬值初期，一国出口收入可能反而减少，进口支出可能反而增加。第二，即使贸易协议是在本币贬值后签订的，出口的增长仍然受各种因素影响，比如，人们的认识、决策，以及资源和生产周期等。对于进口商来说，也有可能认为现在的本币贬值是下一步贬值的前奏，进而加速或者增加签订进口协议。

因此，本币贬值，外币升值。短期内有可能使贸易收支先恶化。经过一段时间后，随着之前的合同结束，新合同履行，一国出口收入才会增加，进口支出才会减少，从而使经常账户收支状况得以改善。同理，当本国货币升值时，经常账户收支状况的变动则往往先有改善，随着时间的推移，才会逐步恶化。根据实践，这种变化过程可能会维持数月，甚至一至两年，由各国的实际情况而定。因此，汇率变化对贸易收支状况的影响是有时滞效应的。

第三节　BP 曲线

一、对外贸易函数

一国的对外贸易分为出口和进口，出口是向其他国家销售产品和提供劳务，进口则是从其他国家购买产品和劳务。净出口为出口与进口的差额。当出口大于进口时，净出口为正，贸易顺差；反之，出口小于进口时，净出口为负，存在贸易逆差。

影响净出口的因素有很多，在宏观经济学中汇率和国内收入水平是两个最重要的因素。出口正向地受汇率影响，进口反向地取决于汇率，净出口正向地取决于汇率。进口还取决于一国的实际收入。当收入增加时，消费者用于购买本国产品和进口产品的支出都会增加。一般认为，出口不直接受一国实际收入的影响。因此，净出口反向地取决于一国的实际收入。则净出口函数：

$$NX\,(E,\ Y)\ =\ X\,(E)\ -\ M\,(E,\ Y)$$

净出口函数不考虑汇率及价格时，净出口与收入呈反方向关系。即：

$$NX\,(Y)\ =\ X\ -\ M\,(Y)$$

如图 13 - 2 所示。横轴 Y 为国民收入，纵轴 NX 为净出口，净出口曲线为负值。

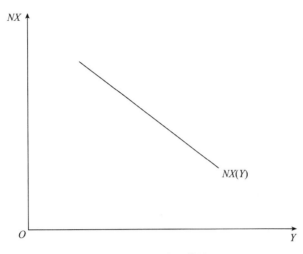

图 13 – 2　净出口曲线

二、资本和金融项目差额

　　资本金融账户主要记录国际投资和借贷。国际投资包括直接投资和间接投资，即：本国的个人、企业和政府在国外进行实体投资、购买外国企业的股票、外国政府或企业债券等；外国的个人、企业和政府在本国实体投资、购买企业股票和政府债券等。国际借贷包括本国企业和政府从国外银行、基金会、政府所获得的贷款，也包括外国企业和政府从本国拆借的款项。无论是国际投资还是借贷，目的都是盈利。追逐较高的利润回报的动机是形成国际间资本流动的根本原因。从直观上看，国际资本的流向是由利率低的国家向利率高的国家流动。

　　在世界市场瞬息万变的今天，一国在一定时期内既有资本流出，也有资本流入。为了分析方便，将从本国流向外国的资本量与从外国流向本国的资本量的差额确定为资本账户差额，或者称为净资本流出，并用 F 表示，即：

$$F = 资本流出量 - 资本流入量$$

　　国际资本的流动是由利率低的国家向利率高的国家流动。如果本国利率高于国外利率，外国的投资和贷款就会流入本国，这时净资本流出减少。反之，如果本国利率低于国外水平，则本国的投资者就会向国外投资和贷款，资本就外流，从而净资本流出增加。因此，净资本流出是本国利率与国外利率之差的函数。假设，用 r 表示本国利率，用 r_w 表示国外利率，则资本净流出函数是：

$$F = \sigma (r_w - r)$$

　　其中，$\sigma > 0$ 为常数。

　　一般来说，国际市场上的利率是国际资本市场竞争的结果，它在一定时期是既定的，如果此时本国利率高于国外利率，流出的资本就少，流入的资本就多，从而净资本流出就少；反之，本国利率低于国外利率，净资本流出就多。所以，净资本流出 F 是

本国利率 r 的减函数，用图 13-3 表示净资本流出函数，以利率 r 为纵轴，净资本流出 F 为横轴，净资本流出函数曲线斜率为负数，即净资本流出与国内利率成反向关系，当国内利率为 r_1 时，净资本流出额是 F_1，当利率上升为 r_2 时，净资本流出减少到 F_2。

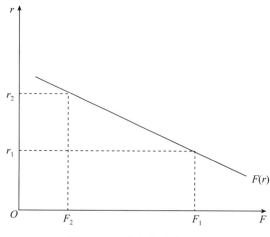

图 13-3　净资本流出函数

三、BP 曲线

现在将经常项目核心净出口与资本和金融项目核心净资本流出放在一起来分析国际收支的问题。每个国家在一定的时期内，都可能产生经常账户的顺差或逆差，以及资本和金融账户的顺差或逆差。当然这两个项目也可能极其偶然地分别出现平衡。我们将净出口和净资本流出的差额称为国际收支差额，用 BP 表示，则：

国际收支差额 = 净出口 - 净资本流出

或者

$$BP = NX - F$$

一国的国际收支平衡（Balance of International Payments）也称为外部均衡，是指一国国际收支差额为零。个人或企业必须为其在国外的购买而支付，如果其花费大于他的收入，那么，其赤字需要通过出售资产或借款来支持。同理，如果一个国家发生了经常账户赤字，即在国外的花费比他从国外得到的收入多，则这一赤字就需要通过向国外出售资产或从国外借款来支持。而这种资产出售或借债意味着该国出现了资本账户盈余。因此，任何经常账户赤字要由相应的资本流入来抵消。如果国际收支差额为正，即 BP > 0，称国际收支出现顺差，也称国际收支盈余。如果国际收支差额为负，即 BP < 0，则称国际收支逆差，也称国际收支赤字。当国际收支平衡时，即 BP = 0，就有：

$$NX = F$$

或：

$$NX(Y) = F(r)$$

等式表明，当国际收支平衡时收入 Y 和利率 r 的相互关系。宏观经济学称其为国际收支均衡函数，简称国际收支函数。

国际收支函数也可以用图形表示，即为国际收支曲线或称 BP 曲线。其推导可通过图 13-4 得出。其中，图（a）为净资本流出曲线，净资本流出 F 与利率 r 为反方向变动，其曲线是向右下方倾斜的。图（b）是纵横坐标的转换线，即 45 度线，它表示净资本流出额与净出口额相等，两个项目的差额正好互相补偿，国际收支达到平衡。（c）图为净出口曲线，净出口 NX 与收入 Y 为反方向变化。在（a）图中，当利率从 r_1 上升到 r_2 时，净资本流出量从 F_1 减少到 F_2。假如资本账户原来是平衡的，这时将出现顺差。在图（b）中，为了保持国际收支平衡，根据 45 度线，净出口必须从 NX_1 减少到 NX_2。图（c）按照净出口曲线，国民收入要从 Y_1 增加到 Y_2。图（d）在保持国际收支平衡的条件下，利率 r 和收入 Y 有两个对应点 C 和 D，同理，也可以找到其他对应点，把这些对应点连接起来便得到国际收支曲线，即 BP 曲线。在 BP 曲线上的每一点都表示国际收支平衡的利率 r 和收入 Y 的组合。而不在 BP 曲线上的每一点都是使国际收支失衡的利率和收入组合，在 BP 曲线左上方的所有的点都表示国际收支顺差，即 $NX > F$；在 BP 曲线右下方的所有的点都表示国际收支逆差，即 $NX < F$。例如，在 BP 曲线左上方任取一点 J，J 与均衡点 D 相比，利率相同，收入较低。因此，其相应的净出口较高，即 $NX > F$；在 BP 曲线右下方任取一点 K，K 与均衡点 C 比较，利率相同，收入较高，故相应的净出口较低，即 $NX < F$。

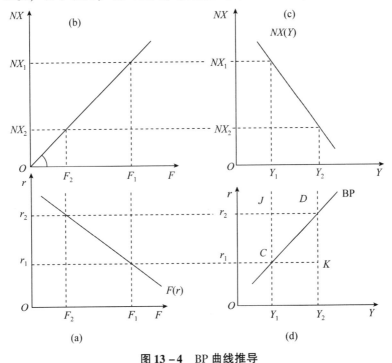

图 13-4 BP 曲线推导

BP 曲线的斜率取决于 $F(r)$ 曲线的斜率和 $NX(Y)$ 曲线的斜率，即取决于净资本流出对利率的反应程度和净出口对国民收入的反应程度。当然，BP 曲线也可以移动，净出口增加，NX（Y）曲线向右移动，使 BP 曲线右移；净出口减少，NX（Y）曲线向左移动，使 BP 曲线左移。净资本流出增加，$F(r)$曲线向右移动，导致 BP 曲线向左移动；净资本流出减少，$F(r)$曲线向左移动，导致 BP 曲线向右移动。

第四节　IS—LM—BP 模型

我们知道 IS—LM 模型是国内商品市场与货币市场均衡模型，现在将外部市场均衡 BP 加入其中，就构成 IS—LM—BP 模型。该模型方程是：

$$\begin{cases} I(r) = S(Y) \\ M = L_1(Y) + L_2(r) \\ BP = F(r) - NX(Y) = 0 \end{cases}$$

方程中有两个未知数（利率 r 和国民收入 Y），是有解的，而且是唯一的解。

IS—LM—BP 模型也可以用图 13 – 5 表示，以利率为纵轴、收入为横轴，IS 曲线、LM 曲线和 BP 曲线相交于 E 点，表示经济内外同时达到均衡。在开放经济条件下，IS 曲线与 LM 曲线的交点所对应的状态被称为内部均衡或国内均衡。BP 曲线上的每一点所对应的状态，即国际收支平衡被称为外部均衡或国外均衡。因此，E 点反映的是国内均衡和国外均衡同时得以实现的状态。Y^* 为充分就业的收入水平，r^* 为均衡的利率。

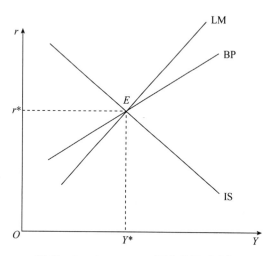

图 13 – 5　IS—LM—BP 国内外同时均衡

图 13 – 5 中的状态是理想状态，在现实经济中很少出现，经常出现的是非均衡状态。一般来说，这种非均衡大致有：国内经济和国际收支都不均衡；国内均衡，但国际收支失衡；国内与国际收支实现了均衡，但国内均衡低于充分就业国民收入水平。

当出现国内经济和国际收支都不均衡时，可以采取财政政策移动 IS 曲线，或货币政策移动 LM 曲线，使三条线逐渐达到图 13 - 5 的要求。

如果国内均衡，但国际收支失衡。如图 13 - 6 所示，国内实现了均衡 A 点。但 BP_1 曲线没有与之相交于 A 点，A 点在 BP_1 曲线的下方，出现逆差。此时，可以采取鼓励出口，限制进口政策，使 BP_1 曲线向右边的 A 点趋近，移到 BP_2。其政策包括提高外汇汇率使本币贬值，实行出口退税政策，提高进口关税，进口配额等贸易政策，以及与资本流动、债务管理以及一国的国外净资产的规模有关的金融政策。

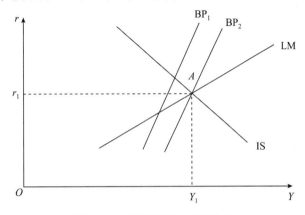

图 13 - 6　国内均衡，国际失衡

如果国内与国际收支实现了均衡，但国内均衡低于充分就业国民收入水平。如图 13 - 7 所示。Y^* 为充分就业国民收入，三条线相交于点 A，低于充分就业的国民收入。此时，移动 IS 曲线是扩张财政政策，移动 LM 曲线是扩张货币政策，如果这样可能会使总需求增加，价格水平上升，移动 BP 曲线是采取扩大净出口政策等。价格水平上升造成净出口的下降，从而使 BP 曲线左移。直至达到三条线交在 Y^* 的垂直线上，有可能该交点位置比较高，实现了充分就业国民收入的国内外均衡。

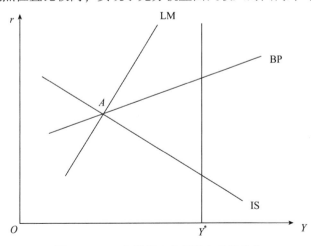

图 13 - 7　三条线相交在低于充分就业上

思考题：

1. 如何理解国际收支平衡表的记录原则？

2. 请查看近年我国的国际收支平衡表，说明各个项目变化的情况。

3. 请查看近年我国的国际投资头寸表，说明各个项目变化的情况。

4. 说明汇率与国际贸易之间的关系。

5. BP 曲线的内涵及其推导。

6. 如果 IS—LM—BP 模型中出现了各种内外失衡状况，如何进行调整效果最好？

参考资料：

1. 萨缪尔森：《宏观经济学》（19 版）第 13、14 章，人民邮电出版社 2012 年 1 月。

2. 凯伯：《国际金融》（第十三版）第一、四、七章，中国人民大学出版社 2012 年 4 月。

3. 薛荣久：《国际贸易》（第六版）第五、六章，对外贸易大学出版社 2016 年 5 月。

4. IS—LM—BP 模型，MBA 智库百科。

第十四章 开放经济条件下其他主要宏观经济模型

在开放经济条件下，任何一国在使用宏观经济政策时都要合理地搭配使用，这需要掌握蒙代尔—弗莱明模型、三元悖论、丁伯根法则等理论。在国与国之间的经济交往过程中必然有合作与不合作之分，这就需要掌握纳什均衡、哈马达模型和斯塔克尔伯格均衡等理论。

第一节 蒙代尔—弗莱明模型

蒙代尔—弗莱明模型（Mundell – Flemming Model，M—F 模型）是由美国哥伦比亚大学教授、1999 年诺贝尔经济学奖获得者、"最优货币区理论"的奠基人，被誉为"欧元之父"的罗伯特·蒙代尔（Robert A. Mundell）提出。他在 1963 年《加拿大经济学杂志》上发表的《固定和浮动汇率的资本流动和稳定政策》具有划时代意义的论文创立了该理论。20 世纪 60 年代，蒙代尔在国际货币基金组织的一位同事英国经济学家马库斯·弗莱明（John Marcus Fleming，1911—1976 年）也对开放经济中的稳定政策进行了相似的研究，因此，该理论被称为蒙代尔—弗莱明模型。该模型是对本章第三节米德理论的进一步扩展，也是现今国际经济的标准分析。

一、开放经济中 IS—LM 模型的内涵

M—F 模型的假定条件：资本完全流动的小型开放经济；国内证券与国外证券之间可以完全替代，资本是完全自由流动的，设国内利率为 r，国际利率为 r_w，只要国内利率超过国外利率，即 $r > r_w$，就会吸引资本大量流入；反之，国内利率低于国外利率，即 $r < r_w$，就会引起大量资本流出，直至 $r = r_w$；设国内物价水平与国外物价水平都是固定的，实际汇率等于名义汇率，即 $e = E$；净出口反向地取决于汇率[①]。

---

① 此处采用汇率的间接标价法。

（一）开放经济中的 IS 曲线

开放条件下的 IS 曲线方程：

$$Y = C(Y) + I(r_w) + G + NX(e)$$

其中净出口 NX 反向取决于汇率 e。如图 14 – 1 所示。纵轴为实际汇率 e，横轴为净出口 NX，NX 曲线斜率为负。当汇率为 e_1 时，净出口为 NX_1；当汇率上升为 e_2 时，净出口减少到 NX_2。反之亦然。

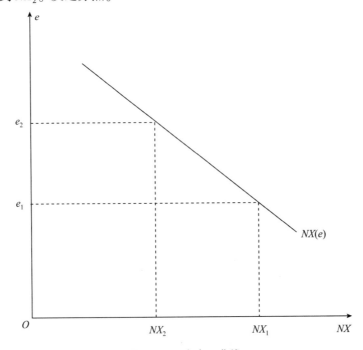

图 14 – 1　净出口曲线

用 IS^* 表示该曲线中的利率 $r = r_w$ 时，汇率与国民收入关系的 IS^* 曲线。如图 14 – 2 所示。

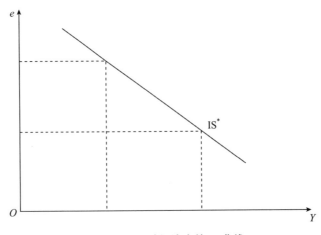

图 14 – 2　开放经济中的 IS 曲线

汇率下降，净出口会上升，国民收入就上升。

（二）开放经济中的 LM 曲线

我们知道一般的 LM 方程是：

$$\frac{M}{P} = L(r, \ Y)$$

由于 $r = r_w$，则 LM^* 方程为：

$$\frac{M}{P} = L(r_w, \ Y)$$

则 LM^* 曲线如图 14 - 3 所示。图中上半部分因为 $r = r_w$，LM 曲线是"IS—LM 模型"在开放经济中的形式，是一种短期分析，假定：价格水平固定；是需求分析，经济的总供给可以随总需求的变化迅速做出调整，经济中的总产出完全由需求方面决定。

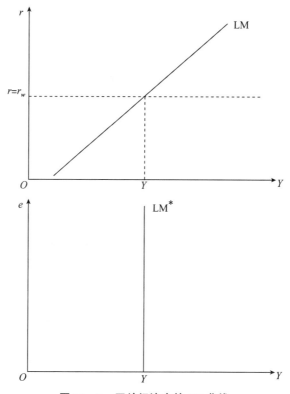

图 14 - 3　开放经济中的 LM 曲线

LM 线固定在 $r = r_w$ 处，则图的下半部分为 LM^* 曲线，其纵轴为实际汇率 e，横轴如同上半部分横轴一样是国民收入 Y。LM^* 曲线垂直于横轴，表明 LM^* 与汇率无关。

（三）开放经济中的 IS—LM 模型

开放经济中的 IS—LM 模型的方程：

$$\begin{cases} Y = C(Y) + I(r_w) + G + NX(e) \\ \dfrac{M}{P} = L(r_w, \ Y) \end{cases}$$

将 IS* 曲线和 LM* 曲线放在一张图中，如图 14 - 4 所示。

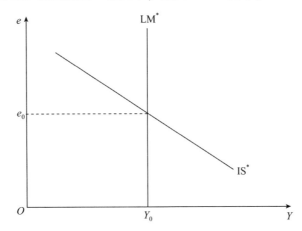

图 14 - 4　开放经济中 IS—LM 模型

e_0 为均衡汇率，Y_0 为均衡国民收入。

二、浮动汇率下的财政政策和货币政策

(一) 浮动汇率下的财政政策

一国在浮动汇率下采取扩张性的财政政策，会使 IS* 曲线向右上方移动，如图 14 - 5所示，IS* 曲线移到 IS_1^*，利率 r 上升，$r > r_w$，会导致外资流入，则利率下降，直至 $r = r_w$；外资流入，购买本币在国内投资，本币升值，汇率由 e_1 上升到 e_2，净出口下减少、抵消了扩张性财政政策对国民收入 Y 的影响，财政政策引起汇率上升从而挤出净出口，IS 曲线由 IS_1^* 移动回 IS*。在这里关键的是国内利率与国际利率相等 $r = r_w$，从而在浮动汇率制下，一个资本完全流动的小型开放经济中，财政政策无效。

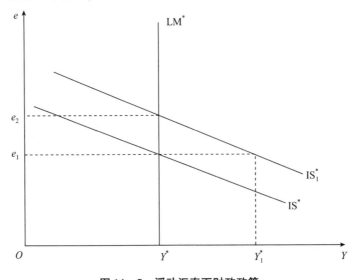

图 14 - 5　浮动汇率下财政政策

（二）浮动汇率下的货币政策

在浮动汇率制下，采取扩张性货币政策，增加货币供给量。由于 M—F 模型假定价格不变，那么，增加名义货币供给 M，也就等于增加实际货币供给 m。从而使 LM 曲线向右移动，如图 14－6 所示。使 LM^* 曲线向右移动到 LM_1^*；货币供给量增加利率会下降，$r<r_w$，资本流出，阻止 $r<r_w$；资本流出用本币换外币增加，国内通货供给增加；汇率下降，由 e_1 降到 e_2，净出口增加，国民收入提高，由 Y_1 提高到 Y_2，即：$\Delta e<0$，$\Delta NX>0$，$\Delta Y>0$。货币政策通过改变汇率影响收入，而不是通过利率影响，货币供给增加，汇率下降，净出口上升，国民收入上升。

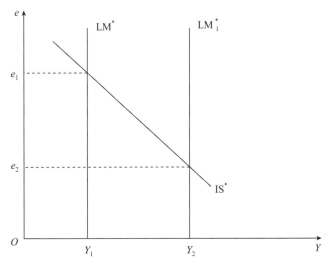

图 14－6 浮动汇率下货币政策

总之，浮动汇率条件下，扩张性财政政策国民收入不增加，汇率上升，净出口下降；扩张性货币政策，国民收入增加，汇率下降，净出口增加。

三、固定汇率下的财政政策和货币政策

（一）扩张财政政策

固定汇率制下采取扩张性财政政策，使 IS 曲线向右移动，如图 14－7 所示。IS_1^* 曲线移动到 IS_2^* 曲线，预算支出的增加将会刺激总需求，从而促进收入增长。由于收入上升会导致对货币需求的增加，利率上升，促使人们抛售外币资产和外币，争购本币和本币资产，资本大量流入，国际收支顺差，汇率有上升的压力；为了固定汇率，央行通过公开市场业务进行干预，进行外币与本币通货交换，即收购外币投放本币，套利者把外汇卖给央行，使得货币供给量上升，自动引起货币扩张，使 LM_1^* 右移到 LM_2^*，国民收入由 Y_1 增加到 Y_2，也就是说，$e=0$，$Y>0$，国际储备增加。

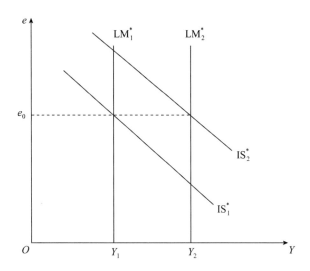

图 14－7　固定汇率下的财政政策

虽然短期内名义汇率是固定的，但在长期中，由于价格可以变动，那么，名义汇率不变的情况下，实际汇率也有可能发生变动。

（二）扩张货币政策

在固定汇率制下，中央银行试图采取扩张性货币政策促进经济增长，货币供给量增加，利率下降，LM 曲线右移，或者，央行向公众购买债券，LM 曲线向右移，如图 14－8 所示，LM^* 曲线向右移到 LM_1^*，导致人们抛售本国证券资产，争购外币及外国资产。大量资本外流将会引起国际收支逆差，增加了本币贬值的压力，或者说汇率有降低的压力，央行为了维护固定汇率不得不通过公开市场购入本币，卖出外币进行干预，套利者对汇率下降做出反应向央行出售本国通货，导致 LM 曲线向左移动，即 LM_1^* 回到初始位置 LM^* 处。结果是抵消了扩张货币供应的效应，政策没有起作用，即，$e=0$，$Y=0$。国际储备却下降了。

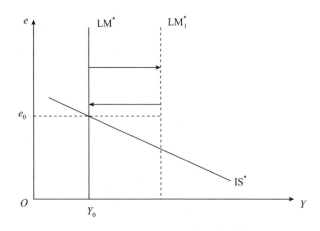

图 14－8　固定汇率下的货币政策

总之，在固定汇率下，只有财政政策影响收入，货币政策正常潜力丧失，是因为货币供给全部用于汇率维持在所宣布的水平上了。

第二节 "三元悖论"和汇率超调论

一、"三元悖论"

通过上节 M—F 模型分析得出，在资本自由流动条件下，货币政策在固定汇率下是无效的，而货币政策在浮动汇率下是有效的。在无资本自由流动的条件下，货币政策在固定汇率情况下对影响与改变一国的国民收入是有效的。在资本有限流动条件下，货币政策调整经济效应与没有资本流动时基本一样。这样可以得出，汇率稳定、资本自由流动与货币政策独立性这三个政策目标不可能同时达到。如图 14 - 9 所示的蒙代尔三角。

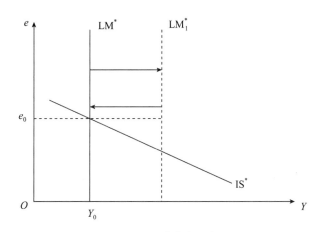

图 14 - 9 蒙代尔三角

蒙代尔认为一国实施汇率政策与货币政策时，上面三项目标中最多只能同时实现两项，后人称"蒙代尔三角"。美国著名经济学家保罗·克鲁格曼（Paul Krugman）在 1999 年年初发表的一篇讨论亚洲金融危机的文章中，也谈到"蒙代尔三角"的问题，他称之为 "The eternal triangle"（永恒的三角形）。

一国的经济目标有三种：货币政策的独立性、汇率稳定性和资本完全流动性。依据三元悖论（The Impossible Trinity），这三者只能三选二，不可能三者兼得。例如，在"布雷顿森林体系"中各国的货币政策独立和汇率稳定得到实现，可是，资本流动却受到了限制；在"布雷顿森林体系"解体后，各国资本自由流动和货币政策得到实现，而汇率稳定不复存在了。这个"永恒的三角"清晰地展示了划分国际经济体系各形态的方法。

三元悖论表明一国经济只能进行以下三种选择：

第一，要保持本国货币政策独立性和资本的完全流动性，就必须放弃汇率的稳定性，实行浮动汇率制。因为，资本完全流动性说明资本能频繁地输出、输入，会引起该国的国际收支状况不稳定，如果该国不采取货币政策进行干预，该国的本币必然会随着资本供求变化而频繁波动。在这浮动汇率情况下，如果货币当局利用汇率调节，将汇率调整到真实反映经济现实水平，就可以改善国际收支，影响国际资本流动。

第二，要保持本国的货币政策独立性和汇率稳定，就必须实行资本管制。在国际金融危机的冲击下，在汇率市场上采取汇率贬值无效的情况下，就只能采取资本管制方法，即政府是以牺牲资本完全流动性来维护汇率的稳定和货币政策的独立性。这种政策组合，一般发生在发展中国家，因为，这些国家在此需要相对稳定的汇率来维护其对外经济的稳定，同时也是发展中国家对资本流动的监督能力比较弱，只能对资本流动进行管制。

第三，要维持资本完全自由流动性和汇率的稳定性，就必须放弃本国的货币政策的独立性。这种情况已经在 M—F 模型中得到证明，本国的货币政策的任何变动都会被所引致的资本流动变化所抵消其效果。

二、汇率超调理论

汇率超调理论（Sticky – Price Monetary Approach）又称为汇率决定的黏性价格货币分析法，由美国经济学家鲁迪格·多恩布什（Rudiger Dornbusch）在 1976 年发表的《期望和汇率动态学》论文中提出。超调是指一个变量对给定扰动做出的短期反应超过了其长期稳定均衡值，并因而被一个相反的调节所跟随，多恩布什将这一理论用于分析汇率市场与商品市场之中，得出短期汇率超过长期汇率调整的超调理论。该理论是"二战"后国际经济学和现代宏观经济学领域最有影响的理论之一。

汇率超调理论的基本假设：在短期内购买力平价不成立，长期条件下购买力平价能够成立；无抛补利率的平价始终成立；以对外开放的小国为考察对象，外国价格和外国利率都可以视为外生变量或假定为常数。

多恩布什认为，当市场受到外部冲击时，货币市场和商品市场的调整速度存在很大的差异。一般来说，金融市场的价格调整速度较快，汇率对冲击的反应也快，几乎是即刻完成。而商品市场价格的调整速度较慢，过程较长，呈黏性状态，即黏性价格。其主要是商品市场自身的特点和缺乏及时准确的信息造成的。

这种汇率对外部冲击做出的过度调整，即汇率预期变动超过了在价格完全弹性情况下调整到位后的购买力平价汇率，这种现象称为汇率超调。汇率超调会导致购买力平价在短期内不能成立，而经过一段时间后，当商品市场的价格调整到位后，汇率则从初始均衡水平变化到新的均衡水平。所以，长期购买力平价是成立的。

多恩布什的汇率超调理论是开放经济条件下的宏观经济学理论重要的组成部分。用资产市场和商品市场调整速度不一致的理论解释浮动汇率制度下各国货币汇率商品剧烈波动的原因，也可以将其结合进 M—F 模型中。所以，汇率超调理论是开放经济条件下宏观经济的一种现象。

第三节 丁伯根法则、米德冲突和蒙代尔政策指派法则

一、丁伯根法则

丁伯根法则（Tinbergen's Rule）是指：为达到一个经济目标，政府至少要运用一种有效的政策；为达到几个目标，政府至少要运用几个独立、有效的经济政策。它是由荷兰经济学家、首届（1969 年）诺贝尔经济学奖获得者丁伯根（1903—1994 年）提出的。该法则是最早将政策目标和工具联系在一起的正式模型。

丁伯根法则表明一种工具实现一种政策目标最有效率，如果试图用一种工具实现一种以上的政策目标，便会因目标之间的冲突而降低效率，甚至会背离目标而出现更加失衡的状态。因此，一种政策工具只能解决一个问题。

根据该法则，如果一个经济具有线性结构，决策者有 N 个目标，只要有至少 N 个线性无关的政策工具，就可以实现 N 个目标。那么，对于开放经济，如果只运用支出增减政策调节支出总量的方法来同时实现内外均衡目标是不够的，必须寻找新的政策工具进行合理搭配。

二、米德冲突

米德冲突（Meada Conflict）是指在许多情况下，单独使用支出调整政策或支出转换政策①而同时追求内、外均衡两种目标的实现，将会导致一国内部均衡与外部均衡之间的冲突。此理论是由英国经济学家詹姆斯·米德于 1951 年在其名著《国际收支》中提出的。

在开放的经济条件下，一国的宏观经济政策不仅要实现内部均衡，即稳定通货，充分就业和实现经济增长，还应实现外部均衡，即保持国际收支平衡。一般来说，用支出调整政策实现内部均衡，用汇率政策实现外部均衡。

但是，在固定汇率制度下，汇率工具无法使用，货币的升值或贬值都受到极大限制，只能运用支出调整政策对各个宏观目标来进行调整，以达到内外部同时均衡。当一国经济处于国际收支逆差与通货膨胀并存时，采取减少总需求政策，可以使二者均衡；当经济处于国际收支顺差与就业不足并存时，往往采取扩大总需求政策可以使二者均衡。

如果一国经济出现国际收支逆差与国内经济疲软并存，或者是国际收支顺差与国内通货膨胀并存，财政政策、货币政策就会左右为难，发生了内部均衡与外部均衡之间的冲突，也就是米德冲突。这种冲突也被看成丁伯根法则一个实际中的特例。

---

① 支出调整政策主要包括财政政策和货币政策。支出转换政策主要包括汇率政策、补贴和关税政策以及直接管制。

三、蒙代尔指派法则

蒙代尔指派法则（Mundell's Assignment Principle）是指每一政策工具应该指派用于实现其相对有效影响的政策目标。应该用货币政策促进外部均衡，而用财政政策促进内部均衡的政策。蒙代尔在1962年向国际货币基金组织提交的《恰当运用财政货币政策以实现内外稳定》的报告中提出此观点。该法则显然是在丁伯根理论和米德理论的基础上进一步研究得出来的。

蒙代尔以总需求 AD 和充分就业产量 Y^* 的关系来说明内部均衡。当 $AD = Y^*$ 时，国内达到均衡状态；当 $AD > Y^*$ 时，则存在通货膨胀；当 $AD < Y^*$ 时，则是需求不足，存在失业。

国际收支经常项目余额用 B 表示，资本净流出额为 F，二者之间的关系是国际收支状况。当 $B = F$ 时，国际收支平衡，实现外部均衡；当 $B > F$ 时，则是国际收支呈顺差状态；当 $B < F$ 时，国际收支出现逆差。

如果以政府预算支出 G 变化代表财政政策，以利率 r 变化代表货币政策；G 上升为扩张财政政策，G 下降为紧缩财政政策；r 上升为紧缩货币政策，r 下降为扩张货币政策。有效的政策配合如图 14-10 所示，横轴 G 代表财政政策，纵轴 r 代表货币政策。

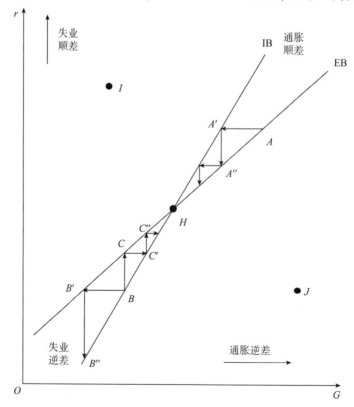

图 14-10　有效政策配合

IB 曲线为国内均衡轨迹，EB 曲线为外部均衡轨迹。两条线的交点 H 表示国内外均达到平衡。IB 曲线的右边是 AD > Y^*，通货膨胀；IB 曲线的左边是 AD < Y^*，有效需求不足，存在着失业；只有在 IB 曲线上 AD = Y^*，才是内部达到均衡。IB 为向右上方倾斜的曲线，是因为要保持内部均衡，扩张性财政政策须有紧缩性货币政策加以配合。EB 曲线上表示 B = F，国际收支平衡；在 EB 曲线的右边 B < F，国际收支逆差，在 EB 的左边是 B > F，国际收支顺差。EB 斜率也是向右上方倾斜，是扩张性财政政策与紧缩性货币政策配合的原因所致。

蒙代尔认为在财政货币政策的配合上有两种方法：一种方法是以财政政策对外，货币政策对内；另一种方法是以货币政策对外，财政政策对内。如图 14 - 10 中的 B 点，先采取紧缩性财政政策对外，由 B 点到 B′点消除逆差，但出现了失业，货币政策就应该采取扩张性货币政策，利率 r 下降，从而由 B′点到 B″点。结果与两条线交点 H 越来越远，越来越不平衡；如果反过来，用货币政策对外，财政政策对内，在 B 点处开始采取紧缩性货币政策，由 B 点上升到 C 点，采取扩张性财政政策，由 C 点移到 C′点，然后再采取紧缩性货币政策，利率上升，由 C′点移到 C″点，如此进行下去，直至到 H 点。

同理，在 A 点，先对内采取紧缩性财政政策到 A′点，然后对外采取扩张性货币政策，由 A′点到 A″点，如此进行下去，越来越接近 H 点。反之，会离 H 点越来越远。

再看，如果先是 I 点，失业、衰退和顺差情况下，就采取扩张性财政政策对内和扩张性货币政策对外；如果是 J 点就应采取紧缩性财政政策对内和紧缩性货币政策对外。

蒙代尔提出的指派法则丰富了开放经济的政策调控理论，对现实宏观经济政策决策有一定的参考价值。但是，实际经济生活中财政政策和货币政策由两个不同部门实施，其相互协调没有这么简单、容易，而是要复杂得多。与此同时，国际资本流动也不仅仅受利率影响，还受许许多多因素影响。因此，蒙代尔的政策指派原则只是一种理想。

第四节 开放经济条件下主要的博弈与协调理论

一、纳什均衡

纳什均衡也称为非合作均衡，是指合作是有利的"利己策略"。它必须符合黄金律，即按着你愿意别人对你的方式来对别人，对方也须按着同样的方式行事。该理论是由美国普林斯顿大学约翰·福布斯·纳什（John Forbes Nash）教授提出的，由于其对博弈论的贡献，而获得 1994 年诺贝尔经济学奖。

关于纳什均衡的基础例子是"囚徒困境"。有一天，一个富翁在家中被杀，财物也被盗。警方经过侦察抓到两个犯罪嫌疑人甲和乙，并从他们的住处搜出被害人家中丢失的财物，但是，他们只承认到那个富翁家顺手牵羊偷了点财物，矢口否认曾杀过人。于是，警察将他们二者隔离开，分别关在不同的房间进行审讯。警察分别对甲和乙说：由于偷盗罪已有确凿证据可以判你们 1 年刑期；如果你单独坦白杀人，而你的伙伴抵赖杀人，那么你就只被判 3 个月，你的伙伴被判 10 年刑期；反之，你就被判 10 年刑期，你的伙伴被判 3 个月；如果你们两个人都坦白了杀人，那么就都判为 5 年刑期。

甲和乙都面临着两难的选择。如表 14 – 1 所示，里面的每一个框是甲和乙的一种选择组合；框里的左边是乙的选择，右边是甲的选择。显然最好的选择就是两个人都抵赖，两个人都只判 1 年刑期，但是，两个人处于隔离状态无法串供；两个人都从利己目的出发进行选择，他们会这样盘算，如果我抵赖了就得坐 10 年监狱（条件是对方坦白）。如果我坦白了最多才坐 5 年的监狱，甚至有可能仅是 3 个月刑期（条件是对方抵赖）。因此，不管对方招还是不招，对我来说还是招了划算。两个人都选择了招，结果都被判了 5 年的刑期。

表 14 –1　囚徒困境

甲 乙	抵赖		坦白	
抵赖	1 年	1 年	10 年	3 个月
坦白	3 个月	10 年	5 年	5 年

当然，最优的选择是两个人都抵赖，结果是刑期都只有 1 年，可这是不会出现的；经过博弈后应该是次优的选择，即双方都选择了坦白。这就是纳什均衡。

这种非合作博弈理论对经济学产生了重要影响。纳什均衡的概念、内容、模型和分析工具等，已经渗透到了微观经济学和宏观经济学等经济学科中，成为这些学科领域的基本研究范式和理论分析工具；纳什均衡出现后，与此相关的模型分析法也出现了许多，比如：扩展型博弈法、逆推归纳法、子博弈完美纳什均衡等方法，都成为经济学家分析的工具；纳什均衡出现后经济学家的研究不回避经济个体之间直接交互作用，不满足于对经济个体之间复杂关系的简单处理，而是要深入到经济现象的背后分析其深层次的根源，更深刻地、更准确地理解和解释经济问题；纳什均衡理论适用于各种学科，它和博弈论作为桥梁把经济学与其他社会科学、自然科学联系得更加紧密，使经济学与其他学科之间形成了相互促进的良性循环。

二、国家之间贸易不合作的博弈

在经济全球化的今天，每一个开放经济的主权国家都是国际经济活动的主体，从而证明开放经济与封闭经济最大的区别就是，开放经济涉及的是主权国家之间的利益。那么，一个国家在选择实施自己的经济政策时，都会或多或少地影响到其他国家经济政策。人们把 20 世纪 70 年代经济滞胀归因于石油价格上涨就是一个典型案例。第一次石油危机（1973—1974 年），十月革命爆发，欧佩克为制裁西方，联手削减石油出口量，国际油价从每桶 3 美元涨到 12 美元；第二次石油危机（1979—1980 年），伊朗革命，两伊战争开始，石油日产量锐减，油价骤增，从每桶 14 美元上升到 40 美元；第三次石油危机是 1990 年。1990 年 8 月伊拉克入侵科威特，次年 1 月美国对伊拉克开战，石油价格迅速上涨。三次石油危机都导致了美国的西欧经济下滑。比如美国的 GDP 分别下降了 0.7%、0.23% 和 0.1%。理查德·库珀（Richard N. Cooper, 1985）在分析这个问题时认为，经济困难的主要特征就是各个国家为了实现自身的目标，在设计政策时没有考虑对他国的影响以及他国正在采取的行动，从而导致了调整过度或调整不足。

现实中，任何一个国家在国际贸易中都面临着保持贸易自由与实行贸易保护主义的两难选择。贸易自由与壁垒问题，是一个"纳什均衡"，如果贸易双方都采取不合作博弈的策略，那么，双方都会因为贸易战而受到损害。比如，A 国试图对 B 国进行进口贸易限制提高关税，则 B 国也必然会进行反击，提高关税或者其他方法限制进口，结果谁也没有捞到好处。类似于这种由贸易伙伴采取的不利策略性行为的作用及对不利的行为做出反应的报复性行动，国际间因政策目标的不同引发利益冲突是常有现象。对此种现象，乔安·罗宾逊（J. Robinson, 1937）很早就认识到了，她引入了"以邻为壑"的政策来说明国家间进行的博弈。

三、时间一致性理论

宏观经济政策的时间一致性理论是挪威经济学家芬恩·基德兰德（Finn E. Kydland）和美国经济学家爱德华·普雷斯科特（Edward C. Prescott）重要贡献。[①] 是他们分别于 1977 年和 1982 年合作完成的两篇学术论文《规则胜于相机抉择：最优选择的不一致性》和《构建时间与汇总波动》中提出来的。

时间一致性问题，又称为时间不一致性，是指政府在 $t-1$ 时间制定某一政策为最优政策，可是在 t 时刻，在没有承诺机制的情况下，政府可能根据当时的具体情况重新制定政策，在这种相机抉择政策下的均衡状态所实现的社会福利，低于政府在 $t-1$ 时刻承诺在 t 时刻仍实行与此前相同的最优政策所实现的福利。这种时间一致性理论是博弈论在宏观经济中的运用，有力地支持了实行规则性政策，而非相机抉择政策。

最优政策之所以常常不能实现，原因有如下几点。首先，其政策出台后会影响家庭和公司对政策的预期，此时，中央银行和政府的财政部门面对的不是与一成不变的

[①]　基德兰德和普雷斯科特是 2004 年诺贝尔经济学奖获得者。他们在经济学中的主要贡献有：时间一致性理论和真实经济周期理论。

大自然之间的简单博弈，而是与理性个体之间进行的动态博弈，他们能够观察并预期到政府政策会随着经济环境的变化而变化，结果导致政府政策失效。在此种情况下，经济政策制定者就会对他们的决定做出修改，相机抉择制定出新政策，这种新政策一般不会使社会目标函数最大化。其次，最佳的经济政策确定时仅仅取决于 $t-1$ 时和过去的政策决定，以及 $t-1$ 时的状态。而在 t 时的体系结果和其姿态发生了变化，结果抛弃了最优政策，选择了次优政策。

要解决此问题，两位经济学家认为，在制定经济政策时不仅要取决于过去的政策、现在的状态，更重要的是还取决于他们对将来政策行为的预期，是一个动态的经济体系。行政管理的变化反映在社会目标函数的变化中，这会立即对经济主体对将来政策的预期产生影响，会影响他们现在的决定。经济结构被很好地理解，经济主体会猜测将来政策所选的政策方式。当然，这并不是说经济主体能够完全预测到将来的政策，而是对政策决定者的决定将随着经济情况的变化而变化有所了解。比如，经济主体预测政府会在经济衰退时降低税率，在经济繁荣时提高税率。

基德兰德和普雷斯科特举了两个例子说明政策时间一致性会出现次优政策。第一个例子是假如社会理想方案是不在一个洪水泛滥区建筑房屋和不建造费用很高的防洪大坝和堤防，而经济个体也都了解这些。那么，即使已经在洪水泛滥区建筑了房屋，理性个体也不会在此地居住。但是，理性个体知道，假如他和其他人在洪水泛滥区建筑房屋，政府就会建造必要的防洪设施。结果是，在法律没有禁止在洪水泛滥区建筑房屋时，那儿就会被建上房子，而且随后成群的工程师会随之来建造大坝和堤防。第二个例子是专利政策。假如已经给发明活动以报酬，对政府来说，其最优的选择是不提供专利保护，因为专利保护会限制其他人使用发明成果，进而会影响到整个社会的福利。但发明人在预期到这一点后，就没有动力去继续从事发明创造活动，而都希望做一个"搭便车"者。如果每个人都这么想，就不可能有专利被发明出来，这对社会来说其实意味着更大的损失。

通过分析可以肯定，几乎没有人会认为这种最优控制论的解决方案是合理的。而通过某些固定的政策规则，经济效益却能得到提高，社会福利函数最大化。因此，规则优于相机抉择，政府也不要随意干预经济。

一致性理论不适用于无限期。因为它不像有期限问题那样，无期限问题没有一个开始，也没有归宿的最终点。然而对于递推的结构，一致性的概念可以被定义政策规则。

四、哈马达模型

哈马达为音译，实为日本经济学家滨田宏一（Koichi Hamada），是享誉日本乃至世界的学术大师。他提出货币合作有利于提升双边福利和政策效率（1976 年），该模型成为关于货币合作的标杆性分析范式。

（一）货币合作各国福利水平提高

1. 货币合作各国福利水平提高

滨田最先认识到一国经济政策行为所产生的价格波动，可能会影响到其他国家经济的发展。他引入博弈论中的一些理论来分析本国的经济政策应如何选择，提出应把各国政策目标定义为福利函数，本国政府在选择政策工具时必须考虑其他国家可能做出的反应，在此前提下进行最优化决策。其结果是各国展开在货币领域内的政策协调，将有利于提高博弈双方的福利水平。合作比不合作所产生的政策效率高。

在贸易、投资全球化、金融一体化进程中，一国经济与世界经济之间相融的程度越来越深。那么，主权国家之间探索的包括货币合作在内的资源配置是非常必要的。哈马达模型率先将博弈方法引入到国际货币合作之中，被视为国际货币发行国之间的博弈协调。

在开放经济条件下，一国所采取的货币政策不仅会调整本国经济运行，还会通过多种途径传导到其他国家，即货币政策的溢出效应。反过来，其他国家的货币决策也可能传导到本国国内，影响着本国内经济政策效能，即货币政策的溢出入效应。如果两国之间没有政策溢出入效应，那么，彼此之间没有必要展开货币合作。但是，在金融一体化的今天，无政策溢出入是不可想象的。现实中，一国经济政策对别国经济的影响越来越显著，独立的政策安排不再有效。

如果两国公开信息，经过充分协调产生的合作均衡，任何单方的毁约行为都将招致另一方的严厉报复而使双方利益蒙受更大的损失。因此，通过政策协调货币合作均衡，将有利于提高双方的福利。而协调所产生的利益分配，则取决于博弈双方的谈判力量，即经济实力。当然，经济实力在长期中可能会发生变化，那么，合作利益就得重新进行分配。

2. 货币非合作的纳什均衡

如果两个国家不进行货币合作，滨田宏一认为会出现两种情形，纳什均衡和斯塔克尔伯格均衡。

在博弈论中，纳什均衡点被定义为其他参与者策略给定的条件下，任何单个参加者选择自己最优策略（这可以依赖于他人策略，也可以不依赖他人策略）从而使自己的利益最大化。假设两个国家都独立地实施政策行动，那么均衡点为两国反应函数的交点，这一结果可以通过反复迭代的方法得到。在该点上，两个国家都在另一国家政策给定的情况下选取自己的最佳政策，这是一种策略组合，所有参与人最优组合，而且没有一个国家有足够的理由希望改变其均衡。但是，这个纳什均衡点的产出是无效率的。

3. 斯塔克尔伯格均衡

斯塔克尔伯格均衡，又称为斯塔克尔伯格博弈下的均衡。由德国经济学家斯塔克尔伯格（H. Von Stackelberg）在 20 世纪 30 年代提出，该模型是分析企业之间不对称的竞争理论。斯塔克尔伯格先生将其运用到宏观经济政策博弈中，他将其博弈模型运用到两国货币政策不对称的博弈中，一个是领头国，另一个是尾随国。地位不对称，决策次序也不对称。领头国先决定自己的货币政策，尾随国观察到对方的货币政策情况，然后再决定自己的货币政策。需要注意的是领头国在决定自己的货币政策时，充分了解尾随国如何行动，说明领头国可以知道尾随国的反应函数。也就是说，领头国会预期到自己决定的货币政策对尾随国的影响。正是考虑到这种影响，领头国将是一个以尾随国反应函数为约束的效益最大化的货币政策。领头国的决策不再需要自己的反应函数。结果，博弈达到斯塔克尔伯格均衡时，通常是有利于先行者而不利于后行者，即"先发优势"；当然，有时领头国的好处少于尾随国，即"后发优势"。这样没有一个国家愿意充当减少自己好处的角色。这种博弈的局面最终将会崩溃。

可以看出，不进行任何协调的非合作的纳什均衡效率最低，其次是斯塔克尔伯格博弈均衡的两国货币政策。效率高的解是两国合作。

（二）逆效合作

滨田宏一在此进一步剖析国家之间的货币合作，又将其分为有效合作与逆效合作，并对其进行深入的研究，使其更加贴近现实的区域货币合作。"有效的货币合作"是指成员国通过规则协调或随机协调来参与货币合作时，所产生的福利不仅能抵消各国执行货币政策独立性所付出的部分丧失成本，还能完全地或部分地抵消那些由政策和市场溢出带来的损失，从而成员国所得到的福利或收益大于所付出的成本。"逆效的货币合作"是指随着国际经济格局和货币秩序的变迁，货币合作的福利产出逐步下降，当下降到不足以抵补各国执行货币政策独立性所要付出的部分丧失成本时，或成员国所得到的福利或收益小于所付出的成本时，货币合作就成为逆效。合作不如不合作，那么，原有国家之间的货币合作会逐渐解体。滨田宏一从博弈论角度出发，认为导致货币合作变为逆效合作的主要原因有：

1. 货币合作"搭便车"行为

货币合作成员国的福利可能会提高，但也必须付出成本。如果合作体系本身缺乏制度化的监督机制，合作所带来的福利增进类似公共物品，货币合作中有的成员可能有"搭便车"的动机。即分享货币合作的好处的同时，又在自身货币决策时不考虑政策溢出，逃避合作成本。如果货币合作的参与者不负担沉淀成本，又没有约束机制，那么，货币合作将因"搭便车"行为而转变为逆效合作。

2. 货币合作中偷换战略

当货币合作参与国较多，并且合作组合处于不稳定状态情况时，从博弈论角度看，参与博弈国家会有偷换战略的动机。违约国会认为，其余众多的非违约国不会因为一个成员的违约就放弃共同货币政策合作。但是，如果超过一定比例的参与国都这样做，那么，货币合作解体。

3. 怀疑货币合作的持续性违约

货币合作能否持续遭到怀疑。政府间的货币合作往往是分分合合，矛盾重重，尤其在汇率方面的联合干预更为突出。因此私人部门对其置信度非常低。

总之，各国在国际经济活动中的利益既是相互冲突的又是相互依赖的，各国的利益不仅依赖于本国的行动，而且还依赖于他国的行动。国际经济政策协调是十分必要的。

第五节 我国参与全球经济治理的现状

我国是最大的发展中国家，是参与全球经济治理的平台，主要包括正式与非正式的全球经济机制。发展中国家在全球经济治理中的参与，也正是体现在这些平台中的作用上。

正式的全球经济治理机理，主要是基于第二次世界大战后建立的一系列国际组织的基础上，包括 IMF、国际银行、WTO 等较为固定的机构。这些正式的全球经济机制在全球经济治理体系中所产生的影响也是不断变化的，最突出的部分就是发展中国家在这些正式的国际机制中的参与度不断提高，这主要体现在以下几个方面：首先，越来越多的发展中国家成为这些国际组织的成员，这些机制所包含的范围也逐步扩大；其次，发展中国家在这些正式的国际机制中的影响力不断提高，由这些组织所做出的一些决议越来越多地考虑到发展中国家的因素，同时，越来越多的机构领导层和工作人员来自发展中国家；最后，发展中国家在这些现有机制的利用率上不断提高，一方面体现在对现有规则的理解和遵守上，另一方面越来越多的发展中国家能够利用现有机制维护自身的利益，如利用 WTO 的贸易规则以解决贸易纠纷等问题。

非正式的全球经济治理机制，主要是一些没有固定的组织机构成员的合作对话机制，包括双边多边的领导人会谈等，非正式的全球经济治理机制在全球经济治理中扮演的角色越来越重要，也越来越被各国重视，发展中国家在其中的参与也越来越多。首先，就体现在发展中国家在现有非正式的全球经济治理机制中的参与商。2007 年，G8 峰会在德国海利根达姆召开，在这次会议中八国领导人一致同意德国提出的加强与新兴发展中国家合作的倡议，被称为"海利根达姆进程"。随后，为应对金融危机，20 国集团从 2008 年起召开领导人峰会以商讨对策，这是对以往全球经济治理议题中缺乏发展中国家的重大修正，G20 的成立成为发展中国家参与全球经济治理的一个崭新的标志。另外，发展中国家之间也建立起一系列非正式经济治理机制，这其中最具代表性的是"金砖五国"之间的合作。2009 年金砖国家峰会在俄罗斯召开，经过多年的发展，金砖国家峰会的运作使得在一系列国际性问题上实现了金砖国家之间的合作与交流，标志着发展中国家参与全球经济治理的一个新阶段。

根据联合国秘书长在 2011 年联大报告中的界定，所谓"全球经济治理"是"多边机构和进程在塑造全球经济政策与规章制度方面发挥的作用"。其核心要义包含如下几个方面：首先，多边机构在全球经济治理中占据着关键位置，它们是治理的实施者和重要主体。其次，相关进程是全球经济治理的主要内容，而各个主权国家作为多边机构的成员，以彼此之间的互动影响着进程的走向。最后，涉及全球经济的各项政策与规章制度及其运作效果，是全球经济治理的绩效表现。也就是说，无论治理的主体、内容，抑或绩效，全球经济治理的任何一个层面都与当今国际体系的基本单位——国家有着不可分割的关联。国家是全球经济治理最为重要的参与者。

我国正式参与全球经济治理的标志是 2008 年 11 月为解金融危机燃眉之急，G20

集团内的 20 国首脑齐聚华盛顿，举行了首次领导人峰会。同时，也意味着发展中国家真正参与全球治理。在这之前全球经济治理主要在发达国家中进行，G20 非正式部长会议的影响力很小，主要局限于低层次。我国当时也是处在边缘化位置。

这次国际金融危机爆发之后，随着 G20 峰会作用凸显，我国主动参与全球经济治理，提出自己的主张，取得了成效，并扮演着越来越重要的角色。虽然全球经济已经显示出全面复苏，全球经济治理格局向旧体制回归，但我国参与全球经济治理的新地位及作用越来越强。长期以来，我国坚持走和平发展道路，积极倡导建立公正合理、平等互利的国际政治经济新秩序，以反映世界各国人民的普遍愿望和共同利益，体现历史发展和时代进步的要求。

我国在全球经济治理中角色的转变与我国在世界经济中的"迅速成长"密切相关。进入 21 世纪，我国经济从世界第八大贸易体上升为第一大贸易体，从世界第六大经济体上升为第二大经济体。我国全面参与世界经济治理，既是水到渠成，又是大势所趋。国际社会认识到中国在参与全球经济治理过程中应享有更大机会和权利，与此同时，我国也意识到要关注外部经济环境变化，在全球经济治理中发挥作用，因为与他国合作、促进世界繁荣是我国发展的重要外部条件。

我国经济可持续发展是我国参与全球经济治理的根本动力和基础。现阶段，我国要统筹协调好"稳增长、调结构、促改革、惠民生、防风险、扩开放"之间的关系。我国能否把握历史机遇，顺应历史潮流，在全球经济治理和经济发展领域有所作为，在很大程度上取决于综合国力。

思考题：

1. 蒙代尔—弗莱明模型是否适用于我国？为什么？
2. "三元悖论"在我国是否成立？为什么？
3. 如何理解纳什均衡在我国与其他国家经济交往中的运用？
4. 哈马达模型与其他模型的区别。

参考资料：

1. 蒙代尔—弗莱明模型，MBA 智库百科。
2. 陈雨露：《国际金融》第 4、6 章，中国人民大学出版社 2008 年 3 月。
3. ［美］齐格弗里德：《纳什均衡博弈论》第三章，化学工业出版社 2011 年 6 月。
4. 蒙代尔指派法则，360 百科。
5. 哈马达模型，MBA 百科。

第十五章　经济周期理论

从资本主义市场经济活动的几百年历史资料和社会主义市场经济几十年的资料来看，经济在沿着经济发展的总体趋势的增长过程中，常常伴随着经济活动的上下波动，且呈现出周期性变动的特征。因此，在完成对经济增长理论的论述之后，有必要对经济周期理论进行阐述。

第一节　经济周期的定义及阶段

一、经济周期的定义及其阶段的划分

经济周期（Business）：又称商业循环、商业周期、景气循环，是指经济活动沿着经济发展的总体趋势所经历的有规律的扩张和收缩交替更迭、循环往复的一种现象。是国民总产出、总收入和总就业的波动。它是以大多数经济部门的扩张与收缩为标志的。

经济周期波动划分阶段大体上有两种：一种是四个阶段划分；一种是两个阶段划分。前者将周期划分为繁荣、衰退、萧条和复苏。如图 15 – 1 所示。正斜率的直线是经济的长期增长趋势线，表示潜在的国民收入，由于经济在总体上保持着或多或少的增长，并不断向潜在国民收入趋近，所以经济增长的长期趋势的直线斜率为正。假设开始时，经济处于繁荣阶段高峰，用图中 A 点表示，经济活动处于高水平的时期，就业增加，产量扩大，社会总产出逐渐达到了最高水平；衰退阶段，用图中 A 至 B 表示。繁荣阶段不可能总是长期维持下去，当消费增长放慢，引起投资减少时，或投资本身下降时，经济就会开始下滑，使经济处于衰退阶段。在衰退阶段初期，首先是消费需求与生产能力的偏离，使投资增加的势头受到抑制，随着投资减少，生产下降，失业增加，股票价格下降；另外，消费减少，产品滞销，价格下降，进而使企业利润减少，致使企业的投资进一步减少，相应地，收入也不断地减少，最终会使经济跌落到萧条阶段。萧条阶段，用图中 B 至 C 表示，它是指经济活动处于低水平的时期，如果经济到了波动的最低点 C 点，也是萧条的最低点，就是经济危机。在这一阶段存在大量的失业，大批生产能力闲置，企业亏损，甚至倒闭，人们生活水平极度下降，股市低迷，经济和社会一片混乱，犯罪率上升，等等。但是，经济萧条不可能无限延长，随着时间的推移，随着现有设备的不断损耗，以及由消费引起的企业存货的

减少，致使企业考虑增加投资，使就业开始增加，产量逐渐扩大，使经济进入复苏阶段。复苏阶段用图中的 C 至 D 表示，它是指经济走出萧条阶段并转向上升的阶段。在这一阶段，生产和销售回涨，就业增加，价格也有所提高，整个经济呈上升的势头。随着生产和就业继续扩大，价格上升，整个经济又逐步走向繁荣阶段。繁荣阶段用图中的 D 至 E 表示，经济活动活跃，价格上升，投资增加，企业开足马力生产，失业率迅速减少，逐渐实现充分就业，国民收入提高，产品旺销，消费水平提高，收入增加，股市活跃价格上涨，直至将繁荣推高到最高点。然后，又开始了一个新的循环。经济周期就是从一个繁荣的最高点到下一个繁荣的最高点，或者说，从一个萧条的最低点（危机）到下一个萧条的最低点（危机）的过程。

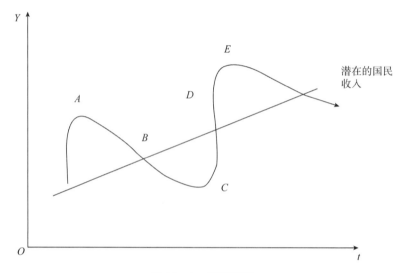

图 15 - 1　经济周期

经济周期两个阶段划分法是上升阶段和下降阶段。上升阶段也称为繁荣阶段，当达到最高点时就称为波峰。然而，波峰是经济由盛转衰的转折点，此后经济就进入下降的衰退阶段。经济持续衰退，当达到最低点时就是谷底。当然，谷底也是经济由衰转盛的一个转折点，此后经济又进入上升的繁荣阶段。经济周期就是经济从一个波峰到另一个波峰，或者说，从一个谷底到另一个谷底，就是一个完整的周期。在经济扩张阶段，宏观经济环境和市场环境日益活跃，市场需求旺盛，商品畅销，订单量大增，生产增长率上升，就业率高，资金周转灵便。在经济收缩阶段，宏观经济环境和市场环境日趋紧缩。市场需求疲软，订货量不足，商品需求量下降，生产量下降，资金周转不畅。经济的衰退既有破坏作用，又有"自动调节"作用。在经济衰退中，一些企业破产，一些企业亏损，一些企业被兼并，一些企业在逆境中站稳了脚跟，"优胜劣汰"市场经济下，企业生存法则发挥着作用。

对经济周期的理解可以从国民收入正增长转到负增长角度去理解，比如 1929—1933 年大危机时国民收入是负增长，经济处在绝对衰退之中。而现代经济学对经济周期的理解是经济增长率高低交替过程，比如，一个经济体国内生产总值较长时间年平均增长率为 7%，可是近年来降到 4%，就是经济由上升阶段，进入下降阶段。

二、经济周期的衡量指标

客观经济规律使经济周而复始地运行，人们对经济规律只能利用，不能改造或消灭。在市场经济条件下，企业越来越多地关心经济周期变化，国内经济和开放经济条件下的宏观经济形势，也就是国内外"经济大气候"的变化。一个企业生产经营状况的好坏，既取决于内部综合因素的好坏，又取决于外部市场环境及国内外宏观经济环境的好坏。一个企业，无力决定它的外部环境，但可以通过内部各个因素的改善，来积极适应和利用外部环境的变化，在一定程度上增强自身活力，提高自身竞争力，争取在经济波动中立于不败之地。因此，企业必须对经济周期波动了解、把握，并能制订相应的对策来适应周期的波动。

宏观经济研究经济周期理论、根源、影响，及对策的目的，尽可能地减少经济危机的波幅，降低经济危机或者经济过度繁荣时经济泡沫带来的副作用。不仅要关注本国的市场波动状况，也要关注国际市场波动状况，及时调整经济政策，减小国内外经济波幅对本国经济的影响。例如，1997 年的东南亚金融危机和 2008 年至现在的国际金融危机，以及连锁的欧洲主权债务危机等。我国宏观经济政策进行了及时调整，减少了危机对我国经济的冲击，维护了我国经济正常运行。

从经济周期变化的各种经济现象，归纳出经济周期波动的主要指标：

总指标：实际国内生产总值和国民生产总值。实际 GDP 是衡量经济周期最重要的指标，美国官方认为实际 GDP 连续下降 6 个月便属于经济衰退。

领先指标：新增贷款、新机器设备订单、建筑合同、股票价格，以及 PMI（采购经理指数）等。这些指标往往先于 GDP 的变化而变化，在宏观经济波动到达高峰或低谷前，就先行出现了，可以利用它们判断经济运行中是否存在不安定因素，预测总体经济何时扩张，达到波峰；何时收缩，落到谷底。

在美国国家经济研究局进行经济周期监测所确定的先行指标及其在指数构成中的权数主要有：制造业生产工人或非管理人员平均每周劳动小时数（1.014）；制造工人的失业率（1.014 1）；消费品和原材料新订单（0.973）；库存的实际变化（0.986）；流动资产总额变化；成套设备的合同及订单（0.946）；卖主向公司推迟交货所占的比例（1.081）；地方当局批准（而不是实际破土开工）建筑的私人住宅数（1.054）；敏感材料价格的变动（0.892）；59 500 家大公司普通股票价格指数（1.149）；货币供应量（指 M2 的货币供应量，0.932）；企业、消费者未能偿还信贷的变化。[①]

---

① 360 百科，百度文库整理。

同步指标的变动时间与一般经济情况基本一致。主要有：贸易差额、国内汽车销售量、PPI、制造业销售额、非农业部门的工资名册上的雇员人数、商业库存、住房建筑开工数量、工业产量、扣除转移支付的个人收入。

滞后指标的变动时间往往落后于一般经济情况的变动。主要有：失业的平均期限、存货占收入的比重、每单位产出劳动成本指数的变化、名义工资、银行收取的平均优惠利率、工商业贷款余额、劳务的消费者价格指数、分期付款式消费信贷余额与个人收入的比值、货币供给的变动、每星期工作时数等。

同步指标和滞后指标可以显示经济发展的总趋势，并确定或否定先行指标预示的经济发展趋势。

第二节　经济周期的类型

依据资本主义市场经济客观运行的经济周期时间长短，将经济周期划分为不同的类型，即短周期、中周期和长周期。

一、基钦周期

基钦周期又称短周期、短波，是指一个周期平均长度约为 40 个月（3 ~ 4 年）时间。它由美国经济学家约瑟夫·基钦（Joseph Kitchin）于 1923 年出版的《经济因素中的周期与倾向》提出，故又称基钦周期。基钦还认为经济波动有大周期和小周期之分，小周期平均长度为 40 个月，一个大周期通常由两三个小周期构成。

基钦根据美国和英国 1890 年到 1922 年的利率、物价、生产和就业等统计资料发现，厂商生产过多时就会形成存货，然后减少生产的现象出现，这种调整过程需要 2 ~ 4 年，属于短期有规律的调整，把它称为"存货周期"。这种短周期或者小周期是心理原因所引起的有节奏的运动的结果，而这种心理原因又是受农业丰歉影响食物价格所造成的。

根据基钦周期理论，美国经济学家 A·汉森用统计资料计算出美国 1807—1937 年共有 37 个这样的周期，平均长度是 3.51 年。

二、朱格拉周期

朱格拉周期，也称为中周期、中波，是指一个周期平均长度为 9 ~ 10 年。中周期的研究较早，1860 年由法国医生、经济学家克里门特·朱格拉（C Juglar）在其著作《论法国、英国和美国的商业危机及其发生周期》中首次提出，故称朱格拉周期。

朱格拉在研究人口、结婚、出生、死亡等统计时开始注意到经济事物存在着有规则的波动现象。它与人们的行为、储蓄习惯以及他们对可利用的资本与信用的运用方式有直接联系。汉森把这种周期称为"主要经济周期"。

三、康德拉季耶夫周期

康德拉季耶夫周期，也称为长周期，是指 50～60 年一个的周期。由苏联经济学家康德拉季耶夫（N. D. Codrulieff）于 1925 年在美国发表的《经济生活中的长波》一文中首先提出来，故称"康德拉季耶夫"周期。

康德拉季耶夫对英、法、美等资本主义国家 18 世纪末到 20 世纪初 100 多年的批发价格水平、利率、工资、对外贸易等 36 个系列统计项目进行加工分析，认为资本主义的经济发展过程可能存在 3 个长波：

（1）从 1789 年到 1849 年，上升部分为 25 年，下降部分 35 年，共 60 年；

（2）从 1849 年到 1896 年，上升为 24 年，下降为 23 年，共 47 年；

（3）从 1896 年起，上升 24 年，1920 年以后是下降趋势。

全过程为 140 年，包括了两个半的长周期，显示出经济发展中平均为 50～60 年一个周期的长期波动。

康德拉季耶夫认为长波产生的根源是资本主义经济实质固有的那些东西，尤其与资本积累密切相关。

四、库兹涅茨周期

库兹涅茨周期，又称为建筑业周期，也是一种长周期，这种周期为 15～25 年，平均长度为 20 年左右。是由美国经济学家西蒙·库兹涅茨（S. Kuznets）在 1930 年出版的《生产和价格的长期运动》一书中提出的，故称"库兹涅茨"周期。又由于该周期主要是以建筑业的兴旺和衰落这一周期性波动现象为标志加以划分的，也被称为"建筑周期"。

库兹涅茨根据美、英、法、德、比利时等国 19 世纪初叶到 20 世纪初期 60 种工、农业主要产品的生产量和 35 种工、农业主要产品的价格变动的时间数列资料，剔除其间短周期和中周期的变动，着重分析了有关数列的长期消长过程，提出了在主要资本主义国家存在着"长波"或"长期消长"的论点。

五、熊彼特周期

熊彼特周期，是由美籍奥地利人约瑟夫·阿洛伊斯·熊彼特（Joseph Alois Schumpeter）在 1939 年的两卷本《经济周期》中对各种周期理论进行分析后提出的。他认为前三种周期尽管划分方法不一样，但并不矛盾。每个长周期包括 6 个中周期，每个中周期包括 3 个短周期。

熊彼特还以重大创新为标志，划分了三个长周期：第一个周期，从 18 世纪 80 年代到 1842 年，是"产业革命时期"，纺织工业的"创新"起了重要作用；第二个周期，1842—1897 年，是"蒸汽和钢铁时期"；第三个周期，1897 年至 20 世纪 50 年代，是"电气、化学和汽车时期"。

第三节 经济周期理论概述

经济周期的阶段性变动特征及其每一周期的长度是宏观经济运行周期性变动的外部特征。造成经济周期的原因一直是经济学家研究的中心，到现在为止已有几十种理论。这些理论大体可分为内生论和外生论。内生论认为，经济周期产生于经济体系内。外生论认为，经济周期产生于经济体系外。同时，经济学界也有将这些观点划分为凯恩斯主义经济周期的理论和非凯恩斯主义经济周期的理论。对于非凯恩斯主义经济周期理论的内容也比较多，有现代的，也有非现代的周期理论，在这里仅对非现代的非凯恩斯主义理论做简要概述。归纳起来主要有以下七个。

一、内生经济周期理论

（一）货币信用过度论

货币信用过度论把经济周期看作一种货币现象，主要由英国经济学家霍特里（R. Hawtrey）在1913—1933年的一系列著作中提出。认为货币供应量和货币流通度直接决定了名义国民收入的波动，而且极端地认为，经济波动完全是由于银行体系交替地扩张和紧缩信用所造成的，尤其以短期利率起着重要的作用。银行货币和信用的扩张导致利率下降，从而引起投资增加，走向繁荣；反之，银行货币和信用的紧缩导致利率上升，从而引起投资减少，走向衰退，现代货币主义者在分析经济的周期性波动时，几乎一脉相承地接受了霍特里的观点。

（二）投资过度理论

投资过度理论把经济的周期性循环归因于投资过度。由于投资过多，与消费品生产相对比，资本品生产发展过快，即生产资料生产过多，消费资料生产相对不足，生产资本品（和耐用品）部门的发展超过了生产消费品部门的发展。如果资本品过度生产，就会导致生产过剩，就会促进经济进入萧条阶段。最先提出此观点的是俄国的M. И. 杜冈 - 巴拉诺夫斯基（1865—1919年）和德国的A. 施皮特霍（1873—1957年）。其后的主要代表者有瑞典的G. 卡塞尔（1866—1945年）和K. 维克塞尔（1851—1926年）。第一次世界大战后，英国经济学家A. C·庇古和D. H·罗伯逊（1890—1963年）在他们的著作中用多种原因来解释经济危机，其中投资过度就是原因之一。

（三）消费不足理论

消费不足理论的出现较为久远。早期有法国古典经济学家西斯蒙第，让·沙尔·列奥纳尔·西蒙·德（Sismondi, Jean Charles Leonard Simonde de, 1773—1842年）

和英国的托马斯·罗伯特·马尔萨斯（Thomas Robert Malthus，1766—1834 年）。

近代则以英国经济学家霍布森（Hobson，John Atkinson，1858—1940 年）和美国经济学家保罗·斯威齐（Paul Marlor Sweezy，1910—2004 年）为代表。该理论把经济的衰退归因于消费品的需求赶不上社会对消费品生产的增长。这种不足又源于国民收入分配的不平等所造成的过度储蓄，即富人得到了过多的收入储蓄就多，而消费不足，这又会引起对资本品需求的不足，进而使整个经济出现生产过剩，造成经济危机。如果收入分配均等一些，储蓄就不会过多，消费也不会不足。

斯威齐在 1942 年出版的《资本主义发展论》中对资本家行为的特点进行了分析，资本家得到利润后会尽可能多地将利润转化为储蓄，资本家的消费虽然在增加，但是以递减的比率增加；工资增加相对于储蓄总额呈现递减的比率，即消费增加率（消费总额与消费增加部分的比率）与生产手段增加率（生产手段总额与投资的比率）之比不断降低，所以，存在着消费的增加低于消费资料生产量的增加这一内在倾向。这种消费不足达到一定程度，就会出现经济危机。

（四）心理理论

从心理因素角度论述经济周期的主要代表是英国经济学家庇古和凯恩斯，他们认为，大部分经济决策都与未来有关，而且未来又充满了不确定性，因此，乐观心理和悲观心理对经济活动和人类行为起着重要作用。凯恩斯认为在繁荣、恐慌、萧条、复苏这四阶段中，"繁荣"和"恐慌"是经济周期中两个最重要的阶段。在繁荣的后期，资本家对未来的收益仍然是乐观预期，继续增加投资。但是，现实中已经出现了成本上升和利润降低的两种情况，即，一方面劳动力和资源逐渐趋于稀缺，价格上涨；另一方面，随着成本上升，资本的边际收益下降。此时，资本家仍大量投资，乐观过度，使资本边际效率突然崩溃。随着资本家预期的悲观，人们的灵活偏好大增，利率上升，大幅度地减少投资，经济则陷入经济危机。危机过后，随着资本边际效率逐渐恢复，存货逐渐被吸收，利率降低，资本家对未来的预期开始乐观，投资大量增加，经济又进入了繁荣阶段。

因此，经济波动最终取决于人们对未来的预期。当预期乐观时，增加投资，经济步入复苏与繁荣；当预期悲观时，减少投资，经济则陷入衰退与萧条。心理上的乐观预期和悲观预期的交替说明繁荣和萧条的交替，经济也就周期性地发生波动。

二、外生经济周期理论

（一）太阳黑子理论

太阳黑子理论把经济的周期性波动归因于太阳黑子的周期性变化。由英国经济学家杰文斯（W. S. Jevons）于 1875 年提出。太阳黑子周期性地造成恶劣的气候，使农业收成不好，影响了工商业，从而使整个经济周期性地出现衰退。太阳黑子的出现是有规律的，大约每十年出现一次，因而经济周期大约也是每十年一次。

（二）创新理论

创新理论认为创新出现后会使经济走向繁荣，当创新消失后经济进入衰退、萧条。该理论是由美国经济学家 J·熊彼特提出。所谓创新是指一种新的生产函数，或者说是生产要素的一种"新组合"，以及新的营销手段等。生产要素新组合的出现会刺激经济的发展与繁荣。当新组合出现时，老的生产要素组合仍然在市场上存在。这样必然给新组合的创新者提供获利条件。然而，一旦新组合的技术扩散，并被大多数企业获得，停滞阶段也就临近，直至萧条。这种情况只有到新的创新出现时才会被打破，才会有新的繁荣的出现。技术革新和发明不是均匀、连续的过程，而是有它的高潮和低潮，因而导致经济上升和下降，形成经济周期。

（三）政治周期理论

政治周期理论认为经济周期性循环是政府的周期性的决策（主要是为了循环解决通货膨胀和失业问题）导致的。凯恩斯国民收入决定理论为政府政策制定者提供了刺激经济的工具，同时，选民喜欢高经济增长、低失业以及低通货膨胀的时期，政治家也喜欢连选连任。于是，为了充分就业，政府实行扩张性财政和货币政策。但是，财政赤字和通货膨胀会遭到公众反对。政府又不得不转而实行紧缩性政策，也就是人为地制造经济衰退。因为，充分就业和价格水平稳定之间存在着矛盾。政府企图保持经济稳定，实际上却在制造不稳定。

第四节　乘数—加速数的经济周期模型

在凯恩斯主义的经济周期理论中，乘数—加速数模型是一个有代表和有影响的模型。由美国经济学家汉森和萨缪尔森把乘数原理同加速原理结合起来，解释经济周期。

一、乘数作用的制约因素

对于乘数的原理前面已经阐述过了，比如投资乘数，投资增加会引起国民收入成倍的增加，反之，国民收入会成倍地减少。投资乘数作用的大小取决于边际消费倾向的大小。但在现实生活中，乘数作用的程度不像数学等式那么简单，有些经济因素制约着它，如下所述：

（一）社会是否存在闲置资源

如果没有闲置资源，则投资增加以及相连的消费支出增加，是不可能引起生产的增加，结果导致物价上升。

（二）投资和储蓄的决定相互独立

边际消费倾向提高乘数效应大，边际储蓄倾向提高乘数效应小。利率上升投资下降，储蓄却增加。另外，如果增加的投资会引起对货币需求的增加，从而使利率上升，利率上升会鼓励储蓄，却削弱了消费，从而部分抵消由投资增加引起的收入增加。

（三）货币供给量增加能适应支出增加的需要

假使货币供给受到限制，则投资和消费支出增加时，货币需求的增加就得不到货币相应增加的支持，利率会上升，不但会抑制消费，还会抑制投资，使总需求降低。

（四）其他制约因素

增加的收入不能用于购买进口货物，否则 GDP 不会增加；挤出效应；税收都会使乘数作用下降。

二、乘数—加速数模型

现在将乘数与加速数放在一起构成模型，这是由萨缪尔森提出的乘数—加速数模型。其基本方程如下：

$$\begin{cases} Y_t = C_t + I_t + G_t \\ C_t = MPC \cdot Y_{t-1} \\ I_t = v(C_t - C_{t-1}) \end{cases}$$

其中，$0 < MPC < 1$；$v > 1$；，用 $I_t = v(C_t - C_{t-1})$ 替代 $I_t = v(Y_t - Y_{t-1})$，因为国民收入 Y 和消费 C 是同方向变动，所以，可以用消费 C 替代收入 Y。

将消费 C_t 和投资 I_t 代入恒等式得：

$$Y_t = MPC \cdot Y_{t-1} + v\ (C_t - C_{t-1})\ + G_t$$

用具体的数字例子来说明经济周期波动，假设：$MPC = 0.6$；$v = 2$；$G = 1$。若不考虑第 1 期以前的情况，从上期国民收入到本期消费为零，引致投资也为零，因此，第 1 期的国民收入总额就是政府在第 1 期的支出 1 亿元。

第 2 期政府支出仍为 1 亿元，但由于第 1 期有收入 1 亿元，在 $MPC = 0.6$ 的情况下，第 2 期的引致消费 $C_2 = MPC \cdot Y_1 = 0.6 \cdot 1 = 0.6$（亿元），第 2 期的引致投资 $I_2 = v(C_2 - C_1) = 2 \times (0.6 - 0) = 1.2$（亿元），第 2 期的国民收入 $Y_t = G_t + C_t + I_t = 1 + 0.6 + 1.2 = 2.8$（亿元）。用同样方法可以算出第 3 期、第 4 期、第 5 期……如表 15 - 1 所示，从各项收入变化，反映出经济周期性。

表 15 – 1　乘数—加速数的经济周期

t	G	$C_t = MPC \cdot Y_{t-1}$	$I_t = v(C_t - C_{t-1})$	$Y_t = G_t + C_t + I_t$	经济波动
1	1	0	0	1	0
2	1	0.6	1.2	2.8	复苏
3	1	1.68	2.16	4.84	复苏
4	1	2.904	2.448	6.352	高涨
5	1	3.811	1.814	6.625	高涨
6	1	3.975	0.328	5.303	衰退
7	1	3.182	– 1.586	2.596	衰退
8	1	1.558	– 3.249	– 0.691	衰退
9	1	– 0.414	– 3.945	– 3.360 2	萧条
10	1	– 2.016	– 3.204	– 4.220	萧条
11	1	– 2.532	– 0.330	– 1.862	复苏
12	1	– 1.117	1.415	1.298	复苏
13	1	0.779	3.791	5.570	复苏
14	1	3.342	5.126	9.468	高涨
15	1	5.681	4.678	11.359	高涨
16	1	6.815	2.269	10.084	衰退
17	1	6.050	– 1.529	5.521	衰退
18	1	3.312	– 5.475	– 1.163	衰退
19	1	– 0.698	– 8.020	– 7.718	萧条

　　由此可见，投资、收入和消费相互影响，相互调节，通过加速数，上升的收入和消费会引致新的投资，通过乘数，投资又使收入进一步增长。乘数—加速数模型特别强调投资变动的因素，假设由于新发明的出现使投资的数量增长，通过乘数作用使收入增加。人们的收入增加会购买更多的物品，整个社会的物品销售量增加。销售量的增加会促进投资以更快的速度增长。一旦经济达到经济周期的波峰，收入便不再增长，从而销售量也不再增长。根据加速原理，销售量增长的停止意味着投资量下降为零。由于投资下降，收入减少，从而销售量也减少。假定政府支出为一固定的量，则靠经济本身的力量自行调节，就会自发形成经济周期，经济周期中的各个阶段正是乘数与加速数交互作用而形成。也就是说，二者的相互影响，形成累积性的经济扩张或收缩。在这种情况下，只要政府对经济干预，就可以改变或缓和经济波动。如采取适当政策刺激投资，鼓励提高劳动生产率，鼓励消费等措施，就可克服或缓和经济萧条。

经济波动是有上下界限的。其上限是指产量或收入无法突破的一条界限,即生产可能性边界。它取决于资源的有限性和技术水平现有的程度。也就是说,在现有的技术水平下,如果稀缺资源被充分利用,则经济扩张达到了极限;经济波动的下限是指产出和收入无法再下降的界限,它取决于总投资的特点和加速作用的局限性。总投资最少为零,不会小于零就是下限[①]。现实经济中经济收缩到谷底也仍然有生产在进行,开工不足,企业有过剩的生产能力。这就是经济波动的下限。

三、希克斯的经济周期理论

英国经济学家约翰·理查德·希克斯(John Richard Hicks)在 1950 年《经济周期理论》一书中提出他的经济周期理论。在综合凯恩斯和萨缪尔森等人经济周期理论的基础上形成了自己的理论,该理论使乘数—加速数模型最后得以完成。他把投资波动作为中心,系统完整地论述了经济周期。希克斯认为自主投资不是固定不变的,现实生活中,随着人口的增加、地域的扩张和技术进步,自主投资呈增长趋势。其经济周期模型可以用图 15 - 2 来加以说明。

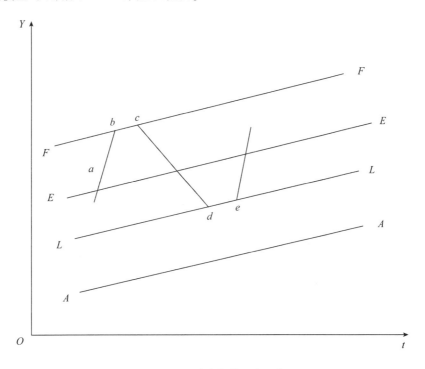

图 15 - 2 希克斯的经济周期

图 15 - 2 中 AA 线为自主投资增长线,假定它处于一种稳定增长状态,EE 线为自主投资引起的国民收入均衡增长线,它是由于自主投资增加而稳定增加的。LL 线为

---

① 总投资是自主投资与引致投资之和。表 15 - 1 里的投资仅指引致投资。

只有自主投资存在，而无引致投资存在的情况下，经济增长的下限，FF线为经济增长的上限，即充分就业线。假定，经济开始时处于均衡增长线EE上a点。当某一外在因素出现变动，引起自主投资增长时，在乘数和加速数原理的共同作用下，经济体系脱离原来均衡水平的运动，一直达到充分就业线上的b点。那么，经济能从b点继续快速增长吗？希克斯认为，这是不可能的，原因是从a到b，经济的实际增长达到最高收入量的增长，这必然使得实际增长遇到上限资源的制约，经济增长速度开始放慢，也就是说，从ab转向b到c意味着增长速度降低。

当国民收入增长速度放慢之后，引致投资相应地减少，从而进一步导致国民收入下降。加速数和乘数相互作用使经济向下方运动，在这过程中，负投资受到折旧数量的限制，即负投资最多不能超过资本存量的损耗。于是，在LL线上加速原理不起作用，收入水平的变动只与乘数有关，即国民收入只取决于自主投资。LL线为自主投资而无引致投资存在时的经济增长的下限，因而产量的下降不可能再低于LL线，即由c点降到d点，此时经济处于低谷。尽管在经济到达d时，自主投资可能下降，但它为正值，并且总有一定的增长率。所以，自主投资推动着经济沿de增长。随着时间的推移，一旦资本存量被消耗完，就需要进行新的重置，结果引致投资再度出现。经济又会开始向上运动，即由e点开始上升，开始新一轮的扩张，直至冲破均衡EE线，接近并到达FF线，此后，又开始向下运动，这样，经济完成一个周期运动过程。

第五节　其他主要经济周期理论

一、卢卡斯的均衡经济周期理论

所谓卢卡斯的均衡经济周期是指经济波动取决于生产者对价格变动反应的周期理论。是由理性预期学派主要代表人物小罗伯特·卢卡斯（Robert E. Lucas）在1977年《对经济周期的理解》与1978年《失业政策》等中提出的。该理论的提出对传统的宏观经济理论产生了极大的冲击，对经济学的理论发展做出了巨大的贡献。

卢卡斯认为，厂商和工人拥有比较一致的目标，被视为利益一致的一个集团。虽然他们属于不同的社会群体，掌握着不同层次的经济信息，但他们之间有着利益一致的方面。卢卡斯还认为，生产者所掌握的经济信息是不全面和不充分的，经济波动取决于生产者对其产品价格变动的反应。

由于基本工人的劳动供给对于实际工资持久性变动的弹性很小，而对实际收入短期变动的弹性很大，因此，产品售价在观念上的持久性变动不会引起就业量的重大变动，而产品售价在观点上的短期变动就会引发就业量的巨大波动。因为，在前者的情况下生产者会去"度假"，这时他的时间机会成本比较低；而在后者短期情况下，生产者情愿在他的产品售价高的时候工作，以取得较高的补偿，而把"休息"推迟到以后。由此，工资或物价的短期微小变化，就能引起产量与就业量的显著波动。

卢卡斯把"名义价格"不确定性引入到对产量、就业量的影响之中。在物价总水平不确定环境中，生产者决定增加还是减少劳动供给量或产量的关键，在于他推测价格中有多少是由通货膨胀引起的，又有多少是因其产品相对价格的变动所造成的。也就是说，就业和产量波动的幅度取决于生产者意识上的短期相对价格变动的程度。虽然这种意识上的判别是依据其本身的经验做出的，有可能混淆一般的物价水平与各自的相对价格水平，以及价格的短期变动与持久变动，从而导致经济全面波动的发生和发展。

当货币存量意外地增加时，预期的一般价格水平将比实际水平低，此时，生产者误认为是其相对价格的短期上涨而增加生产，进而引起总产量和就业的增加，经济进入上升阶段；反之，当预期的一般物价水平比实际水平高时，生产者误以为他们相对价格暂时下跌，厂商减产，经济就进入衰退阶段。

卢卡斯的"均衡经济周期理论"是试图将经济周期理论与经济均衡分析的基本理论协调起来。也就是说，经济的周期波动与追求个人利益最大化的个体行为和市场连续出清的价格机制并不矛盾。这里的关键在于，他用理性预期假说[①]，说明经济主体根据已知的信息所做出的最优预期，并且隐含地认为，预期误差本质上是随机的。

在新古典理论中，产量和就业水平偏离其自然水平被归因于"随机冲击"。在卢卡斯周期理论中这种冲击主要是意外的或者没有预期到的货币供应的变化，它会对造成意外的总需求进行"冲击"。假如市场参与者仅仅拥有局部市场价格信息，错误地将一般价格水平的上升当成他们个别产品相对价格的上升，引起价格预期误差，这种"价格失察"（Misplace Price）导致产量和就业偏离其长期（完全信息）均衡（自然）水平，经济就出现波动。

二、真实经济周期理论

真实经济周期理论（Real Business Cycle Theory），也称真实商业周期理论，由挪威经济学家芬恩·基德兰德（Finn E. Kydland）和美国经济学家爱德华·普雷斯科特（Edward C. Prescott）提出。他们共同获得2004年度诺贝尔经济学奖，主要是因为他们合作完成《规则而不是相机抉择》，发表于1977年的《政治经济学杂志》，主要讨论时间一致性问题；《建造时间和总量波动》，发表于1982年的《计量经济学》，对

---

① 360百科。理性预期学派的先驱者穆斯在《理性预期与价格变动理论》中首先提出了理性预期的概念。他说："由于预期是对未来事件有根据的预测，所以它们与有关的经济理论的预测本质上是一样的。我们把这种预期叫作理性预期。"在预期和现实相互关系的视野内，理性预期和其他预期观点的突出区别在于，理性预期的重点是预期和现实行为结果的一致性。由于经济行为是人的理性行为，每个人都将有效地利用他获取的信息来谋取效用最大化，因此，卢卡斯认为，建立包含人们主观概率分布与支配系统的真实客观概率分布一致性的模型是可能的。卢卡斯指出，一旦人们发现错误，会立即做出正确的反应，调整至与有关变量的实际值相一致的水平。

动态宏观经济学的贡献。

真实经济周期理论否定把经济分为长期与短期的说法，进而提出经济周期性质。他们认为不论是长期经济还是短期经济，决定其的经济因素是相同的，既有总供给又有总需求。没有必要人为地把经济分为长期与短期。那么，经济周期不是短期经济与长期趋势的背离，即不是实际国内生产总值与潜在的或充分就业的国内生产总值的背离。而经济周期本身就是经济趋势或者潜在的或充分就业的国内生产总值的变动。

真实经济周期理论将经济增长与经济周期看成是一个问题。不是像在凯恩斯主义经济学中有经济增长理论与经济周期理论之分，前者研究长期问题，后者研究短期问题。所以，真实经济周期理论实际上并不仅仅是经济周期理论，它本身就是完整的宏观经济理论。

真实经济周期理论属于外生论。该理论认为市场机制本身是完善的，可以自发地使经济实现充分就业的均衡。经济周期产生的原因是经济体系之外的一些实实在在的真实因素的冲击，称为"外部冲击"。市场经济无法预测这些因素的变动与出现，也无法自发地迅速做出反应，从而使经济发生周期性波动。

这种外部冲击可分为，引起总供给变动的"供给冲击"和引起总需求变动的"需求冲击"。这两种冲击又有引起有利作用、刺激经济繁荣的"正冲击"（或称"有利冲击"），以及引起不利作用、导致经济衰退的"负冲击"（或称"不利冲击"）。有利的冲击例如技术进步，刺激投资需求；不利的冲击例如20世纪70年代的石油危机，导致供给不利影响。他们把类似"9·11"这样的事件也归入不利冲击之中。国内外发生的各种事件都可以成为对经济大大小小的外部冲击，其中最重要的是对技术进步这种正冲击，占其中的2/3以上。

外部冲击引起经济周期最典型的例子是，20世纪90年代的美国由于出现重大的技术突破——网络，引起对新技术投资的迅速增加，不仅带动了美国经济迅速发展，也带动了整个世界经济迅速发展，引起全世界经济繁荣。这种繁荣并不是对经济长期趋势的背离，而经济能力本身的提高改变了人类生产、生活方式。但是，新技术突破不会一个接一个，当这次新技术突破引起的投资过热过去之后，经济又趋于平静。这种平静是一种新的长期趋势。现实经济中这种真实的、大大小小的、不同的外部冲击无时无刻不存在，所以，经济的波动也是正常的，并不是由市场机制的不完善性所引起的。

既然经济周期不是市场机制不完善所引起的，就无须用国家的政策去干预市场机制，只要依靠市场机制经济就可以自发地实现充分就业的均衡。也就是说，由外部冲击引起的周期性波动不可能用政府政策来稳定，而要依靠市场机制的自发调节作用来使经济恢复均衡。

政府的宏观经济政策是引起经济波动的外部冲击之一，宏观政策的失误往往是一种不利的外部冲击。由于政策本身的作用有滞后性，加之政府政策难免受利益集团的影响。由于决定者信息不充分，对经济运行的了解有限，政府不可能做出正确的经济预测，政策也不可能像决策者所预期的那样起到稳定作用，并且，限制了市场机制正常发挥作用。用政府干预代替市场机制的结果，只能是破坏了经济稳定和经济本身自发调节的功能，而加剧了经济的不稳定性。

战后自由放任经济学经历了三个重要阶段：以弗里德曼为首的货币主义，以卢卡斯为代表的理性预期理论，以基德兰德和普雷斯科特为代表的真实经济周期理论。货币主义和理性预期理论都被称为宏观经济学中的"革命"。理性预期理论被称为"从根本上改变了宏观经济学"。真实经济周期理论预示着未来宏观经济学更全面的变革。

他们的这种主张对现实经济政策产生了重要影响。20 世纪 80 年代美国里根政府和英国撒切尔夫人的政府都受到弗里德曼的影响。甚至有人说，整个世界经济自由化、市场化的进程都受到他们的影响。比如，根据他们的观点，市场机制是完善的，因此，政府的作用不是用宏观政策去调节经济，而是为市场机制正常发挥作用创造一个良好的环境，这个良好的环境包括物价稳定。近年来，许多国家采用中性货币政策，正是这种思想的产物。中性货币政策就是不把利率作为货币政策的目标，并用利率来调节经济，而是把物价稳定作为货币政策的唯一目标。从现实来看，实行这种货币政策的国家（如澳大利亚）物价稳定，经济良好。

思考题：

1. 说明经济周期各个阶段的特点。

2. 解释经济周期各阶段的指标。

3. 用理论说明乘数—加速数的经济周期。

4. 如何理解卢卡斯的经济周期理论和真实的经济周期理论？

5. 能否说明近一百多年发生的多次经济危机各自产生的原因？

6. 国际性经济危机与国际性金融危机是否有联系？为什么？

7. 国际性经济危机与主权债务危机是否有联系？为什么？

参考资料：

1. 凯恩斯：《就业、利息和货币通论》第三、十一、十五、十六章，商务印书馆 2014 年 11 月。

2. 萨缪尔森：《宏观经济学》（第 19 版）第 7 章，人民邮电出版社 2012 年 1 月。

3. 卢卡斯：《经济周期模型》（诺贝尔经济学奖获得者丛书）第三、四、五章，中国人民大学出版社 2013 年 1 月。

4. 真实经济周期理论，MB 智库百科。

第十六章　经济学其他主要流派的基本理论

第二次世界大战后，发达国家采取凯恩斯主义政策，经济得到了迅速恢复和发展，但到了 20 世纪 70 年代出现了"滞胀"现象，凯恩斯理论对此无法解释。于是经济学界出现了其他各种流派，他们对凯恩斯主义理论和政策进行否定的同时，阐述着他们各自观点，以指导现实经济。在这些学派中最具有代表性的学派有：货币学派、供给学派、理性预期学派和新制度主义。

第一节　货币学派

货币学派（Monetary School）是 20 世纪 50—60 年代在美国出现的一个经济学流派，1968 年由美国著名经济学家卡尔·布伦纳（Karl Brunner）使用货币主义（Monetarism）一词来表达这一流派的基本特点，此后被广泛沿用于经济学文献中。

货币学派最主要的代表人物著名经济学家米尔顿·弗里德曼（Milton Friedman）[1]早在 20 世纪 50 年代就开始抨击凯恩斯主义的经济思想和政策主张，提出了现代货币数量论，并强调货币政策的作用和经济自由。"滞胀"出现后，英国、美国、日本等国政府纷纷采纳了货币主义者提出的"货币供应的增长目标"。

一、货币需求函数

现代货币数量论的思想渊源是传统货币数量论。传统货币数量论是一种解释物价和货币价值决定的理论，认为在其他条件不变的情况下，一国的物价水平高低和货币价值的大小由该国的货币数量决定。货币数量增加，一般物价水平则随之提高，货币价值则随之降低。反之亦然。

20 世纪初经济学家将数学引用到货币数量论中，其中主要是现金交易方程式和现金余额方程式。现金交易方程式由美国经济学家费雪于 1911 年出版的《货币的购买力》一书中提出。该方程式着眼于货币的流通手段职能，把货币数量规定为"一定时期内用以交易的货币量"，并将直接影响物价变化的因素用数学方程式归纳在一起，从而用现金交易数量来解释货币价值与商品价格。在公式中，用 P 表示物价水

---

[1]　［美］米尔顿·弗里德曼在 1976 年，曾因其对消费的分析和在货币的历史与理论等方面的成就而获诺贝尔经济学奖。

平，M 表示流通中货币量，V 表示货币流通速度，T 表示用货币进行交易的社会商品总量，即社会总交易量。费雪的公式为：

$$MV = PT$$

$$P = \frac{MV}{T}$$

费雪认为社会总交易量 T 与货币流通速度 V 都独立于货币数量之外，即货币数量的变动对此二者均无影响。这样，货币量 M 的任何变动就必然反映在物价水平 P 上，二者同方向变动。

由于存款通货同样影响物价，费雪将其引入上式。用 M' 表示存款通货总额，用 V' 表示存款通货的平均流通速度，则公式变为：

$$MV + M'V' = PT$$

$$P = \frac{MV + M'V'}{T}$$

其中，V、T、V' 均为常数，它们的变动对物价影响很小，货币数量的变动对它们也没有显著影响。虽然 M' 存款通货总额变化剧烈，但由于货币数量 M 与存款通货 M' 之间必然经常保持一定的比率，因此 M' 的计入不会破坏货币和物价的数量关系。

现金余额方程式（又称剑桥方程式）注重货币的贮藏手段职能，把货币数量视为"一定时期内停息的货币量"，强调这些货币量对物价和币值有影响。现金余额方程式先由英国经济学家阿尔弗雷德·马歇尔（Alfred Marshall）系统地表述，之后由其嫡传弟子 阿瑟·塞西尔·庇古（Arthur Cecil Pigou）用数学方程式来表述。用 M 表示货币数量（人们对货币的需求量），用 K 表示人们手中持有的货币数量占名义国民收入的比例，P 表示一般物价水平，Y 表示实物形态的真实国民收入，剑桥方程为：

$$M = KPY$$

$$\frac{M}{P} = KY$$

因为 M 是表示人们对货币的需求量，实质上 M 取决于其货币量所能支配的实物资产，那么就可以用 $\frac{M}{P}$ 表示人们对实际货币余额的需求。这也说明该方程式也是实际货币需求函数方程。又因为 K 实际上是现金交易方程中货币流通速度 V 的倒数，即：$K = \frac{1}{V}$，那么，人们对货币的需求量就取决于货币流量速度和国民收入这两个因素。庇古假设 Y 和 K 是比较稳定的，那么一般物价水平与货币数量同比例变动。这样，虽然现金余额方程式与现金交易方程式侧重点有所不同，但其实质是一致的。

我们知道，凯恩斯以灵活偏好为基础提出了货币需求函数方程，即：

$$\frac{M}{P} = L_1(Y) + L_2(r)$$

$$\frac{M}{P} = L(Y, r)$$

方程也表明了利率在其中发挥着作用。

弗里德曼在吸收凯恩斯灵活偏好理论基础上，从剑桥方程中演绎出现代货币数量理论。他认为货币数量，首先是货币需求理论，人们持有财富的形式主要有五种：货币、债券、股票、非人力资本（包括生产资料和耐用消费品）、人力资本。货币只是其中的一种，人们为了达到效用最大化，对货币的灵活性和其他财富的收益率进行比较，从而确定货币和其他各种财富形式的持有比例。那么决定人们对货币需求的主要因素有：

（1）以各种形式持有的恒久性收入，用 Y 表示。人们的各种收入总量或者财富总量影响着其货币需求量。可是，现期收入经常受着不规则年度波动影响，且带有片面性，那么，把恒久性收入作为财富总量表示，可以理解为一个人的正常收入，从而也就决定了一个人对货币的需求量。

（2）各种财富的预期收益率。人们对货币和其他各种财富形式的替代选择，决定于它们各自不同的收益率，货币预期收益率用 r_m 表示；债券的收益率用 r_b 表示；股票收益率用 r_e 表示；物质财富的收益率用预期价格变动率 $\frac{1}{p} \times \frac{dp}{dt}$ 表示，价格变动会给静态物质的所有者带来收益或者损失；而人力资本的价值无法用市场价格来计算，也就是说，人力资本对财富组成的影响不能用市场价格或者收益来表示，可以用非人力资本与人力资本的比率 W 来表示。

（3）财富持有者对持有货币的偏好。人们对各种财富形式的选择，取决于其效用。尽管货币的收益几乎为零，但对具有交易货币、谨慎货币和投机货币的效用，虽然无法测量，却是客观存在。影响人们对货币需求的重要因素之一的是其嗜好、兴趣等，用 u 表示其偏好。

为此，弗里德曼就归纳出货币需求函数是：

$$\frac{M}{P} = f\left(Y, \ W, \ r_m, \ r_b, \ r_e, \ \frac{1}{p} \times \frac{dp}{dt}, \ u\right)$$

弗里德曼依据美国货币史对这些自变量逐一进行了实证分析，证明了他的货币需求函数既适于个别财富所有者，也适于整个社会。同时，得出货币需求函数具有稳定性结论，即：一般来说，在短期内 u 是相对稳定的，因为货币的效用不会发生不规则的变化；财富的构成比例 W 在一定时期内是相对稳定的，对收入及货币需求也不会发生太大变化；货币的收益率 r_m 通常为零；债券收益率 r_b 和股票收益率 r_e 共同受市场利率影响，而货币对市场利率弹性比较小，则利率对货币需求的影响也不大；物价变动率 $\frac{1}{p} \times \frac{dp}{dt}$ 对货币需求是有影响，但只有在变化很大时或者时间比较长时才会显现出来，这种情况比较少，可以忽略不计；现实中货币需求对收入 Y 弹性较大，但弗里德曼用恒久性收入来替代当前的收入，这种收入是经过加权平均后得出的，具有相对稳定性，不会引起货币需求波动。

这样，我们可以得出结论：货币需求与其决定因素间存在着稳定的关系，货币需求函数是个稳定函数。

二、名义收入货币理论

弗里德曼认为现代货币数量论中的货币数量变动会影响名义国民收入水平。

弗里德曼首先在自己的名义收入理论、传统的货币数量论和凯恩斯的收入—支出理论中，确定出简单的共同模型。即：

$$\frac{C}{P} = f\left(\frac{Y}{P}, r\right) \quad\cdots\cdots\cdots\cdots\cdots\cdots\cdots\cdots\cdots\cdots\cdots\cdots (1)$$

$$\frac{I}{P} = g\,(r) \quad\cdots\cdots\cdots\cdots\cdots\cdots\cdots\cdots\cdots\cdots\cdots\cdots\cdots\cdots (2)$$

$$\frac{Y}{P} = \frac{C}{P} + \frac{I}{P}\left(\text{或：}\frac{S}{P} = \frac{Y}{P} - \frac{C}{P} = \frac{I}{P}\right) \quad\cdots\cdots (3)$$

$$M^D = P \cdot L\left(\frac{Y}{P}, r\right) \quad\cdots\cdots\cdots\cdots\cdots\cdots\cdots\cdots\cdots\cdots (4)$$

$$M^S = h\,(r) \quad\cdots\cdots\cdots\cdots\cdots\cdots\cdots\cdots\cdots\cdots\cdots\cdots\cdots (5)$$

$$M^D = M^S \quad\cdots\cdots\cdots\cdots\cdots\cdots\cdots\cdots\cdots\cdots\cdots\cdots\cdots\cdots (6)$$

模型中的 Y 表示名义国民收入、P 为一般物价水平、r 为利息率、C 为消费、I 为投资、S 为储蓄、M^D 为货币需求、M^S 为货币供给。

（1）式为消费函数，表示实际消费 $\left(\frac{C}{P}\right)$ 是实际收入 $\left(\frac{Y}{P}\right)$ 和利率（r）的函数；（2）式为投资函数，表示实际投资 $\left(\frac{I}{P}\right)$ 是利率（r）的函数；（3）式为投资和储蓄相等时的收入恒等式，意味着市场实现均衡；（4）式为名义货币余额的需求函数，如果将其等式变为：$\frac{M^D}{P} = L\left(\frac{Y}{P}, r\right)$，则是实际货币需求 $\left(\frac{M^D}{P}\right)$ 为实际收入 $\left(\frac{Y}{P}\right)$ 和利率（r）的函数；（5）式为名义货币供给函数，在此弗里德曼把它视为利率（r）的函数，即使把货币供给 M^S 仅看作由货币当局决定的一个外生变量，这不会影响本模式的结果；（6）式是货币市场均衡。

在这六个方程式中，前三个描述的是储蓄流量与投资流量随国民收入和利息率的变化而得到调节；后三个描述了货币供给量和货币需求量通过国民收入和利息率的变化而得到调节。但是，在这六个方程式中，含有七个未知数，是无解的。那么，这些未知数中的某一个必须由这组方程之外的因素来决定，也就是说应该有一个附加条件。这就是弗里德曼与传统货币数量论和凯恩斯收入—支出理论的区别所在。

假设，相对于真实收入的货币需求弹性为1，（4）式可以改造成：

$$M^D = Y \times L(r) \quad\cdots\cdots\cdots\cdots\cdots\cdots\cdots\cdots\cdots\cdots\cdots (4a)$$

表示名义货币需求余额是名义收入（Y）和利息率（r）的函数。r 是名义市场利息率，它为：

$$r = P^e + \left(\frac{1}{P} \times \frac{dp}{dt}\right)^e$$

其中，P^e 为预期实际利息率，$\left(\frac{1}{P} \times \frac{dp}{dt}\right)^e$ 为预期价格变动率。说明名义市场利息率是实际利息率 P^e 与预期价格变动率 $\left(\frac{1}{P} \times \frac{dp}{dt}\right)^e$ 之和。

假设，预期实际利息率 P^e 与预期实际产量增长率 g^e 之差是不变，并令：

$$P^e - g^e = K_0$$

则：

$$r = P^e + \left(\frac{1}{P} \times \frac{dp}{dt}\right) - \left(\frac{1}{y} \times \frac{dp}{dt}\right)^e$$

$$r = P^e + \left(\frac{1}{Y} \times \frac{dY}{dt}\right)^e - \left(\frac{1}{y} \times \frac{dy}{dt}\right)^e$$

$$r = P^e - g^e + \left(\frac{1}{Y} \times \frac{dY}{dt}\right)^e$$

$$r = k_0 + \left(\frac{1}{Y} \times \frac{dY}{dt}\right)^e \quad\cdots\cdots (7)$$

其中，y 表示实际产量，k_0 为一常量。

现在，把时间因素引入其方程组，那么（4a）（5）（6）式就可以改写成：

$$Y(t) = \frac{M(t)}{L(r)}$$

或：$Y(t) = V(r) \times M(t) \quad\cdots\cdots (8)$

则联立方程为：

$$Y(t) = V(r) \times M(t) \quad\cdots\cdots (8)$$

$$r = k_0 + \left(\frac{1}{Y} \times \frac{dY}{dt}\right)^e \quad\cdots\cdots (7)$$

其中，$Y(t)$ 表示 t 期的名义收入，$V(r)$ 表示货币的流通速度，$M(t)$ 表示 t 期的货币供给量。$V(r)$ 在长期内具有稳定性，因此 $M(t)$ 的增加将直接影响 $Y(t)$，即货币供应量的变化将直接影响名义收入的变化。

弗里德曼名义收入货币理论模式表明货币供给的变动将会成比例地反映在名义收入上。货币当局可以随意地改变名义货币供给量，但是，在实际中货币需求与其决定因素之间有着稳定的函数关系，人们愿意持有的货币余额与其收入之间的比例在长期内也是稳定的关系，不能随意改变。如果货币当局增加货币供给量，人们的货币需求不变，会将多余的货币用于购入其他资产，调整资产构成，致使其他资产价格上涨，利率下降。与此相比，耐用消费品价格相对较低，人们又转而争购耐用消费品，其价格会上涨，如此下去波及其他各种资产和商品的价格也会随之上涨。价格上涨会刺激投资，增加生产和名义收入，进而支出扩大。厂商贷款的需求增加，引起利率上升。这种现象将增加生产和名义收入。名义收入的增加将进一步扩大支出，引起物价的普遍上涨。直到人们的实际货币需求与货币供给量相一致，才达到了新的均衡。

弗里德曼在获诺贝尔经济学奖时的讲演《通货膨胀和失业：政治学的新领域》一文中将货币供给量变动所引起的名义收入的动态调整过程分为三个阶段，即菲利普斯曲线斜率为负、垂直和斜率为正。[①]

弗里德曼认为货币供给量的变动对名义收入变动的影响存在着时滞。从最初名义货币供给量变动到全部资产价格调整和对支出影响将需较长的一段时间，这一滞后效应表现在货币行为与其效果的时间间隔上，以及最初效果与最终效果的反差上。大量的实证数据证明，货币供给量变动后需经过 6 个月至 9 个月后才能使名义收入发生变化，再经 6 个月至 9 个月后才能使物价发生变化，也就是说，从货币供给量的变动到物价水平的变动将会出现 1 年到 1 年半的时滞。因此，货币当局是很难用通货膨胀政策来达到预期的经济目标的。

三、通货膨胀论

名义收入货币理论说明了在较长时期内，货币供给量的增加必然引起物价水平的普遍上涨。因此，通货膨胀是货币供给数量的增长速度超过产量的增长速度的结果，每单位产品所配合的货币量增加得愈快，通货膨胀率就愈高。弗里德曼的这种观点得到了美国 1867—1960 年的统计资料验证，同时，对 1964—1977 年的美国、日本、英国和德国四国逐年的单位产量通货量和消费物价对比研究，也得出了相同的结论。即"通货膨胀起因于经济脸盆里的货币溢出太多"，如果"关住货币水龙头，就可以制止在浴室中流溢满地的通货膨胀。"[②]

弗里德曼认为货币增长率过快的主要原因有：

（1）政府开支过度增长。如果政府的开支完全依靠税收和公债取得的资金，这实质上是依靠私人消费支出和投资支出的减少来抵补的，就不会出现通货膨胀。但在现实中，一般情况是公众欢迎政府增加开支，却不欢迎政府增加税收，因此通过税收和公债来增加政府支出是难以实现的，政府也会有来自社会各方面的压力。这样，政府要增加开支就只能是主要依靠印发货币或建立银行存款来取得资金，其结果是货币增长率超过产量增长率，从而引发了通货膨胀。

（2）政府推行充分就业政策。人们经历了 1929 年至 1933 年的大危机，对失业怀有恐惧心理，因此，凡是增加就业的政策措施都会得到公众的支持。每当各政党参与竞选时，都会运用充分就业的方案争取更多选票，这样，历届政府为了达到不恰当

---

① 请参见本书第十一章《通货膨胀与失业理论》第七节《菲利普斯曲线》部分。
② 胡代光：《米尔顿·弗里德曼和他的货币主义》，商务印书馆 1980 年版，第 33 页。

的、过高的就业目标，加大政府开支，必然增加货币数量。

每当经济周期出现衰退之时，政府立即采取扩张性经济政策，加大政府支出的力度和增发货币政策，以刺激经济复苏。因而，结束经济衰退的代价就是高通货膨胀率出现。

（3）错误的货币政策。中央银行不去控制它力所能及的货币数量，而是去控制它没有能力控制的利息率，结果造成通货膨胀和利息率同时增长。

总之，当今世界的通货膨胀是"印钞刷机现象"，"是政府开支增长、充分就业政策和联邦储备系统着迷于利率的最终结果，就像处在上坡道上的滑行车一样。通货膨胀率升升降降，每次上升都使通货膨胀达到一个较前次顶峰更高的水平，每一次下降都使通货膨胀保持高于前一次的低点。"①

四、经济政策主张

以弗里德曼为代表的货币学派，依据其创立的经济理论，提出了其经济政策主张。

（一）经济自由

经济自由是货币学派政策基本的主张。弗里德曼认为凯恩斯主义的相机抉择财政政策和货币政策，对社会经济调节是无效的，而只有经济自由的市场经济才能实现资源最佳配置，促使社会经济更为理想地发展。

凯恩斯的财政政策对经济不仅无效，而且还会造成不稳定。原因：一是，政治和实践上的困难，往往造成财政政策失效。一项财政的扩张或者收缩方案要通过议会旷日持久的讨论，这使政府的政策措施不能适应瞬息万变的市场经济形势需要而贻误时机。即使方案通过了，在具体实施中会遇到减税容易增税难，政府增加开支容易、减少开支难的重重障碍，最终结果是日益加大的财政赤字和加深的通货膨胀，使社会经济生活更加不稳定。二是，财政政策从制定到实施存在着时滞，容易出现政策错位。比如，当经济上出现了过度繁荣或者经济泡沫时，采取紧缩性财政政策，而政策从制定到实施会经过一段时间才能减少社会总需求。可是在这段时间内经济形势会发生怎样的变化是无法预测的，也许经济出现了急转状况，经济泡沫破灭，爆发经济危机，如果此时再加上紧缩性财政政策，就会使经济雪上加霜，迅速衰落到谷底。这种时滞性存在，有可能会造成经济更加动荡。三是，"挤出效应"的存在阻碍了财政政策效用的发挥。在货币政策不变的前提下，政府开支增加所需资金来源于税收或公债，这实质是政府替代公众来花笔钱，意味着私人支出减少。这种"挤出效应"会在很大程度上抵消财政支出扩张效应。为了减少"挤出效应"，政府增发货币以保证政府开支的增加，结果必然带来通货膨胀。

---

① 弗里德曼：《自由选择》，商务印书馆 1982 年版，第 278 页。

在长期中凯恩斯主义的货币政策会导致通货膨胀。弗里德曼认为凯恩斯主义运用公开市场业务、再贴现率政策和改变法定准备率等货币政策来调节经济，在很短的时间内能限制利息率和失业率。但是，在长期内，由于货币政策的"时滞"效应，使其政策目标往往难以实现，最后导致通货膨胀率、利息率和失业率的提高，使经济生活更加动荡。

弗里德曼认为凯恩斯主义货币政策的根本错误是他不懂货币政策不能控制什么和能控制什么。货币政策不能控制的是利息率，能控制的是货币供给量。而凯恩斯主义去控制利息率，却不去控制货币供给量，要求货币政策去完成无法实现的任务，从而也就阻碍了货币政策做出本来可能做出的贡献。

（二）"单一规则"的货币政策

"单一规则"的货币政策是指排除利息率、汇率等因素，以一定的货币存量作为唯一因素支配的货币政策。弗里德曼认为，货币政策的目标就是为经济活动提供一个稳定的背景，因此，货币政策就要防止货币本身成为经济失调的主要根源，也要有助于抵消经济体系中其他因素引起的较为重大的干扰。这就要求货币金融当局应当把它所能控制的数量作为指导自己行为的准则，而不应把它不能控制的数量作为指导自己行为的准则，避免政策的剧烈摆动。

当前，最好的可利用的货币政策指南或标准就是货币总额。货币政策措施就应该公开宣布某种给定含义的货币总额保持一个稳定的增长率，也就是说，货币供给量增长率应与经济增长率相一致才能实现经济稳定。从美国和其他国家有记录在案的事实看，货币供给量增长率相对稳定的时期也是经济活动相对稳定的时期，而货币增长率摆动很大的时期也是经济活动摆动很大的时期。

弗里德曼估计，当美国年平均产量增长率为3%，劳动力平均年增长率为1%～2%时，货币流通速度随着实际收入的增加而下降。这样，美国货币供给量年增长率可固定为4%～5%，从而使物价大体保持稳定，也就为经济生活提供了一个稳定的货币环境。

（三）收入指数化政策

收入指数化是把工资、利息、政府债券收入，以及其他收入，与物价指数紧密结合，使各种收入随物价指数的变动而得以调整。

"二战"后，各主要发达国家发生了日益严重的通货膨胀，纷纷采取对工资和物价进行管制的收入政策来对付通货膨胀，结果不仅没有遏制通货膨胀，反而干扰了经济正常秩序，造成了经济低效率和不公平。弗里德曼认为通货膨胀是由于流通领域中货币量过多所引起的，只管制工资和物价而不控制货币供给量是不可能解决通货膨胀问题的。

为了使工资、利息等收入者不因物价上涨而蒙受损失，消除通货膨胀所带来的收入不平等现象，剥夺各级政府从通货膨胀中所获得的非法收益，进而杜绝其搞通货膨胀的动机，可以实行收入指数化政策。收入指数化政策可以减轻或抵消通货膨胀对收入的影响，甚至还可以医治通货膨胀。

（四）实行负所得税制

弗里德曼主张用负所得税制取代发放差额补助福利制度。在现实经济社会中，政府采用凯恩斯主义政策对那些低收入者按某一法定标准给予发放补助金，也就是给予"最低生活水平维持制度"的差额补助。弗里德曼认为这种把低收入者收入拉平，会挫伤劳动者的积极性，会造成有的人虽然有业可就，但就是不去就业，结果有损于自由竞争市场经济，有损于效率。为了既能救济贫困，又不有损于自由竞争和效率，他主张实行负所得税制度，取消发放差额补助的福利制度。

负所得税是指政府规定最低收入指标，然后按一定的负所得税税率，根据个人不同的实际收入按比例发给的补助金。具体做法如下：

个人可支配收入 = 个人实际收入 + 负所得税

负所得税 = 最低收入指标 − 实际收入 × 负所得税税率

假定政府规定的最低收入指标为 1 500 美元，负所得税税率为 50%，只要个人收入在 3 000 美元以下就可以得到补助金，收入不同得到的补助不同，个人可支配收入也不同。如表 16 − 1 所示，这种负所得税的补助制度，既帮助低收入者维持了最低生活水平，同时又不会挫伤就业人员的工作积极性，从而克服了依赖政府补助过活的懒惰思想。

表 16 − 1　负所得税制　　　　　　　　　　　　　单位：美元

个人实际收入	负所得税	个人可支配收入
0	1 500 − 0 = 1 500	1 500
1 000	1 500 − （1 000 × 50%）= 1 000	2 000
1 500	1 500 − （1 500 × 50%）= 750	2 250
2 000	1 500 − （2 000 × 50%）= 500	2 500

（五）实行浮动汇率制

"二战"后，国际金融中确立了布雷顿森林体系的固定汇率体制，即美元与黄金挂钩，各国货币与美元挂钩。弗里德曼在 20 世纪 50 年代就提出这种固定汇率制存在着种种弊端，它注定会破裂，会被浮动汇率制所代替。由于美元在 60 年代中后期多次出现危机，到了 70 年代初期美元停止兑换黄金，布雷顿森林国际货币体系瓦解。随后，各国陆续在外汇市场上实行了浮动汇率制，弗里德曼主张的浮动汇率制得以实现。

弗里德曼认为在开放经济条件下，固定汇率制必然使通货膨胀通过国际贸易和国际资本的流动而传递到世界各国。如果一个国家货币供给是稳定和适度的，但是由于其他国家货币供给过度增长出现了通货膨胀，也会把前者拖入通货膨胀泥潭之中，进而造成世界性的通货膨胀。20 世纪 70 年代中期，主要发达国家爆发严重的经济危机和通货膨胀的主要原因，就是固定汇率下其他国家从美国输入了通货膨胀。弗里德曼还认为，固定汇率制也会加剧国际金融市场上的动荡，损害货币增值国家的利益。

如果各国实行浮动汇率制度，就能缓解世界通货膨胀对本国的经济冲击。因为浮动汇率可以自动地调节一国的进出口和资本的输入输出量，进而减轻世界通货膨胀和金融市场上的波动对本国经济的影响。所以，浮动汇率制是一种自动调节机制。

五、现代货币主义的主要实践

（一）撒切尔夫人用货币主义政策医治"英国病"

"英国病"或称英国的衰退，它是指英国在"二战"后经济发展相对缓慢，在世界列强中的实力地位下降。20 世纪 70 年代的英国，由于奉行凯恩斯主义，导致政府开支过大，财政入不敷出、生产停滞、失业反弹、物价飙升，经济处于滞胀状态。

1979 年撒切尔夫人出任英国首相，她主持了英国的"货币主义试验"，其措施是：推行货币主义政策，发挥市场经济作用，减少国家干预，降低税收，紧缩政府开支，调整工业，整顿福利，取消外汇管制，经济私有化。

到了 1988 年，就业率上升，出口增加，通货膨胀下降，人均国民收入提高，财政出现盈余，这个时候英国的人均实际产量增长率超过美国、德国和法国，其国际地位出现了回升。

1990 年 10 月梅杰任首相，此时英国的经济衰退仍然属于滞胀型，依据撒切尔夫人政府反滞胀的经验，梅杰政府继续坚持货币主义政策。

（二）货币主义在美国的实践

货币主义政策是里根政府经济学的重要组成部分。20 世纪 80 年代初美国经济又出现了衰退现象，1981 年里根就任总统，为了重振经济，他宣告凯恩斯主义死亡，"第二次美国革命"开始。

里根经济学主要是为了降低通货膨胀率，削减政府开支和控制货币供应量的增长；为了调动企业经营者和投资者各方面的积极性，促进经济的稳定和发展，而减少税收、加速企业折旧、改革有碍于生产的规章制度，给企业经营者提供宽松的环境和市场自由竞争的政策空间。可以看出里根经济学是综合了供给学派、传统保守经济学派和现代货币主义等非凯恩斯主义的理论和主张。

几乎出乎所有人的预料，从 1983 年年初开始经济开始爬出泥潭，全面复苏。GDP 全年综合增长了 6.5%，全年共增加 350 万个就业岗位，增长速度令人瞠目结舌。通货膨胀率明显降低，从 1980 年的 12.4%下降到 1982 年年底的 5.1%。在里根执政时期，个人所得税从过去最高税率的 50% 降低到 28%，公司所得税从过去的最高税率 46% 降低到 34%。有的经济学家把经济形势的好转归功于里根经济学的胜利，有的经济学家则认为是美国经济长时间萧条后必然回升的结果，是里根政府的运气。

里根政府在进行宏观经济调控的实践中，并不为所确认的理论观点所束缚，吸收了各派的长处。为了摆脱经济困难，他运用凯恩斯学派所主张的通过增减政府开支调节社会总需求的政策。由此可见，里根政府理论上反对政府干预经济，但实际上并没有放弃干预。为此，一些经济学家称里根政府所实行的是没有凯恩斯的凯恩斯主义，或是没有凯恩斯主义的凯恩斯效应。

这样，里根任职八年中，政府一方面减税，另一方面增加军费开支加入到与苏联的军备竞赛之中。造成整个 80 年代的财政赤字一直超过 1 000 亿美元，而 1980 年前最高的财政赤字是 660 亿美元。美国国债累积从 1980 年的 9 070 亿美元上升到 1991 年的 3.5 万亿美元。国债已经从 1980 年占 GDP 的 26% 大幅提升至 1989 年的 41%。与此同时，向国外的借债总额超过了国内，美国也从世界上最大的债权国转变为世界最大的债务国。

里根是美国历史上干得最漂亮的总统之一。他的两大业绩是：搞垮了老对手苏联和搞活了深陷泥潭的美国经济。1989 年他在发表告别演说的时候，美国经济已经进入了一个繁荣时期，通货膨胀率和失业率都比其上任之初大幅度下降。

第二节　供给学派

供给学派（The Supply-Side Economies）是 20 世纪 70 年代中期后在美国兴起的一个新自由主义经济学流派。主要理论基础是萨伊定律，指导思想是企业经营自由，思想信仰是"自由、平等、冒险、创新"。

一、供给学派的兴趣

该学派以批判凯恩斯主义而著称。第二次世界大战后，发达国家奉行凯恩斯主义，采取了一系列国家干预经济的政策和措施，一直到 70 年代初都发挥着积极作用。比如，美国 20 世纪 60 年代的经济平均增长率达到了 4.3%，1970—1973 年，年均增长率为 4.7%，大大超过了两次世界大战期间（1916—1939 年）1.8% 的水平。同期的其他资本主义国家也出现了类似的黄金时代。然而，由于"石油危机"的冲击，1974—1975 年的国民生产总值竟然降到了 -1.3%。虽然，1976—1979 年美国渡过了经济危机，经济有所恢复，但到了 1979 年只有 2.3% 的增长率。美国在 70 年代期间，政府、企业和私人，都积累了巨额债务。据统计，1978 年美国的公司债务已达 39 000 亿美元，这比 1970 年增加了 107%；财政年度赤字总额高达 3 044 亿美元，且呈不断增长趋势。与此同时，美国的累进所得税增幅也有提高的趋势，表面上看其有助于实现社会"公正"目标，而现实中的高额累进所得税造成了极强的挤出效应，有的企业经济效率下降，或转成地下经济逃税避税，致使政府税收政策的施行效果适得其反。再有，长期形成了巨大的社会福利开支和国防开支，美国陷入了"滞胀"局面。而日本、西欧的经济崛起也形成了对美国的挑战。

在供给学派看来，这是美国政府奉行凯恩斯主义的国家干预、需求管理、赤字财政和高税收政策导致的结果。并认为凯恩斯理论无非是与萨伊的"供给自行创造需求"相对立的一种"需求自行创造供给"的理论。凯恩斯主义的刺激需求短期政策忽略了经济的供给方，即劳动、储蓄、投资和生产。结果"需求受到了过度刺激，而供给却被窒息于不必要的管制、税收、通货膨胀之中"。对付"滞胀"首先需要转变宏观经济管理所依托的经济思想，放弃凯恩斯主义的需求管理理论，转向建立新的、能够对付"滞胀"的经济理论。供给学派正是在对凯恩斯有效需求理论和政策的批判基础上，复兴萨伊定律，从而提出供给管理的政策主张。

供给管理主要通过减税、削减政府开支、控制货币发行量、减少政府的限制性规章条例来消除滞胀、刺激供给增长，尽量减少国家不必要的干预，把适当的国家干预和充分的市场调节结合起来。

供给学派分为"极端的"和"温和的"两派。前者主张大幅度减税，减税政策能包医百病，并主张恢复金本位制来控制货币量，以从根本上消除通货膨胀，主要代表是拉弗、蒙德尔、万尼斯基等人。后者主张减税的同时辅之削减政府开支、控制货币供给量，其代表人物是费尔德斯坦等人。

二、税收理论

（一）拉弗曲线

拉弗曲线是由美国经济学家阿瑟·拉弗（Arthur B Laffer）提出并命名的，它表明一个命题：总是存在产生同样收益的两种税率。这里的"收益"是指政府税收。其曲线如图16-1所示，纵轴为税率，横轴为税收，图中的曲线为拉弗曲线。税率为零时，即曲线在原点处，则政府收入是零，为了使政府得以运转，税率必须为正。但是，随着税率的提高（比例税或累进税），政府的税收总额是否也会相应地增加？拉弗认为事情未必如此。

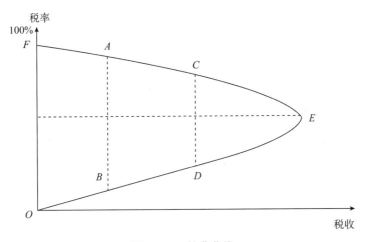

图 16 - 1　拉弗曲线

当税率为 100% 时，政府的收入也是零，货币经济中的全部生产都会停止。因为，人们所有的生产成果都被政府所征收，他们不愿意生产，政府也就没有什么可供征收 100% 的税额，政府的收益为零。税率从 0～100%，税收总额从零开始，又回归到零，这一结论若用数学语言（或用几何图例）来描述的话，它只能是如图 16 - 1 的这种情形，即从原点 O 开始，沿着曲线运行到终点 F。其中，必定存在一个转折点 E，在此点之下，也就是一定的税率之下，政府的税收随税率的提高而增加，比如 B 点和 D 点。而一旦税率再提高超过 E 点，政府税收将随税率的提高而减少，比如 C 点和 A 点。这样，在 A 点和 B 点上，一个是高税率，一个是低税率，但政府的收益却是相同的；同样在 C 点和 D 点也是一个高税率，一个低税率，政府的收益也是相同的。说明：政府的收益不是税率越高，收益也越多。政府不应该盲目地提高税率。

税率和税收之间的关系须依靠产量（供给量）来解释。税率与产量之间存在着两种不同的反馈方式，即拉弗式的"赋税—收入反馈"，低税率可以使产量不断增加，二者之间是正相关；高税率达到一定程度后将使（货币经济的）产量不断收缩，二者之间就变成了负相关。

拉弗曲线给予增加有效供给政策途径及效应基本的说明。面对美国经济中的"滞胀"，凯恩斯主义的需求管理政策收效甚微，供给学派将视线转移至供给的一边。为了增加供给（产量），就必须降低美国经济中当时过高税率，税率降低未必会使政府税收收益大减，把握好了有可能会大幅度增加政府收益。

（二）劳动、资本"楔子"模型

供给学派从理论上考察了税率与劳动供求、资本形成的关系，建立了劳动、资本"楔子"模型，以证明改变税率对劳动供给和工作闲暇之间选择的弹性，以及厂商对劳动需求和资本形成的影响。

劳动、资本"楔子"模型假设：雇用一个工人的平均成本愈高，就业机会就愈少。特别是高工资税率，这实际上提高了厂商的成本，减少了工人的就业机会。因为税收是进入政府财政收入的，如果政府提高税率，厂商实际支出的总成本比工人的实际工资高，中间的差额被经济学家称为税收"楔子"，如图 16 - 2 所示。

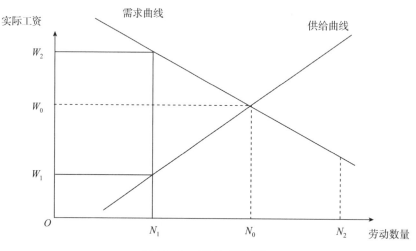

图 16 - 2 税收"楔子"

横轴为劳动数量，纵轴为实际工资，在没有税收"楔子"打入时，厂商成本与工人实际达到的工资收入是相等的，为 W_0，厂商对劳动的需求与劳动供给相等，为 N_0。如果工资税开始增加，不仅工人要支付税收，使实际工资下降，而且也增加了厂商雇用工人成本费用，在图 16 - 2 中，如果税收"楔子"增大到 W_2，厂商雇用每个工人的成本为 W_2，而实际支付给工人的工资是 W_1，意味着二者之间存在着一定的差距。同时，厂商对劳动需求减少到 N_1，劳动供给也减少到了 N_1，即税收"楔子"导致厂商对劳动需求减少，工人对劳动供给也会减少。反之，如果减少税收，市场的力量会向相反的方向起作用，劳动的供给和需求都会增加，从而增加产量。假设，拔掉政府这根税收"楔子"，就会使劳动市场上的供给与需求增加到趋于相等，为 N_0，厂商雇用的劳动成本下降，工人的实际工资增加，使二者趋于相等至 W_0。如果在公共服务领域中，就业者能够得到政府一定的转移支付形式的津贴补助，那么，厂商雇用劳动的成本小于工人所得到的实际工资水平，厂商就会增加对劳动的需求，就业人数就会增加，有可能增加到 N_2。

供给学派经济学家认为，在资本市场中也存在着类似于劳动"楔子"模型中的税收"楔子"，影响着资本的供给与需求。税收"楔子"会使资本的需求成本和供给成本都上升，即投资成本和储蓄成本提高，挫伤了投资和储蓄的积极性，导致投资不足和资本供给不足，造成了美国经济的停滞。

劳动、资本"楔子"模型实际上是"拉弗曲线"在理论上的进一步引申。如图 16 - 3 所示。假设技术水平不变；劳动供给函数固定不变。横轴为劳动数量，纵轴为税后工资，因为劳动需求函数处于税前工资条件下，所以，工资税率是外生变量，它会改变劳动需求函数。图 16－3 中 ND$_1$ 曲线表示工资税率为零时社会对劳动的需求，劳动就业机会比较丰富；如果开始征收工资税，工资普遍下降，导致劳动需求曲线移到 ND$_2$ 曲线，社会对劳动的需求下降；如果提高工资税率，就会使劳动需求曲线进一步向更低的就业均衡点或税后工资均衡点移动。反之，降低工资税率，则社会对劳动的需求增加。

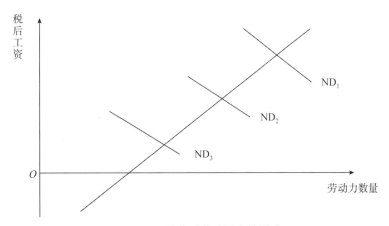

图 16－3　税收对劳动需求的影响

供给学派的税收理论论证了减税与劳动、资本的供求之间的关系，减税具有对增加劳动就业、鼓励资本供给、增强投资吸引力的积极效应，为供给学派的经济政策主张提供了理论依据。

三、费尔德斯坦曲线

"温和供给学派"的主要代表马丁·费尔德斯坦（Martin Feldstein）曾担任哈佛大学教授、美国经济研究局主席以及里根总统经济顾问委员会主席。费尔德斯坦认为美国经济在 20 世纪 70 年代，出现滞胀现象和资本形成率下降的主要原因是政府采取凯恩斯主义扩张性财政政策和货币政策所致。

费尔德斯坦认为美国经济上出现的问题不在于需求方面，而在于供给方面。20世纪 70 年代的美国经济已经不是凯恩斯创立需求经济学的非充分就业情况，而是处于自然失业率条件下的充分就业。在此种条件下，应当尽力提高供给能力，尤其是要增加储蓄。

费尔德斯坦将政府发行的货币、债券和私人有价证券三种资产组成货币增长模型。70 年代的美国处在充分就业和经济增长的环境，政府却一直推行财政赤字政策，为了弥补财政赤字就得增加货币供给或者增发政府债券。货币供给增加会造成通货膨胀压力；政府债券的发行会引起债券利率和私人有价证券利率之间相对水平的变化，从而产生政府债券对私人有价证券的替代效应，导致私人有价证券需求的缩小，降低整个资本形成水平。而美国政府采取了混合发行货币和债券政策，导致了通货膨胀和财政赤字共同作用，也就造成了对资本形成水平的长期抑制效应和国民收入增长率的降低。

费尔德斯坦认为在财政赤字情况下，虽然可以通过发行债券和通过扩大货币供给量来弥补，但主要采取后者方式，也能消除政府债券向私人有价债券的替代效应的压力。当然，货币供给量扩大产生的通货膨胀会引起名义利率上升，此时可以降低边际税率，提高资本的实际净收益，就能使一部分扩大的货币供给被私人有价证券的投资吸收，转而推进通货膨胀。

根据财政赤字对通货膨胀、资本形成的影响及其相互对应关系，费尔德斯坦用曲线加以简明描述，即著名的"费尔德斯坦曲线"。如图 16 - 4 所示。其中，纵轴为通货膨胀率，用 π 表示，横轴为资本形成率，用 k 表示。图中的曲线 I 是费尔德斯坦曲线，斜率为正，说明在财政赤字条件下，通货膨胀和资本形成水平为正相关关系；图中还表示了随着财政赤字水平的变化费尔德斯坦曲线会相应地上下移动。在图 16 - 4 中，当财政赤字增加时，曲线从 I 上升到 II，如果这时要保持原来的资本形成水平 k_1，则代价是通货膨胀率从 π_1 增加到 π_2；反之，如果赤字减少了，曲线从 I 下移到 III，此时可以用较低的通货膨胀率 π_3 维持原来的资本形成率 k_1。财政赤字为零时，"费尔德斯坦曲线"就向下移，与自然通货膨胀率 π_0 重合为一条水平线。这种通货膨胀率是独立于政府的财政变量，对资本的形成没有影响。

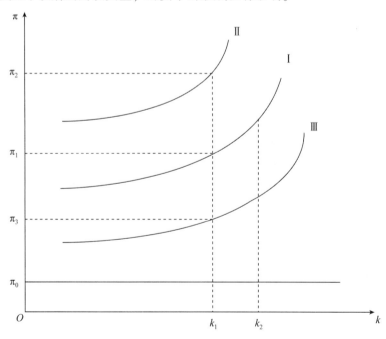

图 16 - 4　费尔德斯坦曲线

费尔德斯坦认为应该用"费尔德斯坦曲线"代替菲利普斯曲线。菲利普斯曲线是凯恩斯主义分析通货膨胀与失业之间替代关系的曲线，二者向反方向变动，政策含义是选择一个最优的通货膨胀和失业率的组合。费尔德斯坦认为菲利普斯曲线的这种替代关系在经济处于非充分就业条件下和短期内是存在的，而且是有效的。但是，当经济达到充分就业时，菲利普斯曲线的替代关系就不存在了，会被"费尔德斯坦曲线"的关系所代替。

在充分就业条件下的经济问题主要表现在供给方面。如果政府继续采取凯恩斯主义的财政赤字政策，就会使费尔德斯坦曲线向上移动，不仅会使通货膨胀压力加强，而且也会给资本形成水平的提高带来困难。所以，在充分就业条件下，凯恩斯传统的宏观需求管理经济政策已经失效，应该转向供给管理政策上来。宏观经济政策的任务应该是平衡预算，逐步降低或消除财政赤字，使"费尔德斯坦曲线"向下移动，转化为一条水平线达到自然通货膨胀率的水平。

费尔德斯坦认为，美国经济停滞增长的症结主要在于储蓄率和资本形成率低。目前美国的税收主要是改善产业结构、压缩政府预算、降低财政赤字的一个重要手段，使"费尔德斯坦曲线"向下移动，以提高资本的供给水平，促进经济增长。

四、企业理论

供给学派的企业理论主要着重于分析企业不同规模对经济发展的作用，以及这些企业存在与发展的原因和动力等。

供给学派认为经济发展取决于"依赖效果"的大小，这种依赖是需求依赖于产出（供给），经济增长和进步的速度有赖于供给者的创造能力。因为，企业不只是一般产品供给者和生产要素的需求者，也不只是依据市场需求提供商品的生产单位，从本质上说，企业在引起、形成和创造需求方面起着主要的首创性的作用。企业的决策，尤其是投资决策，是决定消费者购买的数量和基本类型关键性的因素。

这种企业的作用，既包括大企业也包括小企业，不同规模的企业在创造"依赖性效果"时各具其独到的功效。从大企业看，其成功的至关重要的原因是效率而不是规模。一般人们认为规模大小是公司成功的关键，然而，大公司成功的关键不在于数量而在于质量，即产品的性能、制造的方式以及推销技术。企业成长过程要始终关注效率这个前提，如果没有效率的持续实现和维系，大企业也同样难以在市场竞争中生存下去，效率贯彻于企业演变的始终。至于小企业，供给学派认为"二战"后其数目一直在增长，表明其具有长期上升趋势和旺盛的生命力，美国经济学家乔治·吉尔德（George Gilder）认为，经验表明在商业上新产品往往是由小企业生产的，而不是大企业，是数以百计的小公司，在默默无闻的企业家领导下"进行着工业革命"。丰田、英特尔、微软公司的崛起仅仅是其中的三个著名案例。小企业在经济发展中发挥着重要的作用。

供给学派指出大企业本身存在着固有的弊端。今天的大企业是通过借助于昔日的企业高效率与不断创新而成长起来的，在其成长过程中出现了两个相反的现象：一方面，其企业组织结构的合理化、正规化（或曰"官僚化"），将必然会出现他们也承认的所有者和管理者职能相分离，这种分离确实有助于使其公司成为该项工业中生产率最高的企业。另一方面，企业的灵活性和创造性较前期在减少，这是企业在成长过程中隐藏起来的因素，即在会计账簿体系所反映出的表面化投入—产出效率之外，所掩藏的恰恰是其深层次的效率创造性或创新性的丧失。由此得出，经济僵化使大企业最终成为无效率的经济形式。

供给学派认为在现实经济中供给能创造需求。企业的垄断是经济发展最基本、最能动的因素，但是，大企业的垄断地位的保持并不是无时间界限的，垄断不可能消除竞争，至少它要受到"未来竞争者的威胁"。这种威胁主要有：为了保持垄断地位，暂时的垄断者必须保持产品的低价格，达到足以排除其他竞争者的水平；未来的竞争者会进行产品和技术的创新，造成"创新性的破坏"，成为现实的竞争者。在垄断资本主义经济中，供给者并不能立即或自动地实现消费者预先存在的愿望，因为消费者并不知道自己所要的是什么，直到消费者以一定的价格买来创新的样品试用后，才做出反应。企业以"创造性的破旧"为原则，追求高效率、高生产率的生产过程中，不断地创造新的供给，从而激发起消费者心目中尚未存在，或者还不甚明确的消费"欲望"。这就是需求对供给——创新性的供给的依赖，富有创新性的供给会创造、引致新的需求。

总之，供给学派在其企业理论中强调供给的首要地位，经济发展决定性因素是供给，是生产率背后的创造性和能动性。

五、通货膨胀理论

供给学派认为通货膨胀是由税收推动的。费尔德斯坦认为通货膨胀应在货币体系与货币制度之外去寻找，吉尔德认为，税收会更为直接地引起通货膨胀，甚至赋税在打击劳动生产率之前，它们就有提高直接成本的通货膨胀趋势。这种通货膨胀既不属于需求拉上型，也不完全是成本推进型，而是税收推动的通货膨胀。通货膨胀是政府规模不断扩张导致非生产性费用通过价格结构而扩散出去的价格效应，加上高税率条件下生产率下降等原因造成的。税收增加会间接导致成本增加，也会导致企业利润相对下降，就会使边际企业退出市场，市场供给面临着更高的社会成本水平，此时，相对于社会总需求，现有的供给商品价格将倾向于上涨。

国际货币基金组织的维托·坦齐（Vito Tanzi）和西北大学的罗伯特·戈登（Robert Gordon）通过对美国的调查证实了政府在提高所得税之后，工人们会试图使其税后的劳动收入保持一个不变的常数。例如，每次政府提高所得税，会使工资增加新增所得税的 1/5。保罗·克雷·罗伯茨提出了"税收制动器"，认为高税率是对生产的一种制动器，减少了商品的供给，与此同时，货币的供给没有限制，就会出现典型的通货膨胀。所以，税收与通货膨胀之间存在着联系的机理。

供给学派中"温和派"的费尔德斯坦认为通货膨胀对经济有着不良的效应。首先，通货膨胀率的不断提高，造成了个人、公司无法制定长期的更有价值的经济计划，而只能作短期的、比较可靠的选择。对个人来说，降低储蓄率，将资金投向黄金及其他有潜在价值的储存；对企业来说，其计划倾斜于设备上或在当前商业所得上的短期投资。其次，通货膨胀最直接的影响是降低投在工厂和设备上资本的收益率。因为税收与通货膨胀之间存在着相互影响关系，如果提高工厂与设备投资里的所得税率，就会降低该投资的除税净值收益率，随之而来的是通货膨胀率的提高，进而又提高了企业资本收入的总税率。最后，通货膨胀是生产力增长大幅度减慢的重要原因之一。

对通货膨胀持不同观点的供给学派"激进"代表吉尔德认为美国经济的根本问题不是通货膨胀，货币供给量是一个数学上的概念，它并不像看上去那么大，像竭力追求储蓄一样，通货膨胀不一定就是衰落的不祥之兆。只有它处于极端情形时，有可能导致大的灾难，但也不一定是必然的"疾病般的折磨"。原因是经济是经过很长历史时期发展而成的有机体，通货膨胀有时可以当作是适应新环境的一种正常的调节。比如，战后的日本就是通过不断的通货膨胀在经济增长方面做出了奇迹，此时的通货膨胀实际上使资本短缺的日本公司有可能向有高度储蓄的公民征税。通货膨胀只是经济本质问题的表面现象，相对于生产率下降、投资减少、储蓄降低来说，它只是次要的。

六、供给学派的经济政策主张

（一）减税

减税是供给学派政策主张的核心和基本环节。他们认为当时的美国经济主要问题是供给不足，而减税则是增加供给的基本手段。因为减税对社会经济发展有着积极的作用：

降低所得税率能促进企业和个人增加投资、储蓄、劳动供给。所得税是美国的主要税收，"二战"后，美国多次降低其税率，但供给学派认为其仍然偏高。从经济理论上看，边际税率对"相对价格"有一定影响。美国的所得税采取的是累进税制，当人们的收入提高到一个等级时，税率就提高一步，即边际税率提高。在此条件下，人们储蓄愈多，利息收入愈多，则平均税率就愈高，所得的实际利息收入相对愈小，也就是说，人们用于消费的机会成本或相对价格就愈低。于是，人们在消费与储蓄、投资选择上，就会多消费，少储蓄和投资；在工作和闲暇的选择上也是类似的，少工作，多休息。所以，政府应该采取降低边际税率的办法，使人们在处理消费与储蓄、投资关系、休闲与工作中采取相反的行为，少消费、多储蓄、多投资，少休闲、多工作，促进增加总供给。

减税在一定程度上可以促进政府收入增加。税率降到比较低的程度以后，税收总额可能会上升。反之，税率提高到比较高的程度，会抑制储蓄和投资，企业收入减少，税收总额会减少。依据拉弗理论边际税率必须降低到一定程度内，能促进储蓄和投资，企业收入增加，政府的税收也会增加。

减税可以抑制通货膨胀。现代经济中政府部门似乎已经成为一个生产要素，要减轻它对价格的影响，唯一的办法就是削减政府规模或者提高其劳动生产率；引起通货膨胀的主要原因不是联邦政府的赤字，而是弥补赤字的手段即高税率，以及高利率对经济中供给方面的负面冲击效应。通货膨胀会使人们的名义收入增加，纳税等级升高，纳税额增加；通货膨胀将导致工资收入要求提高，推动了工资与物价循环上升；通货膨胀将使利率提高，从而利润下降，投资减少。因此，供给学派主张实行包括富人在内的全面减税，特别是削减个人所得税率和公司所得税。于是对收入愈多者减税也愈多，从而刺激储蓄、投资。税率降低实际上不是通货膨胀性的，因为税率降低导致供给增加，这能使政府实际收入增加而不是降低。与此同时，伴随着政府削减开支，便可减少或消除政府赤字，有利于解决通货膨胀。这也要求政府在制定反通货膨胀计划时，必须依赖于运用拉弗的经济学和供给方面的刺激；吉尔德认为政府在减税的同时应注意调整税收结构。

减税可以减少逃税的弊端。因为在高税率下人们为了避免缴纳重税，往往采取各种合法或非法的办法逃税，以致美国政府历次实施的增税法案，都促使了逃税的增加。供给学派认为，如果政府采取降低税率政策，则能鼓励人们增加储蓄、增加投资，减少了逃税，增加了国民收入。

（二）减少社会福利支出

供给学派主张政府应减少社会福利支出，从而增加社会经济供给。他们认为，政府庞大的社会福利支出不仅不能帮助穷人摆脱贫困，反而会增加失业，有损劳动力的供给。在美国庞大的失业人群中有很大一部分是"自愿性失业"，这只是因为失业成本太低而导致的。失业成本是指因失业而付出的代价。用公式表示为：

失业成本 = 就业工资 – 工人所得税 – 失业救济金

从公式中可以看出，失业救济金越多，失业成本就越少；所得税越高，失业成本也越低。如果二者之和非常多，则有可能会出现失业成本为负数。

在现实社会中贫穷的人们为了摆脱贫困过上好生活，全家人应该不惜任何代价团结起来，必须比处在他们上面的阶级更加勤奋地工作。为了取得成功，穷人最需要的是从他们的贫困中得到鞭策。而现实中的社会高福利不仅对工作有害，而且也使穷人继续贫困。社会生产愈发展，贫穷问题愈难解决，形成恶性循环。

与此同时，庞大的社会福利支出，也需要相应的社会福利机构、众多的管理人员和管理制度。这会造成社会财富的巨大浪费，可能助长官僚主义弊端。

那么，除了在经济衰退时期不能削减社会保障和失业补助金等外，在经济繁荣时期应该削减社会福利支出。

（三）减少政府对经济的干预

供给学派是反对政府对经济进行不必要和不适当的干预，倡导经济自由，强调政府的非生产性作用。供给学派承认政府通过干预经济而产生的公共部门活动具有生产性质，虽然政府对经济增长提供了大量的和必要的贡献。但从长期看，公共部门过度扩张，构成了一种真正的资本损失。因为，政府之所以能够干预经济，其所依据的力量是增加税收、扩大政府借债，以及直接创造货币，这一切显然造成私人部门的财富减少，形成了实际的挤出效应。在供给学派看来，私人部门的经济效率比公共部门的高，所以，缩减政府不适当的活动水平，限制其不适当的干预经济是正确的。

供给学派倡导的经济自由并不是全盘否定政府的干预，而是否定政府的过度干预。因为，完全自由竞争状态是一种平衡，在此环境中公司不能改变价格和产量，基本上对供给和需求不产生影响，这排除了企业家取得知识和运用知识的活动。显然，完全抛弃政府干预追求完全自由竞争市场与供给学派理论的内存逻辑不相符。那么，供给学派所追求的经济自由是维护经济进步和创新精神的不完全竞争，再加上政府适度非生产性的干预经济。供给学派相信政府管制越少，私人经济运行越有效率，敦促政府撤销一切限制生产的规章制度，使企业家精神得以充分发挥。

第三节 理性预期学派

理性预期学派（Rational Expectation School），也被称为新兴古典派经济学（New Classical Economics），是主张理性预期假说及动态分析为特征的学派。

一、预期从非理性到理性

在经济运行过程中，预期处于极其重要的地位，预期的正确与否直接决定着人们的经济利益。

经济学中预期类型主要有：简单预期（也被称为静态预期）是指仅以即期的某一变量为参数决定下期活动；外推预期是以过去经济变量的水平为基础，根据其变化方向的有关信息做出推断；心理预期是以人们的心理（嗜好、兴趣、习惯等）因素为主要参数，预期未来变化；适应性预期（也称为调整预期）是指在信息不充分条件下，凭借着人们的经验或记忆，结合客观情况的变化而不断地调整、修正，去适应已经变化了的经济形式的预期；理性预期（也称为合理预期）是指人们预先充分掌握了一切可利用的信息，经过周密的思考和判断，形成切合未来实际的预期。也就是说，人们不仅掌握过去历史提供的所有的知识和信息，而且也掌握现有的一切信息，并加以最有效率的利用，经过周密的研究和思考，才做出的预期。所以，理性预期能与有关的经济理论预期相一致，是预期的最高形式。

马歇尔的预期理论为凯恩斯和卢卡斯等人的预期理论奠定了思想基础。马歇尔是新古典学派经济学的创始人和主要代表，他的预期思想主要体现在《经济学原理》的著作中。其资本未来收益是用心理预期分析方法来解释的，"预期会涨价的直接结果是使人们积极运用他们全部的生产设备，在全部时间，甚至超过时间来运用它们。预期会跌价的直接后果是使许多生产设备闲置起来，同时放松其他生产设备的工作。"[①] 马歇尔的均衡价格理论将西尼尔的"节欲"词改为"等待"，即资本家消费的牺牲。这种等待就是预期。

凯恩斯的非理性预期观。凯恩斯将未来的不确定性与预期置于经济分析中的重要地位。对就业水平、货币需求、投资水平与经济周期的分析，都是基于预期范畴进行考察的，并认为预期影响着总供给和总需求。凯恩斯抛弃了古典经济学在确定环境下的均衡分析，强调在不确定情况下的选择和决策。但是，凯恩斯的预期论述是假设性的和零散的，不是分析性的和有经验依据的，也没有探究预期的形成机制。而且还把他的宏观经济模型中预期的形成置于经济学之外的心理学范畴，即人们的主观情绪与心理状况。因此，凯恩斯的经济预期是非理性预期，不是基于宏观经济模型之上的理性经济预测，从而无法进行实际操作。

理性预期学派是20世纪70年代从货币主义学派分化而来的。经济学家约翰·穆斯在美国《经济计量学》杂志（1961年7月号）上发表了一篇题为《理性预期与价格变动理论》的论文，首次提出理性预期概念，他假定：人们在进行预测时，总是以自己尽可能收集到的信息作为依据。1972年美国经济学家罗伯特·卢卡斯（Robert. Lucas）[②] 发表了《预期与货币中性》论文，将穆斯的理性预期假说同货币主义模型结合起来分析。之后，他和明尼苏达大学经济学家萨金特（Sargent）、华莱士（Wallace）等人共同研究，发表了一系列的论文，将理性预期引入宏观经济及其模型，并对理性预期整个理论体系进行分析，从而形成了理性预期学派，或称为新古典宏观经济学派。卢卡斯在宏观经济模型的构造、计量方法、动态经济分析，以及国际资本流动分析等方面都做出了卓越的贡献。

① 马歇尔：《经济原理》（下卷），商务印书馆1981年版，第66页。

② 罗伯特·卢卡斯（Robert. Lucas），美国芝加哥大学教授，1995年诺贝尔经济学奖得主。此奖主要是表彰他对"理性预期假说的应用和发展"所做的贡献。他的研究，"改变了宏观经济的分析，加深了人们对经济政策的理解"，并为各国政府制订经济政策提供了崭新的思路。

二、理性预期学派的三个假设

理性预期学派的理论是建立在三个假设基础之上的。

（一）理性预期假设

理性预期假设是指经济当事人对价格、利率、利润或收入等经济变量的未来变动做出符合理性的估计。约翰·穆斯认为经济当事人为避免损失和谋取最大利益，会设法利用一切有效的、代价昂贵的稀缺信息资源，对某个经济变量在未来的变动状况做出尽可能准确的估计。

理性预期并不能保证每个人的预期都是同样的，并且正确无误。但是，预期的平均数是正确的，理性预期的误差为零，理性预期与经济模型的预测相一致。

（二）货币中性假设

卢卡斯将货币区分为预期货币与未预期货币，他认为对前者的货币供给不会对产出产生影响，而后者的供给变化则会出现产出的暂时改变，因为这种货币供给的变动会给公众造成短期的信息障碍。但是公众很快会了解到这些信息，并修正之前的错误预期，从而短期效应也会随之消失。所以，在长期中无论是预期货币还是未预期货币都是中性的。

萨金特和华莱士提出了随机货币中性定理。他们认为中央银行根据共同信息集合制定的任何有反馈规则的货币政策都是无效的，因为这种货币政策会通过公众提前做出反应而被价格完全中和，只有意料之外或者愚弄大众的货币政策才会影响产出。

其他的理性预期学派经济学家认为，政府作为政策的制订者与公众都是理性预期者，双方都存在着一个最大化的目标函数，货币政策的实施过程是二者之间博弈的结果。经济学家们通过博弈方法研究证明了货币政策无效。

理性预期学派以一般均衡方法为基础，通过理性预期、市场出清、行为人最优化选择等假设条件，为货币中性与非中性理论构建了微观基础，使长期中性的货币理论更加牢固地扎根于瓦尔拉斯传统。

（三）自然率假说

自然率假说是卢卡斯在弗里德曼的"自然失业率"基础上提出的，关于就业、产出、物价等经济变量存在着一种由政府政策支配的实际因素（如生产、技术等）决定的自然水平的理论观点。

我们知道自然失业率由弗里德曼和哥伦比亚大学教授埃德蒙·费尔普斯（Edmund S. Phelps）于1968年同时提出，针对当时发达国家出现的"滞胀"现象菲利普斯曲线已无法解释，弗里德曼提出了附加的预期菲利普斯曲线，而自然失业率是其中的重要组成部分。自然失业率是指在没有货币因素干扰的情况下，让劳动力市场和商品市场的自发供求力量发挥作用时所应有的、处于均衡状态的失业率。自然失业率是稳定的、独立于通货膨胀率的，实际失业率以自然失业率为轴心上下波动。虽然政府在短期内可能用提高通货膨胀方式使实际失业率低于自然失业率水平，但从长期看失业率与通货膨胀率没有必然联系，自然失业率是必然存在的，政府的政策终将会失败。

卢卡斯将"自然失业率"的观点进一步引入到了产出、物价等经济变量中形成了自然率假说，其要旨是：资本主义市场经济的运行有其内在的动态平衡，外界的力量能打破平衡于一时，但不能使之根本动摇。政府所能做的最好的事情就是尽量顺应它。

三、理性预期学派的理论观点

理性预期学派理论对原经济学理论产生了重要的修改。

（一）理性预期学派对微观经济学的修改

微观经济学基本上是传统的新古典经济学，是价格制度和价格与产量决定的分析，包括局部均衡分析和一般均衡分析，其分析方法属于静态均衡分析。理性预期学派将理性预期假说运用到微观经济学分析中，在动态的一般均衡条件之下，理性预期假设已经成为经济活动当事者为实现其收益最大化优先采取经济行为的基本要求。对微观经济学不仅要进行静态均衡分析，也要进行动态均衡分析。

在产品市场均衡分析中，传统的微观经济学基本上是静态分析，没有时间的概念，仅有在"虚空"中抽象的经济变量变动，及其打破均衡或形成新的均衡状况，并根据此价格的预期来确定自己的经济行为。为了吸收理性预期学派的研究成果，应该加强动态的分析力度，需要分析影响消费者行为和影响供给者（厂商）行为各自长期的、动态的因素，引入"前瞻性消费理论"和"前瞻性投资理论"，同时，也需要分析影响劳动市场上的供给与需求长期的、动态的因素，实现劳动市场均衡。

总之，既要分析长期的、动态的利润最大化，也要分析工资变动的预期，还要分析货币对劳动和厂商的经济活动影响。

（二）理性预期学派对宏观经济影响颇大

理性预期学派对宏观经济的影响主要有：宏观经济学的微观化和对原有的宏观经济学理论与政策观点的变革。对于前者，理性预期学派分析的最终目的是以微观经济学取代宏观经济学，消除现存的宏观经济学。其理由为：第一，宏观经济的总供给、总需求、总就业这些经济变量都是由微观的具体变量加总求和而成，只有了解微观的经济变量的变动情况和变动规律，才有可能分析宏观经济变量的变动情况和变动规律。第二，从三个假说发挥作用角度看，理性预期的主体是一个个具体的经济活动当事者，正是他们的理性预期及其经济决策构成了整个社会最优先的经济活动基础。这样，要探讨整个社会最优先的经济活动，就必须先探讨具体的经济活动当事者理性预期行为和决策，即进行微观经济分析；就货币中性假说而言，正是有具体经济活动当事者按照理性预期进行实际经济活动，使货币起到交换媒介和经济计量工具的名义变量作用，因此对货币中性分析应从微观经济活动入手；自然率假说则是把各种经济变量的自然率水平规定为各种市场实现均衡时所达到的水平。而对各种市场均衡的分析属于微观经济范畴，并用此来分析总量的经济行为。

理性预期学派对凯恩斯宏观经济学理论与政策的变革主要有以下几点。

第一，否定有效需求理论。有效需求理论是凯恩斯经济学的理论基础，理性预期学派用理性预期从根本上否定了该理论，认为经济活动当事者的理性预期行为使其投资决策较为确定，并且在市场价格机制的作用下总能使市场出清，即产品市场和劳动市场不会出现供给超过需求的现象。因此，在总量经济中有效需求不足的问题是不存在的。

第二，理性预期学派的总供给与总需求的均衡分析与凯恩斯的总需求决定总供给分析不同。理性预期学派是在微观层次上对经济活动当事者的以理性预期为基础的消费与供给活动的分析，总供给与总需求的均衡是作为经济活动当事者的供求行为的均衡结果而出现的。

第三，否定菲利普斯曲线。理性预期学派对菲利普斯曲线的失业与通货膨胀交替关系否定的根据是经济活动当事者的理性预期和经济中自然失业率的存在。经济活动当事者的理性预期，虽然使货币的数量增加，价格水平提高，但不影响实际经济变量的变动，这些实际经济变量的均衡决定自然失业率。所以，通货膨胀与失业率之间不存在相互交替关系。

第四，对凯恩斯主义宏观经济政策的否定。凯恩斯主义的宏观经济政策行为的基本特点是"逆经济风向行事"，其主要政策手段是财政政策和货币政策，以达到稳定经济的目标。但理性预期学派认为经济活动当事者的理性预期，以及针对政府的经济政策所做的对策，会大大抵消政府经济政策的作用。所以，政府的政策是无效的，这也是对凯恩斯主义宏观经济学中经济政策主张的根本否定。

四、理性预期学派的方法论

理性预期学派的经济学研究活动也引起了经济学方法论的变化。其主要表现如下：

（一）用模拟经济模型说明实际经济现象

模拟经济模型是指对大量实际经济现象进行科学的抽象，具有虚拟和非现实特征，是经济现象本质的概括。显然，经济模型与任何一种具体的实际经济现象是不能相等，也不可能相等的。但是，经济模型这种非现实的抽象性，是对实际经济现象本质最准确的概括，可以用来解释实际的经济现象和经济关系。

理性预期学派认为，理论经济学的作用之一就是提供有充分说服力的经济模型。经济模型就像一个化工厂而起作用，人们利用它，使那些在实际经济中得需要花费惊人的费用才能实验的政策，以极低的成本得以试验。人们可以把某种政策在实际经济中将要发挥作用的各种参数和约束条件用经济模型表现出来，就能观察到该政策在这些参数的作用和约束条件下所得到的结果，这也等同于政策在实际经济中的检验。

这种研究方法与其他自然科学中的科学实验方法是相同的，即找出事物本质用于指导实践。所不同的是理性预期学派用抽象的经济模型检验某种政策效果，但在这之前不论是经济学还是社会科学都尚未应用过这种行之有效的研究方法，因此，模拟经济模型研究方法是对经济学研究方法的革新。

（二）时间系列与理性预期相结合的动态经济分析

卢卡斯认为一切经济活动都与时间相伴随。随着时间的推移，会产生新的经济事件，出现新的经济扰动，理性预期者力求努力对行将产生的经济事件、经济扰动以及各种随机的经济变量做出准确的预期，从而规范其经济活动。

在这之前，经济学家也对时间系列进行过分析，比如动态的一般均衡分析。但只有理性预期学派将时间系列与理性预期分析结合在一起，这是该学派的贡献。使经济学更具有动态实感地表述经济活动当事者的理性预期特征。

尤其是理性预期学派用其分析方法对经济周期进行分析研究时，使经济周期理论更加充分地反映了经济现象的本质。

（三）全方位、多角度的经济计量分析

理性预期学派的经济学家实际上也是计量经济学家。他们所提出的各种抽象的、虚拟的以及非现实的经济模型都经过了经济计量充分论证，他们所展开的时间系列分析和理性预期分析充满了经济计量分析。因此，理性预期学派这种全方位的、多角度的经济计量模型，使经济学在数量分析方面更加精确化。理性预期学派将微积分、线性代数、概率论、数理统计、微分方程、差分方程等，几乎所有的数学工具都运用到经济学分析上了，使其分析颇为艰深。事实上，理性预期学派的计量分析方法，对经济学的分析方法产生了重大的影响。

总之，理性预期学派认为人们在经济活动中，根据过去的价格波动资料，对价格变化做出预期，以决策是否进入市场。对市场上有可能发生一些偶然的干扰因素进行事先计算和概率分布，选择风险最小的方案，预防或减少不利后果的侵害。与此同时，他们认为国家干预经济的任何措施都是无效的，因为政府对经济信息的反应不如公众那样灵活和及时，政府的任何一项稳定经济的措施都会被公众合理预期所抵消，迫使政府放弃实行。要保持经济稳定，就要反对政府任何形式的经济干预，听任市场

经济的自动调节。所以，理性预期学派是彻底的经济自由主义。

第四节　新制度经济学

新制度经济学（New Institutional Economics）在 20 世纪 70 年代兴起，也就是说，在凯恩斯主义学派对现实经济现象无法做出解释之后发展起来的。新制度经济学是用新古典经济学的方法分析制度的经济学。其代表人物中有很多学者获得诺贝尔经济学奖，比如，哈耶克①、布坎南②、科斯③、诺斯④、维克里⑤、威廉姆森⑥、斯蒂格利茨⑦，中国的张五常⑧也是该学派的代表者。新制度经济学是由交易费用经济学、产权经济学、委托—代理理论、公共选择理论、新经济史等几个支流所构成。

一、交易费用理论

交易费用是新制度经济学最基本的概念，新制度经济学用该思想解释了企业的存在、企业的边界等，为建立其学派的其他理论奠定了基础。

交易费用包括：度量、界定和保障产权的费用，搜索交易伙伴和交易价格的费用，讨价还价、订立合同的费用，执行交易和督促契约条款严格履行费用等的总和。该思想是由著名经济学家罗纳德·科斯（Ronald Coase）在 1937 年发表的《企业的性质》论文中提出的。交易活动是稀缺的、可比较的，可以纳入经济学分析范围。市场的不确定性导致交易风险客观存在，交易是要有代价的，从而就有如何配置问题。资源的配置问题就是经济效率问题，而一定的制度应提高经济效率，否则会被新的制度所代替。因此，制度应被纳入经济学分析领域。

经济中存在着企业交易和市场交易两种方式。企业和市场是可以相互替代的资源配置机制，企业交易与市场交易也是可以相互替代的。在市场上交易的双方利益不一致，可双方地位平等；在企业内部的交易一般是通过长期合约（如企业主和雇员），双方利益比较一致，但双方地位并不平等。市场交易导致机会主义，而企业内部如果有机会主义对谁都没有好处。

---

① 1974 年诺贝尔经济学奖获得者。
② 1986 年诺贝尔经济学奖获得者。
③ 1991 年诺贝尔经济学奖获得者。
④ 1993 年诺贝尔经济学奖获得者。
⑤ 1996 年诺贝尔经济学奖获得者。
⑥ 2009 年诺贝尔经济学奖获得者。
⑦ 2001 年诺贝尔经济学奖获得者。
⑧ 香港大学经济学教授。

企业组织劳动分工的交易费用有可能低于市场组织劳动分工的交易费用。作为企业可以把若干个生产要素的所有者和产品的所有者组成一个单位参加市场交易，从而减少了市场上交易者的数目和交易中的摩擦，降低了交易成本，与此同时，在企业内部企业家管理着生产，复杂结构的市场交易被取消，企业交易代替了市场交易，因为通过企业交易而形成的费用比通过市场交易形成的费用低。这样，企业的存在正是为了节约交易费用，以费用较低的企业内部交易（企业内部的管理）代替费用较高的市场交易。

虽然企业的交易成本低于市场交易成本的结果确定了企业的存在，但企业规模不可能无限扩大。其限度被确定在企业内部管理费用的增加与市场交易费用节省的数量相当处，即企业内交易的边际费用等于市场交易的边际费用或等于其他企业的内部交易的边际费用，企业的边界趋于平衡之处。进一步推理，在相继生产阶段或相继产业之间是否订立长期合同，取决于两种组织形式的交易费用比较的结果。

奥利弗·威廉姆森（Oliver·Williamson）认为交易费用取决于三个同时存在的因素：受到限制的理性思考、机会主义和资产的专用性。受到限制的理性思考，即有限理性。比如，在现代企业中资产所有者与经营者之间存在着信息不对称，双方之间可以用委托—代理关系来加以处理，其资产所有者是委托人，经营者为代理人。在这种关系中企业资产所有者的理性思考受到限制，他所知道的企业信息要远少于企业经营者所知道的相应信息，企业经营者对以最低成本来满足产量目标要求的生产技术更为了解，因为他们知道自己为降低成本付出了多少努力，而这种努力常常是无法直接测量或观测的，这样企业所有者是难以完全把握信息的。经营者则可能依据其自身利益调整生产成本，隐藏真实成本，造成较高的信息成本和交易费用。

机会主义是威廉姆森对经济分析中关于人的行为特征基本假定所做出的新界定。他认为经济生活中的人都是自私的，人总是尽最大能力保护和增加自己的利益，而且为了自己的利益有可能不惜损人，是人所具有的随机应变、投机取巧、为自己谋取更大利益的行为倾向。当然，损人利己的行为要受到法律的一定节制，如果违法会受到法律的制裁。这里所指的机会主义就是人一有机会就会不惜损人利己的"本性"。在以私人契约为基础的市场经济中机会主义的存在必然影响其运行效率。市场交易的任何一方不但要保护自己的利益，还要提防对方的机会主义行为。每一方都不清楚对方提供的信息是否真实，而要以自己收集的信息为基础做出交易的决策。这样，机会主义的存在使交易费用提高，而且交易越复杂，其费用也会越多。

资产的专用性是指企业使用专一的生产要素。这是伴随着市场扩大和分工发展日益出现的现象，而且越是专用的生产要素设计就越简单，制造的费用就越低。资产专用性有三种：一是资产本身的专用性，如某种特殊的设计能一次性加工成某个部件的设备；二是资产选址的专用性，如石油的生产企业一般选址在原油产地，如果该企业在其他地方建成，迁移的费用会很高；三是人力资本的专用性，如果一个企业具有专用性资产设备，就应该拥有在本企业工作的专用性雇员，他们在本企业工作中积累了与此相关的丰富经验，如果该厂商要更换这种专用雇员就得花费很多的时间或很高的费用。这种经验和技术是特定于该企业的，对于其他厂商是不适合的。于是该厂商与专用的雇员之间维持着长期稳定的契约关系，这对双方都是有好处的。从对资产专用分析中可得出：资产专用性程度越高其价值越大，拥有其资产的厂商对交易伙伴依赖性也就越大，因为其贸易伙伴越有可能对该厂商进行机会主义的损害，使其蒙受重大损失。所以，拥有专用资产的厂商，虽然专用性资产使其降低了生产费用，但在依赖市场方面会大大提高其交易费用。

在交易费用的三个同时存在的因素中，受到限制的理性思考和资产专用性都是通过人的机会主义行为才会具体转化为交易费用的上升。对于那些在市场交易中复杂的、交易成本很高的资源配置，就不应由市场机制来运行，而应通过企业之间的合并，把原来的市场交易转变为企业内部的资源配置过程，即"内在化"，进而实现降低交易费用的目的。

二、科斯定理

科斯定理（Coase theorem）由罗纳德·科斯在 1960 年《社会成本问题》一文中提出，其观点是在某些条件下，经济的外部性或者非效率可以通过当事人的谈判而得到纠正，进而达到社会效益最大化。外部性是指某个人或某个企业的经济活动对其他人或者其他企业造成了影响，但却没有为此付出代价或得到收益。但是，科斯本人从未将其定理写成文字，而是其他人试图这样去做，则不可避免地出现表达偏差。科斯定理的内容为：

第一，在交易费用为零的情况下，不管权利如何进行初始配置，当事人之间的谈判都会导致这些财富最大化安排；

第二，在交易费用不为零的情况下，不同的权利配置界定会带来不同的资源配置；

第三，因为交易费用的存在，不同的权利界定和分配，则会带来不同效益的资源配置，所以产权制度的设置是优化资源配置的基础（达到帕累托最优）。

假设一个钢铁厂周围住着 500 户居民，该工厂烟囱排放的烟尘（在此不考虑钢铁厂对外部影响的污水、废渣等其他问题）使居民在户外晒的衣物受到污染，造成平均每户居民损失 75 元人民币，500 户居民共损失 37 500 元人民币。解决此问题的办法有三种：第一种是在钢铁厂的烟囱上安装一个防尘罩，费用为 15 000 元人民币；

第二种是每户有一台除尘机，每台除尘机的价格是 50 元，共 25 000 元费用；第三种是每户居民有 75 元的损失补偿，其补偿方法可以是工厂，也可以是居民户自己。再假设这 500 户居民之间，以及居民户与工厂之间达成某种约定的成本为零，即交易费用等于零。在此种条件下，如果法律规定工厂享有排污权（一种产权规定），则每户居民会选择出资 30 元，共同购买一个防尘罩，将其安装在钢铁厂的烟囱上。因为相对于每户出资 50 元购买除尘机，或者自认了 75 元的损失补偿来说，这是一种最佳办法。反之，如果法律规定居民户享有清洁权（也是一种产权规定），则钢铁厂也会选择购买防尘罩安装在本厂的烟囱上，同样是相对于出资 25 000 元给每户居民配备除尘机，或者拿出 37 500 元给每户居民赔偿 75 元的损失，购买防尘罩仅出资 15 000 元，也是最佳办法。因此，在交易费用为零时，无论产权规定钢铁厂享有排污权，还是规定居民户享有清洁权，解决烟尘污染衣物导致居民户损失 37 500 元的最低成本是 15 000 元，这种解决问题的办法是最有效率的。同时，在此条件下，产权的界定是没有必要的，它根本不影响资源配置的效率。

在存在交易费用的前提下，产权界定的不同，导致资源配置的不同，效率也不同。现实经济交易中是存在着交易费用的。还是上面的例子，现在假设 500 户居民要达到集体购买防尘罩（假设其他交易费用为零）的契约，需要交易费用 12 500 元。这种情况下，如果法律规定钢铁厂享有排污权，则每户居民会选择自家掏出 50 元为自家购买除尘机，不再会选择共同出资 15 000 元给钢铁厂购买防尘罩了。因为集体给钢铁厂购买防尘罩还得需要支出 12 500 元的交易费用，平摊下来每户需要支出交易费用 25 元，再加上购买防尘罩的 30 元，每户共支出了 55 元，大于每户购买除尘机的 50 元。反之，如果法律规定居民享有清洁权，则钢铁厂会选择出资 15 000 元给工厂烟囱安装个防尘罩。由此可见，在存在着居民之间的交易费用 12 500 元的条件下，如果产权界定钢铁厂享有排污权，要消除外部性影响的总费用为 25 000 元（即每户居民选择自家购买除尘机 50 元乘以 500 户）；如果产权界定居民户享有清洁权，要消除外部影响的总费用是 15 000 元。显然，在这个例子中法律规定的居民户享有清洁权的资源配置效率，高于法律规定的钢铁厂享有排污权效率，节省下了 12 500 元的交易费用，产权界定的功能就是要节约交易费用。由此可见，产权实质上是一套激励与约束机制，它的安排直接影响资源配置效率，某一社会的经济效率如何，最终取决于产权安排对个人行为所提供的激励与约束。

产权规定得越清楚，交易费用可能会越少。比如，在我国改革开放的过程中，农民进城工作后，随迁子女尽管到了上学的年龄，但法律没有做出在城市中就学的相关规定，导致农民工与城市里学校之间陷入了无休止的扯皮。同时，农村中出现了大量的留守儿童，有的儿童由于各种原因而失学。在法律规定九年义务教育后，城市周边出现了相应的小学校，解决了一些农民工子女入学的问题，而初中生、高中生还是无法进入城市就学，只有极少数家里经济条件比较好的学生，给学校交了高昂的"赞助费"方能在城市学校借读。但高考时因户口不在该城市，只能回到户口所在地参加高考，给农民工及其子女带来了很高的成本。现在，越来越多的城市规定农民工在该城市中工作、居住、缴税一定时间后，子女可以在此地就学或落户口，从根本上解决了该问题，城里的学校与农民工也都从扯皮中摆脱了出来。所以，产权规定得越清楚，扯皮现象就越少，交易费用也就越低。

新制度经济学认为市场的真谛不是价格，而是产权。只要有了产权，人们自然会议出合理的价格。产权则是一个社会所强制实施的选择一种经济物品的使用权利，它是一个权利束，包括所有权、使用权、收益权、处置权等。它规定着人们相互行为关系的一种规则，其本质是一种社会关系。如果人们在市场中发生一种经济交易，就是两种权利在交换，而这两种权利交易所包含的内容，影响着物品的交换价值。

三、制度变迁理论

制度变迁理论的主要代表人物是美国著名经济学家道格拉斯·C. 诺斯（Douglass C. North），他在研究经济增长过程中受到长期经济史研究的巨大推动，最终把制度因素纳入解释经济增长里，建立了他的新经济史论和制度变迁理论。诺斯发现1600—1850年世界海洋运输在技术上没有发生进步，却出现了运输成本降低，效率大大提高的现象，其原因是航运制度和组织方式发生了变化。诺斯认为技术革新固然为经济增长注入了活力，可是如果没有制度创新和制度变迁的冲动，并通过一系列制度构建把技术创新的成果巩固下来，则人类社会长期经济增长和社会发展是不可想象的。因此，对经济增长的研究离不开对制度创新和变迁的研究。

诺斯在《经济史的结构与变迁》一书中提出了制度变迁的三块基石。第一是在某一体制中激励个人和集团的产权理论。诺斯将科斯的产权理论与他的制度变迁理论结合在一起，认为产权理论有助于解释人类历史上交易费用降低和经济组织形式的替换，在竞争的环境里人们为了不断降低交易费用，会用有效率的经济组织形式替代无效率的经济组织形式。有效率的产权应该具有竞争性或排他性，这就要求该产权必须进行明确界定，从而有助于减少不确定性因素，降低产生机会主义行为的可能性。

产权结构推动制度变迁。关于市场的有效性按着新古典经济学的观点是市场充分竞争，而按着诺斯的观点则是充分的界定和行使产权，是创造一套促进生产率提高的约束变量，即产权结构创造有效率的市场。面对信息不完全市场，得到确认的产权结构和行使能够降低或消除不确定性。一方面，技术进步决定产权结构的创新。技术的变化，市场的拓展等会引起与原有的产权结构产生矛盾，形成无效率的产权结构，进而导致无效率市场。这就需要调整产权结构，产权结构创新是制度创新的一个重要内容。另一方面，产权结构推动技术进步。技术进步率的提高，既缘于市场规模的扩大，又出自于发明者能获得较大份额的发明收益，为此需要对知识和技术的创新确立某种程度的产权。从历史上看，如果缺乏产权，新技术唾手可得，发明者丧失发明动力，发展新技术的步伐就会缓慢。现代社会在创新方面应该具有一个系统的产权，以鼓励技术变革和提高创新的私人收益率，并使其接近于社会收益率，这样的一套激励机制就是明晰创新的产权。现实中的商标、版权、专利和商业秘密都旨在为发明创造者提供某种程度的排他性权利。

第二是界定实施产权的国家理论。诺斯将产权理论与国家理论结合在一起，这是他在经济学界的首创。从经济史研究角度看，国家是经济增长的关键，也是人为经济衰退的根源，国家决定产权结构，应该对其经济增长、经济衰退或停滞，即产权结构效率负责。界定实施产权的国家理论既要解释造成无效率产权的政治或经济组织内在活动倾向，又要说明历史上国家本身的不稳定性（即国家的兴衰）的制度变迁中国家理论。

国家理论中就国家的性质而言，已经在政治学和历史学中有两大方面解释：掠夺论（剥削论）和契约论。掠夺论认为国家是某一集团或阶级的代理者，他们向其他集团或阶级成员榨取收入。国家是统治者掠夺和剥削被统治者的工具。而契约论认为国家是公民达成契约的结果，要为公民服务，国家起着使社会福利最大化的作用。从理论推演角度看，国家带有掠夺和契约的双重性，因而诺斯提倡国家的"暴力潜能"（Violence Potential）分配论，认为国家可看成暴力方面具有比较优势的组织，如果暴力潜能在公民之间平等分配，便产生契约性国家；反之，就是掠夺（剥削）性国家。

诺斯认为，作为有福利或效用最大化的统治者的国家，其模型的基本特征应该是：国家为了获取收入，以一组被称为"保护"或"公正"的服务作为交换；为了使国家的收入达到最大化将选民分为各个集团，并为每一个集团设计产权；国家面临着内部的潜在竞争者和外部其他国家的竞争。

诺斯认为国家兴衰是其提供基本服务为达到两个不同目的博弈的结果。国家的两个目的是：界定形成产权结构的竞争与合作的基本规则，使统治者的租金最大化；降低交易费用使社会产出最大化，从而使国家税收最大化。历史上的许多阶段，在使统治者的租金最大化的产权结构与降低交易费用促进经济增长的有效率体制之间存在着持久的冲突，这种基本矛盾是使社会不能实现持续经济增长的根源。

第三是具有意识形态成分的制度变迁理论。诺斯认为意识形态是由互相关联，并包罗万象的世界观构成，包括道德和伦理法则。在市场经济中市场机制之所以能有效运行，其中一个重要原因是人们能遵守一定的意识形态，社会强有力的道德和伦理法则是使经济体制可行的社会稳定的要素，也是降低交易费用的一种制度安排。比如，政治组织或经济组织确定的规则需要人们有遵从过程，这是要有成本的。如果对个人最大化行为缺乏某种制约，出现了过高的遵从规则成本，导致政治或经济制度无法安排，就得花费大量的投资去宣传或讲解，让人们相信这些制度安排的合理合法性，相信其公平性。也就是说，政治或经济的制度安排得与意识形态结合起来，让意识形态发挥作用。正是由于个人不违反规则和侵犯产权，其规则和产权的执行费用会大量减少。

诺斯用意识形态来解释经济学上的"搭便车"行为。所谓"搭便车"就是获得利益而逃避付费的行为。"搭便车"行为妨碍着市场机制自动调节经济，而意识形态是一种行为方式，它通过提供给人们一种"世界观"使行为决策有可能避免或减少"搭便车"行为，从而降低交易费用。如果在一个集团内部所有成员有着统一的意识形态，也有着共同利益，组织起来实现集团目标就很容易。而在现实中一个集团内部成员之间往往存在着分歧的意识形态，则在集体行动时，不可避免地出现有人不承担任何代价而享受着集体行动利益"搭便车"现象。诺斯认为要解决"搭便车"问题需有两个条件：一是集团成员数目要适度，因为其成员数目越多，"搭便车"行为越严重；二是对成员提供有选择性的激励。对待不同意识形态的成员，集团应致力于人力资本投资，通过宣传教育形成统一的意识形态，或者制定和实施精确的规划，对成员中"搭便车"行为进行监督和惩罚。但社会上各个企业人员结构千差万别，一个成功的意识形态必须是灵活的，从而能更加有效地解决"搭便车"问题。

思考题：

1. 如何理解为了治理 2008 年由美国次级贷款危机引发的国际金融危机，美国采取的量化宽松的货币政策？该政策对美国经济和世界经济有何影响？

2. 如何理解我国供给侧改革？

3. 如何理解理性预期学派对经济学理论和研究方法上的贡献？

4. 交易费用与企业之间的关系。

5. 如何理解科斯定理？

6. 运用科斯定理分析现实经济中的炭交易。

7. 产权在市场经济中的地位和作用。

8. 如何理解制度变迁与经济增长的关系？

参考资料：

1. ［美］弗里德曼：《自由选择》第 1、3、4、7、9 章，机械工业出版社 2013 年 6 月。

2. ［美］弗里德曼：《资本主义与自由》第一、二、三、五章，商务印书馆 2004 年 7 月。

3. 拉弗曲线，MBA 智库百科。

4. 费尔德斯坦曲线，360 百科。

5. 理性预期学派，MBA 智库百科。

6. 交易费用理论，360 百科。

7. 科斯定理，MBA 智库百科

8. 制度变迁理论，MBA 智库百科。